KB268426

충남 논산 지역의 언어와 생활

충남 논산 지역의 언어와 생활

국립국어원 지역어조사추진위원회

이기갑 (위원장, 목포대학교 교수)

강영봉 (위원, 제주대학교 교수)

곽충구 (위원, 서강대학교 교수)

김무식 (위원, 경성대학교 교수)

김봉국 (위원, 부산교육대학교 교수)

김정대 (위원, 경남대학교 교수)

박경래 (위원, 세명대학교 교수)

소강춘 (위원, 전주대학교 교수)

최명옥 (위원, 서울대학교 교수)

한영목 (위원, 충남대학교 교수)

지역어 구술 자료 총서 4-2

충남 논산 지역의 언어와 생활

초판 제1쇄 인쇄   2009년 3월 21일

초판 제1쇄 발행   2009년 3월 31일

지 은 이 ‖ 한영목

펴 낸 이 ‖ 국립국어원

펴 낸 곳 ‖ 태학사

　　　　　주소 ｜ 경기도 파주시 교하읍 문발리 파주출판도시 498-8

　　　　　전화 ｜ (031) 955-7580~2(마케팅부) · 955-7584~90(편집부)

　　　　　전송 ｜ (031) 955-0910

　　　　　홈페이지 ｜ www.thaehak4.com

　　　　　전자우편 ｜ thaehak4@chol.com

　　　　　등록 ｜ 제 406-2006-00008호

ⓒ 국립국어원, 2009

값은 뒤표지에 있습니다.

ISBN 978-89-5966-352-1   94710

ISBN 978-89-5966-200-5   (세트)

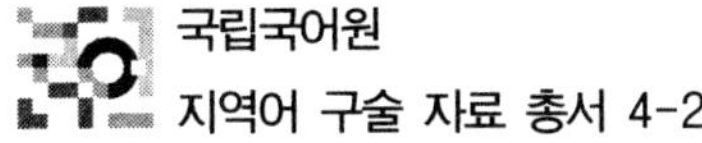
국립국어원
지역어 구술 자료 총서 4-2

충남 논산 지역의 언어와 생활

한영목

태학사

이 책은 충청남도 논산시 부창동 강산리에 거주하는 양소저(梁少姐) 님 (2006년 조사 당시 77세)과 연무읍 금곡리에 거주하는 박노철 님(조사 당시 70세, 실제 72세)의 구술 발화를 녹취하여 전사한 것이다. 양소저 님의 구술에는 마을 들여다보기, 전통혼례식, 환갑잔치와 같은 일생 의례와 논농사, 밭농사, 가을걷이, 겨우살이 등의 생업활동 그리고 집짓기, 가신, 조상 숭배와 같은 거주 생활에 관한 내용이 포함되어 있다. 박노철 님의 구술에는 양소저 님의 조사에 미흡한 장례에 관한 내용이 들어 있다. 그리고 양소저 님과 조사자가 자유롭게 진행한 일상 대화가 포함되어 있다.

이 구술 담화는 국립국어원에서 매년 실시하는 지역어 조사 사업의 하나로 수행된 것인데, 충청남도 논산 지역의 조사는 2006년에 실시되었고, 그 조사 보고서도 같은 해에 출간된 바 있다. 이 책에 실린 구술 담화 역시 조사 보고서에 포함된 내용이다. 그러나 조사 보고서의 양이 많지 않아 여러 사람이 이용하는 데 어려움이 있었고, 보고서의 내용 또한 잘못된 부분이 많아서 이를 고쳐야 힐 필요가 있었다. 이런 이유로 구술 발화만을 따로 떼어 단행본을 펴내게 되었는데, 이 과정에서 잘못된 전사와 표준어 대역 등을 수정하고, 주석과 색인을 덧붙이는 작업이 새로 이루어졌다.

구술 담화는 그 지역 토박이들의 자연스러운 발화를 그대로 전사한 것이므로, 전사된 구술 담화는 담화 연구의 자료로서 요긴하게 이용될 수 있다. 이 책은 두 분의 제보자가 약 4시간 동안 구술한 내용을 고스란히

담고 있다. 여기에는 제보자 두 분의 일상 대화와 일상의례, 의생활, 식생활, 거주생활 등 우리의 기본적인 삶의 내용이 포함되어 있고, 세시풍속이나 금기 등 이 지역의 기초적인 민속까지 들어 있다. 따라서 다양한 내용에 따른 다양한 토박이 어휘들이 그대로 드러나 있다. 우리는 표준어 번역과 주석 그리고 색인을 통하여 이런 어휘들에 대한 상세한 정보를 제공하려고 노력하였다.

이 구술 담화 자료는 충청남도 논산 지역의 어휘를 비롯한 음운, 문법의 이해에 도움을 줄 뿐 아니라, 이 지역 토박이들의 말하기 방식을 파악하는 데 유용할 것으로 예상된다. 더구나 말하기의 방식은 군 단위마다 차이를 보이는 것이 아니므로, 이 구술 담화는 대전시와 충청남도 방언 전체의 담화 연구를 위한 자료로 이용될 수 있을 것이다.

이번 자료집의 발간에는 무엇보다도 국립국어원의 의지가 컸다. 이미 보고서로 발간된 내용을 다시 점검하면서 그 내용을 수정하고, 여기에 주석과 색인 등을 덧붙이는 작업은 애초에 예상했던 것 이상의 엄청난 시간을 필요로 했다. 이런 고되고 험난한 작업을 수행하지 않을 수 없도록 독려를 가한 이상규 원장의 채찍질이 없었더라면, 아마도 이 작업은 중도에서 중단되었을지도 모른다. 또한 지역어 조사 사업의 뒷바라지를 위해서 노심초사하면서도 꼼꼼하게 일을 챙기시는 김덕호 선생의 헌신 때문에 이 작업은 그나마 제 시간에 끝마칠 수 있었다고 생각한다. 지역어 조사위원들과의 공동 작업은 어느덧 5년째에 접어든다. 그 동안 조사 질문지를 만들고 지역어 조사 사업의 틀을 짜는 데 함께 고생했던 위원들의 우정과 격려 그리고 충고가 이번 단행본을 내는 데 큰 힘이 되었다.

이 구술 담화의 초벌 전사는 충남대학의 당시 석사과정 학생 유세진이 맡았다. 물론 이 초벌 전사는 다시 글쓴이에 의해 점검이 이루어졌다. 그리고 구술 담화의 발간에서 박숙희 박사의 검토가 있었다. 초벌 전사하느라 고생한 유세진 조교와 다시 꼼꼼하게 내용을 듣고 검토한 박숙희 박사에게 감사를 전하고 싶다. 그러나 누구보다도 이 구술 담화의 단행본 간행에 이바지한 분들은 제보자인 양소저 님과 박노철 님이다. 2006년 조사를 끝내고도 몇 차례 보충 조사를 했고, 그럴 때마다 늘 친절하게 답해 주시는 두 분의 가르침이 없었더라면 이 책은 지금보다 훨씬 어설픈 내용을 담을 수밖에 없었을 것이다. 그러나 이 단행본을 펴내면서 다시 찾아뵙고 주석 작업을 하면서 궁금했던 내용을 여쭈려고 했으나 주제보자의 건강 문제로 그러지 못해 아쉬움이 크다. 건강이 회복되어 앞으로도 오래오래 사시기를 기원한다.

2009년 3월
한 영목

■ 조사 과정

    국립국어원에서는 2004년부터 전국의 지역어 조사 사업을 시행하고 있다. 이 사업은 도(道)를 단위로 하여, 한 도에서 한 지점씩 연차적인 조사를 진행할 예정으로 있다. 첫 해에는 질문지를 만들고 시험해 보기 위하여 예비조사를 실시하였고, 본격적인 조사는 이듬해인 2005년부터 대전광역시 서구에서 시작되었다. 이번에는 2006년 충청남도 논산시 부창동과 연무읍을 이차 조사지점으로 선정하였다.

    2006년 지역어 조사 지역인 충청남도 논산시는 충남의 남부에 위치하고 있어서 남쪽으로는 전라북도 익산시, 완주군과 도계를 이루고, 동쪽으로는 대전광역시 유성구와 충청남도 금산군에 접하고, 서쪽으로는 부여군, 북으로는 공주시와 계룡시에 인접해 있다. 충청남도 논산시는 1996년 군에서 시로 승격되었으며, 행정 구역은 2읍 11면 2동이다. 인구는 2008년 12월 현재 51,840세대, 130,114명이고, 면적은 554.83㎢이다.

    주제보자의 거주지인 논산시 부창동 강산 8리는 논산군 은진면에서 속해 있었다가 논산시 부창동으로 편입되었다. 부창동은 30여개의 자연부락이 있는데 주제보자의 거주지는 부창동 강산 8리로 자연 부락명이 황고개이다. 보조제보자의 거주지인 연무읍은 구자곡면에 포함되었던 곳이다. 연무읍은 6·25전쟁 이후 육군 제2 훈련소가 들어섬에 따라 성장한 구자곡면이 1963년 전라북도 익산군 황화면 일원을 편입, 연무읍으로 승격했다. 부창동 황고개나 연무읍 금곡 3리는 전형적인 농촌 마을로 언어적으로는 충남의 남부 방언에 속하여 부분적으로 전북 방언의 요소가 섞여

〈충청남도 행정 구역도〉

〈논산시 행정 구역도〉

있기도 하지만, 많은 면에서 충남 방언의 특징을 지니고 있는 곳이다. 본 조사는 충청남도 논산시 부창동 강산 8리(황고개)에서 진행되었는데, 기간은 2006년 1월 16일부터 10월 7일까지 이루어졌다.

주제보자 양소저

조사 장면

10__충남 논산 지역의 언어와 생활

주제보자 집

주제보자 마을 전경

　　대체로 전반적인 조사는 1월과 2월 겨울 방학을 이용하여 집중적으로 이루어졌고, 그 이후는 7월에 자료 전사와 함께 보충 조사가 이루어졌다. 조사는 주로 제보자의 집에서 수행하였고, 녹음 자료의 전사는 글쓴이와 유세진(충남대학 대학원생)이 함께 하였다.

　　이 지역의 자료 제보자는 5대 이상 조상 때부터 거주해온 양소저(梁少姐) 님(2006년 조사 당시 77세)과 박노철 님(조사 당시 70세, 실제 72세)이다. 양소저 님은 충청남도 논산시 부창동 강산 8리(황고개) 출생으로 현재도 동일하게 부창동 강산 8리에 거주하고 있다. 조사 내용에 대한 이해가 빠르고 말솜씨가 좋았다. 음성이 크고 발음이 정확한 편이나 감정에 따라 말소리의 크기나 길이가 달라지며 빠른 편이다. 구술발화나 어휘, 문법에서는 조사 내용을 쉽게 이해하였으나 음운에서는 음절 하나하나를 의도적으로 정확히 발음하려고 하였다. 목수인 남편을 도와 목수 일을 한 적이 있고, 부업으로 바느질 솜씨가 좋아 마을에서 한복 바느질을 한 바 있고, 시장에 나가 나물과 채소를 판 경험도 있기 때문에 조사 내용에 대하여 성실히 답변하였다. 따라서 과자 등 간식을 입에 물고 있는 경향이 있었으나 제보자로 선정하였다. 또 다른 제보자인 박노철 님은 충청남도 논산시 연무읍 금곡 3리에서 태어나서 현재도 연무읍 금곡 3리에 거주하고 있다. 박노철 님은 양소저 님이 천주교 신자라 전통적 장례와 제례 절차에 대한 내용을 잘 몰라 이에 대한 내용에 대한 제보와 어휘 일부를 맡아 주었다.

　　전사

본문의 글자체와 전사에 사용된 부호는 다음과 같다.

고딕체　　　조사자

명조체	제보자
⁻	제1 제보자
⁼	제2 제보자

:	장음 표시이며, 길이가 상당히 길 경우 ::처럼 장음 표시를 겹쳐 사용하였다.
으	[yɨ] 음이다.
*	청취가 불가능한 부분 또는 표준어로의 번역이 불가능한 경우
†	질문지와 다른 내용일 경우
+	발화과정에서 생략된 부분을 표준어 대역에서 추가한 경우
++	색인에서 방언에 대응하는 표준어가 없는 경우

주석

주석은 각 장마다 미주를 달았다. 독자로서는 각주가 이용하기에 편리하나, 책의 편집상 불가피하게 미주로 만족할 수밖에 없었다. 주석은 가능한 한 친절하게 붙여 놓았다. 주로 어휘의 의미를 풀이해 놓았지만, 그 밖에 형태에 대한 음운적 해석을 부분적으로 가하기도 하였다. 문법 형태의 경우 그 기능에 대한 설명을 간략하게 붙여 놓았다. 경우에 따라 충남의 기타 지역에서 다른 방언형이 쓰일 경우에는 이를 밝혀 놓았다. 가급적 동일한 주석은 달지 않았으나, 간혹 독자의 편의를 위해서 동일한 내용의 주석이 반복되는 경우도 있다.

표준어 대역

전사된 방언 표현에 대해서는 표준어 대역을 붙였다. 원래의 조사 보고서에는 문장 단위로 표준어 번역을 붙였으나, 여기서는 문장보다 큰 의미 단락을 기준으로 하였다. 또한 표준어 대역을 별도의 쪽에 배치한 것도 조사 보고서와 달라진 점이다. 이런 것들은 순전히 독자들이 쉽게 읽을 수 있도록 하기 위한 조처이다.

전사된 방언 문장을 표준어로 옮길 때는 직역하는 것을 원칙으로 하였다. 예를 들어, '가며는'은 '가면은'으로, '해가꾸'는 '해갖고' 등으로, '인저, 인자' 등은 '인제'로, 문장 중간에 '어', '저', '거'와 같은 군말 또는 담화표지가 있을 경우에도 이를 표준어 대역에 그대로 살려 놓으려고 노력하였다. 또한 간투사 '잉, 이~' 등은 표준어 대역에서 '응'으로 통일하였다. 적당한 표준어 대응 표현이 없는 경우, 또 표준어가 있더라도 그대로 살리는 것이 좋을 것 같은 몇몇 어휘는 방언 표현을 그대로 표준어 대역에 사용하였으며, 이것이 방언 어휘임을 나타내기 위해 주에서 설명하였다. 발화 과정에서 생략된 부분은 표준어 대역에서 '(+)'로 추가하였다. 전사된 방언 표현의 의미가 불확실한 경우, 표준어 대역에서는 '***'를 사용하여 표시하고, 번역에서 제외하였다. 그리고 잘못 발음한 내용은 그대로 전사하였으나 표준어로 대역하고, 주에서 이를 설명하였다.

자연 발화 : 일상 대화

⎯ 몰라 와서 머 아 잉. 할머니가 자란다구 하는디 자래서 자란다구 하능디 모대서[1] 모단다구.

말쓰믈 잘 하시고 바르미 정화카시네요 예. 금 여기 이 동네가 아까 저 논산시?

⎯ 예 인자 그 머녀[2]는 그저네는 은진 며::니루 대써요 그래따가 인자[3] 이버네 인자. 한 삼년 대써 이 논산시루 이르케 페닙[4]덴 대가. 은진 떠나서 여기만 요로케 그래서 논산시루 부창동이루 데이써유[5].

기 지금 저 자제분더른 메시나 되요?

⎯ 하이고 왜 이르케 마니 난나[6] 몰라 내가 팔람매. 딸 닏[7] 아들 닏.

아이 잘 두션네요 얼마나 조아요. 딸 여러싱게 참 조으시조?

⎯ 조:응가 어쩡가[8] 모르거써요. 지금 싸람더런 멍청하다그랴 왜 그르케 마니 난냐구. 나 차에서두 그래써 차에서두. 할머니는 멘[9] 남매나 두셔써요? 그래서 내 나 마니 나찌요 그래떠~이 한 멘남매요 팔람매나요 딸 닏 아들 니시라 그래뜨니. 겨티 안진[10] 절문 사라미 아이고 할머니 생긴 거슨 하::나 앙멍청하게 생견는디 왜 그르케 멍청하게 마니 나땨. 몰라 왜 이르케 멍청하게 난나.

지금 연세가 어트게 데세요?

⎯ 일고벼요[11].

이른 일고비요? 근데 이케 정정하세요?

⎯ 예. 정정 정정한지가 어짠지 이른 일고비여.

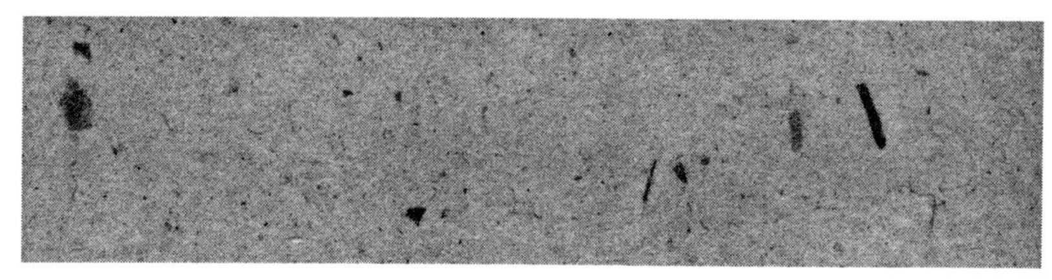

⁻ 몰라 와서 뭐, 아, 응. 할머니가 잘한다고 하는데 잘해서 잘한다고 하는지 못해서 못한다고 (+하는지).

말씀을 잘 하시고 발음이 정확하시네요, 예. 그러면 여기 이 동네가 아까, 저 논산시?

⁻ 예, 인제 그 먼저는, 그전에는 은진면으로 됐어요, 그랬다가 인제 이번에 인제. 한 삼년 됐어, 논산시로 이렇게 편입된 때가. 은진 떠나서 여기만 이렇게 그래서 논산시로 부창동으로 돼있어요.

그, 지금 저 자제분들은 몇이나 돼요?

⁻ 하이고, 왜 이렇게 많이 낳았나 몰라, 내가, 팔남매. 딸 넷, 아들 넷.

아이, 잘 두셨네요, 얼마나 좋아요. 딸 여럿이니까 참 좋으시죠?

⁻ 좋은가, 어쩐가 모르겠어요. 지금 사람들은 멍청하다고 그래, 왜 그렇게 많이 낳았냐고. 나 차에서도 그랬어, 차에서도. 할머니는 몇 남매나 두셨어요? 그래서 내가, 나 많이 낳았지요, 그랬더니 한 몇 남매나요? 팔 남매나요, 딸 넷, 아들 넷이라 그랬더니. 곁에 앉은 젊은 사람이 아이고, 할머니 생긴 것은 하나도 안 멍청하게 생겼는데 왜 그렇게 멍청하게 많이 낳았대. 몰라, 왜 이렇게 멍청하게 낳았나.

지금 연세가 어떻게 되세요?

⁻ 일곱이에요.

일흔 일곱이요? 근데 이렇게 정정하세요?

⁻ 예, 정정, 정정한지 어떤지 일흔 일곱이야.

그럼 주로 거 겨론하셔가지고 한 이른 무어 무스닐 하셔써요?

￣ 맨 농사지꾸 머 품팔러두 댕기구 머 장사두 댕기구 아낭 거 읍써. 일도 막 얼마나 너무 일 얼마나 마니 댕겨따구 애들 키우머서. 즌 지냥바니[12] 이게 오래좀 사르머서[13] 경강해쓰믄 내가 고상[14]을 즘 드라는디. 살 만치 사라써유 그냥 우리도 그냥 초:니서[15] 생화랄만치 그랜는디. 아 이 노인네가 아 한 사심 머거가꾸 풍이루 씨러저버리네[16] 마운[17] 멛. 마운 다 서싱가 여서싱가 오십 때 씨러전냐 에~ 그르케가꾸. 소두 메기구 다 메기는대 암꺼뚜 모다구 머 인자 마 다 인자 저딴나구[18] 애더런 즈 나름대루 버 직짱이 댕긴다구[19] 나가서 벌구. 그래 농사이를 안 시키구 즈:덜때루 다 나가서 생화라구. 큰메누리 큰아덜 따루 일번나 일번[20] 겨로나구 바루. 즌 시내가서 직짱 생와란다구. 가구이를 해써 아드리 농빵[21] 자래써유 그래서. 나간다구 그래서 그랴 마~임두 모깔켜주는[22] 느믄 나가 느 버러머거라. 나가가꾸 큰메누리를 자르더와가꾸 어트게 어척씨런지. 부자 대써요 돈 마니 버러때.

그럼 지금 누구랑 가치 사세요?

￣ 막떵이[23] 열쎄 살.

아 열쎄 살 때 집 쩌따능 그.

￣ 에 그 망내두~이. 가가 마흔 사려.

그럼 그 그 손 손자 손녀두 메디껜네요?

￣ 둘 남매 난는디 데게 이뻐.

그 망내 손주 손녀 그거 디게 이뿌지요 에~.

￣ 장구 장구나나 나써 손자가 으딱씨려요[24]. 에~ 우 우서주꺼써.

으딱씨럽따 구래요?

￣ 에 검::나게 머시매[25]가 으견시르께[26] 대 누가 아날켜저두 대 대견시르께 마랴.

메 쌀 머건는데요?

그럼 주로 그 결혼하셔가지고 한 일은 무엇, 무슨 일 하셨어요?

⎯ 맨 농사짓고 뭐 품을 팔러도 다니고 뭐 장사도 다니고 안한 거 없어. 일도 막 얼마나 남의 일 얼마나 많이 다녔다고, 애들 키우면서. 저희 주인 양반이 이렇게 오래 좀 살면서 건강했으면 내가 고생을 좀 덜하는데. 살 만큼 살았어요, 그냥 우리도 그냥 촌에서 생활할 만큼 그랬는데. 아, 이 노인네가 아, 한 사십 먹어갖고 풍으로 쓰러져버리네, 마흔 몇. 마흔 다섯인가 여섯인가 오십 대에 쓰러졌나 응, 그렇게 해갖고. 소도 먹이고 다 먹이는데 아무 것도 못하고 뭐, 인제 막, 다 인제 결딴나고, 애들은 제 나름대로 벌(+고), 직장에 다닌다고 나가서 벌고. 그래 농사일을 안 시키고 저희들대로 다 나가서 생활하고. 큰며느리, 큰아들 따로 바로 나(+가), 바로 결혼하고 바로. 저희 시내로 가서 직장 생활한다고. 가구일²⁷⁾을 했어, 아들이, 농방(가구일) 잘했어요, 그래서. 나간다고 그래서 그래, 많이도 못 가르쳐 주는 놈은 나가서 너희 벌어먹어라. 나가갖고 큰며느리를 잘 얻어 와갖고, 어떻게 억척스러운지. 부자 됐어요, 돈 많이 벌었대.

그럼 지금 누구랑 같이 사세요?

⎯ 막둥이 열세 살.

아, 열세 살 때 집 지었다는 그.

⎯ 예, 그 막내둥이. 걔가 마흔 살이야.

그럼 그, 그 손, 손자 손녀도 몇 있겠네요?

⎯ 둘, 남매 낳았는데 되게 예뻐.

그 막내 손자, 손녀 그거 되게 예쁘지요, 예.

⎯ 장군, 장군 하나 났어, 손자가 대견스러워요. 응, 웃, 우스워 죽겠어.

대견스럽다고 그래요?

⎯ 예, 아주 머슴애가 어른스럽게 대, 누가 안 가르쳐줘도 대, 대견스럽게 말해.

몇 살 먹었는데요?

- 지끔 여덜 쌀 이파개써요.

그른디 그래요?

- 예 퍽 우숴 그 인자 처린는 얘기를 햐 애드리 머시매가. 생기기두 지 애비가치 잘 생기구 이쁘게 잉?

키두 크구 그렁가보조?

- 에 이 머리가 뚝뚝 뚜더갸.

할머니 할머니두 저 겡장이 큰 키여쩌 옌나레.

- 크지요 늘거쓩게 쯤 쪼고매 주릉 거[28] 가터 늘거서.

그 고향은 어디세요?

- 여기요 내내 이 동네 여기서 에.

동네에서 그래 이 동네 시잡와써요? 아이구!

- 시집 옹 게 아니라 우리 아부지가 나 하나빼께 안나땨 친정 엄니 친 정 아부지가. 그려서 아자씨를 그 차칸 우리가 교에[29] 승당에 댕깅게. 너 나:덜[30] 나 하나 다구[31] 다구 항게. 그 우리 시아 시아버지 째모기 그려라 그럼 두째를 가지가라 하구서는 우리 지비를 보내줘땅께. 그래가꾸 이제 여기서 기냥 사러써요.

아아 그래요 아. 저 글 그 때도 그게 교헤 저 천주교 성당 다니셔써요? 에 성당이.

- 열씨미 해써 큰지. 크 큰지비 시아버니나 우리 지비 응감니미나[32]. 너::머나[33] 하::두 열씨밍게 신부니미 그래써요. 느는 두리 다 그냥 앙주꾸 두 하눌라라 승천 한다. 그르케 열씨미 저 잉 미드미 지극 정성이루 미더 가꾸. 그르케 미던는디 우리 애더른 아냐 아내유 그냥 아내유. 아 거 무 두러[34] 댕겨유 나더러두 그랴. 머더러 댕기냐구 머더러 댕기기는 다 그래 두. 가정이구 어디구 다 주거서 천당갈라 천당이 어디가 이써유. 천당 천지 신부님두 도동노미데 이지라라구. 지그믄 돈 마나구 천당가구 조은디 갈 라믄 히생을 자라야 한다구 너무 거 발키지 말구 돔::는 걸 배오. 배오야[35]

˗ 지금 여덟 살, 입학했어요.

그런데 그래요?

˗ 예, 퍽 우스워, 그 인제 철 있는 얘기를 해, 애들이, 사내아이가. 생기기도 제 아비같이 잘 생기고, 예쁘게 응?

키도 크고 그런가보죠?

˗ 예, 이 머리가 똑똑, 똑똑해.

할머니, 할머니도 저 굉장히 큰 키였죠, 옛날에.

˗ 크지요, 늙었으니까 좀, 조금 준 거 같아, 늙어서.

그(+럼) 고향은 어디세요?

˗ 여기요, 내내 이 동네, 여기서 예.

동네에서 그래 이 동네로 시집왔어요? 아이고!

˗ 시집 온 것이 아니라, 우리 아버지가 나 하나밖에 안 낳았대, 친정어머니, 친정아버지가. 그래서 아저씨를 그 착한, 우리가 교회 성당에 다니니까. 너 나(+에게) 아들 나 하나 다오, 다오 하니까. 그 우리 시아, 시아버지 재목이 그래라 그럼 둘째를 가져가라 하고서는 우리 집에를 보내줬다니까. 그래갖고 이제 여기서 그냥 살았어요.

아아, 그래요, 아. 저 그, 그 때도 그게 교회, 저 천주교 성당 다니셨어요? 예, 성당에.

˗ 열심히 했어, 큰집. 큰, 큰집에 시아버지나 우리 집에 영감님이나. 너무나 하도 열심이니까, 신부님이 그랬어요. 너희는 둘이 다 그냥 안 주고두 하늘나라 승천한다. 그렇게 열심히 저, 잉, 믿음이 지극 정성으로 믿어갖고. 그렇게 믿었는데 우리 애들은 안 해, 안 해요, 그냥 안 해요. 아, 그거 뭣 하러 다녀요, 나더러도 그래. 뭣 하러 다니느냐고, 뭣 하러 다니기는 다 그래도. 가정이고 어디고 다 죽어서 천당 가려고, 천당이 어디 있어요. 천당 천지가 신부님도 도둑놈이데, 이 지랄하고. 지금은 돈 많고, 천당 가고 좋은 데 가려면 희생을 잘해야 한다고 남의 것 밝히지 말고, 돕는 것을 배워. 배워야

천당가지. 그거 지끔 갸:는 맨:날 하느니만티가서 애가 맘 검께 머꾸 그람 모쓴댜 월래 애더리 너만티 도울 쭝을 아르야지 그래유.

요즘 싸람 다 그러지요 에.

˝ 근디 댕기라[36]구래두 저녀 잘 안댕겨.

동네가 보니까 땅이 마니 너 널꼬 그러네요 논사니요?

˝ 베랑 넙뚜[37] 아내요 여기. 무 어디 머 지바나 드러설 짜리두.

금 여기서는 주로 농사를 인제 논농사하고 반농사지조?

˝ 에 논농사 바슨 요고 디:가[38] 이꾸 노는 저:: 드리 가서 저 등와동 아 페 가 이써요 잉 에. 조아 지끄믄 질[39] 조아서 머 차 지찌비[40] 차 이쓩게 차 가꾸와 두루룰 가따 드루구 나능 기양 순:: 거러 댕기머서 다 댕겨는데 아이구.

금 반농사는 주로 뭐뭐 심 해써요? 옌나레는뇨?

˝ 옌나리 심는다는 게 지우 콩하구 꽤 초니서 꽤를 마니. 애덜 자 저르케 사릉게. 좀 줄라면 꽤아구 들꽤 콩농사. 지금 애더런 덴장 다머 머굴 쭝두 몰라 장경거니[41]를. 그래서 메주콩 시머가꾸 덴장 다머가꾸 애덜 다. 지오 달라능 게 와서 장만 달라지 다릉 건 머 즈드리 다 잘 사머긍게 앙 가지가요[42]. 장 다머 머굴 쭝은 몰릉게 장은 머 다가지가 팔람매가.

보리구구는 보리를 비구 베고는 인제 머 시먼나요 그때는?

˝ 그 그저니 보리 비:구 콩 씸꾸 고고마 심:꾸 그래찌유. 지금 보리 앙 가러 모꿔두.

그저네 그 머죠? 그 파뤌 딸쯤 가능 게 메미링가?

˝ 매몰[43] 매몰 에.

그거뚜 갈고 그래써요?

˝ 에. 매밀 농사를 우리는 아내바써 안저써요. 그 수악뚜 마니 나오두 아나구[44] 안저써 그릉 건

천당 가지. 그것 지금 걔는 만날 하느님한테 가서 애가 마음 검게 먹고 그러면 못쓴대, 원래 애들이 남한테 도울 줄을 알아야지, 그래요.

요즘 사람 다 그렇지요, 예.

⌐ 근데 다니라고 해도 전혀 잘 안 다녀.

동네가 보니까 땅이 많이 넓, 넓고 그러네요, 논산이요?

⌐ 별로 넓지도 않아요, 여기. 뭐 어디, 뭐 집 하나 들어설 자리도 (+없는데).

그럼 여기서는 주로 농사를 인제 논농사하고 밭농사 짓죠?

⌐ 예, 논농사, 밭은 요거 뒤에 있고 논은 저 들에 가서 저 등화동 앞에 있어요, 응, 예. 좋아 지금은 길 좋아서 뭐 차 집집에 차 있으니까 차 갖고 와 부르릉 갔다 들어오고 나는 그냥, 순전히 걸어 다니면서 다 다녔는데 아이고.

그럼 밭농사는 주로 뭐, 뭐 심어, 했어요? 옛날에는요?

⌐ 옛날에 심는다는 게 겨우 콩하고 깨, 촌에서 깨를 많이. 애들 인제 저렇게 사니까. 좀 주려면 깨하고 들깨, 콩 농사. 지금 애들은 된장 담가 먹을 줄도 몰라 장건건이를. 그래서 메주콩 심어갖고 된장 담가갖고 애들 다. 겨우 달라는 것이 와서 장만 달라고 하지, 다른 건 뭐 자기들이 다 잘 사서 먹으니까 안 가져가요. 장 담가 먹을 줄은 모르니까, 장은 뭐 다 가져가, 팔 남매가.

보리, 그것은 보리를 베고, 베고는 인제 뭐 심었나요, 그 때는?

⌐ 그 그전에 보리 베고 콩 심고, 고구마 심고 그랬지요. 지금 보리 안 갈아 묵혀도.

그전에 그 뭐죠? 그 팔월 달쯤 가는 것이 메밀인가?

⌐ 메밀, 메밀, 예.

그것도 갈고 그랬어요?

⌐ 예. 메밀 농사를 우리는 안 해봤어, 안 지었어요. 그 수확도 많이 나오지도 않고, 안 지었어, 그런 건.

잔치 때 그거 먹짜나요?

￣ 매몰묵 데게 마시써.

여기는 잔치 때 메물무가고 또 다릉 거 멍나요? 또 하나 그거?

￣ 도투리.

도토리묵 또 뭐조? 파랑게?

￣ 녹뚜묵?

녹뚜무기에요? 에 그게 더 마시쪼? 노두무기.

￣ 마시찌요.

그 다메 이 가으리 이르게 그 노라케 잉능 거 이짜나요? 쪼마나니?

￣ 조 수수.

수수?

￣ 에 수수쌀.

수수쌀 그라고 고거보다 더 킁 거 키 킁 거 이르케.

￣ 망수수 망수수.

왕수수라 구래요?

￣ 에 그건 콩바티다가 그냥 막. 그 한주먹씩 가주구 댕기머서 여기저기 바티다 다 이쓰머 구차나니께. 한 쪼기로 쪼끔 모조리게[5] 좀 시머나두지 비찌락[6] 맬라구. 비 맬라구 그거 하지 그 벼. 그거 머 머글라구 하능 게 아니 비맬 쑤수비 지끄므 나내.

쑤수 그거 쑤수라 구래요? 그걸요?

￣ 쑤수.

그거뚜 먹 머찌요?

￣ 머거유.

그저네 보면 또 쑤수가꼬 노::란 똥그르망 거 그 머라. 그러더라 그 쑤수도 아니구 짙 지장[7]잉가?

￣ 몰라 그렁 건 우리는 아내 아내봐서 몰라.

잔치 때 그것 먹잖아요?

￣ 메밀묵 되게 맛있어.

여기는 잔치 때 메밀묵하고 또 다른 거 먹나요? 또 하나 그것?

￣ 도토리.

도토리묵 또 뭐죠? 파란 것이?

￣ 녹두묵?

녹두묵이에요? 예, 그게 더 맛있죠? 녹두묵이.

￣ 맛있지요.

그 다음에 이 가을에 이렇게 그 노랗게 익는 거 있잖아요? 쪼그마하게?

￣ 조, 수수.

수수?

￣ 예, 수수쌀.

수수쌀 그리고 그것보다 더 큰 거, 키가 큰 거 이렇게.

￣ 왕수수, 왕수수.

왕수수라고 그래요?

￣ 예, 그건 콩밭에다가 그냥 막. 그 한 주먹씩 가지고 다니면서 여기저기 밭에다 다 있으면 귀찮으니까. 한 쪽으로 조금 모자라게 좀 심어 놔두지, 빗자루 매려고. 빗자루 매려고 그것 하지 그 베어. 그것 뭐 먹으려고 하는 게 아니라 빗자루 매려고 수수 빗자루, 지금은 안 해.

수수 그것 수수라고 그래요? 그걸요?

￣ 수수.

그것도 먹, 먹지요?

￣ 먹어요.

그전에 보면 또 수수 같고 노란 동그란 거 그 뭐라고 그러더라, 그 수수도 아니고 기장, 기장인가?

￣ 몰라 그런 건 우리는 안 해, 안 해봐서 몰라.

긍게 수수를 마니 하셔꾸나! 그럼 그 그 노넨 머 주로 그냥 벼만 심꼬?

⎺ 예 베만 심궈.[48] 보리 하고 베아구 저 그저니는 보리. 아이고! 지끔쯔미다 막 기양 투::디려[49] 댈라먼 아이구 징그러. 나 도로캐 질 참:: 자랴.

아 그래요?

⎺ 에 마당이다 너러 노쿠 그거 막 뚜디려서. 두어가 서너 가마~이 씩 뚜디르서. 지금 이르게 탈곡 해쓰머 얼마나 조커써. 그저니는 뚜디려 가꾸 마당 마당이다 막 널::뜨라니 우리 지비 여기가 아녀 저 우이 대바티 인는 저 저 이써 다따배서 팔구 내려와버런는디.

보리도 뚜두려요?

⎺ 에~ 도르캐루. 그거 뚜딜라믄 여르미 주거난다 그거 뚜디려 에:: 그거 뚜드려가꾸. 머 이 이써? 디리능 거라 지끔 지끔치름. 섬풍기래두 이르게 쿵거 마니 이쓰먼 큰 늠 사다노쿠 디리먼[50] 얼마나 조커써. 그::늠 막 머리다 이구 여날르구 저날르구 해가꾸. 저 말리미[51] 여 디동상이[52] 가서 바람 부 바람 불기만 기달려. 바람 부르머 그때 또 보리타작 하머는[53].

까불르야조 그거?

⎺ 디려 그르케 바가지가꾸 디리믄 잘 랄러가 꺼끄러기.

월래 그르케 디려요? 아.

⎺ 예 에. 바람 부르믄 바가지 퍼가꾸 이르케 디리믄 바라미 그때 데믄. 그저네보먼 그 풍석 예.

⎺ 풍석[54] 풍서기루 햄믐디 그거 아나구 그냥 가서 디려써. 게 두어 가마~이 씩.

보리타자가면 그 탑째기[55] 마니 뒤지버 쓰나요?

⎺ 에 저어구 두어 가마~이 씩 그냥 뚜두려서 가주가. 그거 뚜두릴 릴두 아이고 징그러 아이구 더우꾸.

글 탑째기라 고자나요 마 그양 그 까시 꺼끄래기.

⎺ 에 꺼끄럭. 지그 매덜 그거 하라면 주거. 아난다구 도망가 시집 안 산

그러니까 수수를 많이 하셨구나! 그럼 그, 그 논에는 뭐 주로 그냥 벼만 심고?

￣ 예, 벼만 심어. 보리하고, 벼하고 지어, 그전에는 보리. 아이고! 지금쯤이다, 막 그냥 뚜드려 대려면 아이고, 징그러워. 나 도리깨질 참 잘해.

아, 그래요?

￣ 예, 마당에다 널어 놓고 그것 막 뚜드려서. 두어 가(+마니) 서너 가마니씩 뚜드려서. 지금 이렇게 탈곡했으면 얼마나 좋겠어. 그전에는 뚜드려 갖고 마당, 마당에다 막 널따랗게 우리 집이 여기가 아니야, 저 위에 대밭이 있는 저, 저 있어, 답답해서 팔고 내려와 버렸는데.

보리도 뚜드려요?

￣ 예, 도리깨로. 그거 뚜드리려면 여름에 죽어난다, 그거 뚜드려, 예, 그거 뚜드려갖고. 뭐 이, 있어? 부치는 거나 지금, 지금처럼. 선풍기라도 이렇게 큰 거 많이 있으면, 큰 놈 사다놓고 부치면 얼마나 좋겠어. 그놈 막 머리에다 이고 여 나르고, 져 나르고 해갖고. 저 산등성이 여기 뒷동산에 가서 바람 불, 바람 불기만 기다려. 바람 불면, 그 때 또 보리타작 하면은.

까불러야죠, 그거?

￣ 날려 그렇게 바가지 갖고 날리면 잘 날아가 꺼끄러기.

원래 그렇게 날려요? 아.

￣ 예, 예. 바람 불면 바가지 퍼갖고 이렇게 날리면, 바람이 그때 되면.

그전에 보면 그 풍석, 예.

￣ 풍석, 풍석으로 했는데 그거 안하고 그냥 가시 날렸어. 두어 가마니씩.

보리타작하면 그 답세기 많이 뒤집어쓰나요?

￣ 예, 겨하고 두어 가마니씩 그냥 두드려서 가지고 가. 그거 뚜드릴 일도 아이고, 징그러워, 아이고, 덥고.

그걸 답세기라고 그러잖아요, 막 그냥, 그 가시 꺼끄러기.

￣ 예, 꺼끄러기. 지금 애들 그거 하라고 하면 죽어. 안 한다고 도망가, 시집 안 산

다 그럴껴. 지금 뚜두리라고 그래바 그 어트게 햐 모다지.

　그래 그거 해 해보니께 그 좀 시시 그 심드러쬬?

　˹ 히::잉 아이고 보리 하기가 제일 심드러유 그거 벼다가 모가지 하나하
나 또 다:: 홀테⁵⁶⁾노쿠 따야지. 그라다가 기게⁵⁷⁾가 나와가꾸. 탈공만 해저
두 살거때. 보리 모가지는 따구 홀꾸 인자 안뚜두리구 인자 탈곡 기게루
다가 인자. 보리가 나 보리 밥쑤능⁵⁸⁾ 거 그검만 나와두 살거떠라구 그른
디 지그믄 머. 지금 보니께 저 오디여 내가 놀로가서. 저 아랜녀기루 해
밀⁵⁹⁾ 해남 해남쪼기 그 보리 마니 하더라구유 보리 마니 햐. 그라 해남 고
기 그냥 바티서 일::번 그냥 기게 다러가꾸 나락처럼 막 벼 비더만. 그람
보리 에 보리알루 나오데. 그라구선 보리때는 그릉게 그 자리서 불질러버
려떠 노빠다기다 노쿠. 지금 다 그르케 고기는 마니 하더라고유 지금도
보리.

　이이 충청도는 보니까 보리농사 아주 지금 아나나요?

　˹ 아내요. 안 햐 안 저 여기 싸람덜 안 저. 게울뤄서 안 진는지 어째서
안 진는지. 맨:: 노니다두 하구 검::나게⁶⁰⁾ 해찌 여기두.

　얼추 옌나레 다 해쬬? 그거.

　˹ 다 해쬬 근데 지끄믄 아내유. 바더들⁶¹⁾.

　옌나리 그러면 여길 이걸 머라고 하셔쩌 여기?

　˹ 손톱.

　멀로 까까써요 소토븐?

　˹ 갸::위루 까까찌요.

　가위루요?

　˹ 가새로.

　할머니 이거요 다시 머라고 하신다구요?

　˹ 손톱.

　이거 금 말고 이거요 이거 이거 이거.

다고 그럴 거야. 지금 뚜드리라고 그래봐, 그 어떻게 해 못하지.

그래 그거 해, 해보니까 그 좀 힘, 힘 그 힘들었지요?

⁻ 응, 아이고, 보리하기가 제일 힘들어요, 그 거 베어다가 모가지 하나 하나 또 다 벼훑이를 놓고 따야지. 그러다가 기계(+탈곡기)가 나와갖고. 탈곡만 해줘도 살겠데. 보리 모가지는 따고, 훑고 인제 안 뚜드리고 인제 탈곡 기계로다가 인제. 보리가, 나는 보리 바수는 거 그것만 나와도 살겠 더라고, 그런데 지금은 뭐. 지금 보니까 저 어디야 내가 놀러가서. 저 아 래 녘으로 해남, 해남 쪽에 그 보리 많이 하더라고요, 보리 많이 해. 그래 서 해남 거기 그냥, 밭에서 바로 그냥 기계 달아갖고 나락처럼 막 베어, 베더구먼. 그러면 보리, 예, 보리알로 나오데. 그러고서는 보릿대는, 그러 니까 그 자리에서 불질러버렸어 논바닥에다 놓고. 지금 다 그렇게 거기는 많이 하더라고요, 지금도 보리.

이, 이 충청도는 보니까, 보리농사 아주 지금 안 하나요?

⁻ 안 해요. 안 해, 안 지어, 여기 사람들 안 지어. 게을러서 안 짓는지 어째서 안 짓는지. 맨 논에다가도 하고 아주 많이 했지, 여기도.

얼추 옛날에 다 했지요, 그거?

⁻ 다 했지요, 근데 지금은 안 해요. 받아들.

옛날에 그러면 여기를 이걸 뭐라고 하셨죠, 여기?

⁻ 손톱.

뭐로 깎았어요, 손톱은?

⁻ 가위로 깎았지요.

가위로요?

⁻ 가위로.

할머니 이거요 다시 뭐라고 하신다고요?

⁻ 손톱.

이거, 그럼 말고 이거요, 이거, 이거, 이거.

ⁱ 발꼬락?

아니 손톱이어요?

ⁱ 손톱 발톱 그래찌 그거.

다시 함번만 해보세요.

ⁱ 손톱 이건 발톱.

그람 머 이런 막 저 이런 잔 잔치래기 거틍게 막 싸여인능 걸 뭐라 구러나요?

ⁱ 뿌시르기? 뿌씨레기 뿌시리기 뿌시리기 싸여따구.

그라고 인제 머기는 인제 아까 마란 그 타자갈 때 먼지는 탑쌔기라고 그러나요? 탑쌔기?

ⁱ 에 탑쌔기.

할머니 그 때 지지겁찌[62]라고 하셔 가주고.

ⁱ 지지겁찌는 나무여서 떠러 하는 다 지지겁찌여.

그거 말고 그냥 이렁 걸 부스래기?

ⁱ 이~ 탑쌔기 탑쌔기 그래.

함범만 해보세요 할머니.

ⁱ 탑쌔기?

그거 말고 아까 떠러징 거.

ⁱ 부시르기.

아이고 말쓰믈 자라시네 정와카게 기엉력 조으시고 절머쓸 때 아주 그 기엉력 조으셔따고 그러께써요?

ⁱ 예.

대다나셔.

ⁱ 선생이미 그라자내두 너 똘또라다. 똘또라다구 하구 똘또란디 해찰[63] 좀 하지 말고 공부 햐 에~ 해찰. 공부럴 하다가 해차를 마니 해써 해찰 좀 하지말구 공부야.

여기는 이런 말 쓰나요? 거 그 아깐 할래란 마른 쓴다고 해꼬. 그 다메 한:

⁻ 발가락?

아니, 손톱이에요?

⁻ 손톱, 발톱 그랬지, 그거.

다시 한 번만 해보세요.

⁻ 손톱, 이건 발톱.

그럼 뭐, 이런 막, 저 이런 부, 부스러기 같은 게 막 쌓여 있는 걸 뭐라고 그러나요?

⁻ 부스러기? 부스러기, 부스러기, 부스러기 쌓였다고.

그러고 인제 먹이는 인제 아까 말한 그 타작할 때 먼지는 답세기라고 그러나요? 답세기?

⁻ 예, 답세기.

할머니 그 때 지저깨비라고 하셔갖고.

⁻ 지저깨비는, 나무에서 떨어 하는, 다 지저깨비야.

그거 말고 그냥 이런 걸 부스러기?

⁻ 응, 답세기, 답세기 그래.

한 번만 해보세요, 할머니.

⁻ 답세기?

그거 말고, 아까 떨어진 거.

⁻ 부스러기.

이이고, **말씀**을 잘 하시네, 정확하게 기억력 좋으시고. 젊었을 때 아주 그 기억력 좋으셨다고 그랬겠어요?

⁻ 예.

대단하셔.

⁻ 선생님이 그렇지 않아도 너 똘똘하다. 똘똘하다고 하고, 똘똘한데 해찰 좀 하지 말고 공부해, 에, 해찰. 공부를 하다가 해찰을 많이 했어, 해찰 좀 하지 말고 공부해.

여기는 이런 말 쓰나요? 거, 그 아까 '할래'(까지)라는 말은 쓴다고 했고. 그지⁶⁴⁾라는 말 써요? 예드믄 그 따랄테 시집뽀낼 때 그 시어 시어머니가 따랄테 그 머여 오탄지 해줘따고 할 때 자란쓰저?

⌐ 에 안써유 잘.

저 보령가닝게 쓰는디 이쪼근. 아까는 할래라는 말 쓴다 그래쩌? 따랄래. 아이구 나는 그냥 그 따랄래 그 시집 다 보내따고 망내따랄래 할래라는 말?

⌐ 할래⁶⁵⁾ 쓰주 시집 다 딸들 다 시집뽀내따구 딸까정 다 보내따구.

에 딸까지 보내 에. 함번 해보세요 할머니 그 말씀 할래로.

⌐ 할래?

이르케 이케 해보세요 머냐믄 그 나느~냥 그 보리 보리까 보리할래 농사 다 저바다고 할 때 어트게 해요?

⌐ 보리알 때.

아니 나는 긍게 농사를 마라자믄 벼농사도 이꼬 콩농사 인는데 그라믄 인제 보리농사 할래 저따고 할 때.

⌐ 콩농사 베농사 보리농사 그르케 다 지어따구유?

그 때 할래라는 말 쓰능구먼 먼먿까지 뜨시거든뇨 우리가 아이 나는 그 보리농사까지 저바써 할 때 그 혹시 나는 보리농사할래 저바써 그런 말 쓰시넝가요?

⌐ 그르치유 보리 머든지 할라믄 이~ 내가 진는 농사 이게 할라믄. 야 이만저만 하니 이르케 할래? 너 이거뚜 할래? 그라지 느두⁶⁶⁾ 할래? 이르케. 우리도 해쓰게 느:두 해 해볼래? 이르케.

그 다메 이런 말 쓰 아이구 내가 저기 저 저 지비 가봉깨⁶⁷⁾ 그 지비 고기 마니 자바와떼 할 때 그른 말 쓰나여? 가봉깨 가보니까.

⌐ 가보니까 여기도 가보니까 여 야 그지비 가봉개. 고기도 마이 자버와꾸 머뚜 마니 해놔떠라 이르케 인자 그르케 하지.

봉깨를 쓰는. 자세히 보니까 저 여자 참 이쁘데 할 때 자세히 보니까를 자세히 봉깨라구 말쓰나요? 언능.

다음에 '한지'라는 말 써요? 예를 들면, 그 딸한테 시집보낼 때, 그 시어, 시어머니가 딸한테 그 뭐야 옷조차 해줬다고 할 때, 잘 안 쓰죠?

⁻ 예, 안 써요, 잘.

저 보령에 가니까 쓰는데, 이쪽은. 아까는 '할래'라는 말 쓴다고 그랬지요? 딸까지. 아이고, 나는 그냥 그 딸까지 그 시집 다 보냈다고 막내딸까지, '할래'라는 말?

⁻ '할래' 쓰지요, 시집 다 딸들 다 시집보냈다고 딸까지 다 보냈다고.

예, 딸까지 보내, 예. 한 번 해보세요, 할머니, 그 말씀 '할래'로.

⁻ 할래?

이렇게, 이렇게 해보세요, 뭐냐면 그 나는 그냥 그 보리, 보리까지, 보리'할래' 농사 다 지어봤다고 할 때 어떻게 해요?

⁻ 보리(+농사)할 때.

아니, 나는 그러니까 농사를, 말하자면 벼농사도 있고, 콩농사 있는데, 그러면 인제 보리농사까지 지었다고 할 때.

⁻ 콩농사, 벼농사, 보리농사 그렇게 다 지었다고요?

그 때 '할래'라는 말 쓰는구먼, 무엇, 무엇까지 뜻이거든요, 우리가 아이, 나는 그 보리농사까지 지어봤어 할 때, 그 혹시 나는 보리농사'할래' 지어봤어, 그런 말 쓰시는가요?

⁻ 그렇지요, 보리 뭐든지 하려면 응, 내가 짓는 농사 이게 하려면. 야, 이만저만 하니 이렇게 할래? 너 이것도 할래? 그러지 너희도 할래? 이렇게. 우리도 했으니까 너희도 해, 해볼래? 이렇게.

그 다음에 이런 말 쓰(+나요), 아이고, 내가 저기 저, 저 집에 가보니까, 그 집에 고기 많이 잡아왔데 할 때, 그런 말 쓰나요? 가'봉깨', 가보니까.

⁻ 가보니까 여기도 가보니까 여, 야, 그 집에 가'봉개'. 고기도 많이 잡아왔고, 뭣도 많이 해놨더라, 이렇게 인제 그렇게 하지.

'봉깨'를 쓰는. 자세히 보니까 저 여자 참 예쁜데 할 때, 자세히 보니까를 자세히 '봉깨'라고 말 하시나요? 얼른.

˘ 에~ 자서히 봉개 보보보 보닝까라구두 잘 아내. 야 봉개 그래두 갠찬
터라 이라지.

¯ 예, 자세히 '봉개', 보, 보, 보, 보니까라고도 잘 안 해. 야, '봉개' 그래
도 괜찮더라고 이러지.

1) '모대서 모단다구'는 '못 해서 못 한다고'로 대역된다. 이처럼 이 방언에서는, 폐쇄음과 후음이 연쇄할 때 유기음화가 일어나지 않고 뒤따르는 후음이 약화되면서 앞 음절의 말음이 뒤 음절의 초성으로 연음되는 현상이 지배적이다.
2) '머녀'는 부사 '먼저'에 대응하는 방언형이다.
3) '인자, 이자, 이저' 등은 모두 '인제'로 대역되는데, 그 어휘적 의미와 상관없이 발화를 이어가는 습관적인 매개어로 쓰이는 표현이다.
4) '펜입'은 '편입'이 움라우트한 형태인데, 이러한 움라우트는 이 방언의 제보자에게서 매우 활발히 일어난다.
5) 동사 '되-'는 이 방언에서 단모음화된 '데-'로 나타난다.
6) '난나(났나)'는 '낳았나'의 방언형이다. 후음을 말음으로 가진 용언이 모음어미와 결합할 때 말음인 후음이 완전히 탈락하여 음절축약을 일으키는 현상이 이 방언에서 특징적이다. 그래서 '났냐구(=낳았냐고), 났지요(=낳았지요), 났댜(=낳았대)'와 같은 활용을 보인다.
7) '닡'은 '넷'의 폐구조 모음화인 상승 모음화로 실현된다. 이 지역어는 '에→이'로의 상승 모음화가 많이 실현된다.
8) '조응가 어쩡가'는 '좋은가 어떤가'로 대역되는 형태이다. 연구개음 앞의 비음 /ㄴ/이 위치동화를 일으켜 연구개음화된 형태로 나타나는 것이다.
9) '몇'에 대응되는 방언형은 단모음화된 '멫'이다. 순음 아래 'ㅕ'는 단모음 'ㅔ'로 실현되는 경우가 대부분이다.
10) '안진'은 '앉+은'으로 분석되는 활용형인데 어미 '-은'과 결합할 때 지배적으로 '앉인[안진]' 형태가 실현된다.
11) 일곱은 일흔일곱 살을 말한다.
12) '지냥반'는 '주인 양반'이 축약된 꼴이다.
13) '살으머서'는 '살면서'로 대역되는 형태인데, /ㄹ/ 어간 말음을 가진 모든 용언이 어미와 결합할 때 이처럼 매개모음 /으/를 필요로 하는 규칙활용을 함으로써 표준어와 확연히 구별되는 양상을 보인다.
14) '고상'은 '고생'의 방언형이다.

15) '촌(村)'이 장음으로 나타나는 것은 앞선 시기에 그것이 상성형을 갖던 형태
소이기 때문이다. 후기중세국어에서 상성형이던 형태소들이 현대국어에서
대개 장음으로 실현되어 성조형의 흔적을 확인할 수 있게 하는데, 이 방언에
서도 장음을 유지하는 형태소들이 일부 나타난다.

16) '씨러지다'는 '쓰러지다'로 대역되는 방언형이다.

17) '마운'은 '마흔'에 대응되는 방언형이다.

18) '저딴나다'는 '결딴나다'가 구개음화한 '절딴나다'의 잘못이다.

19) '직장이 댕인다'는 '직장에 다닌다'는 의미이다.

20) 여기에서 '일번'은 부사 '바로, 금방'으로 대역된다.

21) '농빵'은 '농+방'의 구조를 갖는 복합어인데 사잇소리 현상의 하나로 뒤 음절
이 된소리로 나타난 것이다. 여기서 장롱을 만드는 일을 잘했다는 뜻이다.

22) 이 방언에서 '가르치다'와 '가리키다'가 구별 없이 '갈키다'로 나타난다.

23) '막딩이'는 '막둥이'의 움라우트 형태이다.

24) '으딱씨려요'는 말은 '으딱+스럽+어+요'의 구조를 갖는 형용사로 이 지역어
에서 '으딱'은 '개구쟁이'의 의미로 '개구쟁이스럽다', 즉 '개구쟁이 같다'의 뜻
인데 이 화맥에서는 '대견스럽다'의 의미이다.

25) 여기서 '머시매'는 '사내아이'를 말하는 '머슴애'의 방언형이다.

26) '으견시럽다'는 말은 '의견+스럽+다'로 분석되는데 '소견이 깊고 어른스럽다'
는 뜻으로 쓰이는 방언형이다.

27) 여기선 '가구일'은 집안 살림에 쓰는 기구를 만드는 일에 종사하고 있다는
뜻이다.

28) '주릉 거'는 '줄+은 것'의 구조를 갖는 것으로 어간말음 /ㄹ/이 모음어미 앞
에서 탈락하지 않고 규칙활용을 하는 양상을 보여준다.

29) '교에'는 '교회'에 대응되는 방언형이다.

30) '나:덜'은 구어체 '나 아들'이 동음 '아'가 생략되어 보상적 장음화로 실현된
것인데, '나에게 아들'의 뜻이다.

31) '다구'는 '다오'로 대역되는 형태이다. 동사 '달-'이 어미 '-고'와 결합하면서
말자음 /ㄹ/이 탈락하여 '다고'가 생성되었고 이 방언에서 '다고'가 다시 '다
구'로 고모음화한 형태로 나타난 것이다. 그렇게 볼 때 이 방언은, 어미 '고'
에 나타나는 '고〉오' 현상을 겪지 않았다고 볼 수 있다.

32) 여기에서 '우리 집 영감님'은 제보자의 남편 되는 할아버지를 가리키는 말
이다.

33) 이 방언에서는 부사 '너무'에 대응되는 형태가 '너머나, 너머'로 나타난다.

34) '무두러'는 '뭣+허(=하)+러'로 분석되는 형태이다. 이것은 '뭣+허+러→뭣허러 →뭐더러→머더러→무두러'와 같은 음운과정을 거쳐 생성된 방언형으로 볼 수 있다. 이 제보자에게서 '머더러'와 그것에 원순성 동화를 일으킨 형태인 '무두러'가 공존하고 있다.

35) '배오야'는 '배워야'로 대역되는 것으로 이 지역어에서 동사 '배우-'에 대응되는 형태가 '배오-'임을 알 수 있다.

36) '댕기다, 댕이다'는 '다니다'의 방언형이다.

37) '넙뚜'는 '넓지도'로 대역되는 형태인데 '넓-'의 방언형이 '넓[넙]-'임을 알 수 있다.

38) '뒤'에 대응되는 방언형은 '디:'이다.

39) '질'은 '길'이 구개음화한 형태이다.

40) '지찌비'는 '집집이'로 대역되는 형태로서 제2 음절이 경음화하면서 경음을 이끈 선행 말음 /ㅂ/이 탈락한 양상을 보인다.

41) '건건이'는 '반찬류'를 가리키는 말로 '장건건이'는 '장으로 만든 반찬'을 말한다.

42) '가지가'는 '가져가'로 대역되는 방언형이다. 동사 어간이 부사형어미 '-어'와 결합할 때 어간 형태를 유지하고 있음을 알 수 있다.

43) '매물'은 '메밀'에 대응되는 방언형이다.

44) 'Vst+두 아나구'는 'Vst+지도 아니하고'의 방언형이다.

45) '모조리게'는 '모자르게'에 대응되는 방언형이다.

46) '비찌락'은 '빗자루'가 음 변화를 일으켜 굳어진 형태이다. 이 방언에서는 '비찌락'과 '비' 형태가 모두 쓰인다.

47) '지장'은 '기장'의 방언형이다.

48) 이 지역에서 '심다'의 방언형은 '심구다'로 실현된다.

49) '투드리다, 투딜다'와 '뚜딜다'는 '두드리다, 뚜드리다'의 방언형이다. 이 지역어에서 격음화로 실현되는 어형이 많이 나타난다(도리깨(도로캐), 송아지(송아치) 바가지(바가치) 등).

50) '디리다'는 보리 이삭 등을 바람에 부쳐 꺼끄라기 등을 날아가게 하다는 뜻으로 '디려, 디리믄, 디렸어' 등과 같이 활용한다.

51) '말리미'는 산등성이의 방언형이다.

52) '디동상이'는 '뒤+동산+에'로 분석되는 방언형이다.

53) '-머는'은 어미 '-면은 →-면'에 대응하는 방언형이다.

54) '풍석'은 타작마당에서 곡식에 섞인 답세기, 쭉정이, 검부러기 등을 날려 없
애려고 바람을 일으키는 데 쓰는 돗자리로 '부뚜'를 의미한다.

55) '탑쎄기'는 타작할 때 잘게 부스러진 짚 따위의 찌꺼기가 섞인 먼지를 말하
는 '답세기, 꺼끄러기'의 방언형이다.

56) '홀테, 홀태'는 쇠로 만든 '벼훑이'를 말한다.

57) 여기서 '기게'는 '기계', 즉 탈곡기를 말한다.

58) '밥쑤다'는 '바수다'의 방언형이다.

59) '해밀'은 '해남'의 잘못이다.

60) '검나다(겁나다)'는 '아주 많다'의 방언형이다.

61) '바더들'은 '(전화) 받아+들'로 충남 방언에서 '-들'은 체언, 부사, 어미 등의
다양한 환경에 쓰인다.

62) '지지껍지'는 나무에서 떨어져 나오는 껍질 부스러기나 잔 조각인 '지저깨비'
의 방언형이다.

63) 여기서 '해찰'은 '공부는 마음을 두지 아니하고 쓸데없이 다른 짓을 하는 행
위'를 일컫는 말이다.

64) '-한지'는 충남 내포 지역어에서 실현되는 보조사로 '-까지, -조차, -마저' 등
과 대응하는 방언형이다.

65) '-할래'는 충남 방언에 나타나는 보조사로 '-까지, -마저, -조차' 등의 의미를
실현한다. 충남 방언에서 '-조차'와 '-마저'에 대응하는 방언형이 없어 내포 지
역어에서는 '-할래'와 '-한지'가 쓰이지만, 다른 지역은 대체로 '-할래'가 주로
실현된다.

66) '느두'는 '너희+도'로 대역되는 것이다. 첫 음절이 고모음화하고 모음 사이의
후음이 탈락하여 '느(=너희), 느들(=너희들)'과 같이 나타난다.

67) '봉깨, 봉개'는 '보니까'에 대응하는 방언형인데, '보니께, 보니깐' 등이 충남
방언에서 나타난다.

조사 마을의 환경과 배경

1. 마을 들여다보기

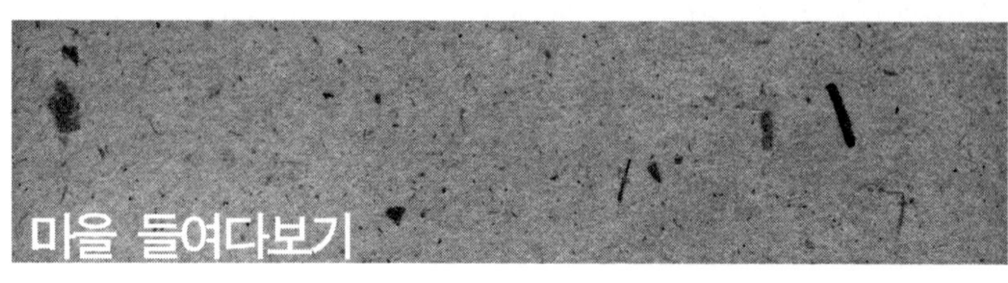

할머니 이제 시자카께여 마으레 대해서 여쩌보께요 마을. 이 마으른 언제 만드러저써요? 언제? 할머니 아시는 걸로.

˗ 나 생겨나두 아내서부텀[1] 이 마으리 이써씅게[2] 몰르지[3]. 그거른 언제 쩍부터미썬나. 뱅:년두[4] 너머꺼따[5] 이 마으리.

잘 모르세요?

˗ 몰라 언제 생견나.

그러면 어뜨케 만드러전는지 왜 마으리 여기에 만드러전는지는 아세요?

˗ 몰라 그저니[6] 아부지 고향잉게 이 터가. 여기서 나쓰니께[7] 내가 그냥 자랑거 뿌니지 머 쿵거 뿌니지.

금 이 여기 이 동네 주민드른 주로 어떤 성씨드리 모여 사라요?

˗ 우리 양씨가 젤:[8] 마내써 양씨가 양씨 대미[9] 백씨 그랜는디[10] 지끄믄. 양씨도 마니 인자[11]. 가야 객찌로 나간 사람두 이꾸. 주군[12] 사람두 이꾸 허니께 백씨두 자꾸. 백씨도 한 시[14]찝 니찌빙가 이꾸 양씨두 대찝빼께[14] 읍써. 근디 나는 내가 양가지 우리 응감[15]니믄 김씨야. 김씨니께 김씨 지바넌 읍써[16] 한 부녀[17] 시 두:찝 시:찝 살다가 이사가구.

그르면 인제 이 마을 이르미 머져?

˗ 항고개.

한고개?

˗ 잉 황고개.[18]

황고개, 왜 그런 이르미 저저써요?

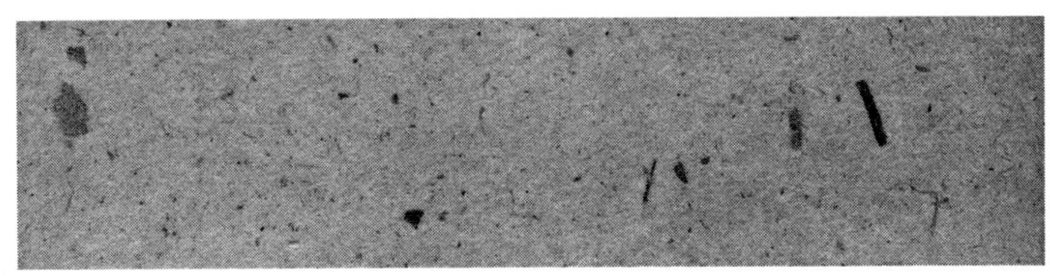

할머니 이제 시작할게요, 마을에 대해서 여쭤볼게요, 마을. 이 마을은 언제 만들어졌어요? 언제? 할머니 아시는 걸로.

⎺ 나 생겨나지도 않아서부터 이 마을이 있었으니까 모르지. 그것은 언제 적부터 있었나. 백년도 넘었겠다, 이 마을이 (+생긴 지).

잘 모르세요?

⎺ 몰라, 언제 생겼나.

그러면 어떻게 만들어졌는지, 왜 마을이 여기에 만들어졌는지는 아세요?

⎺ 몰라, 그전에 아버지 고향이니까, 이 터가. 여기에서 났으니까 내가 그냥 자란 것뿐이지 뭐 큰 것뿐이지.

그럼 이 여기 이 동네 주민들은 주로 어떤 성씨들이 모여 살아요?

⎺ 우리 양 씨가 제일 많았어, 양 씨가, 양 씨 다음에 백 씨 그랬는데 지금은. 양 씨도 많이 인제. 그거야 객지로 나간 사람도 있고. 죽은 사람도 있고 하니까, 백 씨도 자꾸. 백 씨도 한 세 집 네 집인가 있고, 양씨도 다섯 집밖에 없어. 근데 나는, 내기 양가지 우리 영감님은 김 씨야. 김 씨니까 김 씨 집안은 없어, 한 분이야, 세, 두 집 세 집 살다가 이사 가고.

그러면 인제 이 마을 이름이 뭐지요?

⎺ 황고개.

황고개?

⎺ 응, 황고개.

황고개, 왜 그런 이름이 지어졌어요?

– 잉. 여기가 오는 고개가 고개 하나를 너머서 와써. 이 이기 산 고개가 이써꺼든. 그래 한 고개를 너머서 온다구 항고개랴[19] 여기가.

황, 황?

– 황고개.

한 고개요?

– 환, 황황 황:고개.

황고개. 그리고 또 이 주위에 사니나 강 가튼 머 이르민나요?

– 웁써 강은 읍써[20].

사는 산?

– 사는 고 요기 너머서 인는디 그거 인자 이르케 발매를 해서 야산시켜서 이 지를[21] 맨드러[22] 버리고 압싸니꾸.

그 사는 발매한 사는 이르미 머에요?

– 잉. 고기가 아 고 사는 머 배랑[23] 이름두 움는 사니어써. 그냥 고개 하나 너머서 한다구 여 한고개라구 해찌. 이 압싸는 이거 천마사니라구 여 천마사니라구 이꾸. 고거는 조기는 구리미싼[24] 그거 지그믄 체우꽁원.

구리미싼 왜 이르미 그래요?

– 엔나리 구리미싸는 나 왜 구리미사니라구 핸나 몰라 나두 그냥 노인네더란티[25] 구리미싼 구리미싼 드른 풍워리지. 역사저근 얘기는 잘 몰르거써. 고그서 싸워따데 그 왜정시대. 왜정시대가 아녀 엔:나리 고 백쩨하고 고려[26]하고 싸울 때. 이 산하구 그 구리미싸나구 저기 저 봉오재[27] 봉오재 산나구 고기서 싸워땨[28] 총 막. 백쩨 실라가 그 쌈터 짜리라구 그라더라구[29].

여기 봉오재도 이써요?

– 봉오재는 거 압싸니기여[30] 여기 여기서 보이능거 저거.

이건 왜 봉오재에요?

– 몰라 왜 봉오재라구 핸나 나두.

- 응. 여기가 오는 고개가, 고개 하나를 넘어서 왔어. 이, 여기 산고개가 있었거든. 그래, 한 고개를 넘어서 온다고 황고개래, 여기가.

황, 황?

- 황고개.

황고개요?

- 황, 황, 황, 황고개.

황고개. 그리고 또 이 주위에 산이나 강 같은, 뭐 이름 있나요?

- 없어, 강은 없어.

산은, 산?

- 산은 고 요기 넘어서 있는데 그거 인제 이렇게 발매를 해서 야산 시켜서 이 길을 만들어 버리고 앞산 있고.

그 산은, 발매한 산은 이름이 뭐예요?

- 응. 고기가 아, 그 산은 뭐 별로 이름도 없는 산이었어. 그냥 고개 하나 넘어서 한다고 여 '한고개'라고 했지. 이 앞산은 이거 천마산이라고, 여 천마산이라고 있고. 고거는 저기는 구름밑산, 그거 지금은 체육공원.

구름밑산 왜 이름이 그래요?

- 옛날에 구름밑산은, 나 왜 구름밑산이라고 했나 몰라, 나도 그냥 노인네들한테 구름밑산, 구름밑산 들은 풍월이지. 역사적인 얘기는 잘 모르겠어. 고기서 싸웠다고 하데, 그 왜정시대에. 왜정시대가 아냐, 옛날에 백제하고 고구려하고 싸울 때. 이 산하고 그 구름밑산허고 저기 저 봉화재, 봉화재산하고 거기서 싸웠대, 총 막. 백제, 신라가 그 싸움터 자리라고 그러더라고.

여기 봉화재도 있어요?

- 봉화재는 그 앞산이 그러해, 여기 여기서 보이는 거, 저거.

이건 왜 봉화재예요?

- 몰라 왜 봉화재라고 했나, 나도.

머 거기서 봉화 가튼 불 피원나요?

ㅡ 이~ 봉화부럴[31] 올려따 그 싸우머서[32] 그리서 봉오재라 그라데.

그러고 첨마?

ㅡ 첨마산.

참마사는 왜 첨마산?

ㅡ 몰라 천마사늘 왜 천마사니라구 핸나.

그러면 또 저수지 가틍 거 이써요?

ㅡ 저수지[33]는 여기 우꾸 저::기가 이찌. 은진 저 저. 거 은진써[34] 저짜기루[35] 더 가야지 거기가.

그 머 들파니나 골짜기 이르믄 인나요?

ㅡ 들판 골짝 머 벨리르믄[36] 음네.

그럼 머 이런 사니나 여기 머 유명한 바위가틍거나 이런 이야기 옌날 거기에 얼킨 이야기 인나요? 전설?

ㅡ 바오[37]는 저기여 저기 이 지끔[38] 거시기 저 운동하러 댕기는디[39] 구리 미싼 거기는 바오가. 왕이 거기서 싼 자리가 이따데 싸운 거 발짜꾸두 이꾸 고기서 소변 본. 소변 자꾸두 이꾸 그리타고 어려서 우리 거가 귀경[40] 두 하러가구 그래써 거기서 밤머꾸. 싸운 쌈터라구.

그 이르믄녀? 그 오줌눈 데 그런 이름?

ㅡ 그 찌금 고기가 그거뽀고 이 당선바우[41]. 당선바오라고랴.

발짜국 인는 그런 바위요?

ㅡ 응 이~.

또 다릉 거에 얼킨 이야기 엄나요? 여기 자여네 얼킨 이야기? 사니나 호수 나무 이렁거.

ㅡ 몰라 그릉 건.

그리고 이제 이 마을 사람드른 주로 무슨닐 하고 사세요?

ㅡ 아 여기 순:: 그냥 농사 쪼끔씩 저서 그냥 쌀량썽[42]만냐 벨 다릉 거또

뭐 거기서 봉화 같은 불 피웠나요?

̄ 응, 봉홧불을 올렸대, 그 싸우면서, 그래서 봉화재라 그러데.

그리고 천마(+산)?

̄ 천마산

천마산은 왜 천마산?

̄ 몰라, 천마산을 왜 천마산이라고 했나.

그러면 또 저수지 같은 거 있어요?

̄ 저수지는 여기 없고, 저기가 있지. 은진면, 저 저. 그 은진면에서 저쪽으로 더 가야지, 거기가.

그 뭐 들판이나 골짜기 이름은 있나요?

̄ 들판, 골짜기 뭐 별 이름은 없네.

그럼 뭐 이런 산이나, 여기 뭐 유명한 바위 같은 거나 이런 이야기, 옛날 거기에 얽힌 이야기 있나요? 전설?

̄ 바위는 저기야, 저기 이 지금 거시기 저 운동하러 다니는 데 구름밑산 거기는 바위가. 왕이 거기서 (+오줌)싼 자리가 있다고 하데, 싸운, 그거 발자국도 있고, 거기서 소변을 본. 소변 자국도 있고 그렇다고, 어려서 우리는 거기 가서 구경도 하러가고 그랬어, 거기서 밥 먹고. 싸운 싸움터라고.

그 이름은요? 그 오줌을 눈 데 그런 이름?

̄ 그 지금 고기가 그거보고 당산바위. 당산바위라고 그래.

발자국 있는 그런 바위요?

̄ 응, 응.

또 다른 것에 얽힌 이야기 없나요? 여기 자연에 얽힌 이야기? 산이나 호수, 나무 이런 거.

̄ 몰라, 그런 건.

그리고 인제 이 마을 사람들은 주로 무슨 일하고 사세요?

̄ 아, 여기 순, 그냥 농사 조금씩 지어서, 그냥 쌀 양식만 해, 별 다른 것

아냐[43]. 다른 디는 머 특수장물두 마니 한다구 하는디 여기는 아나구. 이 뒤찌비 여기 여기 절문[44] 나이 한 사씹때 데는 사라미 그거 표고 표고버서슬 주로 경장히[45] 마니야 그 사라미.

그러면 그냥 농촌에서?

- 이~ 농사두 농사두 마니 진는 사람 읍써 그냥. 한 열 마지기. 한 스물 딴 마지기 진는 사래미[46] 젤 마난게벼[47] 농촌두 읍써 여기. 그냥 바득빠득 빠득[48] 머꾸 사러[49].

그러면 이 마으리 여페 염마으라고 이움마으라고 다른 저미따면? 우리 마으른 어떠타 특찡이 머가 이따.

- 이은 마을 저 저 건너 저 저 대꼴[50] 똥네아구 강살리 여기 항고개아구 여기는 항고개구 저기는 대꼬리구. 저기 구리미싼 너머 인는디는 그거 안 터거든. 그저니는 엔나리는 그 동네아구 한 부라기 대이썬는디 그짜기는 이장이 따루[51] 나:끼 때메네. 인자 그짝[52]하구 우리아구 갈려찌 인자. 그리서 저부라가구 여기아구 대꼬라구 한티[53]로 한부라기루 데인는디 이버니 또 갈려가꾸. 거기는 삼동이루 우리가 이따가 지금 팔똥이루 데[54]이꾸. 거기는 거기대로 지금 부라기 따루 이써. 그란디 다나비 자란대. 그래가꾸 갈려써 거기 여기는 지금 팔똥은 저기 부영아파트 이짜나? 그 그짜기서 이짝 건너루 신장노루 지리 이르케 나 난디는 세무소 아피서버터믄[55] 이르케는 팔똥. 저짝 건너는 저 거시기 하더라 추암동[56] 그르케 따르더라구.

여기는 바눌똥?

- 아녀 여기는 부창동이루 데 이써.

부창동이에요?

- 이 부창동이루 데이떠라구.

근데 할머니 여기 주민등록쯩에는 바눌똥이라구 되이짜나요?

- 바눌똥이루 되이써?

네.

도 안 해. 다른 데는 뭐 특수작물도 많이 한다고 하는데 여기는 안하고. 이 뒷집에 여기, 여기 젊은, 나이 한 사십대 되는 사람이 그거 표고, 표고버섯을 주로 굉장히 많이 해, 그 사람이.

　그러면 그냥 농촌에서?

　￣ 응, 농사도, 농사도 많이 짓는 사람이 없어, 그냥. 한 열 마지기. 한 스물다섯 마지기 짓는 사람이 제일 많은가 봐, 농촌도 없어 여기. 그냥 바득, 바득바득 먹고 살아.

　그러면 이 마을이 옆에, 옆 마을하고, 이웃 마을하고 다른 점이 있다면? 우리 마을은 어떻다, 특징이 뭐가 있다.

　￣ 이웃 마을 저, 저 건너 저, 저 댓골동네하고 강산리 여기 황고개하고 여기는 황고개고 저기는 댓골이고. 저기 구름밑산 넘어 있는 데는 그거 안터거든. 그전에는 옛날에는 그 동네하고 한 부락이 돼 있었는데 그쪽에는 이장이 따로 났기 때문에. 인제 그쪽하고 우리하고 갈렸지 인제. 그래서 저 부락하고 여기하고 댓골하고 함께 한 부락으로 돼 있는데 이번에 또 갈려갖고. 거기는 삼동으로, 우리가 있다가, 지금 팔동으로 돼 있고. 거기는 거기대로 지금 부락이 따로 있어. 그런데 단합이 잘 안 돼. 그래갖고 갈렸어, 거기, 여기는 지금 팔동은 저기 부영아파트 있잖아. 그, 그쪽에서 이쪽 건너로 신작로로 길이 이렇게 나, 난 데는, 세무서 앞에서부터는 이렇게는 팔동. 저쪽 건너는 저 거시기하더라 취암동, 그렇게 따르더라고.

　여기는 반월동?

　￣ 아냐, 여기는 부창동으로 돼 있어.

　부창동이에요?

　￣ 응, 부창동으로 돼 있더라고.

　근데 할머니 여기 주민등록증에는 반월동이라고 돼 있잖아요.

　￣ 반월동으로 돼 있어?

　네.

ᅳ이거는 그때 아덜[57]래 지비루 내가 테거[58]를 해써써. 크나덜래 바덜뉠 똥 이쓸 때 그게 거기서 내서 바널똥이라구 데인는디 지금 여기는 추암동이여. 아녀 부창동.

부창동?

ᅳ응 부창동.

그럼 여기 이 마으른 머 특싼물 가틍거?

ᅳ특싼물 벨거[59] 암거뚜[60] 아낭당게 제우[61] 이 집 한 지비 그 버서다는 사라미 특쌍물 제일 마니 하는 사람.

머 감나무 말쓰마셔짜나요?

ᅳ잉:: 감나무 가틍건 마니 햐.

그거쫌 얘기해주세요.

ᅳ알게떠 이. 감나무는 서너찌비 하는디 마니 잘 해. 모 모 그르케 부어 따가 하니넌 키워가꾸 적뿌처가꾸 파는디. 제법 수이비 갠차낭게 비더라구 하는 사라만 햐 그거뚜.

그럼 다른 감나무보다 여기가 어트게 조아요? 이 감나무가 이 동네 감나무가?

ᅳ사다 시머보든[62] 아내찌만서두[63]. 마니 사가는 사람더리 잘 길르고. 단가물 마니 하더라구 단가마구 뻬주르감[64] 이르케 쿵거 잘 덴댜 잘 연댜.

음 잘 자라는 나무구나.

ᅳ이~ 잘 사라. 그려 우리도 이버니 아더리 아 삼백깨를 마처따더냐 머 메쭈럴 마처따더냐 해놔따구 하더라구 바티다 시물라구[65].

그러민제 이 마을 할머니께서 보실 때 어려쓸 때하고 머가 이케 달라전나요? 마니 달라저쩌?

ᅳ마니 달라징건 아피루 지리 웁떤질[66] 질 뜰리고[67] 조기. 질 뜰려서 머 참: 살기 조케 해지 엔나리는 머 상꼴짜기여써 산꼴짝 그냥. 차두 안댕기지 여기서 나갈라면 그냥 시내까장[68] 갈라면 한::창 거러가야지 그라는디 지그믄 이 압뜨리 여가 뜰려나가꾸. 뽀쓰[69]는 아놔도 택씨럴 다 자바 탈

ᜢ 이거는 그때 아들네 집으로 내가 퇴거를 했었어. 큰아들네 반월동 있을 때, 그게 거기서 내서 반월동이라고 돼 있는데 지금 여기는 취암동이야. 아녀, 부창동.

부창동?

ᜢ 응, 부창동.

그럼 여기 이 마을은 뭐 특산물 같은 거?

ᜢ 특산물 별거 아무것도 안 한다니까, 겨우 이 집, 한 집이 그 버섯 하는 사람이 특산물 제일 많이 하는 사람.

뭐, 감나무 말씀하셨잖아요?

ᜢ 응, 감나무 같은 건 많이 해.

그것 좀 얘기해 주세요.

ᜢ 알겠어, 응. 감나무는 서너 집이 하는데 많이 잘해. 모, 모 그렇게 부었다가 한 이 년 키워갖고, 접붙여갖고 파는데. 제법 수입이 괜찮은가 보더라고, 하는 사람만 해, 그것도.

그럼 다른 감나무보다 여기가 어떻게 좋아요? 이 감나무가, 이 동네 감나무가?

ᜢ 사다 심어보지는 안 했지만서도. 많이 사가는 사람들이 잘 기르고. 단감을 많이 하더라고, 단감하고 뾰주리감 이렇게 큰 거, 잘 된대, 잘 연대.

음, 잘 자라는 나무구나.

ᜢ 응, 잘 살아. 그래 우리도 이번에 아들이 아, 삼백 개를 맞췄다더냐, 뭐 몇 줄을 맞췄다더냐 해놨다고 하더라고, 밭에다 심으려고.

그럼 인제 이 마을 할머니께서 보실 때 어렸을 때하고 뭐가 이렇게 달라졌나요? 많이 달라졌지요?

ᜢ 많이 달라진 건 앞으로 길이 없던 길, 길 뚫리고 저기. 길 뚫려서 뭐, 참 살기 좋게 했지, 옛날에는 뭐 산골짜기였어, 산골짝 그냥. 차도 안 다니지, 여기서 나가려면 그냥 시내까지 가려면 한참 걸어 나가야지, 그러는데 지금은 이 앞 들이 여기가 뚫려 (+길)나갖고. 버스는 안 와도 택시를

래두 조아. 저 거시기까장 나가문[70] 머 뽀쓰도 걸루 다니구 항게. 차타구 시내 나가기가 불편치 아녀.

　기리 달라저꾸나!

　¯조아저써 잉 기리 기리 확 뜰려나가꾸. 근디 뽀스를 언제가따 세울려나 몰르거써 여까장만 오머는[71] 얼마나 조커써 타구 나가구. 아치미 하루에 너대뻔씽만 이써두 조아. 시간 마춰서 나가서 타지.

　또 다릉거 달라징 거는녀?

　¯다릉걸 머 달라지기는 머 농사징는 건 내내 항가지지 달라징 거뚜 베랑[72] 읍써. 트키 특쑤 장물두 베랑 하지두 안나구. 애더리 커가꾸 대하꾜 나와와가꾸 출쎄한 사람두 윽:꾜[73] 우리 부라기 마니 배운 사람두 읍써. 그래가꾸 즈[74] 나름대루 다:헤사[75] 가튼 디 어디 드르가서[76] 공장생활루 이르케 버러. 애 우리 아덜덜 또래드리 지끔 야[77] 막뗑이[78] 또래가. 야는 나아구 산다구 안나가[79]찌만. 그 또래가 마니 나가서 사러.

다 잡아 타려고 해도 좋아. 저 거시기까지 나가면 뭐 버스도 그리로 다니고 하니까. 차 타고 시내 나가기가 불편하지 않아.

길이 달라졌구나!

⎺ 좋아졌어, 응, 길이, 길이 확 뚫려 나갖고. 근데 버스를 언제 갖다 세우려나 모르겠어, 여기까지만 오면 얼마나 좋겠어, 타고 나가고. 아침에 하루에 네다섯 번씩만 있어도 좋아. 시간 맞춰서, 나가서 타지.

또 다른 거 달라진 것은요?

⎺ 다른 걸 뭐, 달라지기는 뭐 농사짓는 건 내내 한가지지 달라진 것도 별로 없어. 특히 특수작물도 별로 하지도 안 하고. 애들이 커 가지고 대학교 나와갖고 출세한 사람도 없고, 우리 부락에 많이 배운 사람도 없어. 그래갖고 저희 나름대로 다 회사 같은 데 어디 들어가서 공장생활로 이렇게 벌어. 애, 우리 아들들 또래들이 지금 애, 막둥이 또래가. 얘는 나하고 산다고 안 나갔지만. 그 또래가 많이 나가서 살아.

■ 주석

1) 대부분의 충남 방언에서처럼 이 지역어에서도 표준형 '-지도 않다'에 대응되는 형태로 '-두 안 하다'가 사용되므로 '생겨나두 안해서'는 '태어나지도 않아서'라는 뜻이다.

2) '-(으)ㅇ게'는 이유를 나타내는 연결어미 '-(으)니까'에 대응되는 형태이다. '있었응게(=있었으니까), 그랑게(=그러니까), 자랑게(=잘하니까), 아니낭게(=아니냐니까)' 등에서 그것을 확인할 수 있다. '-(으)ㅇ게'는 '-(으)ㅇ께'와 임의 변이 관계에 있는데 전자의 세력이 더 크다.

3) 용언 'X르-'에 대응되는 어간이 이 방언에서는 모두 'X르르-'로 그 기저형이 재구조화되어 '모르-, 다르-, 빠르-' 등이 '몰르-, 달르-, 빨르-'로 나타나므로 충남 방언에서는 '-르' 불규칙 대신 정칙활용을 한다.

4) 문법형태소에 나타나는 고모음화 현상은 충남 방언에서 매우 활발하게 나타나는 특징으로서 '-도, -고'가 '오→우' 고모음화를 겪어 '-두, -구'로 나타나는데, 이 지역어에서도 '-도, -고'에 대응되는 모든 형태가 '-두, -구'로 재구조화되어 실현된다.

5) 선어말어미 '-겠-'은 이 방언에서 '-겄-'으로 '좋겄어(=좋겠어), 보야겄다(=봐야겠다), 애 잡겄다(=애 잡겠다), 댕기겄어(=다니겠어), 주겄냐(=주겠냐)'와 같이 나타난다.

6) 문법형태소의 고모음화 현상은 조사 '-이(=에), -이서(=에서), 한티(=한테)' 등에서도 나타나는데 이들은 '에→이'로 고모음화한 경우에 속한다.

7) '났으니께(=났으니까), 보니께(=보니까)' 등에서 나타나는 어미 '-(으)니께'는 '-(으)ㅇ게'의 변이형으로 '-(으)니까'에 대응되는 형태이다.

8) '제일'에 대응되는 이 방언형은 단음절 '젤'로 나타나는데 화맥에 따라 장음화한 '젤:'이 실현되기도 한다.

9) '댐이'는 '다음에'의 축약형이다. 이것은 '다음+-이(=에)→담+-이→댐이'와 같이, 명사가 단음절로 축약된 뒤 조사 앞에서 움라우트를 일으킨 것으로 본다.

10) '에→이' 고모음화는 연결어미 '-는디(=는데),-(으)ㄴ디(=은데)'에서도 나타난다.

11) 이 방언에서 '인자, 인저, 이자, 이저' 등과 또 '이제, 인제' 등은 단어의 사전적 의미와 상관없이 발화의 매개어로 매우 활발히 사용되는데, 표준형 '인제'

로 대역하기로 한다.

12) ‘죽운(=죽은)’은 원순모음을 갖는 어간 뒤에서 관형형어미 ‘-은’이 원순모음
화하여 만들어진 형태이다.

13) 수사 ‘시(=세), 니(=네)’는 체언 어간에 나타난 ‘에→이’ 고모음화 현상을 보
여주는 예들이다.

14) 조사 ‘-뱎이(=밖이)’는 형태소 내부에 나타난 움라우트 현상을 보이는 예이다.

15) ‘응’은 /yiŋ/을 표기한 것인데, 이중모음 /yi/는 충남 방언에 나타나는 매우
특징적인 모음으로 ‘응감(=영감), 응동(=영동), 은습(=연습), 음(=염), 을(=열)’
과 같은 어휘들에서 이 모음을 확인할 수 있다.

16) ‘읎어(=없어)’는 후행하는 양순음 /ㅂ/ 앞에서 선행모음이 순음자질에 동화
되면서 ‘어→우’ 변동을 일으킨 것으로 보인다.

17) 충남 방언의 전형적인 종결어미 ‘-여’는 ‘-야’에 대응되는 형태로 ‘아녀(=아
냐), 뭐여(=뭐야), 분여(=분이야), 집이여(=집이야)’와 같이 나타난다. 특히
‘분’과 같은 폐음절 체언이 서술어가 될 때, 서술격조사 ‘이’가 생략되고 체언
뒤에 종결어미 ‘-여’가 직접 결합하는 ‘분여(=분이야)’와 같은 양상을 보이는
점이 특이하다.

18) ‘황고개’는 논산시 강산동에 있는 자연 마을(댓골, 생매, 안터, 황고개)이다.
제보자의 말을 살펴보면, ‘한 고개’가 임의변이로 ‘항고개’로, 다시 이중모음
화 ‘황고개’로 실현되었다(충남 방언에서 ‘활인(=할인)’).

19) 전언의 종결어미 기능을 하는 ‘-라고 해’의 축약형 ‘-래’가 이 방언에서는 ‘아
니랴(=아니래), 가랴(=가래)’와 같이 ‘-랴’로 나타난다.

20) ‘읎어(=없어)’는 어간 ‘없-’이 순음동화를 동반하지 않고 고모음화한 예인데,
순음동화한 어간 ‘읎-’과 고모음화한 어간 ‘읎-’이 임의변이 관계로 공존한다.

21) ‘질’은 ‘길’이 구개음화를 일으킨 형태이다.

22) ‘맨들다’는 ‘만들다’에 대응되는 형태인데 ‘밴들-’과 ‘맨들-’이 임의변이 관계로
공존한다.

23) ‘베랑’은 부사 ‘별로’에 대응되는 형태이다.

24) ‘구리미싼’은 ‘구름밑산’이 전설모음화(구림(=구름))와 동음생략, 그리고 동
서열 자음탈락으로 나타난다. ‘구름밑산’은 논산시에 있는 산이다.

25) 복수접미사 ‘-들’이 이 방언에서는 저모음화하여 ‘-덜’로 나타난다. 이와 같은
저모음화는 조사 ‘-럴(=를), -얼(=을)’뿐만 아니라 관형형어미 ‘-넌(=는)’에서도
나타나는 현상이다.

26) 여기서 '고려'는 '고구려'를 말하는데, 실제는 '신라'와의 전쟁을 뜻한다.

27) '봉오재'는 논산시에 위치하는 '봉화재'를 말한다.

28) '-댜'는 전언의 종결어미인 '-대(=다고 해)'에 대응되는 형태로 '싸웠댜(=싸웠대), 연댜(=연대), 죽는댜(=죽는대)'와 같이 나타난다.

29) '그라더라구'는 '그러더라고'로 대역된다. 이 방언에서는 '그라더라(=그러더라), 그라구(=그러고), 그라데(=그러데), 그라믄서(=그러면서), 그란디(=그런데)' 등에서 보듯이 '그러-'가 '그라-'로 일관되게 나타나는 특징이 있다.

30) '기다'는 '그렇다, 맞다, 옳다'에 대응되는 방언형으로 이 화맥에서 '앞산이 기다'란 말은 '앞산이 그렇다'라는 뜻이다.

31) '봉화불얼(=봉화불을)'은 조사에 나타난 저모음화 현상을 보여주는 예인데, '-을'의 변이형인 '-를'도 마찬가지로 고모음화를 겪어 '애럴(=애를), 차럴(=차를)'과 같이 나타난다.

32) '-머서'는 연결어미 '-면서'에 대응되는 형태이다. 이중모음 /ㅕ/가 /ㅓ/로 단모음화하면서 어간말자음 /ㅁ/이 탈락되어 '싸우머서(=싸우면서), 하머서(=하면서), 오머서(=오면서), 다듬으머서(=다듬으면서)'와 같이 실현된다.

33) 여기서 저수지는 탑정저수지를 말한다. 탑정저수지는 국내에서 몇 손가락 안에 꼽히는 큰 호수로 연면적 190여만 평으로 1944년 만들어진 인공호수이다.

34) 이 방언에서는 체언의 음절구조에 상관없이 장소를 나타내는 조사로 '-서'가 쓰여 '은진써(=은진에서), 대전써(=대전에서), 그 집서(=그집에서), 강상써(=강상에서)'와 같이 나타난다. 특히 체언의 말자음이 비음일 때 조사 '-서'는 경음화하여 '-써'로 나타나는 점이 주목된다.

35) '-이루'는 조사 '-으로'에 대응되는 형태인데, 문법형태소의 '오→우' 고모음화 현상이 나타나는 또 다른 예에 속한다. 이 때 첫 음절이 전설모음 위치로 이동하여 '-이루(=으로) 으루)'로 나타나는 점이 특이하다.

36) '삘'은 '별'이 단모음화하여 나타난 방언형이다.

37) '바위'를 뜻하는 형태로 '바오, 바우'가 공존하는데 '바오'의 세력이 훨씬 크다.

38) 이 방언에서는 체언의 어두 말음절이 유성음일 때 뒤따르는 제2음절의 첫소리가 된소리로 나타나는 예가 있다. '지끔(=지금), 쪼끔(=조금), 양썩(=양식)'과 같은 예들이 그러하다.

39) 자동사 '다니-'에 대응되는 형태가 이 방언에서는 '댕기-'인데, 이것은 타동사 '댕기(=당기)-'와 동음어를 이루고 있어, '운동하러 댕기다(=다니다)'와 '잡아

댕기다(=당기다)'가 같은 형태로 나타난다.

40) '귀경'은 '구경'이 움라우트를 일으킨 형태로 체언 내부에 원격 역행동화가
일어난 현상을 보여준다.

41) '당선바우'는 '당산바위'의 방언형이다.

42) '양썩'은 '양식(糧食)'에 대응되는 형태이다. 체언의 제2음절에 나타나는 '이
→어' 후설저모음화는 '자석(=자식), 곡석(=곡식), 음석(=음식)' 등에서도 나타
나는 현상이다.

43) '안 해'가 이 방언에서 '안 햐'로 나타나는 것은 '-라고 해, -다고 해'가 각각
'-랴, -댜'로 나타나는 것과 같은 현상이다. 그러므로 '-라고 해'는 '-라고 해→
-라고 햐→-랴'와 같은 과정을 거친 결과로 볼 수 있다. 그런데 '해'가 '햐'로
나타나는 현상은 동사 '하-'가 종결어미 '-어'와 결합하는 경우에 국한되므로,
만일 동사 '하-'가 부사형 어미 '-어'와 결합한 경우에는 '햐'가 아닌 '혀'로 실
현되어 '혀두(=해도), 혔어(=했어)'와 같은 실현을 보이는 점이 다르다.

44) '젊운'은 '젊-'이 어미 '-은'과 결합하는 과정에서 순행 원순동화를 일으킨 예
이다. 선행 말자음 /ㅁ/의 원순성에 동화되어 뒤따르는 모음에 '으→우' 변동
이 일어난 것인데, 동화되는 거리에 정도의 차이는 있지만 '죽운(=죽은), 나
뿐(=나쁜), 싶운(=싶은)' 등에서도 동일한 현상을 볼 수 있다.

45) '경장히'는 부사 '굉장히'에 대응되는 방언형이다.

46) '사램이'는 체언이 조사와 결합하는 과정에서 움라우트가 나타난 예에 속하
는 것으로 조사 /이/ 앞에서 선행 음절이 전설모음으로 역행동화를 일으킨
결과이다.

47) '-(으)ㄴ 게벼'는 '-(은)가봐(=가보아)'에 대응되는 형태인데 두 단어의 음운 연
쇄 /가보아/와 /게벼/의 음운론적 개연성이 전혀 없는 것은, 두 단어가 근원
적으로 별개의 내부구조를 갖는 데 이유가 있다. 즉 '-은가봐'는 '-은+가+보아'
로 분석되는데 제2·제3 구성요소에 축약이 일어나 '-은가봐'기 생성된 것이
다. 반면 '-은게벼'는 '-은+갑+-이여'로 분석되는 것으로 제2·제3 구성요소에
움라우트가 일어나면서 음절축약이 동반되어 생성된 것으로 볼 수 있지만,
'-은가+보이)-은가뵈)-은개벼'의 생성의 가능성도 고려해 볼 수 있다.

48) '빠득빠득하게 먹고 산다'는 말은 '경제적인 여유없이 빠듯하게 산다'는 의미
로 해석된다.

49) 이 방언에서 부사형어미 '-어/아'와 종결어미 '-어/아'의 기저형은 '-어'로 설
정할 수 있는데, 형태소 경계에서 모음조화하지 않고 어미 '-어'가 나타나는

예가 압도적이기 때문이다. 이러한 현상은 충청방언 전체에 나타나는 보편적 특징이라 할 수 있는 것으로 '살어(=살아), 삼어(=삼아), 받어(=받아), 아퍼(=아파), 잡어(=잡아), 찾어(=찾아)' 등에서 보듯이 단음절 용언에서도 매우 일관되게 부사형 어미 '-어'가 나타남을 알 수 있다.

50) '댓골, 안터' 등은 논산시 강산동에 있는 자연 부락이다.

51) '따루'는 부사 '따로'의 말모음이 고모음화하면서 생성된 형태이다. 이러한 현상이 나타나는 어휘형태소로 '제대루(=제대로), 눔(=놈), 운둥(=운동)' 등을 들 수 있다.

52) 이 방언에서는 '짝'과 '쪽'을 구별하지 않고 모두 '짝'이 나타난다.

53) '한티'는 방언형 '한테〉한티'가 고모음화로 실현된 것이다. '한테'는 '함께, 같이'의 뜻이지만, 조사 '-로'와 공기하는 것이 특이하다.

54) 이 방언에서는 자음 뒤에서 w계 이중모음이 잘 실현되지 않고 거의 단모음으로 나타나 '돼[데/대], 환갑[항갑], 돼야[데야/디야]'와 같이 실현된다.

55) 조사 '-부터'에 대응되는 형태는 매우 다양한 변이형을 가지고 있다. 충남 방언에서 '-부터'는 '-부덤, -부텅, -버터, -버텀, -보텀, -보도' 등이 모두 임의 교체되어 나타난다.

56) '추암동'은 논산시 '취암동'을 말한다.

57) '아덜(=아들), 아덜덜(=아들들)'은 체언 내부에서 저모음화가 나타남을 보이는 것인데, 고모음화가 충남 방언의 지배적인 음운현상인 것과 상반되는 예라 할 수 있다.

58) 이 방언에서 모음 /ㅚ/는 원순성을 상실하여 '퇴거[테거], 교회[교헤], 회새[헤새], 죄[제], 굉장히[겡장이], 외(椳)[에], 외로워서[에루워서], 괜찮다[겐찮다]'와 같이 비원순모음 /ㅔ/로 실현되는 예가 압도적이다.

59) '벨'은 관형사 '별'이 단모음화한 예인데, 이 방언에서는 '벨(=별), 베(=벼), 멫(=몇), 메느리(=며느리), 에방(=예방), 에식(=예식)'이나 '상에(=상여), 개럽다(=가렵다), 장네(=장례)' 등과 같이 어두이건 아니건 y계 이중모음이 단모음으로 나타나는 경향이 매우 강하다.

60) '암것'은 '아무'의 어말모음 탈락으로 '암'과 '것'의 통합 어형이다.

61) '제우'는 '겨우'가 구개음화를 일으켜 실현된 형태인데 '제우, 제오'가 임의변이한다.

62) '-지는 않다'에 대응되는 이 방언형은 '-든 안 하다'이다. 이것은 '-지도 않다'에 대응되는 이 방언형이 '-도 안 하다'인 것과 맥을 같이한다. 따라서 '심어

보든 안 했다'는 말은 '심어보지는 않았다'로 대역된다. '-든 안 하다'와 '-도 안 하다'는 충남 방언의 부정문이 매우 특이한 통사적 구조를 지니고 있음을 보여주는 예들이다.

63) '서두'는 '서+도'의 통합형으로 보조사 '만'과 통합하여 강세를 나타낸다.

64) '뻬주르감'은 몸이 기름하고 끝이 뾰족한 감을 일컫는 것으로 표준어 '뾰주리감'에 대응된다.

65) 연결어미 '-으려고, -으려면, -으려나'에 대응되는 형태가 이 방언에서도 '-을라구, -을라믄, -을려나'로 나타나, 모음어미의 '르'첨가 현상이 우리말 방언 전체에서 매우 활발히 나타남을 알 수 있게 해준다.

66) '웂던질'은 '없던 길'을 의미한다.

67) '뚫다'에 대응되는 형태가 이 방언에서는 '뚧다'이다.

68) '-까장'은 조사 '-까지'에 대응되는 형태이다.

69) '뽀쓰'는 '버스(bus)'를 가리키는 말이다.

70) '나가문'은 '나가면'으로 대역된다. 이 방언에서 연결어미 '-면'에 대응되는 형태가 '-문, -믄'으로 '배웠으문(=배웠으면), 주문(주면), 갈라무는(=가려면은), 빼믄(=빼면), 아니믄(=아니면), 말하자믄(=말하자면)'과 같이 나타난다.

71) '오머는'은 '오면은'으로 대역된다. 연결어미 '-면'에 조사 '-은'이 결합할 때 이 방언에서는 '-머는'이 나타난다. 따라서 '걸어가머는(=걸어가면은), 죽우머는(=죽으면은), 치머는(=치면은), 쓰머는(=쓰면은)'과 같은 예들을 볼 수 있다.

72) '별'에 대응되는 방언형이 '벨'이듯이 '별로'에 대응되는 방언형도 '베랑'으로 단모음화한 양상을 보인다.

73) '읔:꼬'는 '없고〉읍고〉읔꾸'로 고모음화, 위치동화로 실현되었다.

74) '즈'는 3인칭 재귀대명사 '저희'에 대응되는 형태로, 첫 음절이 고모음화하고 모음 사이의 후음이 탈락하면서 음절축약이 일어난 예이다. 대개의 경우에 이 '즈'는 장모음으로 실현된다.

75) '헤사'는 '회사'를 말한다.

76) 첫 음절의 고모음에 동화되어 제2 음절도 고모음으로 실현되는 예가 이 방언에서 매우 활발히 나타나는데, '그르케(=그렇게), 그릉 거(=그런 거), 이르케(=이렇게), 이른 디(=이런 데)문' 등이 그런 예에 속한다.

77) 여기서 '야'는 제보자의 아들을 가리키는 말로, '이 애, 얘'에 대응하는 방언형이다.

78) '막딩이'는 '막둥이'가 움라우트를 일으켜 나타난 형태인데 '막딩이, 막떵이'

가 임의변이한다.

79) 여기서 '나가다'는 객지로 이사가 산다는 말이다.

일생 의례

그러쿠나! 할머니 할머니께 여쭤보께여 할머니. 지금까지 태어나셔서 지금까지 사라 오싱거를 짤께 함번 태어 언제 어디서 무슨 띠에 태어나서 이러케. 어트게 자라셔꼬 머 어트게 어떤 공부하셔꼬 어떤 지겁 가지셔꼬 짤께짤께 겨로는 어떠케 하셔꼬 머 이런거.

￢ 어 나는 여기서 태애나서[1] 여기서 커따고 아내써 그냥 이 지비서 그랜는디. 어머니가 나 하나뿐빼끼[2] 안나쓰니께 내가 출가를 아나고. 하라부지[3]가 우리 지비루 오셔가꾸 사르셔찌[4] 이 그래가꾸서는. 아 자그마니 엄마가 나 하나빼끼 안나쓩게 무청 에루워써 나두 에루우꾸[5] 나 그냥. 언니 오빠 그르케 불러보닝 거시 소워니더라구 그래서 에 자껀[6] 내가 난는 대루 그냥 내 새끼는 내가 나는대로 다 나서 길러보야거따[7] 하구서나. 팔람매를 길러써 그른디 너무 심[8]들더라구 마니낭께 시먼 시먼드러두 조키는 햐 마내서. 지끄믄 조아 다: 장성해서 다 가서 즈 나름대루 다: 가서 자라구 사러 다 잘 사러 애덜더리. 잘 켜 커써.

힘드셔껜네.

￢ 잉 바루 커써 나뿐놈 하나두 웁써. 그라구 이 막떵이는 그때 운동선수루 한다구 뽈차꺼든 그랜는디. 강상[9] 드르 간는디 아 운둥선수더리 애럴 가따가 교육 시킬라면 그때는 막 자버놔:: 잉:: 막 때리고 그랑게. 이놈 자시기 이르케 즈 아들뚜 크자냐 우리 야두 겡장이[10] 크구 우다마게[11] 잘 커써 이뿌게. 그르게 지가 강상써 데려가써 저 기민중해꼬 댕겨쓸 때기 강상 고동하꾜로 뽀바가버려써. 그래 축꾸를 드러 간는디[12] 내가 축꾸를

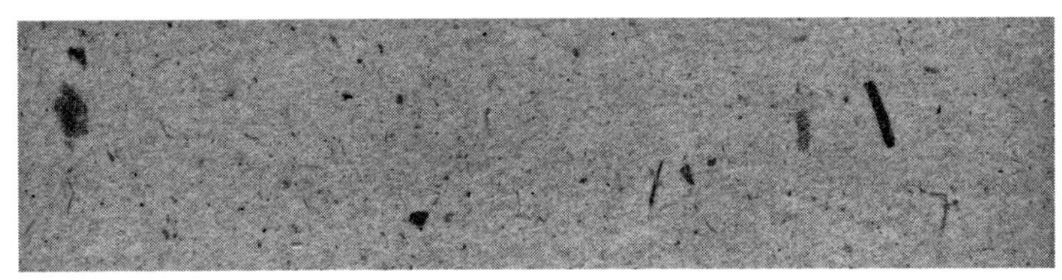

그렇구나! 할머니, 할머니께 여쭤볼게요, 할머니. 지금까지 태어나셔서 지금까지 살아오신 것을 짧게 한번 태어, 언제, 어디서, 무슨 띠에 태어나서 이렇게. 어떻게 자라셨고, 뭐 어떻게 어떤 공부하셨고, 어떤 직업 가지셨고, 짧게, 짧게 결혼은 어떻게 하셨고, 뭐 이런 거.

˜ 어, 나는 여기서 태어나서 여기서 컸다고 안했어? 그냥 이 집에서 그랬는데. 어머니가 나 하나밖에 안 낳았으니까 내가 출가를 안 하고. 할아버지가 우리 집으로 오셔갖고 사셨지, 응, 그래갖고서는. 아, 자그마치 엄마가 나 하나밖에 안 낳았으니까 무척 외로웠어, 나도 외로웠고, 나 그냥. 언니 오빠, 그렇게 불러보는 것이 소원이더라고 그래서 에이, 잡것 내가 낳는 대로 그냥 내 자식은 내가 낳는 대로 다 낳아서 길러봐야겠다 하고서는. 팔남매를 길렀어, 그런데 너무 힘들더라고 많이 낳으니까, 힘은, 힘은 들어도 좋기는 해 많아서. 지금은 좋아, 다 장성해서 다 가서 저 나름대로 다 가서 잘하고 살아, 다 잘살아 애들이. 잘 키워, 컸어.

힘드셨겠네.

˜ 응, 바로 컸어, 나쁜 놈 하나도 없어. 그리고 이 막둥이는 그때 운동선수를 한다고 볼 찼거든, 그랬는데. 강상(+강경상업고등학교) 들어갔는데, 아, 운동선수들이 애를 갖다가 교육시키려면 그때는 막 잡아놔, 응, 막 때리고 그러니까. 이놈 자식이 이렇게 저희 아들도 크잖아, 우리 애도 굉장히 크고 우람하게 잘 컸어, 예쁘게. 그렇게 자기가, 강상에서 데려갔어, 저 기민중학교 다녔을 적에 강상고등학교로 뽑아가 버렸어. 그래서 축구(+부)를 들어갔는데

모다게[13] 해써 하지마라 하지마라 그냥 공부해라 그래뜨니. 아 추꾸선생
이 안뇌주구 그냥 주거라구 부뚤구[14] 이썬는디. 아 그 비러머글 놈더리
인자 애가 그냥 크구 거식 하닝까. 즈보덤 다 우쩔루 크구[15] 자[16] 모던 자
랑게. 망 매로 조저서 방맹이[17]루 막 투두려 패가꾸 애가 쭉 뻐드러저 버
린나 무서워가꾸. 주거두 앙간댜:: 주거두 앙간댜 핵꾜를 막. 아퍼가꾸 와
떠라구 그래서 내가 이 써글로무디 운둥이구 지랄이구 축꾸구 그릉거 시
기다는 애잡꺼따. 내가 하꾜를 가써 가서. 나 여기 애기[18]가 안 댕길라구
랑게 몬느커따구[19] 그랑게. 아 선생니미 감::짝 놀래내 우리는 전::부라[20]
서류를 이르케 다해서. 거시기두 안바꾸 수험뉴두 안바꾸 잉 이 장학끄미
루다가 다 서류를 다 해놔따능거 그람서. 도늘 내써찌 내가 그래떠니 그
차즈러 와따 그랑게 안 댕길팅게 달라구래써 그래떠니. 아휴! 자 어머니
축꾸대헤서 지금 타겨글 바더도 우리가 애기할텡게. 그냥 내비러 두시구
몰르는 칙 햐가꾸냥 놔두시라구 그러면 다:: 아라서 자기네가 한다는디.
와가꾸 가라 그랑게 무서가꾸[21] 앙가 앙간댜 주거두 앙간댜. 그리서 강상
댕기 드러 가따가 상개워링가 대서 그냥 나와 버려써 안댕겨써. 그라구선
대저니루 지가 띠올라가서 대전까서 배워써 대전고등학꾜 나와써.

　잘 하셨네요.

￣ 앙간다 앙간다구 앙가드라구 그래서 축꾸를 아내써 모대써.

　아드니미 되게 머씨쓰신데여 보니까 머찌세요.

￣ 머쩌 머찐디 재대루만 잘 갈켜가꾸[22] 다 배워쓰문 이른디서 이쓰래가
아니지.

　되게 잘쌩기션네요.

￣ 응. 칭구도 만하구 그라구 애가 성시랴. 참:: 기가 매키게[23] 돈도 이망
크미나 주선는디[24] 차저줘써 학꾜다 노코 그래서. 교장 선생니미 교다니
다 내노코 김병시기가 이~ 이러버린 도늘 그르케 주서가꼬 그사라멀 학
꾜 무납피까장 쪼차와가꼬. 내오[25] 가니 거러가는디 여꾸리[26]다가 이 가방

내가 축구를 못하게 했어, 하지마라, 하지마라, 그냥 공부해라, 그랬더니. 아, 축구 선생이 안 놔주고, 그냥 죽어라하고 붙들고 있었는데. 아 그 빌어먹을 놈들이 인제 애가 그냥 크고, 거시기 하니까. 저희보다 더 윗길로 크고, 재 뭐든 잘하니까. 막 매로 때려서, 방망이로 막 두들겨 패갖고 애가 쭉 뺄어버렸나 무서워갖고. 죽어도 안 간대, 죽어도 안 간대, 학교를 막. 아파갖고 왔더라고, 그래서 내가 이 썩을 놈의 데, 운동이고, 지랄이고, 축구고 그런 거 시키다가는 애 잡겠다. 내가 학교에 갔어, 가서. 나 여기, 아기가 안 다니려고 그러니까, 못 넣겠다고 그러니까. 아, 선생님이 깜짝 놀라네, 우리는 전부가 서류를 이렇게 다해서. 거시기도 안 받고 수험료도 안 받고 응, 이 장학금으로다가 서류를 다 해놨다는 거야, 그러면서. 돈을 냈었지, 내가, 그랬더니 그것 찾으러 왔다고 그러니까, 안 다닐 테니까 달라고 그랬어, 그랬더니. 아휴! 재, 어머니 축구에 대해서 지금 타격을 받아도 우리가 얘기할 테니까. 그냥 내버려 두시고, 모르는 척 해갖고 그냥 놔두시라고, 그러면 다 알아서 자기네가 한다는데. 와갖고 가라고 그러니까, 무서워 갖고 안 가, 안 간대, 죽어도 안 간대. 그래서 강상 다니, 들어갔다가 삼 개월인가 돼서 그냥 나와 버렸어, 안 다녔어. 그러고서는 대전으로 자기가 뛰어 올라가서 대전에 가서 배웠어, 대전고등학교 나왔어.

잘 하셨네요.

- 안 간다, 안 간다고, 안 가더라고 그래서 축구를 안 했어, 못했어.

아드님이 되게 멋있으신데요, 보니까 멋지세요.

- 멋져, 벗신데 제내로만 잘 가르쳐깇고 다 배웠으면 이런 데서 있을 애가 아니지.

되게 잘 생기셨네요.

- 응. 친구도 많고, 그러고 애가 성실해. 참, 기가 막히게 돈도 이만큼이나 주웠는데 찾아줬어, 학교에다 놓고 그래서. 교장 선생님이 교단에다 내놓고 김병식이가 응, 잃어버린 돈을 그렇게 주워갖고 그 사람을 학교 문 앞에까지 쫓아와갖고. 내외간에 걸어가는데 옆구리에다가 이 가방을 넣고 가다

을 느코가다가 술술 빠젇뜨랴. 빠저서 주서가꾸[27] 부창해꼬까장 거러가
그때는 거러댕겨찌. 떠서[28] 옹게 그거뚜 몰르구 거러가드랴 거깨 논 논중
학교 아피 그래서. 막:: 아줌마를 불릉게 디[29]도라보더랴 그래서 왜 그라
냐 그래서. 이 가방을 주서들구 이 아줌마 가방 아니냥게 히::잉 그때서[30]
누니 번쩍 하더니 그냥 환장하구 그냥. 고맙따구 막 그냥 그라드랴 그라
더니. 데리구 가서 과자 좀 사주구서는 그냥 보내따구라데. 그릉게 우리
손자노미 한살 들 머거써 요 저티. 뺑태치름[31] 오삼추[32]는 가 돈찌깝 주서
가꾸 되가따 줘따고. 아 그라자 지아부지가 그때 아퍼써꺼든. 야 이노무
새끼야 그눔 가따 병원비 하게 가주구 오지 왜 줬냐구 내가 그래써 그래
떠니. 아부지[33]가 그걸루 병원비 주문[34] 아부지 주거유. 잉 아부지 중는댜
꽁짜 돈 가꾸 병원비 수술 앙바더 중는댜. 그래가꾸 교다니 올라가서 히::
온 학상[35]드리 아치미 조레시가니 데러다노쿠 그러케 칭차늘 해줘서. 박
수가 비 오드대따고 하드라구 그래서 학꾜서두 대잉::끼여써. 그야 나쁘고
나 잉. 나뿐 마믈 이마큼두 암머거 지끔도 너미 공꺼시라고는[36] 그르케.
애는 애는 참말로 미들마난 노미여 내 자시기래두.

그르케 인제 그럼 파령제를 어트게 키우셔써요?

─ 아 그렁게 어떨따구 내가 안그래 접때두 공동묘지 구:시는[37] 다 무하
나. 하나씩 자버가래두 안자버간다구 오지게[38] 함번 그래쓰까 부애[39]나서
그냥. 심들때는 심드러 너무 심드러써. 키우닌 할머니가 보신다구 해두.
할머니가 이야 우리 막뚱이 네살머거서 도라가션네. 지 우인느문[40] 여서
쌀 먹꾸 이누문 네살 먹꾸. 지 우이[41] 형은 지금 수원써 배울만치 배워가
꾸 연구소리서 이따가. 중국깐다구 지금 날띠구 지랄하구 댕기서 어트게
대능건지 몰르건네 잘디야 할틴디.

금 할머니 여기서 태어나셔서 이 지베서 태어나셔서 이 지베서 겨론 하셔
꼬.

─ 하라부지가 오셔쓩게 기냥 여기서 이 동네 말: 그릉게. 내가 시집 와

가 술술 빠졌더래. 빠져서 주워갖고 부창(+초등)학교까지 걸어가, 그때는 걸어 다녔지. 뛰어서 오니까, 그것도 모르고 걸어가더래, 거기께 논, 논(+ 산)중학교 앞에 그래서. 막, 아줌마를 부르니까 뒤돌아보더래, 그래서 왜 그러냐고 그래서. 이 가방을 주워들고 이 아줌마 가방 아니냐니까, 힝, 그 때서야 눈이 번쩍 하더니 그냥 환장하고 그냥. 고맙다고 막 그냥 그러더래, 그러더니. 데리고 가서 과자 좀 사주고서는 그냥 보냈다고 그러데. 그러니 까 우리 손자 놈이 한 살 덜 먹었어, 요 곁에. 병태처럼 외삼촌은 가다 돈 지갑 주워갖고 되 갖다 줬다고. 아, 그러자 제 아버지가 그때 아팠었거든. 애 이놈의 새끼야, 그놈 갖다가 병원비하게 갖고 오지 왜 줬냐고 내가 그 랬어, 그랬더니. 아버지가 그걸로 병원비내면 아버지 죽어요. 응, 아버지 죽는대, 공짜 돈 가지고 병원비 수술 안 받아 죽는대. 그래갖고 교단에 올 라가서 힝, 온 학생들이 아침에 조례시간에 데려다 놓고 그렇게 칭찬을 해 줘서. 박수가 비 오듯 했다고 하더라고, 그래서 학교에서도 대인기였어. 그래 나쁘고, 나(+쁜), 응. 나쁜 마음을 이만큼도 안 먹어, 지금도 남의 공 것이라고는 그렇게. 애는, 애는 참말로 믿을 만한 놈이야, 내 자식이라도.

그렇게 인제 그럼 팔 형제를 어떻게 키우셨어요?

￣ 아, 그러니까 어떻다고 내가 안 그래, 저번에도 공동묘지 귀신은 다 뭐하나. 하나씩 잡아가래도 안 잡아간다고 오지게 한번 그랬을까 부아 나 서, 그냥. 힘들 때는 힘들어, 너무 힘들었어. 키우긴 할머니가 보신다고 해도. 할머니가 이 애 우리 막둥이 내 살 먹여서 돌아가셨네. 제 위 놈은 여섯 살 먹고, 이놈은 네 살 먹고. 제 위 형은 지금 수원에서 배울 만큼 배워갖고 연구소에서 있다가. 중국 간다고 지금 날뛰고 지랄하고 다니면 서 어떻게 되는 건지 모르겠네, 잘돼야 할 텐데.

그러면 할머니 여기에서 태어나셔서, 이 집에서 태어나셔서 이 집에서 결혼 하셨고.

￣ 할아버지가 오셨으니까, 그냥 여기서 이 동네 마을 그러니까. 내가

쓰믄 잘 몰라 그런디. 여기서 태어나서 한 칠썹년똥아니나 여기서 사러쓰니께. 그래도 어느 정도는 알자나 다:.

　그럼 할머니 아까 머 공부하시는 얘기 그거쯤 해주세요.

　‒ 공부?

　예 아까 공부를 어트게 하션나?

　‒ 공부? 궁미내꾜 머 유캉년 조럽두 채 안마터찌[12] 인자. 학꾜 거기서잉 그게 그때는 그 하꾜더르. 부창 여기는 부창 궁미나꾜구 우리는. 그 하꾜더르 그게 머냐 이르미. 승:당 핵꾜라 구래써 성당 성당이서 괄리하는 해꾜라 성당 해꾜라구. 성당 핵교[13]서 올라온 학생드를 조럽씨키라구 그랑게나. 아 이 비러머글 놈드리 유카년 조럽시켜 준다더니. 사항녀니 전부라[14] 조러불 시켜뻐리고 마네. 그래서 공부는 더 하고 시푼디 거기서는 안바더주지. 그래가꾸 강경 강경이란디 나 학꾜럴 간다구. 세시 닐 우리 동 칭구가 닐: 다서시 아주 친해써. 강경까장 가써 강경 궁미나꾜까장 가떠니 너머 머러서 몯 땡긴다고 그라더라고 칭구는. 그저니는 여는 궁미내꾜도 앙 갈켜써 여자더럴. 우리 아부지는 나 하나라구 그러케 갈켜찌만 아:무도 앙 갈켜가꾸. 나 혼차 다닝겨써 혼차 여서 학꾜를. 읍써 궁민 해꾜 학쌩도 초등 핵꾜 학[x생x] 읍:써써 그래 혼자 다녀써 혼자. 그라구선 저 너머 가서 우리 조카따리 하나 이썬는디. 조카따라구 두리 웅 선배. 이짜기서 살던 나보담 네살 더 머근 언니가 인는디 그 그 언니아고 두리. 그 사라믄 아:제 부창 해께루 드러가구. 을래 우리는 천주교 신자라 우리 아부지가 부창애교럴 안너써[15]. 승당[16] 학꾜를 가야 신부님 말 잘 드꼬 도리 배우고 그란다구 거기다 느쿠.

　그래서 사항년까지 조럽하시고?

　‒ 응 하고. 그래서 하꾜 공부를 더하고 시퍼서 강:경을 가서 강:경. 지금 부창궁미나꾜 부창 강경 부창애꾜두[17]. 거기럴 가 부창애꾜 다녀 초등 하꾜 강경초등하꾜 고기가서. 우리가 여기 이 해교 댕길라고 와따 그랑게

시집왔으면 잘 몰라, 그런데. 여기서 태어나서 한 칠십년 동안이나 여기서 살았으니까. 그래도 어느 정도는 알잖아, 다.

그럼 할머니 아까 뭐 공부하시던 얘기, 그것 좀 해주세요.

˗ 공부?

예, 아까 공부를 어떻게 하셨나?

˗ 공부? 초등학교 뭐 육학년 졸업도 채 안 마쳤지, 인제. 학교, 거기서 응, 그게 그때는 그 학교더러. 부창, 여기는 부창 초등학교고, 우리는. 그 학교더러 그게 뭐냐 이름이. 성당학교라고 그랬어, 성당, 성당에서 관리하는 학교라 성당학교라고. 성당학교에서 올라온 학생들을 졸업시키라고 그러니까는. 아, 이 빌어먹을 놈들이 육 학년 졸업시켜 준다더니. 사학년이 전부라 졸업을 시켜버리고 마네. 그래서 공부는 더 하고 싶은데 거기서는 안 받아주지. 그래갖고 강경, 강경이란 데 나 학교를 간다고. 셋이 넷, 우리 동(+네), 친구가 넷 다섯이 아주 친했어. 강경까지 갔어, 강경초등학교까지 갔더니, 너무 멀어서 못 다닌다고 그러더라고, 친구는. 그전에는 여기는 초등학교도 안 가르쳤어, 여자들을. 우리 아버지는 나 하나라고 그렇게 가르쳤지만 아무도 안 가르쳐갖고. 나 혼자 다녔어, 혼자 여기서 학교를. 없어, 초등학교 학생도 초등학교 학(+생) 없었어, 그래 혼자 다녔어 혼자. 그러고서는 저 넘어가서 우리 조카딸이 하나 있었는데. 조카딸하고 둘이 응, 선배. 이 쪽에서 살던 나보다 네 살 더 먹은 언니가 있는데 그, 그 언니하고 둘이. 그 사람은 애초에 부창 학교로 들어가고. 원래 우리는 천주교 신자라서 우리 아버지가 부창 학교에 안 넣었어. 성당학교를 가야 신부님 말 잘 듣고, 도리 배우고, 그런다고 거기다 넣고.

그래서 사학년까지 졸업하시고?

˗ 응, 하고. 그래서 학교 공부를 더 하고 싶어서 강경을 가서, 강경. 지금 부창 초등학교, 부창, 강경, 부창 학교도. 거기를 가서 부창 학교 다녀, 초등학교, 강경 초등학교 고기 가서. 우리가 여기 이 학교 다니려고 왔다

나. 어디 사냐? 그래서 인자 이른 얘기를 항게. 여기럴 여까장 왜 완냐. 그래서 사실대로 그 말 다아고 공부를 더하고 시푼디 고기서 암바더줘서. 이 여 강경까장 댕기라 그랑게 야 이노무 자식뜨라 강경 여기서 어디라고 여기를 댕기냐고 모땡기게 하드라고. 그래서 거기서 나와가꾸 저:: 절라도 망숭며니라고[48] 이떼. 거: 얼마를 가야야:: 그란디 거기 니:시 거까장 가써써 망승며늘 차저서. 그래뜨니 거그 선생드리 깜::짝 놀랴 야. 아 이노무 잉 사람더라 아가 이~ 여까장 그거 학꾜 공부 더한다구 완냐 그래뜨니. 한 지비를 드러강 게 선상[49] 사태기 인는디 조옥 사는 양바더리 인는디. 그 양바니 천주교 신자더라구 그래서 가서 예기예기 하닝게. 아부지 기시냐[50] 그래서 아부지 계시다 그래떠니 이르물 다 적꼬 아부지를 함번 모시고 오라구라더라구. 그래서 우리 아부지를 데리구 고까장 가써따 내가 인자 이? 히:: 그래떠니 딸래미 또또가게[51] 뒤따고 말도 자라구 그란다고. 아이고 그냥 저를 미꼬 보내시라고 그래서. 거기를 갈라무는 아 여그서 논산서 역전 가서 차를 타고 강경까서 네린다 이? 강경역쩐서 네려가꾸 망숭며늘 갈라문 심니는돠[52]. 거기를 차도 모타고 나 거러가써 거러가 망승 핵꾜를. 거러가머는 한 시간 할 때두 이써 한 시간 끈나고 어떤 때는 한 시간도 더알 때두 이꾸. 그르케 가서 댕견는디 주거도 모땡기거써. 그래서 그냥 마러써 거그서 이 일련 댕기다가 육캉년 조럽 모대써 거기서두 심드러 심드러서.

  그걸 일본싸람드리 그 성당학교에서 나가라고 항거에요?

  ¯ 응 그 이 그때는 해방도 안되고. 인자 일번싸람더리 자기네 이? 하꾜에서 그냥 부창궁미나꾜가 인자. 일본싸람드리 취그바고[53] 인자 그래찌. 그렁게 인자 성당이서 승당 해꾜서 올라온 사람더른 내보내라구. 그래가꾸 아 모따녀써.

그러니까. 어디 사냐? 그래서 인제 이런 얘기를 하니까. 여기를 여기까지 왜 왔냐. 그래서 사실대로 그 말을 다하고 공부를 더 하고 싶은데 거기서 안 받아줘서. 이 여기 강경까지 다니려고 그러니까, 야, 이놈의 자식들아, 강경 여기서 어디라고 여기를 다니느냐고 못 다니게 하더라고. 그래도 거기서 나와갖고, 저 전라도 망성면이라고 있데. 거기 얼마를 가야해, 그런데 거기 넷이 거기까지 갔었어, 망성면을 찾아서. 그랬더니 거기 선생들이 깜짝 놀라, 야, 아, 이놈의 사람들아, 아가 잉, 여기까지 그거 학교 공부 더 한다고 왔느냐, 그랬더니. 한 집에를 들어가니까 선생 사택이 있는데, 죽 사는 양반들이 있는데. 그 양반이 천주교 신자더라고, 그래서 가서 얘기, 얘기하니까. 아버지 계시느냐, 그래서 아버지 계신다, 그랬더니 이름을 다 적고 아버지를 한 번 모시고 오라고 그러더라고. 그래서 우리 아버지를 데리고 고기까지 갔었다, 내가 인제, 응? 히, 그랬더니 딸을 똑똑하게 됐다고, 말도 잘하고 그런다고. 아이고, 그냥 저를 믿고 보내시라고, 그래서. 거기를 가려면 아, 여기서 논산에서 역전 가서 차를 타고 강경 가서 내린다, 응? 강경역전에서 내려갖고 망성면을 가려면 십 리는 돼. 거기를 차도 못타고 나 걸어갔어, 걸어가, 망성 학교를. 걸어가면 한 시간 할 때도 있어, 한 시간 끝나고 어떤 때는 한 시간도 더 할 때도 있고. 그렇게 가서 다녔는데 죽어도 못 다니겠어. 그래서 그냥 말았어, 거기서 일, 일 년 다니다가. 육학년 졸업 못했어, 거기서도 힘들어, 힘들어서.

　그걸 일본사람들이 그 성당학교에서 나가라고 한 거예요?

　˹ 응, 그, 이, 그때는 해방도 안 되고. 인제 일본사람들이 자기네, 응? 학교에서 그냥 부창 초등학교가 인제. 일본사람들이 취급하고 인제 그랬지. 그러니까 인제 성당에서 성당학교에서 올라온 사람들은 내보내라고. 그래갖고 아, 못 다녔어.

그러쿠나! 이제 할머니 겨론 이제 말씀 좀 쫌 자세하게 해주세요. 할머니 하라버지는 어디 출씨니세요?

ㅡ 하라부지? 하라부지도 공부 모대땨.

지방 어디에서 태어나셔 나써요?

ㅡ 지방에? 에 하라부지는 태어나기는 절라도서 태어나땨 절라도 저 김제라는 디서 거그서 태어나가꾸. 세:살 네:살 떼기[54] 여그 논사늘 올라와 따고 하드라구. 그릉게 여 충남 싸라미나 항가지여 어려서 이르케 와땨 그래 그랜는디. 단 삼 남매빼끼 읍써 딸 하나 아덜 성제[55].

음 그럼 여기서 이제 계속 자라싱거에요 하라버지?

ㅡ 하라부지는 인자 자기네 지비서 자라찌만 아 우리 아부지 하구 가치 승:당이를 잘 댕깅게 우리 아부지가 천주교 참:: 아주 신자여써 아주 열씨미 미더써. 그래서 우리 응감 그릉게 마라자믄 시아버니[56]지. 그 양반두 하::두 천주교 신자 열씨미라 두 양반더리 하두 친하다 보닝까. 인자 딸 아덜 예기가 나가꾸 나는 따리 하나 인는디: 아까워서 누구 모쭌다 잉? 내가 아덜두 하나두 읍꾸 따리 하난디 누구를 주건냐[57]? 아 칭구가 아덜 성제걸랑 나아나 달라구래땨 그랑게. 아 그람 그랴 내가 아더럴 내 아더럴 나는 살기가 시미 좀 대가낭게[58]. 그럼 아더럴 데려가라구 그래가구 데릴싸우치름[59] 이르케 와:서 겨로늘 해땅게 노인네들찌리[60] 만나가꾸 나는 어트게 생긴지두 몰라 실랑 얼굴두 암봐찌. 그랜는디 인자 당신네들찌리 인자 예기해가꾸 겨로늘 하구 그르게 사러찌 옌나리는 부모네더리

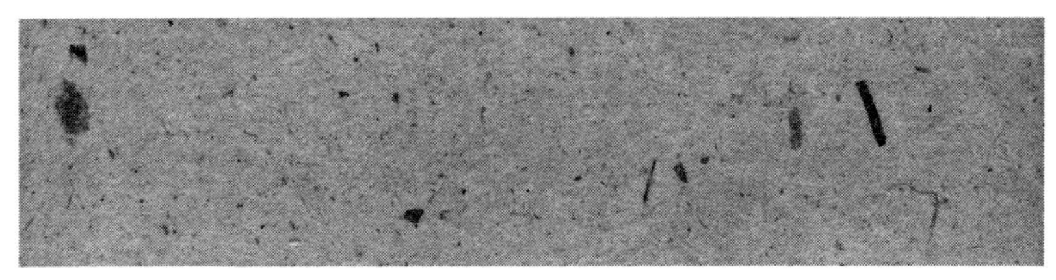

그렇구나! 인제 할머니 결혼, 인제 말씀 좀, 좀 자세하게 해주세요. 할머니, 할아버지는 어디 출신이세요?

˭ 할아버지? 할아버지도 공부 못했대.

지방, 어디에서 태어나셔, 났어요?

˭ 지방에? 에, 할아버지는 태어나기는 전라도에서 태어났대, 전라도 저 김제라는 데서, 거기서 태어나갖고. 세 살, 네 살 적에 여기 논산에 올라 왔다고 하더라고. 그러니까 여기 충남 사람이나 한가지야, 어려서 이렇게 왔대, 그래 그랬는데. 단 삼 남매밖에 없어, 딸 하나 아들 형제.

음, 그럼 여기에서 인제 계속 자라신 거예요, 할아버지?

˭ 할아버지는 인제 자기네 집에서 자랐지만 아, 우리 아버지하고 같이 성당에를 잘 다니니까, 우리 아버지가 천주교 참 아주 신자였어, 아주 열심히 믿었어. 그래서 우리 영감, 그러니까 말하자면 시아버지지. 그 양반도 하도 천주교 신자 열심이라, 두 양반들이 하도 친하다 보니까. 인제 딸 아들 얘기가 나와갖고, 나 딸이 하나 있는데 아까워서 누구 못 준다, 응? 내가 아들도 하나도 없고 딸이 하난데 누구를 주겠냐? 아, 친구가 아들 형제거든, 나 하나 달라고 그랬대, 그러니까. 아, 그럼 그래, 내가 아들을, 내 아들을 나는 살기가 힘이 좀 힘드니까. 그럼 아들을 데려 가라고 그래가지고 데릴사위처럼 이렇게 와서 결혼을 했다니까, 노인네들끼리 만나갖고 나는 어떻게 생긴 지도 몰라 신랑 얼굴도 안 봤지. 그랬는데 인제 당신네들 끼리 인제 얘기해갖고 결혼을 하고 그렇게 살았지, 옛날에는 부모네들이

정해주문 사러써 그냥. 가라 시집까 사러라고 하면 꼼작뚜 모다구 사러찌머. 어뜨게 생긴 얼굴도 몰르고 그냥 으등[61] 기여. 그른디 은 으꾸 보니께 아자씨가 차카지 차카구 이뻐 차카구 똑또가구. 궁[62] 그야 그 양반도 가나나게 사러서 궁미나꼬두 안 나오고 학꾜두 모땡겨따. 나치럼 성당해꾜 쪼금 댕기는디 이항년 댕길랑게 당신[63] 엄니[64]가 아퍼가꼬. 야 이너마 느 어매[65]는 아파 주글라 그라는디 그까질 공부하면 무하냐구 아부지가 모까게 하드랴 우리 샤:버니가. 그래서 이항년 사망년 올라갈라다 마러따 그래따는디. 재주가 조하가꾸 나부덤[66] 더 자라러. 군대가서 마이 배워따 자기는 함:문두 더 자랄구. 천자채글[67] 군대가니까 그냥 너머 답다두배서 저녕::마두[68] 천자럴 뗠:따[69] 그냥. 천자무늘 떼는디 한 달마니 암보구 쓰구 다: 안다는디. 함:문두 잘 쓰드라구 자랄구. 아주 기냥 열::씨미 기냥 아주 노려케가꾸 배워가꾸 자랄더라구.

그럼 뭐 인제 겨론 예무레 대해서 무러보라고 하네요?

⎯ 예물 머 옌나리는 머 예물 이써?

머 어떵 거 주고 바드셔써요?

⎯ 아 옌나리는 머 주고바등 거나 머 이써 나 어디 가따웅게 사:주라구 완나 어짼나 보니께 오설 종::거까따놔떼. 유똥[70]치마 그렁거 종::거 가따놔써 데개 종거 바더써. 에이 그래서 그저니는 오뚜 귀핸는디 왜정시대라 잉? 그때 왜정시대 겨로내. 아 오또 데개 조응거 가따놔서. 실랑은 보두 아나구 온뇩씨미 기냥 오시 환장해가꾸. 오시 탐나가꾸 그냥 시집가써나. 오슬 데개 존놈 가따 놔떠랑게. 치매[71] 저구리 유똥치마 양단저구리 호박딴저구리. 시머머머여 무슨 치마여 데게 이뿡 거 가따 놔써. 삳 유똥사똥[72] 그릉거 가따놔서 날::마도 어린 욕씨미루. 나 예레서싸리[73] 겨로내 쓰니게 뭐 아냐 지끔[74] 그때두 키가 이 사람마니나 컨네 나도 그때 키가 여레서싸리래두 검나게 컫써 잉. 그래서 그노무 엄니두 웁쓰머는 머 엄마 어디 씨*. 인자 바티 나가구 오디[75]는 시장이 나가구 하이먼. 그 노무 보

정해주면 살았어, 그냥. 가라, 시집가 살으라고 하면 꼼짝도 못하고 살았지 뭐. 어떻게 생긴 얼굴도 모르고 그냥 얻은 거야. 그런데 얼, 얻고 보니까 아저씨가 착하지, 착하고 예뻐, 착하고 똑똑하고. 국(+민), 그거야 그 양반도 가난하게 살아서 초등학교도 안 나오고, 학교도 못 다녔대. 나처럼 성당학교 조금 다니는데 이학년 다니려니까 당신 어머니가 아파갖고. 야, 이놈아 네 엄마는 아파 죽으려고 하는데 그까짓 공부하면 뭐하냐고 아버지가 못 가게 하더래, 우리 시아버지가. 그래서 이학년, 삼학년 올라가려다 말았대, 그랬다는데. 재주가 좋아갖고 나보다 더 잘 알아. 군대 가서 많이 배웠대, 자기는 한문도 더 잘 알고. 천자문 책을 군대 가니까, 그냥 너무 답답해서 저녁마다 천자를 뗐대, 그냥. 천자문을 떼는데 한 달만에 안보고 쓰고 다 안다는데. 한문도 잘 쓰더라고 잘 알고. 아주 그냥 열심히 그냥 아주 노력해갖고, 배워갖고 잘 알더라고.

그럼 뭐 인제 결혼 예물에 대해서 물어 보라고 하네요?

─ 예물, 뭐 옛날에는, 뭐 예물이 있어?

뭐 어떤 거 주고받으셨어요?

─ 아, 옛날에는 뭐 주고받은 거나 뭐 있어, 나 어디 갔다 오니까, 사주라고 왔나 어쨌나 보니까 옷을 좋은 거 갖다놨데. 뉴똥치마 그런 거 좋은 거 갖다놨어, 되게 좋은 거 받았어. 에이, 그래서 그전에는 옷도 귀했는데, 왜정시대라 응? 그때 왜정시대 결혼해. 아, 옷도 되게 좋은 거 갖다놔서. 신랑은 보시도 않고, 옷 욕심에 그냥 옷에 환장해갖고. 옷이 탐나갖고 그냥 시집갔어, 나. 옷을 되게 좋은 놈 갖다 놨더라니까. 치마저고리, 뉴똥치마, 양단저고리, 호박단저고리. 시, 뭐, 뭐, 뭐야 무슨 치마야, 되게 예쁜 거 갖다 놨어. 사, 뉴똥, 사똥 그런 거 갖다 놔서 날마다 어린 욕심으로. 나 열여섯 살에 결혼했으니까 뭐 아느냐, 지금 그때도 키가 이 사람만큼이나 컸네, 나도 그때 키가 열여섯 살이라도 아주 많이 컸어, 응. 그래서 그놈의 엄마도 없으면 뭐 엄마가 어디 시(+장). 인제 밭에 나가고,

따리를 내가꾸 치마두 이르케 막:: 필무기루 인능 거 이르케 막 가머보구
이르케 거러보구 막 이래따 하두 조아가꾸 이뻐서. 그래서 가따 잘 바더
써 그르케 해와떠라구.

　머 이불가틍 거는녀 배개가틍 거?

˙ 비개 그릉 건 인자 지비서 맨드러찌 머. 나도 바느질 솜씨가 존[76] 사
라미여 내가 바느질 자랴. 그릉게 내가 다 맨드러써 어려서두.

　그래서 시대게 드려써요?

˙ 에 그저니는 시대기 그릉거 주능 거 읍써써.

　그래요?

˙ 그럼 저만 저만 가저찌 지끄밍게 시대기 주구 어짜구 하지.

　그럼 그냥 그렁 거는 인제 해갈 때 그냥 가주구 가시능 거에요? 거기 안주고?

˙ 아 나 우리는 아자씨[77]가 오 와쓩게. 해가꾸 가두 아내찌 그냥 여기서
사러찌 그냥 엄마가 해주시능 거. 엔나리는 왜정시대 그때 그때 마내두
해방 저니라. 거 귀해써 오뚜 일번사람 왜정시대. 그래서 이제 겨로늘 하
구 나니께 인자 팔리로 해방되니께 인자 오뚜 마나구[78] 머 이~? 흔전만전
해:찌[79].

어디는 시장에 나가고 하면. 그놈의 보따리를 내갖고 치마도 이렇게 막 필목으로 있는 거 이렇게 막 감아보고, 이렇게 걸어보고 막 이랬다 하도 좋아갖고 예뻐서. 그래서 갖다 잘 받았어, 그렇게 해왔더라고.

뭐, 이불 같은 것은요, 베개 같은 거?

⎺ 베개 그런 건 인제 집에서 만들었지 뭐. 나도 바느질 솜씨가 좋은 사람이야, 내가 바느질 잘해. 그러니까 내가 다 만들었어, 어려서도.

그래서 시댁에 드렸어요?

⎺ 에, 그전에는 시댁에 그런 거, 주는 거 없었어.

그래요?

⎺ 그럼, 저만, 저만 가졌지, 지금이니까 시댁에 주고 어쩌고 하지.

그럼 그냥 그런 것은 인제 해갈 때 그냥 가지고 가시는 거예요, 거기 안주고?

⎺ 아, 나, 우리는 아저씨가 오, 왔으니까. 해 갖고 가지도 안했지, 그냥 여기서 살았지, 그냥 엄마가 해주시는 거. 옛날에는 왜정시대, 그때, 그때만해도 해방 전이라. 그거 귀했어, 옷도 일본사람 왜정시대. 그래서 인제 결혼을 하고 나니까, 인제 팔일오 해방되니까 옷도 많고 뭐, 응? 흥청망청했지.

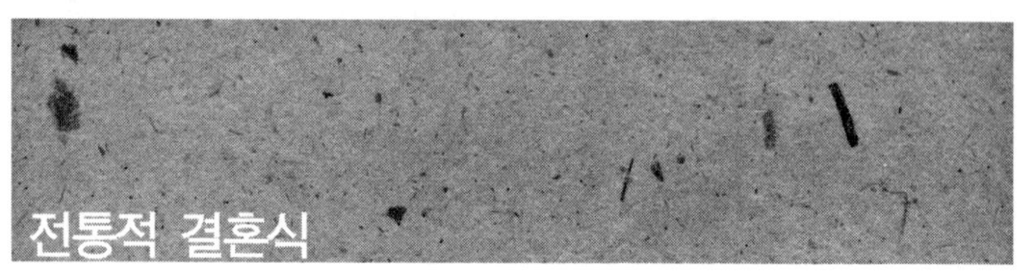

지금 이 전통 겨론식 쫌 알려주세요. 옌나레 홀레 풍습 어트케 핸는지?

‾ 홀레풍습?

어트게 머 청실홍실 머 이렁 거?

‾ 으:: 청실홍실 거러노쿠 마당이다가 이 겨론식 시킬라믄 실랑하구 심부하구 마당 노쿠서는 머 이케 청실홍실 걸:구 암·탁 장:딱[80] 머 그냥 가따 노쿠 이르케 하는디. 우리는 그렁 거 안내써 왜냐믄 승:당이서 심분니미 혼배미사를 디려써[81]. 그래서 거기서 해써 승:당이서 해써.

치마저고리 이렁거 입꼬.

‾ 이~ 입꼬.

쪽뚜리도 쓰시고요?

‾ 쪽뚜리는 안 쓰구 원삼 쪽뚜리 그릉 걸 안 쓰구서는. 드레스치름 이케 하얀 치매저구리 입꾸 다 화관쓰구 해써 이르케 하::야케.

신시그루 하션내요?

‾ 응응.

그럼 옌나레는 그럼 누에고치 가틍 건 언제 피료 해요? 겨론알 때?

‾ 누에꼬추? 그릉 거슨 이 이 오깜 짜가꾸 이불두 맨들구 머 오뚜 해입꾸 머 그래써 여기서 뉘여[82] 메긴[83] 사람 인는디 우리는 뉘여를 암메견는디 우리집 여짜기[84] 사는 양바네는 시꾸가 마네가꾸 뉘여를 미기는디. 뉘여 한:: 잠 자서. 메:짬 자면 메:짬 자나 몰라라는 그 뉘여를 암매겨서. 그러면 이 뉘여가 다 잠자구 지불 지터라구[85] 인자 잉? 지벌 지머는 똥::고

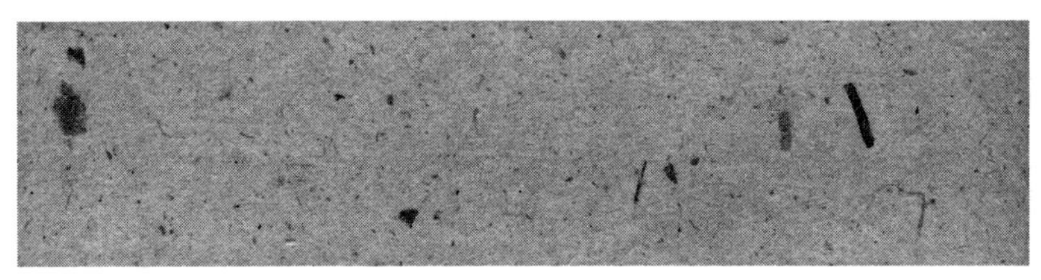

지금 이 전통 결혼식 좀 알려주세요. 옛날에 혼례 풍습 어떻게 했는지?

ᐨ 혼례풍습?

어떻게 뭐, 청실홍실 이런 거?

ᐨ 응, 청실홍실 걸어놓고, 마당에다가, 이 결혼식 시키려면 신랑하고 신부하고 마당에 놓고서는, 뭐 이렇게 청실홍실 걸고 암탉, 수탉 뭐 그냥 갖다 이렇게 하는데. 우리는 그런 거 안 했어, 왜냐하면 성당에서 신부님이 혼배미사를 드렸어. 그래서 거기서 했어, 성당에서 했어.

치마저고리 이런 거 입고.

ᐨ 응, 입고.

족두리도 쓰시고요?

ᐨ 족두리는 안 쓰고, 원삼 족두리 그런 걸 안 쓰고서는. 드레스처럼 이렇게 하얀 치마저고리 입고 다 화관 쓰고 했어, 이렇게 하얗게.

신식으로 하셨네요?

ᐨ 응응.

그럼 옛날에는 그럼 누에고치 같은 건 언제 필요해요? 결혼할 때?

ᐨ 누에고치? 그런 것은 이, 이 옷감 짜갖고 이불도 만들고, 뭐 옷도 해 입고, 뭐 그랬어, 여기서 누에 먹인 사람 있는데 우리는 누에를 안 먹였는데 우리 집 이쪽에 사는 양반네는 식구가 많아갖고 누에를 먹이는데. 누에 한 잠 자서. 몇 잠자면, 몇 잠자나 몰라, 나는 그 누에를 안 먹여서. 그러면 이 누에가 다 잠자고 집을 짓더라고 인제 응? 집을 지으면은 동그

모라케 뉘여꼬추를 맨드러 노쿠 그 소:기 드르가서 잠자구 주거 버리데 뉘여가. 이~ 뉘여가 주거 인자 다 그거 똥그럴 똘글 똥::그라케 집쩌노쿠 주구머는 그 뉘여꼬추를 이 물 씨를 빼더라구. 이 쌀머가꾸 마당이서 불 펴가꾸. 뉘여꼬추를 실빠 빼는 기술짜 양반더리 이써 노인네가. 그럼 그 누물 실 빼가꾸 명지[86]럴 이 사서. 베를 짜더라구 우리 동네 한 사람 두 사람 이써 지금 뉘여 그거 꼬추[87]해가꾸 짠 사라미.

지금도 게세요?

ˉ 응 짜 짜서 지금두 그른디 그 사람덜또 인자 아낭게 머 하나두.

그럼 나중에 그 예기 할 때는 할머니 좀.

ˉ 불러오께.

페백까틍 거는뇨?

ˉ 페백? 페배근 인저 인자 잉: 지끔치럼 디리지.

엔나레 겨론하셔떤 모습 할머니는 신시그로 하셔찌만 엔나레 아시능 거 엔나레는 어떠케도 해따 이거쯤 얘기 해주세요.

ˉ 엔나리는 머 어트게 햐: 그냥 마당이다 잉? 일 차려노쿠 우리 큰딸두 내가 그르케 여워써[88] 하나. 큰딸두 여 동네사는 큰딸두 마당이다 호닌 홀레잔치를 치를 띠끼[89]. 고 청실홍실 노쿠 마당이다. 상 채려[90]노쿠 실랑 각씨 대레[91] 지내찌 인자 그래따가.

천날빠문 어트게 해요?

ˉ 천날빰:: 인제 머 방에서 머 심부 화장 시켜노쿠. 실랑이 드르가서 인자 말 무러보능 거지 머 고야 고애니[92] 아러두 좀 무러보능 거지 머. 그래써 나는 동네 호닌[93] 해가꾸. 딸두 동네다 하나 여워서. 그 우리 지비서 겨로늘 해서 마당이서 홀레잔치는 해써두. 천날쩌녀기는 즈: 집써 자써 지비서 안 자구 지 즈집[94] 가서.

그러민제 홀레식 때는 어떤 음식 준비하세요? 주로 여기?

ˉ 여기?

랗게 누에고치를 만들어 놓고, 그 속에 들어가서 잠자고 죽어 버리데, 누에가. 응, 누에가 죽어, 인제 다 그거 동글동글 동그랗게 집 지어놓고 죽으면 그 누에고치를 이, 물, 실을 빼더라고. 이, 삶아갖고, 마당에서 불을 피워갖고. 누에고치를 실 빼, 빼는 기술자 양반들이 있어, 노인네가. 그럼 그놈을 실 빼갖고 명주를 이, 삼아서. 베를 짜더라고, 우리 동네에 한 사람, 두 사람 있어, 지금 누에 그거 고치 해갖고 짠 사람이.

　지금도 계세요?

　￣ 응, 짜, 짜서 지금도, 그런데 그 사람들도 인제 안하니까, 뭐 하나도.

　그럼 나중에 그 얘기할 때는 할머니 좀.

　￣ 불러 올게.

　폐백 같은 것은요?

　￣ 폐백? 폐백은 인제, 인제 응, 지금처럼 드리지.

　옛날에 결혼하셨던 모습, 할머니는 신식으로 하셨지만 옛날에 아시는 거 옛날에는 어떻게도 했다, 이것 좀 얘기해주세요.

　￣ 옛날에는 뭐 어떻게 해, 그냥 마당에다 응? 응, 차려놓고 우리 큰딸도 내가 그렇게 여의었어, 하나. 큰딸도, 여기 동네에 사는 큰딸도 마당에다 혼인, 혼례잔치를 치를 적에. 고 청실홍실 놓고 마당에다. 상 차려놓고 신랑 각시 대례 지냈지, 인제 그랬다가.

　첫날밤은 어떻게 해요?

　￣ 첫날밤 인제, 뭐 방에시 뭐, 신부 화장시켜 놓고. 신랑이 들어가서 인제 말 물어보는 거지 뭐, 괜히, 공연히 알아도 좀 물어보는 거지 뭐. 그랬어, 나는 동네 혼인해갖고. 딸도 동네에다 하나 여의어서. 그, 우리 집에서 결혼을 해서 마당에서 혼례잔치는 했어도. 첫날 저녁에는 저희 집에서 잤어, 집에서 안 자고 제, 저희 집에 가서.

　그럼 인제 혼례식 때는 어떤 음식 준비하세요? 주로 여기?

　￣ 여기?

얼 아니. 어떤 음식 만드세요? 어른드리 옌날 홀레시게서?

⎯ 내내 지끄미나 항 가지여.

그래도 어떵 거?

⎯ 그거 부칭개아구 머 그릉거 내::내 또까터 떠가구 부칭개아구 머. 떡:꿍끄리구 잔치가 그거지 머 옌나리는. 떡꿍짠치 하구 인는 지비나 떡꿍짠치 해써 그라구. 그::냥 옌나리 잔치 함번 할라면 뭉맨틀라면[95] 왜 이르케 심드냐 묵:.

묵?

⎯ 이~ 메물묵 그릉거 머머 빠다가 그거 쒸서 맨들라면 참::말로 그여겨[96] 지끄른 참 딸: 여리래두 여우기 시웁뜨라[97]. 머 하가꾸 가? 아 돈만 가꾸가문 다 먹찌. 옌나리는 나도 다:: 잔치 지비서 마니 해써 다 음석 해서.

어떵 거 어떵 거 하세요 그럼?

⎯ 떡뚜아구 약씩뚜 하고. 심::드러 떡빼다 떡 떡꿍 끄려서 잔치 할라면 막 사라미 얼마나 마나야 햐. 그거 떡꿍 끄려내는 잔치가 보통 심드른지[98] 아러? 모댜:: 지끄른 그르케 하래도 모댜.

반찬 가틍 거?

⎯ 그럼 반찬 반찬두 맨틀구 머 히:: 찌마야지[99] 머아야지 하이구 생강마내두 골 고리 패네[100] 생강만 해두 고리 퍄.

국쑤잔치 아나셔써요?

⎯ 떡꿍짠치두 하구 국쑤자니에 밥 보미 하머는 국쑤 하는디 떡꿍 국쑤잔치 아내써 떡꾸기루 다해찌.

그럼 머 인제 홀레식 하시면서 재미써떤닐 옌나레 할머니 처녀 때나 머 동네 싸람 겨론하실 때 재미써던 얘기 조매주세요.

⎯ 아 쩨까내서[101] 어려서 이여여여 예려서싸리 시집까서 재미가 인능 건지 움능 건지 하나두 기억뚜 안 난댜. 조 조아떵 건지 나자떵[102] 건지 머 안나.

어, 아니. 어떤 음식 만드세요? 어른들이 옛날 혼례식에서?

￣ 내내 지금이나 한 가지야.

그래도 어떤 거?

￣ 그거 부침개하고, 뭐 그런 거 내내 똑같아, 떡하고, 부침개하고 뭐. 떡국 끓이고, 잔치가 그거지 뭐 옛날에는. 떡국 잔치하고, 있는 집이나 떡국 잔치 했어, 그러고. 그냥 옛날에 잔치 한 번 하려면, 묵 만들려면 왜 이렇게 힘 드느냐, 묵.

묵?

￣ 응, 메밀묵 그런 거 뭐, 뭐 빻아다가 그거 쒀서 만들려면 참말로 고역이야, 지금은 참 딸 열이라도 여의기 쉽더라. 뭐 해갖고 가? 아, 돈만 갖고 가면 다 먹지. 옛날에는 나도 다 잔치 집에서 많이 했어, 다 음식해서.

어떤 거, 어떤 거 하세요, 그럼?

￣ 떡도 하고, 약식도 하고. 힘들어, 떡 빼다가 떡, 떡국 끓여서 잔치하려면, 막 사람이 얼마나 많아야 해. 그 떡국 끓여내는 잔치가 보통 힘든지 알아? 못해, 지금은 그렇게 하래도 못해.

반찬 같은 거?

￣ 그럼 반찬, 반찬도 만들고 뭐, 휴, 찜 해야지 뭐 해야지, 아이고, 생각만 해도 골, 골이 패네, 생각만 해도 골이 패.

국수 잔치 안 하셨어요?

￣ 떡국 잔치도 하고, 국수 잔치에 밥, 봄에 하면은 국수 하는데, 떡국, 국수 잔치 안 했어, 떡국으로 다 했지.

그럼 뭐 인제 혼례식 하시면서 재밌었던 일, 옛날에 할머니 처녀 때나 뭐 동네사람 결혼하실 때 재밌었던 얘기 좀 해주세요.

￣ 아, 쪼그만 해서, 어려서 이, 여, 여, 여 열여섯 살에 시집가서 재미가 있는 건지 없는 건지 하나도 기억도 안 난다, 야. 좋, 좋았던 건지, 좋지 않았던 건지 뭐 안 나.

머 실랑 발빠딱 때리고 머 이렁 거 하셔써요?

⎯ 어~: 실랑다러 실랑 단다구 우리집 응감탱이 막 불러다가 실랑 단다구 방 방::맹이루다가 막 발빠다글 막 때리구 그르데.

동네뿐드리요?

⎯ 와서. 그거뚜 이체[103]가 이써서 그르케 때린댜. 그게 머 하나 머 한다구 해서 그 발빠다글 때린다더라? 그 부뜨러 꺼꿀루 매다라 노쿠.

아이구 아프게 때려요? 진짜로? 쎄게?

⎯ 아 그럼 머 사정 둬 팡팡 때리구 막 그라지. 그려 각씨가 쪼차가가꾸 우리 우리게 하나는 실랑을 때링게 각씨가 쪼차가서 막 때리는 막 소늘 다 때려땨. 왜 때리냐구. 근디 옌나리는 멍청애서 그랴 멍청애서 사람더리 다 미려내서.

뭐 신랑 발바닥 때리고, 뭐 이런 거 하셨어요?

˗ 응, 신랑 달아, 신랑 단다고, 우리 집 영감탱이 막 불러다가 신랑 단다고 방, 방망이로 막 발바닥을 막 때리고 그러데.

동네 분들이요?

˗ 와서. 그것도 이치가 있어서 그렇게 때린대. 그게 뭐하나, 뭐한다고 해서 그 발바닥을 때린다더라? 그, 붙들어 거꾸로 매달아 놓고.

아이고, 아프게 때려요? 진짜로? 세게?

˗ 아, 그럼 뭐 사정 둬, 팡팡 때리고 막 그러지. 그래서 각시가 쫓아가 갖고 우리, 우리네 하나는 신랑을 때리니까 각시가 쫓아가서 막 때리는 막 손을 다 때렸대. 왜 때리느냐고. 근데 옛날에는 멍청해서 그래, 멍청해서 사람들이 다 미련해서.

결혼 생활에 대한 이야기

　인제 겨론 하신 후에 시논살리문 어떠케 만드르셔 마련하셔써요?

　¯ 우리? 어머니 살림사링게 머 내내 그냥. 아자씨가 오셔쓩게 하라부지
가 오셔쓩게 그냥 그 살리미루 내내 그냥 사라찌 뭘. 머 만들구 하구 머
항 거뚜 움써. 왜 다른 디루 겨로늘 해서 여 저 시 시대글 가쓰머는. 내
살리멀 나갈라문 복짜팬는디 우리도 어지가니 잘 사러써. 잘 사러서 그대
로 어머니 세간사리 물러바다가꾸 그냥 내 자식떨 다 키워가꾸 사르닝께[104]
그르케 복짜파게 안사러 봐써. 지끄미 오히려 인자 즘 복짜파지 애더리.
인자 나갈 싸람 다나가구 이 막뗑이아구 살다보니께 살림도 좀: 줄구.

　그럼 첟 아이 가지셔쓸 때 트키 기어게 나머떤닐 뭐? 입떠태떵 거 삼파 머
모셔와떵 거, 머 삼도 갈라요? 애기나면?

　¯ 그건 엄마가 해서 몰르지 나는. 애기난 사라미 머 사멀 갈라는지 멀
다는디. 나는 어른내[105] 나코 머 암꺼뚜 몰르구 주거 나자빠저쓩게 머 심
드르닝가 처대나꾸 엄마가 해써 엄마가. 입떨 가틍 거는? 입떧뚜 베랑[106]
그르케 시마게 아내봐써.

　처으미셔쓰니까 임신하셔쓸 때 기어게 남는닐 업쓰세요?

　¯ 처딸 배가꾸 그때 처딸 우리 딸 지금. 갸[107] 배구 이동네가 여짱사[108]
를 그르케 마니 하더라구. 이사를 오신 양바니 이써써. 다른 동네 저:: 무
주 구천동써 이사온 양바니. 여스래서 파러때 그란다구 여짱사럴 다 갈켜
서 집찌비 여설 과서 하능 거설 이 갈켜 주더라구 그래서 우리두 응감니
미 그 여설 해가꾸 맨트러가꾸. 여설 키는디 이거 다: 자버땡기구 자버땡

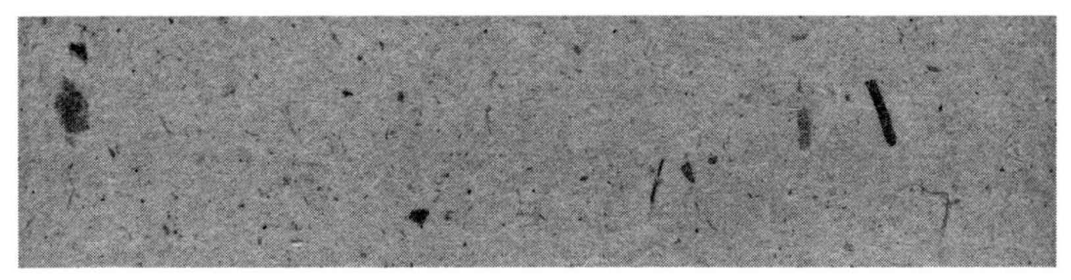

인제 결혼 하신 후에 신혼살림은 어떻게 만드셨(+어요), 마련하셨어요?

￣ 우리? 어머니 살림살이니까 뭐, 내내 그냥. 아저씨가 오셨으니까, 할아버지가 오셨으니까 그냥 그 살림으로 내내 그냥 살았지 뭘. 뭐 만들고 하고, 뭐 한 것도 없어. 왜 다른 데로 결혼을 해서 여, 저, 시, 시댁을 갔으면. 내 살림을 나가려면 복잡했는데, 우리도 어지간히 잘 살았어. 잘 살아서 그대로 어머니 세간 물려 받아갖고, 그냥 내 자식들 다 키워갖고 사니까, 그렇게 복잡하게 안 살아 봤어. 지금이 오히려 인제 좀 복잡하지, 애들이. 인제 나갈 사람은 다 나가고, 이 막둥이하고 살다보니까 살림도 조금 줄고.

그럼 첫 아이 가지셨을 때 특히 기억에 남았던 일 뭐? 입덧했던 거, 산파 뭐 모셔왔던 거, 뭐 삼도 갈라요? 아기 낳으면?

￣ 그건 엄마가 해서 모르지, 나는. 아기 난 사람이 뭐 삼을 갈랐는지 뭘 하는지. 나는 어린애 낳고 뭐 아무 것도 모르고 죽어 나자빠졌으니까 뭐, 힘드니까 첫애 낳고 엄마가 했어, 엄마가. 입덧 같은 것은? 입덧도 별로 그렇게 심하게 안 해봤어.

처음이셨으니까 임신하셨을 때 기억에 남는 일 없으세요?

￣ 첫딸 배갖고 그때 첫딸, 우리 딸 지금. 개 배고, 이 동네가 엿장수를 그렇게 많이 하더라고. 이사를 오신 양반이 있었어. 다른 동네 저 무주군 구천동에서 이사 온 양반이. 엿을 해서 팔았대, 그런다고 엿장수를 다 가르쳐서 집집이 엿을 고아서 하는 것을 이, 가르쳐 주더라고, 그래서 우리도 영감님이 그 엿을 해서 만들어갖고. 엿을 키는데 이거 다 잡아당기고,

기구 또 자버땡기구 탁::탁 두리 이르케 하야 얼마를 치야만[109] 여시 누루꾸루마니 나중이는 하야내지드라구. 한::참 막 자버땡기구. 아이구 그르므 그르므 연냄새가 그르케 마끼 시러가꾸 그게 애기 시니라구 그래떵게벼. 나도 몰라써. 나도 몰라 임시닌지도 몰란는디 그거시 그르케 아주 징그르게 내끼 냄새마끼 실터니. 나중이는 알고 봉게 인자 아이가 드러스드라구[110]. 그래가꾸 여시라문 아주 징그러써[111] 징그러 아주 냄새마끼 시러서. 나중이 하다가덜 아나데. 하다가 한:: 메 딸 해써 메 딸덜 하다가 아나더라구 그래서 그냥 끔마치구 마라찌덜[112].

　금 지금두 열 시러하세요?

　⎯ 하 잘 조아덜 아냐[113] 먹끼는 머거두.

　그럼 사누 조리는 어뜨케 하셔써요?

　⎯ 사누 조리는 머 엄마가 해중게 기냥. 자르더머거찌 머 친정엄마닝까.

　어떵 거 드세요? 그럴 땐?

　⎯ 지로[114] 머 미역 아 근디 옌나리는 머 사누 조리 한다구래두 머 주루 머 멍는기 멀루 이르키 이써. 먹:꾹[115] 끄려주문 끝 땡이지. 그라구 호박 쌀머주데 엄마가 이~ 그래서.

　처꾹빠분 머에요?

　⎯ 처:꾹빠비[116] 애기 나코 첨::이 처꾹빠비라구 하능거시. 앙꺼뚜 인제 암머꾸서는 국끄려서 가따주능 기 처꾹빠빈디. 그때는 나이가 있어서 어려서 그라나. 그거뚜 머 베랑 머 머꾸 십찌뚜 앙쿠 마니 암머거써 국빱뚜.

　머 멀로 만드러여 처꾹빱?

　⎯ 미역꾸카고 바바구빼끼[117] 더해줘 국꾸리구 그럼.

　그러문 애들 배기리나 돌잔치는 어뜨케 하세요? 어터케 하셔써요 옌나레?

　⎯ 우리 자래줘찌, 우리 딸덜 아덜덜 다 자래줘찌 돌 때. 젤 미티인는 애 더른 아내줘써도 둘 싣 그 애더른 자래써 엄니가 게셔가꾸. 돌 때 우리

잡아당기고, 또 잡아당기고 탁탁 둘이 이렇게 해야, 얼마를 쳐야만 엿이 노르스름하니 나중에는 하얘지더라고. 한참 막 잡아당기고. 아이고, 그놈의, 그놈의 엿 냄새가 그렇게 맡기 싫어갖고, 그게 아기 서느라고 그랬던가봐. 나도 몰랐어. 나도 몰라 임신인지도 몰랐는데, 그것이 그렇게 아주 징그럽게 냄새, 냄새 맡기 싫더니. 나중에 알고 보니까, 인제 아이가 들어서더라고. 그래갖고 엿이라면 아주 징그러웠어, 징그러워 아주 냄새 맡기 싫어서. 나중에 하다가들 안 하데. 하다가 한 몇 달 했어, 몇 달들 하다가 안 하더라고, 그래서 그냥 끝마치고 말았지들.

그러면 지금도 엿 싫어하세요?

˹ 하, 잘 좋아하지를 않아, 먹기는 먹어도.

그럼 산후 조리는 어떻게 하셨어요?

˹ 산후 조리는 뭐 엄마가 해주니까 그냥. 잘 얻어먹었지, 뭐 친정엄마니까.

어떤 거 드세요? 그럴 때는?

˹ 주로 뭐, 미역, 아, 근데 옛날에는 뭐, 산후 조리한다고 그래도 뭐, 주로 뭐 먹는 게, 뭐로 이렇게 있어. 미역국 끓여주면 끝, 땡이지. 그리고 호박 삶아주데 엄마가, 응, 그래서.

첫국밥은 뭐예요?

˹ 첫국밥이, 아기 낳고 처음에 첫국밥이라고 하는 것이. 아무것도 인제 안 먹고서는 국 끓여서 갖다 주는 것이 첫국밥인데. 그때는 나이가 있어서 어려서 그러나. 그깃도 뭐 별로 뭐 먹고 싶지도 않고, 많이 안 먹었어, 국밥도.

뭐, 뭐로 만들어요, 첫국밥?

˹ 미역국하고 밥하고밖에 더해 줘, 국 끓이고 그럼.

그러면 아이들 백일이나 돌잔치는 어떻게 하세요? 어떻게 하셨어요, 옛날에?

˹ 우리 잘해줬지, 우리 딸들, 아들들 다 잘해줬지 돌 때. 제일 밑에 있는 애들은 안 해줬어도 둘, 셋 그 애들은 잘했어, 엄마가 계셔갖고. 돌 때, 우리

따른 유월 수무나리여 음녀그로 그른디. 철 따리라 그때 그냥 음서글 을 마나 마니 그냥 여르밍게. 궁게 그냥 쉐 쉬니까 지그믄 냉장고나 이써 옌 나리는 냉장고두 웁쑤닝게 그냥. 새보기[118] 이러나서 그냥 떡 하구 바바구 국꾸리구 해서 동네잔치 하다시피하구 그래찌 해찌. 자래써 우리는 철 처 따른 처따리랑은 철 둔 아덜 두번채 아덜란는디 가:[119]도 그르케 자라고. 돌빼끼[120]는 참 흠::쭈가게 자래줘써 크내더런. 그래뜨니 미티루 인자 난 는 애들레 미티 애더른 모대줼찌 그르케 그르케 아내써 인자 구차내서[121].

그문 돌잔치 가튼데 상에 머머 논나요?

¯ 돌 때 공책 연필 떡씨루 저 이 백썰기 찌무는 백설기 시루 한시루 노 쿠. 은절미[122] 쓰러서 맨드러서 노쿠 그렁거여 주로 돈 노쿠.

머 그건 무슨 뜨시예요? 그렁거 논능 거?

¯ 아이 나도 몰라 무순 뜨싱가 애가 머 그 짐는 대로 머. 연필 지부문 공부두 자라구 머 돈지부문 머 지가 출세애서 나중이 돈두 잘 벌구. 그게 풍서기[123] 네려오는 역싸저기루 노인네드리 항게 하지. 무슨 뜨신지는 몰 르거써 나두 왜르케[124] 핸나.

그 머 괄래도 이썬나요? 옌날뿐들 괄래 어른덴다구 막 이케.

¯ 잉? 괄래? 몰라 그릉 건 나는.

그렁건 업써써요? 성인식 성인 성인덴다고 멍가 이르케.

¯ 그릉 건 몰라.

그럼 이제 팔람매 키우시면서 가장 기어게 남는 닐 하나만 얘기해주세요.

¯ 팔람매 키우머서 기어기 남는 웅. 팔라매 키우머서 우리 막뗑이럴 지 끔 사느내. 애가 운:동얼 자래 애가 그래서. 기어기 남넌 이런 애가 소럴 두 마리나 타와써. 시름해가꾸 씨름대에 나가서 여기 농고[125] 아피서. 황 소 두 마리를 암소 함번 타구 황소 타구 두 번. 이 일려니 함번씩 타다 타 날러써 그른디. 아부지가 사라게셔쓰면 그거설 괄리 자래서 메겨서[126] 큰:: 미천 해줘쓸껀디. 그때 아부지가 다리가 아퍼서 함번 쇼크바더가꾸 씨러

딸은 유월 스무날이야, 음력으로 그런데. 첫딸이라 그때 그냥 음식을 얼마나 많이, 그냥 여름이니까. 그러니까 그냥 쉬, 쉬니까 지금은 냉장고나 있어, 옛날에는 냉장고도 없으니까 그냥. 새벽에 일어나서 그냥 떡하고, 밥하고, 국 끓이고 해서 동네잔치하다시피 하고 그랬지, 했지. 잘했어, 우리는 첫, 첫딸은, 첫딸이랑은 첫, 둘, 아들 두 번째(둘째) 아들 낳는데 그 애도 그렇게 잘하고. 돌잔치는 참 흡족하게 잘해줬어, 큰애들은. 그랬더니 밑으로 인제 난 애들의, 밑에 애들은 못 해 줬지, 그렇게, 그렇게 안 했어, 인제 귀찮아서.

그러면 돌잔치 같은 데 상에 뭐, 뭐 놓나요?

￢ 돌 때 공책, 연필, 떡시루, 저 응 백설기 찌면, 백설기 시루 한 시루 놓고. 인절미 썰어서 만들어서 놓고 그런 거야, 주로 돈 놓고.

뭐 그건 무슨 뜻이에요? 그런 거 놓는 거?

￢ 아이, 나도 몰라 무슨 뜻인가, 애가 뭐, 그 집는 대로 뭐. 연필 집으면 공부도 잘하고, 뭐 돈 집으면 뭐 자기가 출세해서 나중에 돈도 잘 벌고. 그게 풍속이 내려오는 역사적으로 노인네들이 하니까 하지. 무슨 뜻인지는 모르겠어, 나도 왜 그렇게 했나.

그 뭐 관례도 있었나요? 옛날 분들 관례, 어른 된다고 막 이렇게.

￢ 응? 관례? 몰라 그런 건 나는.

그런 건 없었어요? 성인식, 성인, 성인된다고 뭔가 이렇게.

￢ 그런 건 몰라.

그럼 인제 팔남매 키우시면서 가장 기억에 남는 일 하나만 얘기해 주세요.

￢ 팔남매 키우면서 기억에 남는, 응. 팔남매 키우면서 우리 막둥이를, 지금 사는 애. 애가 운동을 잘해, 애가 그래서. 기억에 남는 일은 애가 소를 두 마리나 타왔어. 씨름해갖고 씨름대회 나가서, 여기 농고 앞에서. 황소 두 마리를, 암소 한 번 타고, 황소 타고 두 번. 이, 일 년에 한 번씩 타다, 타 날랐어, 그런데. 아버지가 살아계셨으면 그것을 관리 잘해서, 먹여서 큰 밑천 해줬을 텐데. 그 때 아버지가 다리가 아파서 한 번 쇼크 받아

저서[127] 풍이루 대써끄든[128]. 그래가꾸 소롤 몸미게[129] 줘써 그라구서는. 그냥 타다가 하닐쭈일 아 여를마니 가따 팔구팔구 해써. 그누물 키워 키워서 성해쓰믄. 믿천 단::다나게 맨트러 줘찌 소도 잘메겨 지 아부지가. 나 일가따 와써 이라루가서 딸기따루 절::루. 딸기따러 가서 이를 주::께 하고 옹게. 저::그까장두 마중 나와써 그래 왜 그라냐 그래뜨니. 우리 지비 경사나따구랴. 그래서 아 경사는 무슨 경사나나 왜? 그래떠니. 정시기가 소럴 타와따 다른 사라미 마중 나와가꾸 정시기가 소타와따. 소럴 어디가 사와? 내가 그래뜨니 소럴 타따 어디가 타냐 그래뜨니. 농구[130] 여기여기 여: 하꾜 고기서 그 너머 산너머까장 와서 지끄미 지끄미로 마라문 부영 아파트쯔미네 고게 오머서 그랴. 학꾜 저기서 시르믈 핸는디 오늘 시름대회 나가가꾸 일뜽애가꾸 소 타다 놔따구. 와봉게 그냥 동네싸람드리 여기서 더글더그라구[131] 풍물치구 머 잔치가 버러저떠라. 그런닐 두번 이써따.

아휴! 네 진짜 끈내줘요.

‾ 구때 기어기 남는 이른 그거여 가.

갖고 쓰러져서 풍으로 됐었거든. 그래갖고 소를 못 먹여 줬어, 그러고서
는. 그냥 타다가 한 일주일 아, 열흘 만에 갖다 팔고, 팔고 했어. 그놈을
키워, 키워서 장성했으면. 밑천 단단하게 만들어 줬지, 소도 잘 먹여, 제
아버지가. 나 일 갔다 왔어, 일하러 가서 딸기 따러 저리로. 딸기 따러 가
서 일을 죽게 하고 오니까. 저, 거기까지도 마중 나왔어, 그래 왜 그러냐.
그랬더니. 우리 집에 경사 났다고 그래. 그래서 아, 경사는 무슨 경사가
나, 왜? 그랬더니. 정식이가 소를 타왔대, 다른 사람이 마중 나와갖고 정
식이가 소 타왔대. 소를 어디 가 사와? 내가 그랬더니 소를 탔대, 어디에
서 탔냐고 그랬더니. 농고, 여기, 여기 여, 학교 거기서 그 너머, 산 너머
까지 와서 지금, 지금으로 말하면 부영아파트쯤이네, 거기께 오면서 그
래. 학교, 저기에서 씨름을 했는데, 오늘 씨름대회 나가갖고 일등해서 소
를 타다 났다고. 와보니까 그냥 동네사람들이 여기서 바글바글하고 풍물
치고 뭐 잔치가 벌어졌더라. 그런 일 두 번 있었다.

아휴! 네, 진짜 끝내줘요.

￣ 그때 기억에 남는 일은 그거야, 개.

할머니는 금 시집싸리는 업쓰셔껜네요?

￢ 시집싸리는 뭐 내가 지비서 내 지비서 사는디 누가 시집싸리를 시키거써 시부모네 시집싸리는 아내봐찌.

금 머 동 주위싸람들 시집싸리 해서 고생한 얘기는 아세요?

￢ 아 몰라 시집싸리 고상은 이~! 이 우:찌비 인는 할머니 하나가 할머니가 너머 극썽마저가꾸 시집싸리 마니 시켜써.

어트케 하셨어요?

￢ 아 어뜨게야 빨래두 냥 잘 빠러찌 주거라구. 여기 이 동네 샴:[132] 무리 움써써 우리 동네 마으리. 무리 움는디 주::거라구 빨래아다가 다::꾸 잘 해노먼 그냥 트집짜버가꾸. 깨까시[133] 빠러서 다 해논 오설 가따가 저 미라리깡이다 쑤서 방냐? 아 글케 하구서 양 그래서 그느므 늘그니 내가 저 노무 늘그니 어트게 주굴라나 몰르거따 그래떠니. 주굴 때 잘 몯쭉떠라구 주굴 때 잘 모쭈거써. 느다덥찌 저 사니 올라가서 사니루 간다구 우리. 이 배까티 사니 인는디 고기를 가다가 씨러저가꾸서 냥. 느다덥씨 씨러저서 자빠저가꾸. 하루바 이트링가마니 주거써 조케를[134] 안 주걷써. 지끔 가트믄 자래찌머 씨러저서 주거써두 아나푸구 주거쑹게. 그저니는 잘 모 대따구 하지만.

예.

할머니는 그럼 시집살이는 없으셨겠네요?

- 시집살이는 뭐 내가 집에서 내 집에서 사는데 누가 시집살이를 시키
겠어, 시부모네 시집살이는 안 해봤지.

그럼 뭐 동(+네) 주위사람들 시집살이해서 고생한 얘기는 아세요?

- 아 몰라, 시집살이 고생은, 응! 이 윗집에 있는 할머니 하나가, 할머니
가 너무 극성맞아갖고 시집살이 많이 시켰어.

어떻게 하셨어요?

- 아, 어떻게 해, 빨래도 그냥 잘 빨았지, 죽어라고. 여기 이 동네 샘물
이 없었어, 우리 동네 마을에. 물이 없는데 죽어라고 빨래를 해다가 자꾸
잘 해놓으면 트집잡아갖고. 깨끗이 빨아서 다 해놓은 옷을 갖다가 저 미
나리꽝에다 쑤셔 박느냐? 아, 그렇게 하고서 그냥 그래서 그놈의 늙은이
내가 저놈의 늙은이 어떻게 죽으려나 모르겠다고 그랬더니. 죽을 때 잘
못 죽더라고, 죽을 때 잘 못 죽었어. 느닷없이 저 산에 올라가서 산으로
간다고, 우리. 이 비깥에 산이 있는데 거기를 가다가 쓰러져갖고서 그냥
느닷없이 쓰러져서 자빠져갖고. 하루 반, 이틀인가 만에 죽었어, 좋게 안
죽었어. 지금 같으면 잘했지 뭐, 쓰러져서 죽었어도 안 아프고 죽었으니
까. 그전에는 잘 못됐다고 하지만.

예.

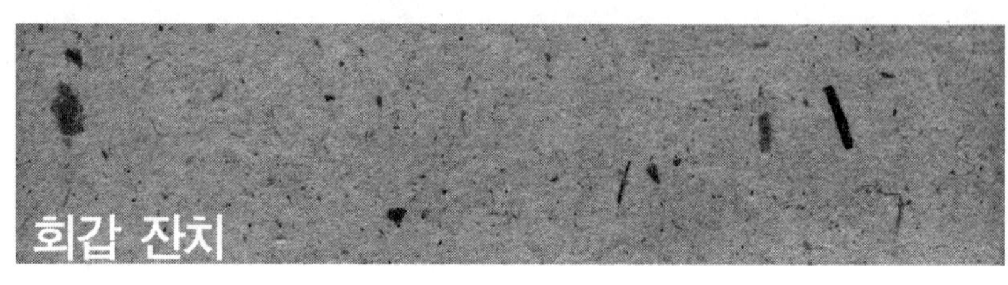

인제 회갑 만 육씹쎄 되시면 훼갑짠치 하시자나요, 어뜨케 하능거에요?

⎯ 회갑짠치 할떼기[135] 우리 노인네 자래디려찌 내가 내가. 어뜨게 햐 인자 자손들 다 모여노쿠 인자. 저를 절하고 상 채려서 자래써 잘. 상 해서[136] 헤갑[137] 짠치하문 푸:지게 해디려써. 삼[138] 당시니 또 이 여기저기 게:드릉 거또 마니 이써서 게:군[139] 냥반덜또 마니 오셔서 자래줘써.

막 잔치로 막 노능 거에요 동네 모여서?

⎯ 그럼 이~.

그럼 훼갑 상은 어떠케 차려써써요?

⎯ 상 머 큰::상 머 채려서 별걸별거 다해드려찌.

머머 올라가시는지 좀 얘기해주세요.

⎯ 거기? 아 지비서 맨드릉 거 다 가지. 떠기니 머 부칭개 이~ 으냉 잗:머 그릉거또 고여서[140] 다 노쿠. 삼:사실과 노쿠 잘래놀 자::렫써, 상 잘 채려서 드려써.

뭐 상 특뼈리 차리는 방버비 이써요 따로? 머는 이쪽 머 이렁 거 업써요? 그렁거는?

⎯ 제:사쌍 아니라 그냥 그르케 차려노테 머. 아피다가 과이럴 아피로 종::노쿠. 디로 떡 그런 편 그렁 거 노쿠 고기 노쿠 머 산:지사[141] 랴 산:지사 항가비[142]. 엔나리는 항:갑만 너머가면 한살 더머구문 너무 나이라 그래써 중는 나이라구.

어 그랟꾸나.

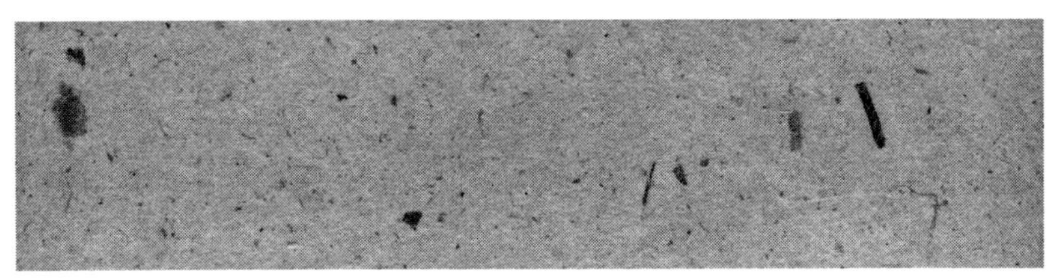

인제 회갑 만 육십 세 되시면 회갑잔치 하시잖아요, 어떻게 하는 거예요?

⎯ 회갑잔치 할 적에 우리 노인네 잘해드렸지, 내가, 내가. 어떻게 해, 인제 자손들 다 모아놓고 인제. 절을, 절하고 상 차려서 잘했어, 잘. 상 차려서 회갑잔치하면 푸짐하게 해드렸어. 참, 당신이 또 이 여기저기 계 든 것도 많이 있어서 계원 양반들도 많이 오셔서 잘해줬어.

막 잔치로 막 노는 거예요, 동네 모여서?

⎯ 그럼, 응.

그럼 회갑 상은 어떻게 차렸었어요?

⎯ 상 뭐, 큰 상 뭐 차려서 별것별거 다 해드렸지.

뭐, 뭐 올라가는지 좀 얘기해주세요.

⎯ 거기? 아, 집에서 만든 거 다 (+올라)가지. 떡이니 뭐 부침개, 응, 은행, 잣 뭐 그런 것도 괴어서 다 놓고. 삼사실과 놓고 잘 해놨, 잘했어, 상 잘 차려서 드렸어.

뭐 상 특별히 차리는 방법이 있어요. 따로? 뭐는 이쪽, 뭐 이런 거 없어요?

⎯ 제사상 아니라 그냥 그렇게 차려 놓데, 뭐. 앞에다가 과일을 앞으로 죽 놓고. 뒤로 떡, 그런 편 그런 거 놓고, 고기 놓고 뭐, 산 제사래, 산 제사 환갑이. 옛날에는 환갑만 넘어가면, 한 살 더 먹으면 남의 나이라 그랬어, 죽는 나이라고.

어, 그랬구나.

장례 절차에 대한 이야기

　　장네 좀 말쓰매 주세요 장 장네 절차 옌나레 상례 절차 어트케?

　￣ 도라가싱 거? 장네? 도라가실 때에 아들 마나고 딸마나고 해서. 장얼 이 동네가 들써가게 해:드런네 푸지마게. 비디오가 다와서 상에[143] 나갈 때 찍:꾸. 참 푸지마게 해써 모이[144] 여기다가 지끔도 모셔놘는디. 모이도 조아 잘 써놔써. 근디 키울 때기만 대가나지. 자손 마낭게 거 하나둘 가 트믄 그르케 모댜. 이~: 팔람매나 뎅게 그때마내두 어이다 그래두 야 야 두 우리 아덜두. 그때 하니십싸리 거반[145] 댇찌 그랑게 지 칭구두 마나구 애서. 잘: 해써:: 머 여기서 저기서 손님덜 마니 오구. 그때마내두 솔받 이 르케 소나무가 그뜩한디 거그다 뫼[146]를 쓸라는디 그 소나무 비구 사비루 판다구. 큰:: 동네 싸람드리 모이 쓸 사람드리 걱쩡 핸는디 야 칭구더리 딱뜨러타떠니 코크링[147] 하나 딱까꾸 와서 막 코크링이루다 소나무두 비 구 막 파닝께 놀래더라구, 하휴. 자소는 여레[148] 두고 볼꺼라구 다른 사람 암두 안디, 막뗑이 칭구가 저러케 칭구더럴 데리구 와가꾸 그르케 한다구 동네서 쑥딱쑥딱쑥딱 해써 뒤쩌니서덜. 내 자시근 마::나야야. 그:지[149] 칭 구두 사구야야[150] 그:지두 써머글 때가 이써. 에~ 다 머 존사람마 사궈선 안댜. 사라면 일평상이 사를라면 딱: 한 사람만 사가가꼬는 모써 모싸러. 다 대화두 자라야구 조케 다 장게. 이 칭구가 마나니께 기냥 모던 사람더 리 다 와가꾸 다 도와주더라구. 그르게 코크링 가꾸 와서 그 어린 나이에 그르케 데리구 와서 할 찌는 꾸미두 생가가난는디. 그르케 한다구 뒤여서 덜 뒤쩌니서 수데라수데라[151] 자애비가 그때 장개두 앙갇찌 그때는.

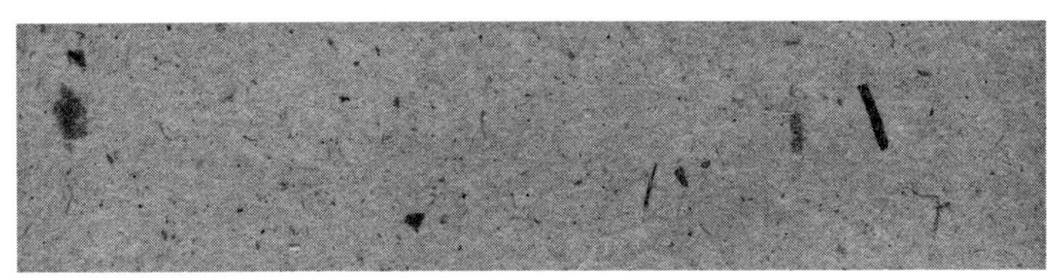

장례 절차 좀 말씀해 주세요, 장, 장례 절차, 옛날에 상례 절차 어떻게?

‑ 돌아가신 거? 장례? 돌아가실 때에 아들 많고, 딸 많고 해서. 장례를 이 동네가 들썩하게 해드렸네, 푸짐하게. 비디오가 다 와서 상여 나갈 때 찍고. 참 푸짐하게 했어, 묘 여기다가 지금도 모셔놨는데. 묘도 좋아, 잘 써 났어. 근데 키울 적에만 힘들지. 자손이 많으니까, 그 하나둘 같으면 그렇게 못해. 응, 팔남매나 되니까, 그때만 해도 어리다 그래도 애, 애도 우리 아들 도. 그때 한 이십 살이 거의 됐지, 그러니까 제 친구도 많고 해서. 잘 했어, 뭐 여기서 저기서 손님들 많이 오고. 그때만 해도 솔밭, 이렇게 소나무가 가득한 데 거기다 묘를 쓰려는데 그 소나무 베고 삽으로 판다고. 큰 동네 사람들이, 묘 쓸 사람들이 걱정했는데 애 친구들이 딱 들어 타더니, 포클레 인(굴착기) 하나 딱 갖고 와서 막 포클레인으로다 소나무도 베고 막 파니까 놀래더라고, 아휴. 자손은 여럿 두고 볼 거라고 다른 사람 아무도 안(+하는) 데, 막둥이 친구가 저렇게 친구들을 데리고 와갖고 그렇게 한다고 동네에서 쑥닥쑥닥, 속닥했어, 뒷전에서들. 내 자식은 많아야 해. 거지 친구도 사귀어 야 해, 거지도 써먹을 데가 있어. 에, 다 뭐 좋은 사람만 사귀어서는 안 돼. 사람은 일평생을 살려면 딱 한 사람만 사귀어갖고는 못 써, 못 살아. 다 대화도 잘해야 하고, 좋게 다 잘하니까. 이, 친구가 많으니까 그냥 모든 사 람들이 다 와갖고 다 도와주더라고. 그렇게 포클레인 갖고 와서, 그 어린 나이에 그렇게 데리고 와서 할 줄은 꿈에도 생각 않았는데. 그렇게 한다고 뒤에서들, 뒷전에서 쑥덕쑥덕 재 아비가 그때 장가도 안 갔지, 그 때는.

머 키 바린 하능 거 머 이렁 거 다 순서대로 이렁 거 다 아세요?

￣ 바린? 바리는 나갈떼기 상여나갈 때 바리난다구라지.

처음부터 초종은 머에요? 초종?

￣ 초종? 초종쏘리는 난 잘 몰르건네.

습 스븐여? 습 스판다 머 이렁거 이렁거 모르세요?

￣ 그건 몰라. 응 바리는 나갈띠기 바리니라 구라더라구.

뭐 웅구할 때 아니면 머 봉분다질 때 하는 노래 가틍 거 인나요?

￣ 우리는 승:당이 댕겨 그릉 거 아내써. 아 천주교 신자라. 가서 기도디리구 그냥 바리나구 발쌔 바리날 때 기도디리구 나가구 오인[152]드른 이 나갈라구 할띠기 바린 할라구 하머는 상 채려노쿠 그 한다구러자나? 그릉 거 아내써 그렁거.

금 천주교 시그루 하셔써요?

￣ 응 천주교식.

그거 그거 얘기애주세요 어트게 장례시글 천주교시그로 어트케 하는지?

￣ 천주교식 시기루는 장 이에 머 채려노쿠 머 하능 걸 몰 아나구. 연도[153] 하구 기도디리구 나가구 다 신부니미 오셔서 기도디리구 그래써. 무이야 모이 인는다가서두 여기서 승:당이까장 상에로다가 미:고[154]. 게구니 마나닝께 그냥 이 팀 저 팀 막 미:구서는 성:당이까장 가따가 성:당이서 미사디리고 거기서 또 일루 와가꾸 여기서 여 사니다 모셔써.

그 옌날 보니까 그 어른들 인제 도라가시자나요?

＝ 예.

그러믄 그 장네를 할꺼 아녀요?

＝ 예.

게 좀 혹씨 그 옌나레 전통쩌긴 장˘여 절차를 아시능 거 이쓰면 좀 말씀좀.

＝ 장네 절차르류?

예. 그 상네.

뭐 그 발인하는 거, 뭐 이런 거, 다 순서대로 이런 거 다 아세요?

￣ 발인? 발인은 나갈 적에 상여 나갈 때 발인한다고 그러지.

처음부터, 초종은 뭐예요? 초종?

￣ 초종? 초종 소리는 난 잘 모르겠네.

습, 습은요? 습, 습한다, 뭐 이런 거, 이런 거 모르세요?

￣ 그건, 몰라. 응, 발인은 나갈 적에 발인이라고 그러더라고.

뭐 운구할 때, 아니면 뭐 봉분 다질 때 하는 노래 같은 거 있나요?

￣ 우리는 성당에 다녀 그런 거 안 했어. 아, 천주교 신자라. 가서 기도
드리고 그냥 발인하고, 벌써 발인할 때 기도드리고 나가고, 외인들은 이,
나가려고 할 적에 발인하려고 하면 상 차려놓고 그 한다고 그러잖아? 그
런 거 안 했어, 그런 거.

그럼 천주교식으로 하셨어요?

￣ 응, 천주교식.

그거, 그거 얘기해주세요, 어떻게 장례식을 천주교식으로 어떻게 하는지?

￣ 천주교식 식으로는 장(+례), 이에 뭐 차려놓고 뭐 하는 걸 뭘, 안 하
고. 연도하고, 기도드리고 나가고, 다 신부님이 오셔서 기도드리고 그랬
어. 뭐야, 묘 있는 데 가서도 여기서 성당에까지 상여로 메고. 계군이 많
으니까 그냥 이 팀, 저 팀 막 메고서는 성당에까지 갔다가 성당에서 미사
드리고, 거기서 또 여기로 와갖고 여기서 여기 산에다 모셨어.

그 옛날에 보니까 그 어른들 인제 돌아가시잖아요?

＝ 예.

그러면 그 장례를 할 거 아니에요?

＝ 예.

그거 좀 혹시 그 옛날에 전통적인 장례 절차를 아시는 거 있으면 좀, 말씀 좀.

＝ 장례 절차를요?

예. 그 상례.

= 상~예?

예 예드먼 그 초종은 어트카고 스비[155]라고 허지 염[156]습 꺼틍 거.

= 습?

예 염습 한다고 하조.

= 연스비 아니구 음:미지 음: 염 염. 여멀 헐쩨 볼래 거그서 준비를 다 해 가주구 오지 염 허는써 이 저 상포에서 지금 근디. 그저~이는 에 여그서 상주 오설 다 준비애놔따가. 그 날 내노키두 허구 그래 인자 그저~이는 그랜는디. 지그믄 다 상포에서 마터서 다 하더만 그래이 지그믄.

옌나려 긍께 옌날.

= 옌나레는 옌나레는 그 오설 다 지비서 주문 해놔요. 언:제 주문하능게 윤다리 주무너야 조타구 하드먼그여 그게 윤다리. 그서 윤다리 마니들 허는디 삼베루다가. 아:: 한 사람 가는디 한 일곱 필 쩡도 드르가요 일곱 필. 한 피리 수무자 씨개서 일곱 피리 드르가는디 에. 그 요어구 이부러구 요어구 속 오더구. 또 이 장찐뻬:[157]라구 이꾸 인자 이르케서 뭉는 걷까지 해서 이르케 일곱 피리 드르가요. 일곱 피리 드르가구. 그 인자 거기 염 허는 사래미 별또루 불루주 인자. 별또루 불러서 그거슬 허게 데는디 츠미 에. 이 매장뻬[158] 머녀 까러유 그걸 매장뻬를 이르케 이르케 까러노머는. 인자 그저니는 자루 해썬는디 그걸 앙쿠 시방은. 매장뻬를 깔구 그 대미[159] 요럴 펴요[160] 인자 요를 피구. 피구[161] 이르케 순서를 다 해서 한 쪼기다 노쿠서. 시체를 인자 가따 그 요 위다 올리구서. 족:: 이르케 깔구선 노쿠서 거그서 오설 버끼구서. 그르케서 외피지 인자 오설 오설 예피구[162]. 내내 이 발싸개[163] 손싸개[164] 허구. 이 머리 우이루 왜 거시기를 다 덥찌 인자 수마글. 수마글 더꾸[165] 그르케 내내 츠미는 인자 거시기를 해요 그. 시끼고 따끼구 다 하야여 에 그르케 다 해서 허구.

그러초.

= 그르케 순서이게 그르게서 으ㅡ믈 하능 거조 그르케 가꾸 인자.

＝ 상례?

예, 예를 들면 초종은 어떻게 하고, 습이라고 하지, 염습 같은 거.

＝ 습?

예, 염습한다고 하죠.

＝ 염습이 아니고 염이지, 염, 염, 염. 염을 할 제 본래 거기서 준비를 다 해 가지고 오지, 염하는 데서, 이, 저 상포에서 지금 근데. 그전에는 에, 여기서 상주 옷을 다 준비해놨다가. 그 날 내놓기도 하고 그래, 인제 그전에는 그랬는데. 지금은 다 상포에서 맡아서 다 하더구먼 그래요, 지금은.

옛날에, 그러니까 옛날에.

＝ 옛날에는, 옛날에는 그 옷을 다 집에서 주문해놔요. 언제 주문하는 게, 윤달에 주문해야 좋다고 하더구먼, 그래요 그게 윤달에. 그래서 윤달에 많이들 하는데 삼베로다가. 아, 한 사람 가는데 한 일곱 필정도 들어가요, 일곱 필. 한 필에 스무 자씩 해서 일곱 필이 들어가는데, 에. 그 요하고, 이불하고, 요하고, 속옷하고. 또 이 장포라고 있고, 인제 이렇게 해서 묶는 것까지 해서 이렇게 일곱 필이 들어가요. 일곱 필이 들어가고. 그 인제 거기 염하는 사람이 별도로 부르지요, 인제. 별도로 불러서 그것을 하게 되는데 처음에, 에. 이 매장 베(속포와 장포) 먼저 깔아요, 그걸 매장 베를 이렇게, 이렇게 깔아 놓으면은. 인제 그전에는 자로 했었는데 그걸 않고, 지금은. 매장 베를 깔고 그 다음에 요를 펴요, 인제 요를 펴고. 펴고 이렇게 순서를 다 해서 한 쪽에다 놓고서. 시체를 인세 깆다 그 요 위에다 올리고서 죽 이렇게 깔고서는 놓고서 거기서 옷을 벗기고서. 그렇게 해서 입히지 인제 옷을, 옷을 입히고. 내내 이 발싸개, 손싸개(악수)하고. 이 머리 위로 왜 거시기를 다 덮지, 인제 수막을. 수막을 덮고, 그렇게 내내 처음에는 인제 거시기를 해요 그. 씻기고, 닦이고 다해야 해요, 예, 그렇게 다 해서 하고.

그렇죠.

＝ 그렇게 순서 있게, 그렇게 해서 염을 하는 거죠, 그렇게 (+해)갖고 인제.

그러면제 그 그 여미 끈나믄 상주더른 염: 끈나고 상보글 임나요? 미리 임나
요 옌나레는?

= 염: 끈나야 입찌요 염: 끈나야 입찌 응 그럼.

상보글 그러니까 좀 어느 촌수꺼지 이번나요? 가까운 친척이?

= 어 고종 고종이 고종두 고종허구 이모.

이종관께?

= 에 이모네 허구 내내 사춘더리랑은 다 이꾸 이종까지. 공 고모부두
이꾸 다 입떠라구유 그르케.

그러면 인제 그 염 하구 소님도 바들 꺼 아니에여 문상 오신 분들?

= 인자 오설 다 입꾸[166] 에 인자 손니물 바찌 인자. 그 저녁째[167]를 지내
구서 저녁째를 지내구서 손니물 받게 되지 인자. 대개 오후에 허거 허거
드녀 내내 으믈 헐찌기 그래서 볼래 사밀. 이틀간 놔 뒤따가 사밀째 막빠
지 손님 마잠[168] 먼디 손님까지 다 오야. 그 거시기를 허주 인제 으멀 허지.[169]
아 함 부니래두 아노무는 오더락 기달리다 기달리던자 다 온대미.

그저니 저히들 보니까 그 바린하기 저네 그 바메 그 대떠리[170]라고 하나요?
그걸 하능거.

= 으~ 으~ 대떠리.

그걸 대떠리라고조 그지요?

= 으~ 대떠리. 그건 인자 부랑민더리 와가주구 인자 칭구나 그런 사람드
리 모여가주구서 대떠리를 허주 인자. 그 메기[171]는 사람드리 에 지금까지
사라 온 그 역씨두 예 이르케 메기구. 또 인자 그 마라잠 재민는 우숭꺼리두
혀서나[172] 그 사람더를 즐거께 해주기두 허구. 내내 그르케서 보내구. 인자
그 사람덜 수란잔씩 주구. 바미 야시커먼 인자 야식뚜 해서 대접 허구.

그러민제 그 마지망 날 운구 바린할 때 이짜나요? 그 그. 이 동네는 걸 상여
라 구라나요 행상[173]이라 구라나요?

= 상여.

그러면 인제 그, 그 염이 끝나면, 상주들은 염 끝나고 상복을 입나요? 미리 입나요, 옛날에는?

= 염 끝나야 입지요, 염 끝나야 입지요, 응, 그럼.

상복을 그러니까 좀 어느 촌수까지 입었나요? 가까운 친척이?

= 어, 고종, 고종이, 고종도 고종하고, 이모.

이종 관계?

= 예, 이모네하고 내내 사촌들이랑은 다 입고, 이종까지. 고, 고모부도 입고, 다 입더라고요, 그렇게.

그러면 인제 그 염하고 손님도 받을 거 아니에요, 문상 오신 분들?

= 인제 옷을 다 입고 에, 인제 손님을 받지 인제. 그 저녁제를 지내고서, 저녁제를 지내고서 손님을 받게 되지 인제. 대개 오후에 하거, 하거든요, 내내 염을 할 적에, 그래서 본래 삼일. 이틀간 놓아두었다가 삼 일째 막바지 손님, 말하자면 먼 데 손님까지 다 와야. 그 거시기를 하지요, 인제 염을 하지. 아, 한 분이래도 안 오면 오도록 기다리다, 기다리다 인제 다 온 다음에.

그전에 저희들 보니까 그, 발인하기 전에 그 밤에 그 대뜨리라고 하나요? 그 걸 하는 것 (+같아요).

= 응, 응, 대뜨리.

그걸 대뜨리라고 그러지요, 그렇지요?

= 응, 대뜨리. 그건 인제 부락민들이 와가지고, 인제 친구나 그런 사람들 이 모여가지고서 대뜨리를 하지요 인제. 그 메기는 사람들이 에, 지금까지 살아 온 그 역사도 예, 이렇게 메기고. 또 인제 그, 말하자면 재밌는 웃음거 리도 해서는 그 사람들을 즐겁게 해주기도 하고. 내내 그렇게 해서 보내고. 인제 그 사람들 술 한 잔씩 주고. 밤에 야식하면 인제 야식도 해서 대접하고.

그럼 인제 그 마지막 날 운구, 발인할 때 있잖아요? 그, 그. 이 동네는 그걸 상여라고 그러나요, '행상'이라고 그러나요?

= 상여.

상여 상여꺼지 인제 시시늘 나올 때 그저네 그 바가지 거틍 걸 론능가 보더
라구요?

= 에 바가지 바가지 바가지를 어퍼노치 내내 인제 무나키다가[174].

근 왜 그러는 거조 그거뇨?

= 그건 이 모든 여기 잡뀌럴 읍쌘다는 뜨스루 인자. 이 방아~에는 인자
그 시체가 떠나는디. 그저니는 왜 동토라[175] 그우지 왜 그릉 거 이써가꾸
그래가꾸.

동티난다구요?

= 모든 규늘 다 자버가라는 뜨스루 인자 그르케서 방어늘 울리는 거시
지 인자 그게여. 에 칵! 쏘리 나먼 자 울리구서 나가능거주 그러머서 인
자. 이 네 구퉁이다가 네 구퉁이 이르케. 그 양쪼기루 이케 잡꾸서 시체
를 잡꾸. 중방매개허자 중방매개허자 허구 이르케 네 구퉁이 함번 도라
이르케 방얼 방얼 그르케서. 모든 그 잡씨늘 싹 가주구 가능 거지 인자
도라가신 양바니 그캐서. 산:사라미 안저나게 살쑤 이께 그르케 해주구
떠나능 거여 그르케서 모든 잡뀌를 다가주구 가능 거여 인자.

그러민제 시체를 이제 상[176]이다 그 가따 모실 꺼 아녀여 그라구서는 제 그
무슨 제사 가틍 걸 좀 지내저?

= 바린제.

에 그걸 어트게 바린제는 해써요? 즈메는?

= 바린제를 삼사실과 노쿠 떠걸 한 시루 해노치 인자. 떠걸 한 시루 해
서 상 우이다 올리구 삼사실과 노쿠 그르케 허구서. 내내 바린제 허는디
그 충익짜네요 응 충이꾸[177] 그케구선자. 거긴는 사람드린자 그 떠글 다
먹찌 인자. 그 사람더리 바리넌 사람드리 다 머거 인자 다 이르키 골고루
노나서[178]. 쌍 머거 읍쌔능 게 마니는 안쿠 한 서너대쯤 헐꺼야 아마 그게
스:데. 스데 스호빙가[179] 해서 그르게 싹 거기서 나너 머거 읍쌔버려요 그
냥. 그르케 읍쌔구 바루는 인자 바린제를 익지 인제 이쿠서 출바라능 거

상여, 상여까지 인제 시신을 나올 때 그전에 그 바가지 같은 걸 놓는가 보더라고요?

＝ 예, 바가지, 바가지, 바가지를 엎어놓지, 내내 인제 문 앞에다가.

왜 그러는 거죠, 그건요?

＝ 그건 이 모든 여기 잡귀를 없앤다는 뜻으로 인제. 이 방 안에 (+있)는, 인제 그 시체가 떠나는데. 그전에는 왜 동티라고 그러지, 왜 그런 거 있어갖고, 그래갖고.

동티가 난다구요?

＝ 모든 균을 다 잡아가라는 뜻으로 인제 그렇게 해서 방 안을 울리는 것이지 인제 그거요. 예, 칵! 소리 나면 인제 울리고서 나가는 거죠, 그러면서 인제. 이 네 구석에다가 네 구석 이렇게. 그 양쪽으로 이렇게 잡고서 시체를 잡고. 중방막이하자, 중방막이하자 하고 이렇게 네 구석 한 번 돌아 이렇게 방을, 방을 그렇게 해서. 모든 그 잡신을 싹 가지고 가는 거지, 인제 돌아가신 양반이 그렇게 해서. 산 사람이 안전하게 살 수 있게 그렇게 해주고 떠나는 거야, 그렇게 해서 모든 잡귀를 다 가지고 가는 거야, 인제.

그럼 인제 시체를 인제 상여에다 그 갖다 모실 거 아니에요, 그러고서는 인제 그 무슨 제사 같은 걸 좀 지내죠?

＝ 발인제.

예, 그걸 어떻게 발인제는 했어요? 처음에는?

＝ 발인제를 삼사실과 놓고, 떡을 한 시루 해놓지, 인제. 떡을 한 시루해서 상 위에다 올리고 삼사실과 놓고 그렇게 하고서. 내내 발인제 하는데 그 축 읽잖아요, 응, 축 읽고 그렇게 하고서 인제. 거기 있는 사람들 인제 그 떡을 다 먹지 인제. 그 사람들이, 발인한 사람들이 다 먹어, 인제 다 이렇게 골고루 나눠서. 싹 먹어 없애는 게, 많이는 않고 한 서너 되쯤 할 거야, 아마 그게 서 되. 석 되 서 홉인가 해서 그렇게 싹 거기서 나눠 먹어 없애버려요, 그냥. 그렇게 없애고 바로 인제 발인제를 읽지, 인제 읽고서

지.

　그럼 출바라면 바루 그 산소로 가나요? 묘로 가나요? 아니면 동네에서?

　= 아녀요 동네에서 인자 또. 여기서 아마 한:: 거시기까지는 갱정이 오래 시가늘 걸리머서[180] 상여를 메기지 인자 또. 슬픈 얘기두 허구 그 마라자머는 인자. 지금 가면 언제오나 해가머서 메기는 사라미 구성지게 잘 메겨요 그래서.

　그 메기는 사라믈 그 머라구래요? 요령재비라 구라나요?

　= 응 요령재비. 시분 지금두 함 분 사러인는디 서울까 이꾸서 지금 아뉴요 알고 인는디. 그 체씨라구 잘 메겨썬는디 그 어른 아직 시방 여든 여더링가 사런는디. 지끔 사러인는디 도라가시던 아낸나봐유 도라가시면 이리 오능 거구.

　그 부니 그걸 재미깨 그걸 구성지게.

　= 구성지게 해가꾸 참 그 디다보는[181] 사람두 그냥 눈무리 나올 쩡도루 그냥 참. 자식뜨란티두 이르케 공을 드리구 가구. 그래서 영:워니 존 나라루 가시라구 그르케. 기워늘 해가머서 그런 예기를 해가머서 내내 허지요. 그서 회심고기[182]라구 인는디 우리는 잘 몰라요 회심고글.

　회심고글 하능 거 가떼요.

　= 예.

　그먼 동네 아피서 머 동네쩨도 지내나요? 그 떠나기 전네?

　= 에 인제 지그믄 안터라구요 해써요.

　옌나레리녀?

　= 에. 동네에서 길째[183]라구 길째라구해서 제사를 지내줘써요 경로당 츠기서 노인더리 나와서 지내주구 그르케서 떠나찌유.

　그럼제 그 떠나서 산소꺼지 가는 동아네.

　= 중가니서 함번 쉬지 또 중가니서 쉬어가꾸. 귀경꾼[184]덜뚜 이씨면 술두 한 잔씩 대저버구. 또 이르케 먼:: 디서 손니미 오신 오시는 손님두 인자

출발하는 거지.

그럼 출발하면 바로 그 산소로 가나요? 묘로 가나요? 아니면 동네에서?

= 아녀요, 동네에서 인제 또. 여기서 아마 한 거시기까지는 굉장히 오래 시간을 끌면서 상여를 메기지, 인제 또. 슬픈 얘기도 하고, 그 말하자면은 인제. 지금 가면 언제 오나 해가면서 메기는 사람이 구성지게 잘 메겨요, 그래서.

그 메기는 사람을 그 뭐라고 그래요? 요령잡이라 그러나요?

= 응, 요령잡이. 세 분, 지금도 한 분 살아있는데 서울 가 있고, 지금 안 와요, 알고 있는데. 그 최 씨라고 잘 메겼었는데, 그 어른 아직 지금 여든 여덟인가, 살았는데. 지금 살아있는데 돌아가시지는 않았나 봐요, 돌아가시면 이리 오는 거고.

그 분이 그걸 재밌게, 그걸 구성지게.

= 구성지게 해갖고, 참 그 들여다보는 사람도 그냥 눈물이 나올 정도로 그냥 참. 자식들한테도 이렇게 공을 드리고 가고. 그래서 영원히 좋은 나라로 가시라고, 그렇게. 기원을 해가면서, 그런 얘기를 해가면서 내내 하지요. 그래서 회심곡이라고 있는데 우리는 잘 몰라요, 회심곡을.

회심곡을 하는 거 같데요.

= 예.

그러면 동네 앞에서 뭐 동네제도 지내나요? 그 떠나기 전에?

= 예, 인제 시금은 잃더라고요, 했어요.

옛날에는요?

= 예. 동네에서 거리제라고, 거리제라고 해서 제사를 지내줬어요. 경로당 측에서 노인들이 나와서 지내주고, 그렇게 해서 떠났지요.

그럼 인제 그 떠나서 산소까지 가는 동안에.

= 중간에서 한 번 쉬지, 또 중간에서 쉬어갖고. 구경꾼들도 있으면 술도 한 잔씩 대접하고. 또 이렇게 먼 데서 손님이 오신, 오시는 손님도 인제

여기서 몬 만나쓰믄. 중가니서 거그서 인사를 허개끔 자리를 만드러주지 또 인자 거기서 해서. 상이랑 도짜리랑 상에다 가주 가가꾸유 그르캐서 수란 잔씩 대저버구. 그 근방이 인는 사람들 인자 다 게 만족카게 메기구 그르구서. 그저니는 고기를 해서 이캐서 돼지고기어구 짐치어구 이르케 껴:서. 그르캐서 가저가서 이케 하나씩 노나주구 그래써유 수란주루.

그래써요?

＝ 네.

그 보먼 저히들 어려쓰믄 산소꺼지는 여자분더른?

＝ 안가써지유 그저니는 그저니는 안가써써요.

그러치요.

＝ 근디 지그믄 다 가요 인자 개방.

지그믄 다.

＝ 예 다 가서 예배드리는 사람 예배보구 다: 디다보구 다해요 인자 거기두 인자. 지사[185]가 이찌 또 인자 지사가 마라자믄 인자 산소럴. 좌를 어디루 쓰라구 인자 다 이걸 거시기를 베아줘유[186] 또 해저유 거기서 지사가. 지사가 다: 혀서 지그믄 왜 저 서꽈늘 쓰자내유 그저니는 이르케 나무루 짜서 해써꺼든. 나무루 나무루 짜서 해썬는디. 지그믄 시대 무놔가 발딸대가꾸 참 돌루 해서 야무지게 자럽띠다. 서꽈는 서꽌 짜서 인자 좌는 무신 좌루 인자 그 산 날대로애서[187]. 그 좌르래서 이르케 딱 해주문 시체를 쓰게[188] 되조.

고 좌를 자바주는 사라믈?

＝ 지사.

지사.

＝ 예 지사 지사니미라구 그러지유.

그런 분드리 동네에 그도 함 분씩 게션나요?

여기서 못 만났으면. 중간에서 거기서 인사를 하게끔 자리를 만들어주지, 또 인제 거기서 해서. 상이랑 돗자리랑 상에다 갖고 가갖고요, 그렇게 해서 술 한 잔씩 대접하고. 그 근방에 있는 사람들 인제 다 그렇게 만족하게 먹이고, 그러고서. 그전에는 고기를 해서, 이렇게 해서, 돼지고기하고 김치하고 이렇게 껴서. 그렇게 해서 가져 가서 이렇게 하나씩 나눠주고 그랬어요, 술안주로.

그랬어요?

＝ 네.

그, 보면 저희들 어렸을 때 산소까지는 여자 분들은?

＝ 안 갔었지요, 그전에는, 그전에는 안 갔었어요.

그렇지요.

＝ 근데 지금은 다 가요, 인제 개방.

지금은 다.

＝ 예, 다 가서 예배드리는 사람 예배보고 다 들여다보고 다해요, 인제 거기도 인제. 지관이 있지, 또 인제 지관이 말하자면 인제 산소를. 좌향을 어디로 쓰라고 인제 다 이걸 거시기를 가르쳐줘요, 또 해줘요, 거기서 지관이. 지관이 다해서 지금은 왜 저 석관을 쓰잖아요, 그전에는 이렇게 나무로 짜서 했었거든. 나무로, 나무로 짜서 했었는데. 지금은 시대 문화가 발달돼갖고, 참 돌로 해서 야무지게 잘합디다. 석관은, 석관 짜서 인제 좌는 무슨 좌를 인제 그 산 날대로 해서. 그 좌를 헤서 이렇게 딱 해주면 시체를 쓰게 되죠.

그 좌를 잡아주는 사람을?

＝ 지관.

지관.

＝ 예, 지관, 지관님이라고 그러지요.

그런 분들이 동네에 그래도 한 분씩 계셨나요?

＝ 예 나두 댕기머 더러 해써요.

그러면 그 정말 그 조은 메짜리 자부먼 그케 그 발복도 하구 그러나요?

＝ 발보기라녀?

그 머 거기서 잘 출세하는 사람 나오고 부자두 되고.

＝ 그저니는 그저니는 그래따고 마~이 드런는디유. 그건 다 거시기유. 마러기 조아서 입땀 존 사람드리 그리케 해서. 거시거능 거지 그릉 거 읍써유 내가 생가가기는 읍따 구래유 그게.

그저닌제 드러보며는 그 무슨 머 묘짜리가 가재라고저 까재[189] 이 동네 까재라고 그러나요? 그 가제열 거튼 디 쓰먼 신체를 고 여기다 썬는데. 나중에 밀레[190] 할라고 보면 저 만큼 가 이따고 그런 소문도 들리고 그러더라구유.

＝ 그런 소문두 그저니는 드런는디. 지그믄 하::두 철뚜철미어게 자래 논는 통이 그저니는. 이:: 여:수나 이런 거떠리 머글 꺼시 업써서 파때유 파서 그냥. 파머꼬 그래따 시체를 그른디. 그저니는 머글 꺼이 읍짜내유 그래가꾸 인제 여수가 파구 그른디 시방은. 이 서꽈늘 써가꾸 다재비[191]를 야부지게 해노차내유 그래가꾸서. 그런니른 읍써유 읍써 그래서. 그건 낭서리라구 봐요 내내 그 뭐이가 이꾸 뭐이가 이따는 거슨.

그 그저니는 긍게 사람드리 실제 그 산소를 사비나 괭이 가틍 걸로 파짜나요 지그믄 좀.

＝ 포크레이누 다하지 인자 포크레이루 다 해노먼 와서 판파나게 고고치기먼 허구 거시기 허지. 빤뜨더게 사라미 혀서나 서꽌쓰기 조케 해노치 일쩔 멀 사비나 거시기루 안 파유 인자 떼나 이피구. 소시랑이루 인자 떼나 이피구 저기 애서 이르케 보기 조캐 미와자거비나 허지유 인자.

그러민제 그 과늘 느코 이걸 흐글 메울꺼 아니에요 메워서 그걸 반능 걸?

＝ 그걸 그 지방마두 답떠라구유[192] 그게 지방 지방이 쓰는 방식기 답꾸[193]. 저 경기도 싸라미 여그[194] 와서 인자 우리 장모 쓸쩌기 봐떠니. 그

＂ 예, 나도 다니며 더러 했어요.

그러면 그 정말 그 좋은 묏자리 잡으면 그렇게 그 발복도 하고 그러나요?

＂ 발복이라니요?

그, 뭐 거기서 잘, 출세하는 사람 나오고, 부자도 되고.

＂ 그전에는, 그전에는 그랬다고 많이 들었는데요. 그건 다 거시기요. 말하기 좋아서, 입담 좋은 사람들이 그렇게 해서. 거시기하는 거지, 그런 거 없어요, 내가 생각하기에는 없다고 그래요, 그게.

그전에 인제 들어 보면은 그 무슨 뭐 묏자리가 가재(+혈)라고 그러죠, 가재, 이 동네 가재라고 그러나요? 그 가재 혈 같은 데 쓰면, 시체를 고 여기다 썼는데. 나중에 면례하려고 보면 저만큼 가 있다고 그런 소문도 들리고 그러더라고요.

＂ 그런 소문도 그전에는 들었는데. 지금은 하도 철두철미하게 잘해 놓는 통에 그전에는. 이, 여우나 이런 것들이 먹을 것이 없어서 팠대요, 파서 그냥. 파먹고 그랬대, 시체를, 그런데. 그전에는 먹을 것이 없잖아요, 그래갖고 인제 여우가 파고 그랬는데, 지금은. 이 석관을 써갖고 달구질을 야무지게 해놓잖아요 그래갖고서 그런 일은 없어요, 없어 그래서. 그건 낭설이라고 봐요, 내내 그 뭣이 있고, 뭣이 있다는 것은.

그, 그전에는 그러니까 사람들이 실제 그 산소를 삽이나 괭이 같은 것으로 팠잖아요, 지금은 좀.

＂ 포클레인(굴착기)으로 다하지, 인제 포클레인으로 다 해놓으면 와서 판판하게 고치기만 하고 거시기하지. 반듯하게 사람이 헤서는 서관을 쓰기 좋게 해놓지, 일절 뭘 삽이나 거시기로 안 파요, 인제 떼나 입히고. 쇠스랑으로 인제 떼나 입히고, 저기 해서 이렇게 보기 좋게 미화작업이나 하지요, 인제.

그럼 인제 그 관을 넣고 이걸 흙을 메울 거 아니에요, 메워서 그걸 밟는 걸?

＂ 그걸 그 지방마다 다르더라고요, 그게 지방, 지방에 쓰는 방식이 다르고. 저 경기도 사람이 여기 와서 인제 우리 장모 쓸 적에 봤더니. 그 때

때 처나미 저 서울써 인는디 모시구 완는디. 그 사람더른 막 달구지라구 허더마류 달구지라구 허는디. 이케 뺑뺑 도라가므 이르케 그 모이 아니서 밥떠라구 이캐 냥. 여나므니 이르케 북푸북 치구 풍물 치구 그러머서 발버요. 바:꾸[195] 이르케서 이케 다디더먼 그래 이거슬 땅을.

여기는 글 대개 다지오[196]라구라는데?

＝ 다지오? 그 달 달구지라구더라구 그 사람더른 달구지 근디.

이 동네서는 그렁 거 안나셔써요?

＝ 아내유 여기는 그능 건 웁꾸. 포크렝이루 포크렝이 눌러 버려.

아니 그저네 포크렌 업쓸 때는?

＝ 발버써요 그냥 이케.

그 밤능 걸 머라 그래여?

＝ 보긴더리 보기드리 이케 보긴더리 이케 뺑뱅 도라가머 발버써여 여기.

보긴드리요?

＝ 에.

그러고 그럼 밥꼬 그렇게 그러군제 봉부늘 쓸꺼 아녀요 그러고 인제 떼를 이피고 그러는 거머는구뇨.

＝ 에 봉부 봉부늘 쓰는디 그 머여 저 청실 홍시리찌 청실 홍실 그거슬 그 우이다 올리지 마라자믄 자기 그 가심[197] 우이다가 올려주구서 더퍼주구 그른디 그저니는 그 느믈 가주구와서 사무제까지 지사를 지내구. 탈봉 날 거그 거시기다 무던는디. 지그믄 그냥 거기다 바루 가서 너버리더라구.

처남이 저 서울에서 있는데, 모시고 왔는데. 그 사람들은 막 달구질이라고 하더구먼요, 달구질이라고 하는데. 이렇게 뺑뺑 돌아가며 이렇게 그 묘 안에서 밟더라고, 이렇게 그냥. 여남은 이가 이렇게 북, 북 치고, 풍물 치고 그러면서 밟아요. 밟고, 이렇게 해서 이렇게 다지더구먼, 그래 이것을 땅을.

여기는 그걸 대개 달구질이라고 그러는데?

＝ 다지오? 그 달, 달구질이라고 그러더라고, 그 사람들은 달구질 그런데.

이 동네에서는 그런 거 안 하셨어요?

＝ 안 해요, 여기는 그런 건 없고. 포클레인으로, 포클레인이 눌러 버려.

아니, 그전에 포클레인 없을 때는?

＝ 밟았어요, 그냥 이렇게.

그 밟는 걸 뭐라고 그래요?

＝ 복인들이, 복인들이 이렇게, 복인들이 이렇게 뺑뺑 돌아가며 밟았어요, 여기.

복인들이요?

＝ 예.

그러고 그럼 밟고, 그러니까 그러고 인제 봉분을 쓸 거 아니에요, 그러고 인제 떼를 입히고 그러는 것이구먼요.

＝ 예, 봉분, 봉분을 쓰는데 그 뭐야, 저 청실, 홍실 있지, 청실, 홍실 그것을 그 위에다 올리지, 말하자면 자기 그 가슴 위에다가 올려주고서 덮어주고 그런데 그전에는 그놈을 가지고 와서 삼우제까지 제사를 지내고. 탈복날 거기 거시기다 묻었는데. 지금은 그냥 거기다 바로 가서 넣어버리더라고.

제사에 대한 이야기

그러쿠나! 그럼 인제 제사 예기 조매주세요. 제산::도 아나시겐네요?

﹣제사는 아 아날라구 항게 안데게 생겨써. 아덜더리 다 안 미꾸. 이거 또 아니구 저거또 아녀. 그래서 제사를 내가 지 지내써 지내는디. 다 채려[198]노쿠 지끔두 제사를 지내지만 그래두 신부니만테 내가 여쩌봐써. 이르케 조케 신부님 이르케 단독쩌기루 안저서. 신부님 우리는 그저니는 아부지가 하::두 열씨미루 댕겨서. 이 제사 지내능 걸 그릉 걸 아내서. 아부지는 제사를 내가 연:도루다 디리구 그냥 마는디. 아이 우리 애더런 지끔 승:당이두 잘 안: 나오고. 이~ 미쩌두 자라나구 애더리 크다봉게 말두 자란득꾸. 승:당이댜 그 천주교 그 뭐더러 댕겨요. 그 앙꺼뚜 아닌 느무 거 그랴 우리 두째 아덜뚜 구라구 크나드른 그르케 아나지만. 그라는디 크나드른 큰따리 마딸리 시찝깐 느미 지극 쩡성이루 열씨미네. 그래서 성:당이를 열씨미 댕깅게 그런 도:리를 도:리상두 다 자랄구 아러 그라는디. 아더른 안 댕기구 메누리는 또 엔나리 지가 샥씨[199]떼기 교헤를 다녀땨. 교헤대니다 와가꾸 인자 승:당이두 가기 실쿠 이거뚜 아나구 저거뚜 아나구 앙꺼뚜 아냐 인자. 아나버링게 그냥 나도 맨날 언제는 껄쩍찌그내서[200] 아 그 성당이 다녀라 인자. 교헤나 승당이나 내내 항가지지 머 그래떠니. 글쎄요 어머니 하시능 거 하야는디[201] 미끼지를 안네유 그라고 안 댕겨. 아 대건 여기여기 그게 어디여? 논산 시:내 저 성당은 그 다리 인는디께 거 어디여 대기동. 대기동 인는 디가 성당 이써짜냐 대기 승당. 그 미티서 성당 저티[202]께서 사란는디두 안 나가더라구. 자[203] 안댕겨 마미 안키나

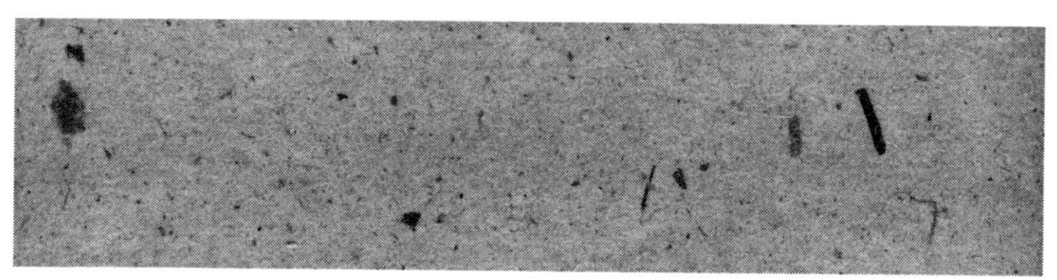

그렇구나! 그럼 인제 제사 얘기 좀 해주세요. 제사도 안 하시겠네요?

˝ 제사는 아, 안하려고 하니까 안 되게 생겼어. 아들들이 다 안 믿고. 이것도 아니고, 저것도 아니야. 그래서 제사를 내가 지, 지냈어, 지내는데. 다 차려놓고 지금도 제사를 지내지만, 그래도 신부님한테 내가 여쭤봤어. 이렇게, 좋게 신부님 이렇게 단독적으로 앉아서. 신부님, 우리는 그전에는 아버지가 하도 열심히 다녀서. 이 제사 지내는 걸, 그런 걸 안 해서. 아버지는 제사를 내가 연도로 드리고 그냥 마는데. 아이, 우리 애들은 지금 성당에도 잘 안 나오고. 응, 믿지도 잘 않고, 애들이 크다 보니까 말도 잘 안 듣고. 성당에다, 그 천주교 그 뭣 하러 다녀요. 그 아무 것도 아닌 놈의 거 그래, 우리 둘째 아들도 그러고, 큰 아들은 그렇게 안 하지만. 그러는데 큰아들은, 큰딸이, 맏딸이 시집간 놈이 지극 정성으로 열심이네. 그래서 성당에를 열심히 다니니까 그런 도리를, 도리사항도 다 잘 알고, 알아 그러는데. 아들은 안 다니고, 며느리는 또 옛날에 자기가 처녀 적에 교회를 다녔대. 교회 다니다 와갖고 인제 성당에도 가기 싫고, 이것도 안 하고 저것도 안 하고, 아무 것도 안 해, 인제. 안 해버리니까 그냥 나노 만날 언제는 마음이 불편해서 성당에 다녀라, 인제. 교회나 성당이나 내내 한가지지 뭐, 그랬더니. 글쎄요, 어머니 하시는 거 해야 하는데 믿기지를 않네요, 그러고 안 다녀. 아, 대건 여기, 여기 그게 어디야? 논산 시내 저 성당은 그 다리 있는 데쯤 그 어디야 대기동. 대기동 있는 데가 성당 있었잖아, 대기동 성당. 그 밑에서 성당 곁에 쯤에서 살았는데도 안 나가더라고. 재 안 다녀, 마음이 안 내키나 안 다녀, 그러는데. 지금도 나가자, 그래도

안 댕겨 그라는디. 지금두 나가자 구래두 안 나가. 그래서 심부님더러 그
란다구 내가 예기를 하머서. 우리 이~ 말구여 이르미 본명이 승:당 이르미
말구씨 즈 남편네는 애덜뚜 다 승:당이를 잘 다니두 아나구 그래두 그냥.
오인 모이니라구러나 항가지쥬 머 나 혼차[204]만 댕깅게 그랑게. 그냥 지사
를 지낸다 그래써 신부님더러. 지사를 지극 쩡성이루 내가 잘 지내는디.
나중에 애더리래두 즈덜 인자 승당이를 댕겨서 미드믄 안 즈날망정 나중
이는. 지사도 제데루 모더더 먹꾸 이를꺼 가터서 내가 한다구 그래써. 그
랑게나 갠찬타 심부니미 그랴 제가 아니라 부머 한티 이르케 기도하능
건. 기도두 하구 연도두 하구 하면 조치만 제사지내능 거뚜 제 아니니께
얼마든지 해래 노쿠. 제사지내라구 하드라구 절두 하구 다: 하랴. 그래서
잘 지냐 응감 지사. 진짜루 자:래디려 애더리. 제사지내구 할라머는 돈 심
마넌씩 다 가줘와 나안티. 이 일곰녀서시 다 가종게[205] 마나지 나머 도니.
  예, 아이고!

  ⌐ 다네 딸덜뚜 내구 이버니두 스:리[206] 딸덜뚜 심마넌씩 주구. 손네[207] 딸
두 오머서 삼두 사가꾸. 겨로난 느미 인삼두 항::각 쿵 거 이르기 이마 일.
항각싸가꾸 오구 돈:두 주구 그라더라구. 돈:두 성당에다 이르케 바치라
구. 빠::빠던 새 돈 그냥 으냉이서 바꺼가꾸 심마넌 가따 주더라구. 시집
깐 손자사우[208] 가.

  응::. 그러민제 제사 지낼 때 누가 어뜨케 준비하세요? 그러면?

  ⌐ 하능 거슨 음:스근 여그서 다 하지 크나더리랑 나랑 가서 장보기 사
다가 메누리더른 바뿌닝까 강:[209] 모까 기냥 그라구. 즈더리 하머 엄마 마
미 안 든다구 엄마가 다 사오라구 지라랴 내가 버러설 잘모깔켜써. 나 모
단다구 자빠저쓰야는디 다 사다 줘떠니 아 인자 암두 아날라구 지라라네
그래가꾸. 아 안직[210] 까장은 그래두 내가 댕기머서 할마낭게 크나더리 차
루 가닝까[211] 차타구 가서 다 사다가 여기다 노무는 애드리 다 와서 햐.
해서 제사 잘 지내 잘 지냐.

안 나가. 그래서 신부님더러 그런다고, 내가 얘기를 하면서. 우리 응, 말 구여 이름이, 본명이 성당 이름이, 말구 씨 제 남편네는 애들도 다 성당에를 잘 다니지도 않고 그래도 그냥. 외인, 모인이라고 그러나 한가지죠 뭐, 나 혼자만 다니니까, 그러니까. 그냥 제사를 지낸다고 그랬어, 신부님더러. 제사를 지극 정성으로 내가 잘 지내는데. 나중에 애들이라도 자기들 인제 성당에를 다녀서 믿으면 안 지낼망정, 나중에는. 제사도 제대로 못 얻어먹고 이럴 것 같아서 내가 한다고 그랬어. 그러니까 괜찮대, 신부님이 그래, 죄가 아니라 부모한테 이렇게 기도하는 건. 기도도 하고, 연도도 하고 하면 좋지만 제사지내는 것도 죄 아니니까 얼마든지 하래, 놓고. 제사지내라고 하더라고, 절도 하고 다 하래. 그래서 잘 지내, 영감 제사. 진짜로 잘 해드려, 애들이. 제사지내고 하려면은 돈 십만 원씩 다 가져와, 나한테. 이 일곱 여섯이 다 가져오니까 많지, 남아 돈이.

예, 아이고!

ˉ다 내, 딸들도 내고, 이번에도 설에 딸들도 십만 원씩 주고. 손녀딸도 오면서 인삼도 사갖고(+오고). 결혼한 놈이 인삼도 한 곽 큰 거, 이렇게 이만(+한), 이(+만한). 한 곽 사갖고 오고, 돈도 주고 그러더라고. 돈도 성당에다 이렇게 바치라고. 빳빳한 새 돈, 그냥 은행에서 바꿔갖고 십만 원 갖다 주더라고. 시집간 손자사위가.

응. 그럼 인제 제사 지낼 때 누가 어떻게 준비하세요? 그러면?

하는 것은, 음식은 여기서 다 하지, 큰아들이랑 나랑 가서 장보기 사다가, 며느리들은 바쁘니까 장 못 가, 그냥 그러고. 저희들이 하면 엄마 마음에 안 든다고 엄마가 다 사오라고 지랄해, 내가 버릇을 잘못 가르쳤어. 나 못한다고 자빠졌어야 했는데, 다 사다 줬더니 아, 인제 아무도 안 하려고 지랄하네, 그래갖고. 아, 아직까지는 그래도 내가 다니면서 할 만하니까, 큰아들이 차로 가니까 차타고 가서 다 사다가 여기다 놓으면 애들이 다 와서 해. 해서 제사 잘 지내, 잘 지내.

다 오세요?

˘ 다 오지 딸덜알라[212] 다와.

금 제사지낼 때 특히 머 하지 마라야 델께 인나요? 특벼리?

˘ 몰라 하지말꺼슨 머머머 머 아냐? 큰소리치지 큰소리 내지 마르야지 지산나른. 조케 하차는 음서글 해노코래두 정성시리게. 안지근 애더리 다 차캐서 그냥. 그냥 마란드꾸 하는 사람 웁써. 그냥 크나덜뚜 지끔 시운[213] 시운 예순 육씨비 다 돼가는디두. 지금 아오비네 시운 아옵. 아오빈디 날[214] 모리는 항갑 도라오자나. 그래도 은::대 그냥 내가 여그서 사라오머서 이 관시기여 이르미. 야 관시가 뭐쯤 하야거따[215] 하머는. 두::마라나고 차가꾸 즉써과. 차캬 참::말루 착캬 크나더리. 그릉게 성[216]이 그르케 잘 하구 착카닝게. 누가 어떤 노미 뒤쩌니서 막 그냥 머 큰소리 치는 놈 웁써 웁써 모대.

팔람매?

˘ 응 팔람매가.

다나비 잘되네요.

˘ 이~ 잘데: 안지근 안직까장은.

조으세요.

˘ 나 주근디는 어짤라나 몰라두.

자라실꺼에요.

˘ 메누리덜뚜 너무 시꾸가 다 잘 두뤄써 나는 우리 아덜보덤두. 큰메누리두 다 교양이꾸 다 이~ 머꾸 살라구 억::척씨리게 노력캐서. 다 즈 아덜 딸덜 다 잘 갈켜 노코 다핸는디 두째는 지 지금 두째 딸두 지금 기지배만 두린디 인제 이버니 대아꼬 가는디 부틀라나 어짤라나 몰라. 내녀니 대아꼬 가니까 오리 쎈뿔[217] 고사미니까.

˘ 응.

다 오세요?

‾ 다 오지 딸들까지, 다 와.

그러면 제사지낼 때, 특히 뭐 하지 말아야 될 것이 있나요? 특별히?

‾ 몰라, 하지 말 것은 뭐, 뭐, 뭐, 뭐 안 해? 큰소리치지, 큰소리내지 말
아야지, 제삿날은. 좋게, 하찮은 음식을 해놓고라도 정성스럽게. 아직은
애들이 다 착해서 그냥. 그냥 말 안 듣고 하는 사람은 없어. 그냥 큰아들
도 지금 쉰, 쉰, 예순, 육십이 다 돼 가는데도. 지금 아홉이네, 쉰아홉. 아
홉인데 내일 모레는 환갑 돌아오잖아. 그래도 여태까지 그냥 내가 여기에
서 살아오면서 응, 관식이야, 이름이. 야, 관식아, 뭐 좀 해야겠다 하면.
두 말 안하고 차갖고 즉시 와. 착해, 참말로 착해, 큰아들이. 그렇게 형이
그렇게 잘하고 착하니까. 누가 어떤 놈이 뒷전에서 막 그냥 뭐 큰 소리
치는 놈 없어, 없어, 못해.

팔남매?

‾ 응, 팔남매가.

단합이 잘되네요.

‾ 응, 잘돼, 아직은 아직까지는.

좋으세요.

‾ 나 죽은 뒤는 어쩌려나 몰라도.

잘 하실 거예요.

‾ 며느리들도 남의 식구가 다 살 들어왔어, 나는 우리 이들보다도. 큰
며느리도 다 교양 있고 다 응, 먹고 살려고 억척스럽게 노력해서. 다 제
아들딸들 다 잘 가르쳐 놓고 다 했는데, 둘째는 지, 지금 둘째딸도 지금
계집애만 둘인데 인제 이번에 대학교 가는데 붙으려나, 어쩌려나 몰라.
내년에 대학교 가니까 올해 쌘뿔(+여고) 고삼이니까.

응.

■ 주석

1) 부사형어미 '-어'가 어간말모음에 완전순행동화를 일으키는 경우가 있는데 '태애나서(=태어나서), 있이야(=있어야), 있이야지(=있어야지), 없이야(=없어야), 없일(=없을), 앉인(=앉은)' 등이 그러하다.
2) '하나뿐배끼'는 수사 '하나' 뒤에 동일한 의미를 갖는 보조사 조사 '-뿐'과 '-밖에'가 중첩된 특이한 양상을 보이는 형태이다.
3) '하라부지'는 '할아버지'의 방언형이다.
4) 여기서는 제보자의 남편(제보자는 '할아버지, 아저씨, 양반' 등으로 호칭함)이 처가살이로 들어갔다는 뜻이다.
5) 형용사 '외롭-'에 대응되는 형태는 '에로웁구/에루웁구(=외롭고), 에루워서(=외로워서)'와 같이 활용한다. 그러므로 그것의 어간 기저형을 '외루웁/외로웁-'으로 설정할 수 있다.
6) '자꺼'는 '잡것'의 방언형이다.
7) '보야는 '봐야로 대역된다. 즉 개음절로 끝난 용언 어간이 어미 '-어/야'와 결합할 때 어간의 형태가 유지되면서 어미의 첫 모음이 탈락하는 현상이 일어나는 것인데, 이것은 이 방언에서 매우 활발히 나타난다.
8) '심'은 '힘'이 구개음화를 일으켜 실현된 방언형이다.
9) '강상'은 논산시 강경읍에 있는 '강경상업고등학교'를 말한다.
10) '겡장이'는 '경장이'와 공존하는 형태로 '굉장히'에 대응되는 말이다.
11) '우담하게'라는 말은 '우람하게'로 대역된다.
12) '축구를 들어갔다'는 것은 '축구부에 들어갔다'는 뜻이다.
13) 이 방언에서 파열음 /ㄱ, ㄷ, ㅂ/이 /ㅎ/과 연쇄를 이룰 때 유기음화가 나타나지 않는 것이 일반적이다. 예를 들어 부정부사 '못'과 '하다'가 결합할 때 형태소 경계의 음운연쇄 /ㄷㅎ/에서 '못타괴[모타괴]'와 같이 유기음화가 일어나는 예는 드물고, 대부분 '못하게[모다게], 못했어[모대써], 못하귀[모다귀], 뭣하러[뭐더러]'와 같이 /ㅎ/이 탈락한다.
14) '붙둘구(=붙들고)'는 어간 내부의 원순동화를 보여주는 예인데 첫 음절의 원순성에 동화되어 제2 음절도 '으→우'로 원순음화하였다. 이러한 현상은 '투두려(=두드려)'에서도 나타난다.

15) 아무개보다 '우찔루 크다'는 말은 '위로 키가 더 크다'는 뜻이다.

16) 여기서 '쟈'는 '저 아이〉재[재]'의 방언형이다.

17) '방맹이'는 '방망이'가 움라우트를 일으켜 실현된 형태이다.

18) '애기'는 '아기'의 방언형인데, 이 화맥에서는 제보자의 막내아들을 말한다.

19) '늫-'은 동사 '넣-'에 대응되는 형태인데 동사의 첫 음절이 이유 없이 고모음화하여 어간 재구조화가 일어난 예이다. 이러한 현상을 보이는 예로 '읎(=없)-, 은(=언)-, 스(=서)-, 드럽(=더럽)-, 그북시럽(=거북스럽)-' 등을 더 들 수 있다.

20) '전부라'는 부사 '전부가'에 대응되는 형태이다. 충남 방언에서 주격조사 '-라'가 쓰인다.

21) '무섭-'에 대응되는 형태가 이 방언에서는 '무서 갖구(=무서워 갖고), 무서워 갖구, 무서서(=무서워서), 무선(=무서운), 무섭지'와 같이 활용을 하므로, 어간의 기저형을 '무섭-'으로 설정할 수 있다. 특히 모음어미와 결합할 때 '무서, 무서서, 무선'과 같이 활용하는 매우 특이한 양상을 보인다. 즉 자음어미 앞에 나타나는 어간 '무섭-'과 모음어미 앞에 나타나는 어간 '무서-'가 구별된다고 볼 수 있다.

22) 이 방언에서 '가르치-'에 대응되는 형태는 '갈키-'인데 이 동사는 '가르치-'와 '가리키-'를 모두 뜻하는 동음어라 할 수 있다.

23) '맥히-'는 '막히-'가 움라우트화한 형태인데, 피동사와 사동사가 움라우트를 겪어 어간 재구조화를 일으킨 이러한 현상이 이 방언에서도 활발히 관찰된다. '댁이(=닭이)-, 멕이(=먹이)-, 맽기(=맡기)-, 베리(=버리)-, 엥기(=옮기)-' 등이 그러한 예에 속한다.

24) '줍다'에 대응되는 방언형은 '줏다'로 모음어미 앞에서도 규칙활용을 보인다.

25) '내오'는 부부를 가리키는 단어인 '내외(內外)'에 대응되는 방언형이다.

26) '억꾸리'는 '옆구리'에 대응되는 형태인데 선행 음절 /옆/의 말음이 뒤따르는 연구개음에 동화되어 완전히 위치동화를 일으킨 예이다.

27) '주서가꾸'는 동사 '줍다'의 활용형인 '주워서'로 대역된다.

28) '뛰-'에 대응되는 형태는 '띠-'인데 이것이 어미 '-어'와 결합할 때 이중모음화하여 '떠'로 나타나고 음절도 길어져 장음화한다.

29) 동사 '띠(=뛰)-'가 원순성을 잃고 '위→이'로 실현되는 것과 마찬가지로 명사 '뒤'도 이 방언에서도 '디'로 나타난다.

30) 여기서 '-서'는 '-사, 야와 같이 강세를 나타내는 방언형이다.

31) '-치름'은 조사 '-처럼'에 대응되는 형태인데 '-치름, -치럼'이 임의변이한다.

32) '오삼춘'은 '외삼촌'을 일컫는 말이다. /ㅚ/가 /ㅗ/로 나타나는 것은 '우(=위, 上)'에서 /ㅟ/가 /ㅜ/로 나타나는 것과 궤를 같이하는 현상이다. 일반적으로 후기중세국어 시기에 이들의 음가가 /ㅟ/[uy], /ㅚ/[oy]로 실현되었을 것으로 보는데, 그렇다면 이 방언에서 이 두 모음은 원순성을 강화하면서 단모음화하였다고 볼 수 있다.

33) '아부지'는 '아버지'가 원순동화를 일으켜 생성된 형태이다.

34) '병원비 주문'은 병원비를 주면, 즉 '병원비를 납부하면'의 뜻이다.

35) '학상'은 '학생'의 방언형이다.

36) '공것'은 '공짜'를 말한다.

37) '구신'은 '귀신'이 원순성을 강하게 유지한 채 후설모음화하여 생성된 형태인데, '띠(=뛰)-, 디(=뒤)'가 원순성을 잃고 /ㅣ/로 나타나는 것과 상반되는 현상이다.

38) '오지게'는 '오지다, 오달지다'의 부사형으로 '여무지게, 아주 강하게'란 의미를 갖고 있는 말이다.

39) '부애'는 '부아'에 대응되는 형태이다.

40) 이 지역어에서 '위(上)'에 대응되는 형태는 '우아래(=위아래), 웃집(=윗집)'에서와 같이 '우'이다. 그러므로 '우인 늠(=위에 있는 놈), 지 우이 형(=제 위의 형), 우이다가(=위에다가), 우이서버텀(=위에서부터)' 등에 나타나는 /우이/는 '우+-이(=위에)'로 분석된다.

41) '지우이'는 '제(3인칭 대명사) 위'의 방언형이다.

42) 이 방언에서 과거시제 선어말어미의 기저형은 '-었-'으로 잡는다. 이는 부사형 어미의 기저형을 '-어'로 설정하는 것과 같다.

43) '핵교'는 '학교'를 가리키는 것으로 어두에 전설모음화가 일어난 예인데, 원격에 놓인 반모음 /y/의 영향으로 움라우트가 일어난 것으로 볼 수 있다.

44) 여기에서 '사학년이 전부'라는 말은 '4학년을 마지막으로 하여' 학생들을 모두 졸업시켰다는 뜻이다.

45) 여기서 '안 넣다'는 '입학을 안 시키다'의 뜻이다.

46) '승당'은 '성당(聖堂)'을 가리키는 말로 체언 어두에 '어→으' 현상이 나타나는 예이다. 어두가 장모음으로 실현되어 '승:당'과 같이 나타나는 예가 압도적으로 많고 화맥에 따라 수의적으로 단모음화하기도 한다. 그러므로 '어→으' 고모음화 현상은 어두 장모음을 갖는 체언에 특징적으로 나타나는 현상

이라고 할 수 있다.

47) 여기서 '강경 부창학교'는 '강경'은 논산시 강경읍에 있는 '강경초등학교'를 뜻하고, '부창학교'는 논산시 부창동에 있는 '부창초등학교'를 말한다.

48) '망숭면, 망승면'은 전라북도 익산시에 있는 '망성면'의 잘못이다.

49) 이 방언에서 '선생'과 '학생'에 대응되는 형태는 각각 '선상, 학상'으로 나타난다.

50) '기시-'는 '계시-'에 대응되는 형태인데, 동사 어간에 나타난 '에→이' 고모음화 현상을 보여주는 예이다.

51) '또또가게/똑또가게'는 '똑똑하게'에 대응되는 형태이다. '똑똑하-'와 어미 '-게'가 결합하여 형태소 경계에 /ㄱ+ㅎ/ 연쇄를 이루었지만 그것에 유기음화가 일어나지 않고 /ㅎ/이 탈락하는 양상을 보이는 것이다. 이 방언에서도 /ㄱ+ㅎ/연쇄에서 '육학년[유캉년], 노력해갖괴[노려케가꾸]'와 같이 유기음화가 일어나는 예가 있으나, /ㅎ/이 탈락하는 세력이 훨씬 크다.

52) '댜'는 /twya/를 한글 전사한 것인데, 이 삼중모음의 실현은 충남 방언의 전형적인 특징 가운데 하나이다.

53) 후음 /ㅎ/과 파열음이 만나는 경우, /ㅂ+ㅎ/ 연쇄를 이룰 때도 유기음화는 거의 일어나지 않는다. 따라서 '취급하괴[쥐그바괴], 답답해서[답따배서]'와 같이 유기음이 탈락하여 실현되는 양상이 지배적이다.

54) 이 방언에서 의존명사 '적'에 대응되는 형태로 '떼기'가 나타나는데 용언과 결합하는 '-(으)ㄹ 떼기(=적에)'와 체언 뒤에 결합하는 '-떼기'가 있다. 이것은 '세 살 떼기, 샥시(=색시) 떼기, 회갑잔치 할 떼기, 나갈 떼기, 어렸을 떼기, 질(=지을) 떼기'와 같은 형태로 나타나므로 '떼기'의 구조는 '떡+-이(=-에)'로 분석되어 그것의 기저형을 '떡(=적)'으로 규정할 수 있다. 이 '-떼기'는 '-띠기'와 임의 변이하므로 '나갈 띠기, 나갈라구(=나가려고) 할 띠기, 농사질(=농사 지을) 띠기, 콩 뽑울(=뽑을) 띠기, 씨앗 틀을 띠기'와 같은 예들이 나타나는데, 후자의 세력이 좀 더 큰 것으로 보인다.

55) '성제'는 '형제(兄弟)'가 구개음화를 일으켜 형성된 형태이다. 이와 같은 'ㅎ' 구개음화의 예로 '성(=형), 섯바늘(=혓바늘)' 등을 더 들 수 있다.

56) 이 방언에서는 '시아버님'에 대응되는 형태가 '시아버니'로 나타나는 점이 특이하다. '시아버니'는 '샤버니'로 축약되어 나타나기도 하는데 이 때 첫 음절이 장음으로 실현된다.

57) 충남 방언에서 현재형 '-느-'는 구어체에서는 거의 생략된다. 의문형에서도

'-느-'의 생략은 보편적이다.

58) 이 방언의 '대간하다'는 '대근하다'의 방언형인데, 형용사 '힘들다'의 의미로 쓰인다.

59) '-치름/-치럼'은 '-처럼'에 대응되는 형태이다.

60) '찌리'는 '끼리'가 구개음화를 겪은 형태이다.

61) 동사 '얻-'에 대응되는 형태는 고모음화한 '읃-'으로 나타나 '으꾸(=얻고), 으든(=얻은), 으더(=얻어)'와 같이 실현된다.

62) 여기서 '궁'은 '초등학교(국민학교)'를 말한다,

63) 이 방언에서도 '당신'은 3인칭 재귀대명사 '자기'의 존댓말로 쓰인다. 이 문맥에서는 발화자의 남편을 3인칭화하여 '당신'으로 표현하고 있다.

64) '엄니'는 '어머니'의 단축형이다.

65) '느어매'는 '너희 엄마'를 가리킨다. '너희'가 고모음화하면서 축약되어 '느'로 나타난 것이다.

66) '-부덤, -보담, -보덤' 등은 '-보다'에 대응하는 방언형이다.

67) '천자책'은 '천자문 책'을 가리키는 말이다.

68) '-마두'는 조사 '-마다'에 대응되는 형태이다.

69) 이 방언에서는 개음절 동사가 모음으로 시작되는 어미 '-어X, -었-/-았-'을 만나 단음절로 축약되면 형태소 경계에 일어난 비음절화(非音節化)에 대한 보상작용으로 모음의 길이가 길어지는 현상이 나타난다. 예를 들어, 동사 '떼-'가 어미 '-었-'을 만나 '뗐'이 되면서 장음절로 실현되는 것이다.

70) '유똥'은 '윳동'이라고도 하는 데, '뉴똥'은 빛깔이 곱고 보드라우며 잘 구겨지지 않는 명주실로 짠 옷감인 비단의 일종을 말한다. 뉴똥은 두음법칙으로 '유똥'인데 이것을 윳동으로 유추해서 발음하고 있는 것으로 보인다.

71) '치매'는 '치마'에 대응되는 형태로 충남 방언에서 '가매(=가마), 장개(=장가)' 등에서 전설모음화로 나타난다.

72) '사똥'도 비단의 일종을 말하는 것 같다.

73) '엘에섯'은 '열여섯'이 전설모음화하여 만들어진 형태이다.

74) '지끔'에 대응되는 형태는 '지금'으로 비어두에 나타나는 이유 없는 경음화의 예이다.

75) '오디'는 '어디'의 방언형이다.

76) '좋-'과 같이 후음으로 끝나는 어간이 어미 '-으X'와 결합할 때 어간말자음 /ㅎ/이 탈락하면서 음절축약이 일어나 '존(=좋은), 졸(=좋을)'과 같이 나타나는 특

징이 있다.

77) '아자씨'는 '아저씨'에 대응되는 방언형이다. 이 화맥에서 '아자씨'는 제보자
의 남편을 가리킨다.

78) '많-'에 대응되는 형태가 이 지역어에서는 '만아다(=많다), 만아구(=많고), 만
아지(=많지), 만아야(=많아야), 만애 갖구(=많아 갖고), 만아니께/만앙께(=많
으니까)'와 같이 나타나므로 그것의 기저형을 '만아-'로 설정할 수 있다. '많-'
의 후기중세국어 형태가 '만ᄒ-'인 점을 볼 때 고형을 그대로 유지하고 있다
고 할 수 있다.

79) '혼전만전하다'는 말은 물건이 '매우 흔하여 많다'는 뜻이다.

80) '장딱'은 '수탉'의 방언형이고, 이 지역어에서 어말 자음군 'ㄹㄱ'은 'ㄱ'으로 중
화된다.

81) '디리-'는 동사 '드리-'에 대응되는 방언형이다.

82) '뉘여'는 '누에'를 가리키는 말이다.

83) 동사 '먹-'의 사동형은 '멕이-, 믹이-' 등과 같이 움라우트를 겪은 형태로 재구
조화 되었다.

84) '이짝(=이쪽)'과 구별되는 '여짝'이 쓰이는데 이것은 '여기 쪽'의 단축형으로
보인다.

85) 동사 '짓(作)-'에 대응되는 형태가 이 방언에서는 '지터라구(=짓더라고), 지머
는(=지으면은)'과 같은 활용을 보인다. 그러므로 그것의 기저형을 '짛-'으로
설정할 수 있다.

86) '명지'는 '명주'를 가리키는 말이다.

87) 누에의 '고치'를 이 방언에서는 '꼬추'라고 한다.

88) '여의다(=딸을 멀리 시집보내다)'에 대응되는 형태는 '여우-'로 '여워서(=여의
어서), 여웠어(=여의었어), 여우기(=여의기)'와 같은 활용을 한다.

89) '치를 띠끼'는 '치를 때, 치를 적에'에 대응히는 형태인데, 의존명사 '때, 적'에
대응되는 방언형 '띡'을 볼 수 있다.

90) '채리-'는 동사 '차리-'가 움라우트를 일으켜 나타난 형태이다. 움라우트 제약
조건을 벗어난 어형으로 '사리다→새리다, 마렵다→매립다' 등에서 개재 자
음 /ㄹ/의 경우 움라우트가 다소 실현된다.

91) '대레'는 혼인 '대례(大禮)'를 뜻하는 말이다.

92) '고애니'는 부사 '괜히'에 대응되는 형태이다.

93) '동네 혼인'이란 같은 동네에 사는 사람과 사돈 관계를 맺는 것을 말한다.

94) 이 화맥에서 '즈집(=저희 집)'은 신랑 된 사람의 집을 가리키는 듯하다.

95) '만들-'에 대응되는 형태로 '맨들-'과 '맨틀-'이 임의변이형으로 공존하는데 후
　　자의 세력이 더 큰 것으로 보인다.

96) '그역이다'는 '고역이다'에 대응되는 형태인데 종종 '그으—ㄱ이다'로 나타나
　　기도 한다.

97) '쉽-'에 대응되는 형태는 '시웁지(=쉽지), 시웁드라(=쉽더라), 시워(=쉬워)'와
　　같이 활용하므로 그것의 기저형을 '시웁-'으로 설정할 수 있다. 그런데 '쉬니
　　까(=쉬우니까)'가 관찰되는 것을 볼 때 '시웁-'의 앞선 형태로 '쉬웁-'이 존재했
　　음을 알 수 있다. 특히 모음어미 앞에서 '쉬웁-+-으니까→쉬니까'로 나타나는
　　것은 '무섭-+-은→무선'의 예처럼 매우 특이한 활용 양상이다.

98) 이 방언에서는 어간말자음으로 /ㄹ/을 갖는 모든 어간이 다른 폐음절 어간
　　과 동일하게 어미 '-으X'와 결합할 때 규칙활용을 한다. 그래서 어미 '-은' 앞
　　에서 말자음 /ㄹ/이 탈락하지 않고 '심들은지(=힘든지), 깔은(=깐), 들을(=들),
　　사를라구(=살려고), 질으냐(=기냐)'과 같은 활용을 하고, 다른 폐음절 어간처
　　럼 '살으머서(=살면서), 널으믄(=널면)'과 같이 매개모음 /으/를 필요로 한다.

99) '하야'는 동사 '하-'의 활용형 '해야'로 대역되는 것인데, '보-, 두-'와 마찬가지
　　로 활용할 때 형태소 경계에서 어미의 첫 모음이 탈락하며 어간 형태가 유
　　지되는 예에 속한다.

100) '골이 패다'는 말은 '몹시 몸서리쳐지고 머리가 아프다'는 뜻이다.

101) '째깐하다'는 '쪼그맣다, 쪼그만 하다'에 대응되는 말이다.

102) 이 화맥에서 '나자던'은 '낮다', 즉 '좋지 않다'의 의미이다.

103) '이체'는 '이치(理致)'를 의미하는 방언형이다.

104) '살으닝께'는 '사니까'로 대역되는 형태인데 'ㄹ' 말음어간이 다른 폐음절 어
　　간들과 같은 규칙활용을 함을 보여주는 예이다.

105) 여기서 '어른내'는 '어린 애(=아이)'로 출산한 '아기'를 가리키는 말이다.

106) '베랑'은 부사 '별로'에 대응되는 형태이다.

107) '갸'는 '그 아이'의 준말인 '걔'의 방언형이다.

108) '장사'는 '장수'의 방언형이다.

109) 동사 '치-'가 어미 '-어야'와 결합하여 '치야(=쳐야)'로 나타나는 것은, '보야(=
　　봐야), 하야(=해야), 두야(=뒤야)' 등과 같은 현상이다. 즉 개음절 어간이 모
　　음어미 앞에서 어간의 형태를 일관되게 유지하는 특징을 보이는 것이다.

110) '드러서다'는 '임신하다'의 뜻이다.

111) ‘징그럽다’에 대응되는 형태는 ‘징그릅게(=징그럽게), 징그렀어(=징그러웠어), 징그러(=징그러워), 징그르 갖고(=징그러워 갖고)’와 같은 활용을 보인다. 자음어미 앞에서 어간 ‘징그릅-’이 나타나고 모음어미 앞에서 어간 ‘징그르-’가 나타난다고 볼 수 있어, ‘무섭-’과 마찬가지로 어간이 환경에 따른 교체형을 갖는 예에 속한다.

112) 여기서 ‘-덜’은 ‘-들’로 대응되는 보조사, 첨사로 다양한 환경에서 쓰이는 방언이다.

113) ‘조아덜 아냐’는 ‘좋아하지를 아니해(않아)’로 대역된다.

114) 여기서 ‘지로’는 ‘주로’의 잘못이다.

115) ‘미역’은 ‘멱’으로 음절이 축약되면서 장음으로 실현된다.

116) ‘첫국밥’은 산모가 아기를 낳은 후 처음 먹게 되는 ‘국밥’을 의미한다.

117) ‘미역국하고 밥하고밖에’는 조사 ‘-밖에’가 다른 조사 뒤에 중첩되어 나타났다는 점에서 특이한 형태인데 이러한 표현이 충남 방언에서 특징적이다.

118) ‘새복’은 ‘새벽’에 대응되는 어형이다.

119) ‘그 애’의 축약형인 ‘걔’에 대응되는 형태는 ‘가, 갸’인데 둘 다 장음으로 실현된다.

120) ‘돌빼끼’는 ‘돌 받기’로 대역되는데 ‘돌잔치’를 의미한다.

121) ‘귀찮다’에 대응되는 형태는 ‘구찬하다’이다.

122) ‘은절미’는 ‘인절미’에 대응되는 방언형이다.

123) ‘풍석’은 ‘풍속(風俗)’에 대응되는 형태이다.

124) ‘왜르케’는 ‘왜 이렇게’의 축약형이다.

125) 여기에서 ‘농고’는 ‘논산농업고등학교’를 말하는데 현재는 논산공업고등학교로 교명을 변경하였다.

126) 여기서 ‘메겨서’는 ‘사육하다’의 뜻이다.

127) ‘씨러지다’는 ‘쓰러지다’에 대응하는 형태이다.

128) ‘풍이루 됐다’는 말은 ‘중풍이 왔다’는 뜻이다.

129) ‘미게’는 움라우트 ‘멕여’가 고모음화 ‘믹여’로, ‘-겨’가 단모음 ‘-게’ 실현된 것이다.

130) ‘농구’는 농고의 잘못으로 ‘논산농업고등학교’를 말한다.

131) ‘더글더글하다’는 ‘바글바글하다’에 대응하는 방언형이다.

132) ‘샘(泉)’에 대응되는 형태는 ‘샴인데 장음으로 실현된다.

133) ‘깨끗하다’에 대응되는 형태는 ‘깨깟하다’이다.

134) '조케를(좋게를)'은 목적격 조사 '-를'이 연결어미 '-게'와 호응한다(먹게를, 살게를 등).

135) '할떼기'는 '할 때, 할 적에'로 대역되는 것으로 이 방언에 존재하는 의존명사 '떽'을 다시 한 번 확인할 수 있다.

136) 여기서 '상 해서'는 '상을 차려서'의 의미이다.

137) 자음을 선행시키는 /ㅚ/가 원순성을 잃고 /ㅔ/로 나타나는 경향이 강하여 '회갑[헤갑], 교회[교헤], 죄[제]'와 같이 나타난다.

138) '삼'은 '참'의 잘못이다.

139) 같은 계의 회원들을 '계군(契群)'이라고 말한다.

140) 잔칫상에 음식을 괴는 것을 가리키는 말로 '고이다'를 쓴다.

141) 이 화맥에서 '산:지사'는 '살아 있는 사람의 제사'라는 뜻으로 쓰였다.

142) '환갑'에 대응되는 형태는 '항갑'인데, 첫 음절이 단모음화하고 위치동화를 일으켜 연구개음화하면서 '항갑'으로 나타나는 것이다.

143) '상에'는 '상여(喪輿)'를 가리키는 말이다.

144) '모이'는 '묘(墓)'를 가리키는 말이다.

145) '거반'은 '거반(居半), 거지반(居之半)'을 의미하는 것으로 '거의'로 대역할 수 있다.

146) '묘'에 대응되는 형태는 '모이, 뫼'가 공존하는데 단음절로 나타날 때 단모음 '뫼[mø]'로 실현된다.

147) '코크링'은 굴착기인 '포클레인'을 잘못 발음한 형태이다.

148) '여레'는 '여럿'을 의미하는 것이다.

149) '그지'는 '거지(乞人)'를 가리키는 말로 어두 장모음을 갖는 체언이 고모음화한 예이다.

150) '사귀다'에 대응되는 형태는 '사구야(=사귀어야), 사귀서(=사귀어서), 사가갖고(=사귀어 갖고)' 등과 같이 나타나므로 그것의 기저형을 '사구-'로 설정할 수 있다.

151) '수데라수데라'는 의태어로 여러 사람이 '쑥덕쑥덕'거리는 모습을 나타낸 말이다.

152) '오인'이 '외인'을 가리키는 말로 복인 이외의 사람을 뜻한다.

153) '연:도'는 '위령기도'를 뜻한다.

154) 동사 '메-'에 대응되는 방언형은 '미-'인데 장음으로 실현된다. '지사(=제사), 질(=제일), 시(=세)' 등과 같이 어휘형태소의 두음이 '에→이' 변화를 겪은 고

모음화에 속한다.

155) '습'은 향나무를 삶은 물로 시신의 옷을 벗기고 깨끗하게 씻기는 것이다.

156) '염'은 습이 끝나고 수의를 입히고, 염포로 묶는 것을 말한다.

157) 여기서 '장찐뻬'는 일곱 필이라는 내용으로 보아 '장포'를 말하는 것 같다. 그것을 '장진뻬'라고 한 것은 '장+진(긴의 구개음화)+베'의 혼성으로 쓰인 것으로 유추할 수 있다.

158) 이 화맥에서 '매장뻬'는 시신을 묶는 베로 장포와 속포를 통칭하여 말하는 것 같다. '매장뻬'는 '매장+베'의 구조로 분석되는데 '베(布)'가 '비'로 변하면서 경음화한 것으로 볼 수 있다.

159) '댐미'는 '다음+에→담+에→담+이→댐이'와 같은 음운변동 과정을 거쳐 실현된 형태로 보인다.

160) 이 화맥에서 '요를 펴-'는 시신 밑에 까는 겹이불인 '지금(地錦)을 깔다'는 뜻이다.

161) 이 방언에서 동사 '펴다(伸)'에 대응되는 형태는 '피다'이다.

162) 이 제보자는 옷을 '입히지'를 '외피지, 예피지'로 발음한다.

163) 여기서 '발싸개'는 명주에 종이를 배접해서 만든 신을 말하는 것 같다.

164) 여기서 '손싸개'는 손을 싸매는 것, 즉 '악수(握手)'를 말한다.

165) '수막을 덮다'는 것은 폭건(幅巾)과 두건(頭巾)을 씌우는 것을 말하는 것 같다.

166) '옷을 입다'는 '성복을 하다'는 뜻이다.

167) 여기서 '저녁제'는 해가 진 뒤에 올리는 '조전(祖奠)'을 말한다.

168) '마즘'은 '말하자면'이 축약된 형태이다.

169) 이 화맥에서 '염'은 '대렴'을 말한다.

170) '대떠리'는 발인하기 전날 밤 상여꾼들이 빈 상여를 메고 예행연습을 하는 의식으로 '대뜨리'라고도 한다.

171) 여기서 '메기다'는 상여를 멜 때 요령잡이가 요령을 흔들면서 하는 소리를 '메기다'고 말한다.

172) '혀서나'는 '해서는'으로 대역된다.

173) '행상'은 '상여'의 방언형이다.

174) '문 앞'에 대응되는 방언형으로 '문 앜'이 나타난다.

175) '동토'는 '동티'가 잘못 발음되어 굳어진 형태이다.

176) '상'은 '상여'의 잘못이다.

177) '충잉는다'는 것은 '축(祝)+읽는다'로 대역된다.

178) ‘나누다’에 대응되는 이 방언형은 ‘노누다’이다.

179) ‘스데 스홉’은 ‘석 되 서 홉’을 의미하는 것으로 수사 ‘석, 서’가 고모음화하여 굳어진 형태를 보인다.

180) 여기에서 ‘시간을 걸리다’는 말은 ‘시간이 걸리다’ 혹은 ‘시간을 끌다’라는 말이 발화 실수로 인해 잘못 실현된 것으로 보이는데, 화맥상 ‘시간을 끌다’로 대역하는 것이 옳은 것 같다.

181) ‘디다보다’는 ‘들여다보다’가 음 변화를 일으켜 굳어진 방언형인데, 이 화맥에서는 ‘들어보다, 바라보다’의 뜻이다.

182) ‘회심곡(回心曲)’은 임진왜란 때에 서산 대사가 지은 노래로 선행하여 극락에 갈 것을 권하는 내용인데 상여를 운구할 때 요령잡이가 주로 부른다고 한다.

183) 이 화맥에서 ‘길제’는 발인할 때에 문 앞에서 지내는 제사인 노제(路祭)라기보다 ‘거리제’의 뜻이다.

184) ‘귀경꾼’은 ‘구경꾼’을 말한다.

185) ‘지사’는 ‘지관, 풍수’라고 한다. 주제보자는 ‘지관’이라는 말을 쓰고 있어, ‘지관’으로 대역한다.

186) ‘배아주다’는 ‘가르쳐주다’에 대응되는 형태이다.

187) ‘산 날대로 한다’는 말은 ‘산새의 모양대로 풍수를 봐서 한다’는 의미이다.

188) 이 화맥에서 ‘시체를 쓰다’는 말은 ‘시체를 묻다’는 뜻이다.

189) ‘까재’는 ‘가재’의 방언형으로 여기서는 ‘가재 혈’을 뜻한다.

190) ‘밀레’는 ‘면례(이장)’의 방언형이다.

191) ‘다재비’는 ‘달구질’을 의미한다.

192) 이 방언에서는 형용사 ‘다르-’에 대응되는 형태가 ‘답더라(=다르더라), 답구(=다르고), 달르더라(=다르더라), 달르고(=다르고), 달러(=달라)’와 같이 활용한다. 따라서 두 개의 기저형 ‘답-’과 ‘달르-’가 공존하는 매우 특이한 예라 할 수 있다.

193) ‘답꾸’는 ‘다르고’로 대역되는데 ‘다르-’에 대응되는 방언형으로 ‘답-’이 나타남을 보여준다.

194) ‘여그’는 ‘여기’에 대응되는 형태이다.

195) ‘바:꾸’는 ‘밟고’에 대응되는 형태인데 이 방언에서 ‘밟-’의 자음군 단순화는 [밥]이다.

196) ‘다지오’는 ‘달구질’의 방언형이다.

197) '가심'은 '가슴'이 전설모음화를 일으켜 실현된 방언형이다.

198) '채리-'는 '차리-'가 움라우트를 겪어 생성된 형태이다. 이 방언에서는 이러한 /ㄹ/ 개재하는 제약 조건을 벗어나서 실현되는 원격 움라우트가 자주 나타난다.

199) '샥씨'는 '색시'를 가리키는 형태인데 '새+아기씨→새+악씨→샥씨'와 같은 과정을 거쳐 생성된 것으로 보인다.

200) '껄쩍지근하다'는 마음에 켕기는 것이 있어 불편함이 있다는 뜻이다.

201) '하야는디'는 '해야 하는데'라는 뜻인데 '하+어야→하야'와 같은 음운 과정을 거친 것으로 '보야(=봐야), 주야(=줘야)' 등과 마찬가지로, 개음절 동사가 모음으로 시작되는 어미와 결합할 때, 어미의 첫 음절이 탈락하는 매우 특징적인 현상이다.

202) '젙'은 '곁'이 구개음화를 일으켜 생성된 형태이다.

203) 여기서 '자'는 '재'의 방언형이다.

204) '혼자'에 대응되는 방언형은 '혼차'이다.

205) '가종게'는 '가져 오니까'로 대역되는 형태인데 음절축약이 매우 생산적으로 일어남을 보여준다.

206) '슬'은 '설'이 고모음화하여 생성된 형태인데 장음으로 나타난다.

207) '손녜'는 '손녀'를 가리키는 말이다.

208) '사우'는 '사위'를 가리키는 말인데, '바우(=바위), 우(=위), 구신(=귀신)' 등과 같이 /ㅟ/가 후설모음화하여 /ㅜ/로 생성된 예이다.

209) '강'은 '장'의 잘못이다.

210) '안직'은 부사 '아직'에 대응되는 형태이다.

211) '가닝까'는 '가니까'로 대역된다. 이처럼 '-(으)ㅇ게, -(으)니께'의 임의변이형으로 드물게 '-(으)닝까'가 나타난다.

212) 충남 방언의 특징적인 보조사로 '-할라, -할래' 등을 들 수 있는데, 이 지역어에서도 조사 '-조차, -까지, -마저'의 쓰임에 대응되는 형태로 '-할라'가 나타난다.

213) '시운'은 '쉰(五十)'을 가리키는 말이다.

214) '낧'은 '내일(來日)'의 단축형으로 장음으로 나타난다.

215) '하야것다'는 '해야 하겠다'로 대역된다.

216) '성'은 '형(兄)'이 구개음화를 일으켜 만들어진 형태이다. 이와 같은 예로 '심(=힘), 섯바닥(=혓바닥)' 등이 있다.

217) '쌘뿔'은 논산시에 있는 '쌘뽈여자고등학교'를 말한다.

생업 활동

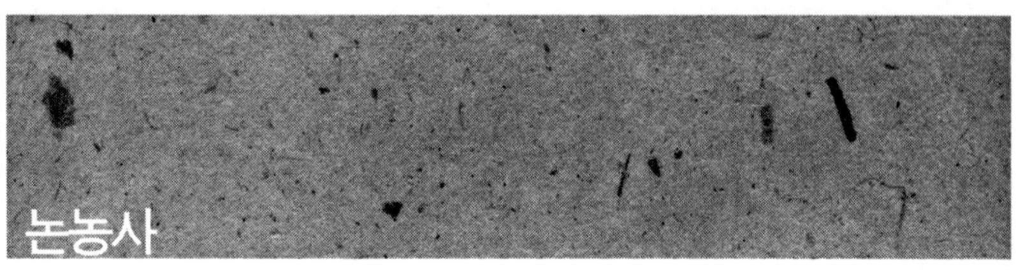

할머니 논농사에 대해서 여쩌보께요.

  ‒ 응.

벼에 품종에는 어떵 거뜨리 이써요? 벼에 품종.

  ‒ 베 품징이 여러 가지야 마::나지이. 우리는 아끼바리두 해보구. 이 저 그게 머여 저. 아끼바리서보톰 주남벼두 해보구 또 이 아이구 몬: 베를 해떠라. 아니여 그릉 건 아내보구.

  조생종 머.

  ‒ 아이고 조생종 이 저::기. 이 이로파리라나 머 그런 베두 해봐써 이로팔[1] 베.금방네 생각 할랑게 자란데네.

  그 벼드리 긍까 품종이 왜 그케 틀링 거에요 서로서로?

  ‒ 그게 또 그저니 아끼바리 싸른 밤마뚜 조쿠 그냥 차저 차지구 존디 다런 이 이로파리라는 싸른 억:쩌 쪼끄매. 그란디 또 그 무슨 벵가 몰르거따 우리가 그저니 한 베는. 팔광[2]호 이호라구라덩가 머 머라고 하덩가. 나 이 베 이름두 이저 버런네 하도 저기애서. 그런 베는 밤마시 읍써. 주남베. 지끔 지끔 우리가 한 베는 지끔 주남벤디 그 베를 낭게 바비 갠찬 터라구 지끔 하는 베는.

  젤 조아요?

  ‒ 응 조아. 엔나렌 아끼바리 싸리 젤 조타 그래써.

  그러민제 벼농사를 진는 그 순서 이짜나요. 처음부터 인제 끝까지 함번 쭉 예기 좀 해주세요 차레대로.

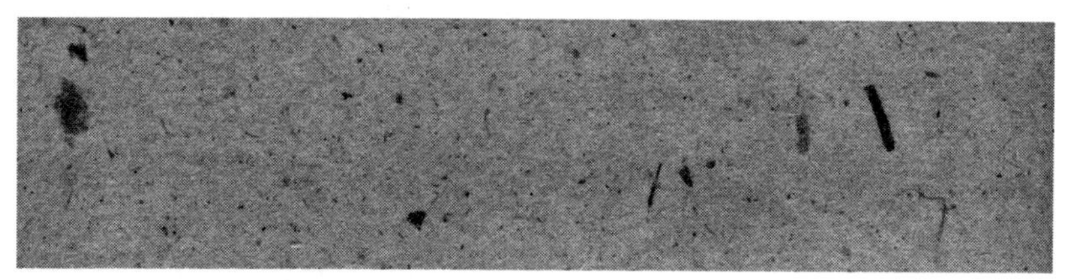

할머니 논농사에 대해서 여쭤볼게요.

﹣응.

벼의 품종에는 어떤 것들이 있어요? 벼의 품종.

﹣벼 품종이 여러 가지야, 많지. 우리는 추청벼도 해보고. 이, 저 그게 뭐야, 저. 추청벼에서부터 주남벼도 해보고, 또 이, 아이고, 무슨 벼를 했더라. 아니야, 그런 건 안 해보고.

조생종 뭐.

﹣아이고, 조생종 이, 저기. 이, 일오팔이라나 뭐 그런 벼도 해봤어, 일오팔벼. 금방 생각하려니까 잘 안되네.

그 벼들이 그러니까 품종이 왜 그렇게 다른 거예요, 서로서로?

﹣그게 또 그전에 추청벼 쌀은 밥맛도 좋고 그냥 차져, 차지고 좋은데 다른 이, 일오팔이라는 쌀은 억세, 조금. 그런데 또 그 무슨 벼인가 모르겠다, 우리가 그전에 한 벼는 팔공 호, 2호라고 그러던가, 뭐라고 하던가. 나 이 벼 이름도 잊이 비렸네, 하도 저기해서. 그런 벼는 밥맛이 없어, 주남벼. 지금 지금 우리가 한 벼는 지금 주남벼인데, 그 벼를 나니까(하니까) 밥이 괜찮더라고 지금 하는 벼는.

제일 좋아요?

﹣응, 좋아. 옛날에는 추청벼 쌀이 제일 좋다고 그랬어.

그럼 인제 벼농사를 짓는 그 순서 있잖아요. 처음부터 인제 끝까지 한 번 죽 얘기 좀 해주세요, 차례대로.

ㅡ 츠:미는 베농사 질라믄[3] 몯짜리가 제 중:유지[4] 모짜리판. 들파니 가서
가따가 종자 뿌리기 저네 판때기 노쿠 할. 엔나리는 판때기도 안 까지 판
꼬릴 처가꾸 씬나라[5]글 촉텨가꾸[6] 뿌려써 뿌려 이게 나락 나시루[7] 뿌련는
디 지끄믄 기게가 나오니까 인자. 그르게 뿌리능 거슬 페지시켜 뻐리구
파네다 느서 이마큼 촉텨각꾸 노니루 내가. 그르케 지 짇찌 엔나리는 그
릉 게 읍써서 그냥 땅빠다게 뿌려써. 땅이다 뿌려서 모짜리 해서 비니루
씨워가꾸 키워가꾸 뽀바서 시머찌. 소니루 다 전부라[8] 가서 뽀바가꾸 모
짜리 파늘 뽀바써. 하기 그:북씨려써 지끔 농사진능 건 앙꺼뚜 아녀. 게
시미 마니 드러찌. 여자드리구 남자드리구 농사일 할라믄 마::~이 심드
지끄믄 일두 읍써 인자 기게가 마낭게. 판때기다 가따 느:노쿠 판만 뎌가
꾸 가믄 기게가 다 시머주구.

긍까 인제 볍씨를 뿌려서 그거슬 그냥 땅에다 뿌려서 키워가주구.

ㅡ 뽀바써 으~ 뽀바서 시머써 뽀바서 소니루 다 시머써. 근디 지그믄 기
게루 하니게 판때기다 키워가꾸 판 뎌가꾸 가서. 기게 파니다 올려노면
자동저기루 시머저 기게가.

농가리 하는 시기느녀? 언제 해요?

ㅡ 사:월따리. 사:월딸서부텀 하머는 인자 오월 초에 다 시무야야.

어떠케 농가리 해써요 그럼?

ㅡ 농가리 인자 머 베 논[9] 디다가 물 마니 모여서 바더 놔:따가 기게루
갈:구 그저니는 우리는 소메겨가꾸 소루 가러써. 우리 웅감니미 사::모[10]
논갈러 댕겨서 소루 다 가러찌머. 소루 갈구 아시[11] 갈구 두번 갈구 시:번
채[12]는 쓰:리구 그르케 가라따. 아이 암 수랑[13] 움는디는 수랑 인는디는
살살 수랑 표시 해 주야지 소가 모까게 소 빠지니까. 심드러찌. 잘 나와
수랑이 드르가두 소는. 잘 나와 우리 소도 보머는 수랑 타두 잘 나와. 웅
소 멍청한지 아러도 소가 얼마나 영리하다구. 야야 한나잘 데서 저:: 들파
니 가서 이쓰머는 이 소주글 내가 이구 간다 인자 들루. 그라믄 크:: 먼

˸ 처음에는 벼농사를 지으려면 못자리가 제(+일) 중요하지, 못자리판. 들판에 가서 갖다가 종자 뿌리기 전에 판에 놓고 할 (+못자리). 옛날에는 판도 안 깔지, 판 골을 쳐갖고 볍씨를 싹 틔워갖고 뿌렸어, 뿌려, 이렇게 나락 낱개로 뿌렸는데, 지금은 기계가 나오니까 인제. 그렇게 뿌리는 것을 폐지시켜 버리고, 판에다 넣어서 이만큼 싹틔워서 논으로 내어 가. 그렇게 지, 짓지, 옛날에는 그런 게 없었어, 그냥 땅바닥에 뿌렸어. 땅에다 뿌려서 못자리해서 비닐 씌워갖고, 키워갖고 뽑아서 심었지. 손으로 다 전부가 가서 뽑아갖고, 못자리 판을 뽑았어. 하기 거북스러웠어, 지금 농사짓는 건 아무 것도 아니야. 그게 힘이 많이 들었지. 여자들이고, 남자들이고 농사일하려면 많이 힘들지, 지금은 일도 없어 인제 기계가 많으니까. 판에다 갖다 넣어 놓고 판만 떼어갖고 가면, 기계가 다 심어주고.

그러니까 인제 볍씨를 뿌려서 그것을 그냥 땅에다 뿌려서 키워가지고.

˸ 뽑았어, 응, 뽑아서 심었어, 뽑아서 손으로 다 심었어. 근데 지금은 기계로 하니까 판에다가 키워갖고 판 떠갖고 가서. 기계 판에다 올려놓으면 자동적으로 심어 줘, 기계가.

논갈이 하는 시기는요? 언제 해요?

˸ 사월 달에. 사월 달부터 하면은 인제 오월 초에 다 심어야 해.

어떻게 논갈이 했어요, 그럼?

˸ 논갈이 인제 뭐 벼 놓은 데에다가 물 많이 모여서 받아놨다가 기계로 갈고, 그전에는 우리는 소 믹어깄고 소로 갈았어. 우리 영감님이 사뭇 논 갈러 다녀서 소로 다 갈았지, 뭐. 소로 갈고 애벌 갈고, 이듬 갈고, 세 번째는 써리고, 그렇게 갈았다. 아이, 안(+빠져), 수렁 없는 데는, 수렁 있는 데는 살살 수렁 표시해 줘야지, 소가 못 가게, 소 빠지니까. 힘들었지. 잘 나와, 수렁에 들어가도, 소는. 잘 나와, 우리 소도 보면은 수렁 타도 잘 나와. 응, 소 멍청한 줄 알아도 소가 얼마나 영리하다고. 야야, 한나절 돼서 저 들판에 가서 있으면은 이 소죽을 내가 이고 간다, 인제 들로. 그러면

디서 내 거른자[14]만 봐두 힝:: 에:: 하구서 옴메::하구 조아서 그냥. 우:서
우:서 소가 그 바벌 머글리를 생가앙게 조와가꾸. 그람 가따 주머는 수라
구 바바구 인자 하라부지꺼아구 가주 가문 하라부지가 술두 한 잔 따라
서 소주[15] 주구. 소두 잘 머거 술.

정말료 소요.

ˉ 이ˇ 잘 머거 그랴 술. 하냥제기 따라주문 추::욱 빠러머거.

금 소 뒤에 뭐 메고 이케 가능 거에요? 머메고?

ˉ 쟁기.

그서 한 세버는 메여?

ˉ 응 세:번 갈지. 아시 가러노쿠 두벌 가라 노쿠 인자 시물떼 데서 그냥
맘물[16] 싹 까러가꾸 쓰:레[17]로 쓰:리야지. 씨레가꾸 모심 아이구 모심끼 참
힘드러써. 모내기 할라면 상개월 이상 해써.

히:: 그르케 오래 해써요?

ˉ 이ˇ. 상개월 이상 하야 다 시머써. 근디 지끄문 머 시머따 하문 기게
가 이쓰닝게. 한:: 시빌 한 이:시빌두 다 앙걸리능 거 가터 지끔. 모덜 심
능 거 장깐[18] 시머.

그럼 모 찐다고 한는데요? 모 모쪼 모를 어트게 찌나요?

ˉ 소니루 소니루 뽀바.

그게 모 찌능 거에요?

ˉ 응, 모 찌능 거. 모짜리 파니 드르가서 소니루 여자구 남자구 다 뽀바
야야. 뽀바서 시머. 우리도 헤:: 하이구! 우리두 픽:: 하루 댕겨써 그거. 아
침 머꾸 모시물 때 데머는 네: 시만 데먼 날 샤. 그때 데무는 그라면 네:
시에 이러나서 애들 핵꾜 가게 밥 다해서 메겨서 퍼서 주구서는 한 술 어
트게 떠머꾸, 그::담노니 나가찌. 나가서 모시무루 모짜리판 뽀부루 남자
드리 마니 해찌 하기는. 그래서 여자더른 인자 남자드리 줄 자버 주문 죽::
서서 시머 나가야지. 심드러써 나도 머 픽 마니 심구러[19] 다녀써.

그 먼 데서 내 그림자만 봐도 힝, 음매고서, 음매하고 좋아서 그냥. 웃어, 웃어, 소가 그 밥을 먹을 일을 생각하니까 좋아서. 그럼 갖다 주면은 술하고 밥하고 인제 할아버지 거하고 가지고 가면 할아버지가 술도 한잔 따라서 소도 주고. 소도 잘 먹어, 술.

정말요, 소요.

⌐ 응, 잘 먹어, 그래 술. 한 양재기 따라주면 죽 빨아 먹어.

그럼 소 뒤에 뭐 메고 이렇게 가는 거예요? 뭐 메고?

⌐ 쟁기.

그래서 한 세 번은 매요?

⌐ 응, 세 번 갈지. 애벌 갈아놓고, 이듬 갈아놓고, 인제 심을 때 돼서 그냥 만물, 싹 갈아갖고 써레로 써려야지. 써려갖고 모심, 아이고, 모심기 참 힘들었어. 모내기하려면 삼 개월 이상 했어.

히, 그렇게 오래 했어요?

⌐ 응. 삼 개월 이상을 해야, 다 심었어. 근데 지금은 뭐 심었다 하면 기계가 있으니까. 한 십 일, 한 이십 일도 다 안 걸리는 거 같아, 지금. 모들 심는 거 잠깐 심어.

그럼 모 찐다고 하는데요? 모, 모 쩌, 모를 어떻게 찌나요?

⌐ 손으로, 손으로 뽑아.

그게 모 찌는 거예요?

⌐ 응, 모 찌는 거. 못자리편에 들어가서 손으로, 여자고 남자고 다 뽑아야 해. 뽑아서 심어. 우리도, 헤, 아이고! 우리도 퍽 하러 다녔어 그거. 아침 먹고 모심을 때 되면은 네 시만 되면 날 새. 그때 되면은 그러면 네 시에 일어나서, 애들 학교 가게 밥 다해서, 먹여서 퍼서 주고서는 한술 어떻게 떠먹고, 당장 논에 나갔지. 나가서 모심으러, 못자리판 뽑으러, 남자들이 많이 했지, 하기는. 그래서 여자들은 인제 남자들이 줄 잡아 주면, 죽 서서 심어 나가야지. 힘들었어, 나도 뭐 퍽 많이 심으러 다녔어.

물데능 건녀?

－ 물 대능 건 옌나리는 비오기만 기달련는디 지끄문 저:수지가 이쓱게 수리조압 저 무리 이쓰니까 다:: 대 능히 다 댈쑤 이찌. 저거 심들게 그르케 어려웁께[20] 안지치. 옌나리는 하널[21]만 바러다보고. 호맹이[22] 모 해따 호맹이 움는 노는 무룸는 노는. 안저서 호맹이루두 시머써 우리 논두. 게박[23] 반매드끼[24] 호맹이루 파가꾸.

그래두 자라요?

－ 인자 그르케 시머 노문 베::베 깨두 사람 머꾸 사능 거라. 깨나 깨나서 비마니 오믄 너 언제 그르케 시머떠냐 하구 잘 커 모갸:: 독캬.

그러미제 한 얼마 언제 쯔메 인제 베가 누러케 이글 때까지 기다리능 거에요? 계속 그러케?

－ 그르케서 시머 노머는 유 치뤌따리 데머는 베입 다나와 음. 그때 데머는 이~ 유월 초 보름끼[25] 너무문 베안패는 유워룹따구 유월 한 이:시빌 깅이 가문 여그서 여서 모가지가 나와 하낙씩:: 둘씨기저니 치뤄리는 다 나오지. 게 치뤌 이~ 중숭기 데머는 싹:: 패가꾸 발쎄 꼬부라저서 이사기가 노를로를 해질라구랴 칠파뤄리는. 베만 패:문 장짠 머거 나라근.

금 언제 베능 거에요?

－ 지금 구월 초에는 다 거더가 댜야. 파뤌세고 추수 추수하구 나머는 갸:리[26] 파뤌따리는 다 이거 거반 눌누르게 다 이거가꾸. 구월따리는 다 거더드려 기게가 마나니까 장꽈니여 시월 초순까장두 느께 하는 사라미나 하까 구월따리 다 벼[27].

타자카능 거는요?

－ 타자기 베비능[28] 게 타자긴디 머 그게 끄 들:빼까티서 해가꼬 와뻐리먼 다 끈나지머 옌나리는 타자갈라문 베럴 벼:서 줄가리 처따가 지게루 지비 가주고 홀때로 홀:꾸 슥딸 늑따를 걸린다 베 함번 할라문 동지스딸까장 홀트야야 옌날 농사는 홀태질[29].

물 대는 건요?

 물 대는 건 옛날에는 비오기만 기다렸는데 지금은 저수지가 있으니까, 수리조합 저 물이 있으니까 다 대, 능히 다 댈 수 있지. 저거 힘들게, 그렇게 어렵게 안 짓지. 옛날에는 하늘만 바라다보고. 호미모 심었다, 호미, 없는 논은, 물 없는 논은. 앉아서 호미로도 심었어, 우리 논도. 그게 막 밭 매듯이 호미로 파갖고.

그래도 자라요?

 인제 그렇게 심어 놓으면 배배 꼬여도 사람이 먹고 사는 것이라. 깨어나, 깨어나서 비 많이 오면, 너 언제 그렇게 심었더냐 하고 잘 커, 모가 독해.

그럼 인제 한 얼마, 언제쯤에 인제 벼가 누렇게 익을 때까지 기다리는 거예요, 계속 그렇게?

 그렇게 심어 놓으면은, 육, 칠월 달이 되면은 벼의 잎 다 나와, 음. 그때 되면은 응, 유월 초 보름께 넘으면 벼 안 패는 유월 없다고, 유월 한 이십일 경이 가면 여기서, 여기서 모가지가 나와, 하나씩 둘씩, 그전에 칠월이면 다 나오지. 그게 칠월 응, 중순께 되면은 모두 패갖고 벌써 꼬부라져서 이삭이 노릇노릇해지려고 그래, 칠, 팔월에는. 벼만 패면 잠깐(+이면) 먹어, 나락은.

그럼 언제 베는 거예요?

 지금 구월 초에는 다 걷어가, 다해. 팔월 쇠고 추수, 추수하고 나면은 가을에, 팔월 달에는 다 익어 거의, 노릇노릇하게 다 익어갖고. 구월 달에는 나 거둬들여, 기계가 많으니끼 잠깐이야, 시월 초순까지도 늦게 하는 사람이나 할까, 구월 달에는 다 베어.

타작하는 거는요?

 타작이 벼 베는 게 타작인데 뭐, 그게 끝, 들 바깥에서 해갖고 와버리면 다 끝나지 뭐, 옛날에는 타작하려면 벼를 베서 줄가리 쳤다가 지게로 집에 가져오고, 벼훑이로 훑고 석 달 넉 달을 걸린다, 벼 한 번 하려면, 동지섣달까지 훑어야 해, 옛날 농사는 벼 훑이질.

그거 줌 자 예기 좀 해주세요 벼 베서 옌나레 어트게 하셔따고?

－응 응 옌나리 베 벼가꾸 나시루 가서 벼:서 또 들파니다 까러따가 그
늠 그냥 거더 울쑤 이써? 까른 늠 또 디지부야야. 벼농 거 그라야 말르지
뒤지버따 어퍼따 해서 무꺼가꾸 지게루 남자드리 등지매서 가주야야 저
날러써 저날러 여기까장. 우리두 저:: 동화동[30] 아페 논 이쓸라문 그거 등
지맘번 할라문 도니 얼마나 드르가는지 아러? 메기능 거뚜 소다리 과노
쿠[31] 주야야. 소 물구지[32] 벽따구 사다가 막 과노쿠. 대가나게 이랑께.

그래서 지부루 다 가꾸 오면?

－잉, 가꾸 오머 홀터찌 인자 홀태루. 홀태루 여자더리 인자 노브더가
꾸 홀터가꾸 하이튼 시비월딸까장두 홀터:: 옌나리는. 참:: 농사지끼 심드
러따 아이구!

금 훌틍 거 인제 어트게 해요 그담?

－훌틍 거? 훌틍 거 인자 퉁거리[33]라구래찌 접때. 마당이다가 광:이 읍
꾸 우리는 광:이 이쓱게 기냥 가따 퍼 부찌 머. 광:이 움는 사람더른 지푸
라기루 베 베퉁거리를 여꺼.〔광이 없는 사람들은 지푸라기로 벼, 벼 퉁가
리를 엮어. 에 조::케 여꺼 여꺼가꾸 고기다 뚱::그러케 해노쿠서는 막 마
당이다 노쿠 퍼번능게 겨 베 퉁거리. 퉁가리 해노쿠 도동노미 와서 퍼가
그거뚜. 막 자래노문 지비라[34]. 허트란 지번 막 날 나시루 퉁거리를 싹::
쓰러노쿠 다머가버려 도독찌래가가. 차 양서기 싱량이 귀항게.

금 그거를제 그 싸를 아니 그 벼 인제 그거를 훌틍 걸 가주구 그 노나따가 머
머글 때마다 그케 쩌서 멍는 거에요?

－그르치. 머 머글때마두 방아까니가 찌:야구[35] 도구때[36]루두 찌:야구 그
래찌 머.

금 이 마으레 방아깐 이써써요?

－읍:써써.

금 다 도구때로?

－아니 지금 조::기 가서 쩌오지 시내.

그것 좀 자(+세히) 얘기 좀 해주세요, 벼 베서 옛날에 어떻게 하셨다고?

˗ 응, 응, 옛날에 벼 베갖고 낫으로 가서 베서, 또 들판에다 깔았다가 그놈 그냥 걷어올 수 있어? 깐 놈 또 뒤집어야 해. 베어 놓은 거 그래야 마르지, 뒤집었다 엎었다 해서 묶어갖고 지게로 남자들이 등짐해서 가지고 와야 해, 저 날랐어, 저 날라, 여기까지. 우리도 저 동화동 앞에 논, 있으려면 그 등짐 한 번 하려면 돈이 얼마나 들어가는지 알아? 먹이는 것도 소다리 고아 놓고 줘야 해. 소 물구지(등뼈) 뼈다귀 사다가 막 고아 놓고. 힘들게 일하니까.

그래서 집으로 다 갖고 오면?

˗ 응, 갖고 오면 훑었지, 인제 벼훑이로. 벼훑이로 여자들이 인제 놉 얼어갖고 훑어갖고, 하여튼 십이월 달까지도 훑어 옛날에는. 참 농사짓기 힘들었다, 이이고!

그럼 훑은 거 인제 어떻게 해요, 그 다음?

˗ 훑은 거? 훑은 거 인제, 통가리라고 그랬지, 접때. 마당에다가 광이 없고, 우리는 광이 있으니까 그냥 갖다 퍼붓지, 뭐. 에, 좋게 엮어, 엮어갖고 거기다 둥그렇게 해놓고서는 막 마당에다 놓고 퍼붓는 게 그거야, 벼 통가리. 통가리 해놓고, 도둑놈이 와서 퍼가, 그것도. 막 잘해 놓으면 짚이라. 허술한 집은 막 낫, 낫으로 통가리를 싹 쓸어 놓고 담아가버려, 도둑질해 가, 가. 참, 양식이, 식량이 귀하니까.

그러면 그것을 인제 그 쌀을 아니, 그 벼 인제 그것을, 훑은 걸 가지고 그 넣어놨다가 먹, 먹을 때마다 그렇게 찧어서 먹는 거예요?

˗ 그렇지. 뭐 먹을 때마다 방앗간에 가서 찧어야 하고, 절굿공이로도 찧어야 하고 그랬지, 뭐.

그럼 이 마을에 방앗간 있었어요?

˗ 없었어.

그럼 다 절굿공이로?

˗ 아니, 지금 조기 가서 찧어오지, 시내.

아 옌나레도?

￣ 엔:나레도 방아까는 이써써. 저 으~ 으~ 시내에 그래서 방아 방아를 가서 찌:루 소구룸마[37] 가구 말꾸룸마 가구오구 실:려서 가서 찌:오구. 우리는 우리 소가 이쓰니께 가 찌:다 머꾸 그래써.

인제 모내기 하는 방법쯤 자세히 좀 알려주세요.

여기 마니 인네 쟁기, 극쨍이 이렁 거 이르케 해가주구 하는.

￣ 모 시머 노쿠 모를 다 일딴 시무먼 노늘 지시멀[38] 매야자냐 호매[39] 호미루 가서. 호미루 가서 아시 함벌 매:구 두:벌 매:구 두번가서 또 매:구 세:번 맘무레서 손질하구 소니루 흡씨려서 풀뽀바 내:구 그라야 인자 베가 요정도 자라서 끌 맘무를 하야 솔차니[40] 커. 그때 데머는 잉 한 맘물하구 한 시빌경 이:시빌경 이쓰먼 모가 베가 뽈락뽈락뽈락뽈락 햐 응. 벰모가지 생길라고 배 불러 애기 배드끼. 그라먼자 모기 나와서 패:는 시가네 상개월 걸려 모 시머 노쿠 모가지 나올라문. 한 상개월 더 걸리야 벰모가지 보지.

그럼 머 쇠스랑이랑 고무래 가틍 걸로 어트게 해요?

￣ 호미루 매써 호미루 호미루. 소시랑이루는 노니나 꾸미까 모는 몬먀. 호미루 매지 남자더리.

그리고 줄모 벌모는 머에요?

￣ 줄모? 줄모는 모쭐로. 모쭐 여짜기서 잡꾸 저짜기서 잡꾸 줄 뗘가꾸 줄모.

벌모느뇨?

￣ 벌모는 그냥 죽:: 서서 강각 자버서 시머 나가능 게 벌몬디. 째까난 달갱이[41]는 주를 모다자냐 그릉게 벌모루 그냥 강각 마처가꾸 드러가서 남자드리 가 다 시머 나와.

이앙기?

￣ 이앙기? 이앙기는 고고지.

아, 옛날에도?

￣ 옛날에도 방앗간은 있었어. 저 응, 응, 시내에 그래서 방아, 방아를 가서 찧으러 소달구지로 가고, 말달구지로 가고 오고, 실어서 가서 찧어오고. 우리는 우리 소가 있으니까 가서 찧어다 먹고 그랬어.

인제 모내기 하는 방법 좀 자세히 좀 알려주세요. 여기 많이 있네, 쟁기, 극젱이 이런 거 이렇게 해가지고 하는 (+것).

￣ 모 심어 놓고, 모를 다 일단 심으면 논을 김을 매야 하잖아, 호미, 호미로, 가서. 호미로, 가서 애벌 한 번 매고, 두벌 매고 두 번 가서 또 매고, 세 번 만물에서 손질하고, 손으로 휩쓸어서 풀 뽑아내고, 그래야 인제 벼가 이 정도 자라서 끝 만물해야 어지간히 커. 그 때 되면은 응 한 만물하고 한 십 일경, 이십 일경 있으면 모가 벼가 뽈록뽈록, 뽈록뽈록해, 응. 볏모가지 생기려고 배불러, 아기 배듯이. 그러면 인제 목이 나와서 패는 시간에 삼 개월 걸려 모 심어 놓고 모가지가 나오려면. 한 삼 개월 더 걸려야 볏모가지 보지.

그럼 뭐 쇠스랑이랑 고무래 같은 것으로 어떻게 해요?

￣ 호미로 맸어, 호미로, 호미로. 쇠스랑으로는 논이나 꾸밀까 모는 못 매. 호미로 매지, 남자들이.

그리고 줄모, 벌모는 뭐예요?

줄모? 줄모는 못줄로. 못줄 이쪽에서 잡고 저쪽에서 잡고 줄 띄워갖고 줄모.

벌모는요?

￣ 벌모는 그냥 죽 서서 각각 잡아서 심어 나가는 게 벌모인데. 쪼그만 다랑이는 줄은 못하잖아, 그러니까 벌모로 그냥 각각 맞춰갖고 들어가서 남자들이 가 다 심어 나와.

이앙기?

￣ 이앙기? 이앙기는 고고이지.

심는 거요?

‑ 응.

옌나렌 업써쩌?

‑ 웁:썬찌. 이양기는. 마당이다 보리타작 할라면 얼마나 심든지 아냐?

금 노네 물 대는 도구드리 이써때요 옌나레는 용두레 마뚜레 차랜물대기 치대기 이렁 거 물대능 걷 에서.

‑ 물대능 거? 고리바기라구 핟 고리박[12] 고루박찌래서 남자가 저짜기 하나 서서 이짜기 하나 서서 고루바기로도 퍼언는 사라미꾸. 이 발: 박꼬 올라가서 물꾸루마[13]루다가 품는 사람두 이써. 이게 올라가서 자세 물짜세[14]루 이르기 쩐: 째서 이케 부짜꾸서는 물 푸무문[15] 글루 따러 올라가 우리두 그거 해이 이써써.

그 보는 머에요? 보 보?

‑ 보?

물댈 때 보가 이써여? 보?

‑ 보는 두더기 보라구라지 두덕 이게 물가순 두덕 보:: 물 다마논. 이이 다마논 이.

물 다마근 다다논 보. 마뚜레는 머에요 할머니?

‑ 마뚜레?

용두레 맏뚜레.

‑ 나는 그 말 잘 몰르건네 맏뚜레 용두레는 내가.

그럼 차렌물대기?

‑ 차렌물 대따구?

그렁 거 이쓰세요? 차래 물대기 이렁 건?

‑ 차랜물 대는 거슨. 차레차레 대능 거 뿌구 차렌무리라구라지이~. 자 물두 맘:대루 모때써.(참, 물도 마음대로 못 댔어. 한 사래미 대:구 나믄 차레루 또 하나가 대:구 또 하나가 대:구 그라지. 무리 그르게 마니 이써 깐디[16] 옌나리?

심는 거요?

 ⌐ 응.

옛날에는 없었죠?

 ⌐ 없었지. 양기는. 마당에다 보라타작하려면 얼마나 힘든지 아냐?

그럼 논에 물 대는 도구들이 있었대요, 옛날에는 용두레, 맞두레, 차례물대기, 치대기 이런 거 물 대는 것에서.

 ⌐ 물 대는 거? 맞두레라고 하(+지), 맞두레, 맞두레질해서 남자가 저쪽에 하나 서서 이쪽에 하나 서서 고루박으로도 퍼얹는 사람 있고. 이 발 밟고 올라가서 물수레(무자위)로다가 뿜는 사람도 있어. 이렇게 올라가서 무자위, 무자위로 이렇게 끼얹어서, 이렇게 붙잡고서는 물 뿜으면 그리로 따라 올라가, 우리도 그거 했어, 있었어.

그 보는 뭐에요? 보, 보?

 ⌐ 보?

물댈 때 보가 있어요? 보?

 ⌐ 보는 둔덕이 보라고 하지, 둔덕 이렇게 물 가둔 둔덕, 보, 물 담아놓은. 응 응 담아 놓은, 응.

물 다 막은, 담아놓은 보. 맞두레는 뭐예요, 할머니?

 ⌐ 맞두레?

용두레, 맞두레.

 ⌐ 나는 그 말 잘 모르겠네, 맞두레, 용두레는 내가.

그러면 차례물대기?

 ⌐ 차례물 댔다고?

그런 거 있으세요? 차례물대기 이런 건?

 ⌐ 차례물 대는 것은. 차례차례 대는 것보고 차례물이라고 그러지 응. 한 사람이 대고 나면 차례로 또 하나가 대고, 또 하나가 대고 그러지. 물이 그렇게 많이 있었나, 옛날에?

치대기는녀?

- 시댄다구?

치대기. 치대기가 이때요 내리대기 치대기.

- 네려대기는 우이서버텀 네려 멍능 거구 네려대기구. 치대기는 뭐 몰루 건네 치대기 마른 뭐뽀구 치대기라구 하나? 땅을 누가 치댄다고 하냐?(땅을 누가 치댄다고 하냐? 논뚜덕[47] 두러 두렁 싼능 거? 논뚜덕? 음.

보 만들 때 어트게 하셔요? 할머니도 하셔써여? 그런거또?

- 보는 암만드러써 이 저기 노 노니 가서 바리테는 부철찌[48]. 그거뽀구 바리테로 부치능 거 치대기라 구라능 게 비따. 물 모빠지게 그냥 논뚜더글 그냥 놔두먼. 짝짝짝짝 갈러저서 무리 암 마디덜 아냐. 그렁게 고기다가 사비루 이르케 그냥 소시랑이루 글거오서 사비루 싹싹 해노쿠서는 발루 각칵 발버서 사비루 싹싹 문질르구 문질르구 그거뽀구 치대기라고라능 게 비다[49] 바리때부치능 거.

치대기는요?

⁻ 치댄다고?

치대기. 치대기가 있대요, 내리대기, 치대기.

⁻ 내려대기는 위에서부터 내려 먹는 것이고, 내려대기고. 치대기는 뭐 모르겠네, 치대기 말은 뭐 보고 치대기라고 하나? 논두렁, 두렁, 두렁 쌓는 거? 논두렁? 음.

보만들 때 어떻게 하세요? 할머니도 하셨어요, 그런 것도?

⁻ 보는 안 만들었어, 이 저기 노(논), 논에 가서 바리테는 부쳤지. 그거 보고 바리테로 부치는 거 치대기라고 그러는가 보다. 물 못 빠지게 그냥 논두렁을 그냥 놔두면. 짝짝, 짝짝 갈라져서 물이 안, 마디지를 안 해. 그러니까 고기다가 삽으로 이렇게 그냥 쇠스랑으로 긁어 와서 삽으로 싹싹 해놓고서는 발로 콱콱 밟아서 삽으로 싹싹 문지르고, 문지르고 그거보고 치대기라고 그러는가 보다, 바리테 부치는 거.

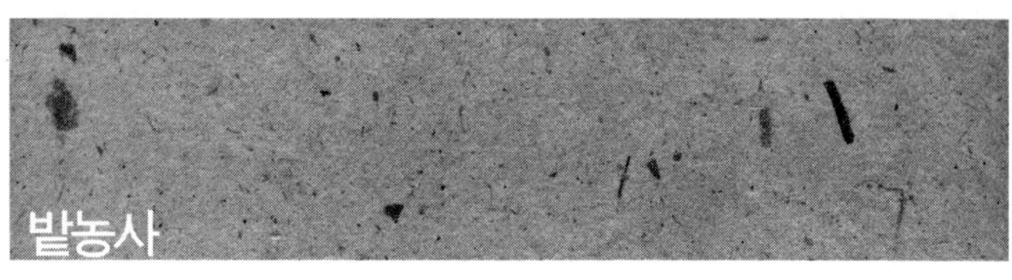

음:: 그래서 모내기하고서 노네 푸리나면 아까 머 애벌 아시 매고.

￣ 응, 두벌 매구.두벌 매 아시 아시 매:노쿠 두벌 매:구 세번채 가서는 맘:무를 해뻐리지 인자.소니루 뽀바 그거는 맘무랄 때는 호미질 모대.

그 아페 두버는 호미질 하시고요?

￣ 응. 함벌 두버른 호미질 해두 맘머런 호미질 해따는[50] 베가 다 주거. 뿌리 건디려서 주거 모댜 소니루 훔츠야지[51].

금 풀매능 거 이르케 매능 거 머 한다고 하세요?

￣ 호미.

김맨다?

￣ 응.

지신맨다능 거는녀?

￣ 지심두 그랴 지심매러 가자구두 하구 김매루 간다구두 하구 그라는디 요구서는 페줌말[52]로 지심매러 가자 구래찌 우리 동네서.

그르케 마니 쓰셔써여? 그마를?

￣ 응 지심매러 간다구 잉.

그루제 반농사 여쩌보께요 반농사. 반농사에는 어떵 거 어떵 거 하세요?

￣ 반농사 제오 마니애야 옌나리는 콩을 마니 시머써. 지끄믄 꽤두 심꾸 머또 하지만 그저니는 콩바티다가 깨를 뿌려써 그냥. 콩아고 이~ 서꺼서 나라구. 그래서 꽤쏘기서 하나씩 나머는 그걸 일찜 정성이루 가뀐는디 지그믄 옌날 멍칭이[53]드리 그르케 농사럴 저찌 노인네드리. 지끄믄 그르케

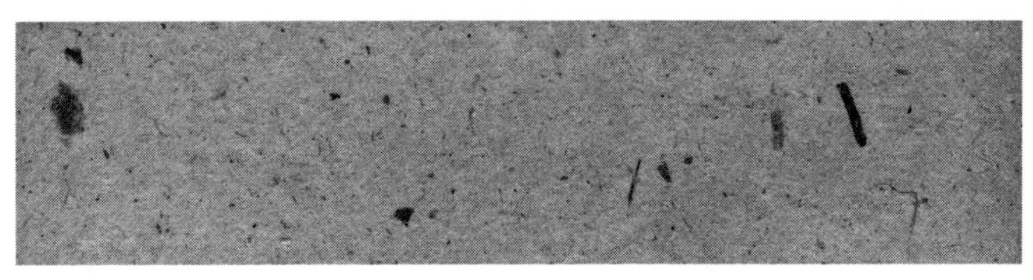

음, 그래서 모내기하고서 논에 풀이 나면, 아까 뭐 애벌, 애벌 매고.

⎺ 응, 이듬 매고. 이듬 매, 애벌, 애벌 매 놓고 두벌 매고, 세 번째 가서는 만물을 해버리지 인제. 손으로 뽑아 그것은, 만물할 때는, 호미질 못해.

그 앞에 두 번은 호미질하시고요?

⎺ 응. 한벌(애벌), 이듬은 호미질해도 만물은 호미질했다가는 벼가 다 죽어. 뿌리 건드려서 죽어, 못해, 손으로 훔쳐야지.

그럼 풀 매는 거, 이렇게 매는 거, 뭐 한다고 하세요?

⎺ 호미.

김맨다?

⎺ 응.

김맨다는 것은요?

⎺ 김도 그래, '지심'매러 가자고도 하고, 김매러 간다고도 하고 그러는데, 요기에서는 표준말로 '지심(김)'매러 가자고 그랬지, 우리 동네서.

그렇게 많이 쓰셨이요, 그 말을?

⎺ 응, 김매러 간다고 응.

그럼 인제 밭농사 여쭤볼게요, 밭농사. 밭농사는 어떤 거, 어떤 거 하세요?

⎺ 밭농사 겨우 많이 해야, 옛날에는 콩을 많이 심었어. 지금은 깨도 심고 뭐, 또 하지만 그전에는 콩밭에다가 깨를 뿌렸어, 그냥. 콩하고, 응, 섞어서 나라고. 그래서 깨 속에서 하나씩 나면은 그걸 일심 정성으로 가꿨는데, 지금은 옛날 멍청이들이 그렇게 농사를 지었지, 노인네들이. 지금

아냐. 꽤구 두두렝이[54]구 시두렝이구 깨를 딱 그냥 별또루 가러 그래서
키 키워가꾸 그느물 머꾸 콩은 콩대루 심찌. 그 꿰쏘기다가 그걸. 콩바쏘
기다가 꽤를 느노먼 밤맬라믄 얼::마나 대가난지 아러::어? 우리두 그르케
저 대꼴 바때기[55] 하나 핸는디 꽤두 잘돠 그른디. 아이구 그거 맬라문 주
거나 그거 키 키우기가 심드러.

안씸구 그냥 뿌려두 나요?

￣ 다 나지 여기저기서. 아 그 그냥 던저 그르갈 때. 콩 콩두 뿌리구 꽤
두 뿌리구.

그 다메 콩 시무셔꼬 꿰 시무셔꼬 또 어떵 거 하셔써요?

￣ 콩 꿰 지끔 멍는 파디짜네 팥:: 엔나리는 파뚜 만테. 무 배추넌 머 가
으리 하지만자 여름처리 하능 거슨 인자 반농사 콩 거 주루 여기는 콩 하
구 꿰 하 꽤 그릉 거 시머 먹꾸 들꿰 심꾸 바티 들꿰 심꾸.

고추도 심꼬요?

￣ 잉 꼬추 심:꾸 꼬추[56]는 당여니 심:꾸 우리는 그저니 좁쌀[57]두 시머 머거
써. 좁쌀두 마이 시머써 하라부 하라부지가. 우리 아부지가 해써 그거는.

금 가으레 나능 거느뇨?

￣ 가으레? 그그그그 가으레 심녕 거슨 보리심찌. 가으레는 보리여 보리
보리럴 하면 여르미 수와기 되지 인자 가으리 시무문.

감자느녀?

￣ 고구마? 하지깜자? 하지깜자[58]는 보미 시머.

아 그러쿠나! 금 보메 심능 거 머머 이쓰셔써요?

￣ 보미? 보미 심녕 건 하지깜자두 보미 심꾸.

또 마늘?

￣ 마늘 꼬:추두 보미 시무야야.

그리고 여르메는?

￣ 여르메는 인자 주루 콩 팥 들깨 그렁 거시 여르미 심찌.

은 그렇게 안 해. 깨고, 두 두렁이고, 세 두렁이고 깨를 딱 그냥 별도로 갈아, 그래서 키, 키워갖고 그놈을 먹고, 콩은 콩대로 심지. 그 깨 속에다가 그걸. 콩밭 속에다가 깨를 넣어 놓으면, 밭 매려면 얼마나 힘든지 알아? 우리도 그렇게 저 댓골에 밭 하나 했는데 깨도 잘돼, 그런데. 아이고, 그거 매려면 죽어나, 그거 키, 키우기가 힘들어.

　안 심고 그냥 뿌려도 나요?

　˘ 다 나지, 여기저기에서. 아, 그, 그냥 던져, 걸어갈 때. 콩, 콩도 뿌리고, 깨도 뿌리고.

　그 다음에 콩 심으셨고, 깨 심으셨고, 또 어떤 거 하셨어요?

　˘ 콩, 깨, 지금 먹는 팥 있잖아 팥, 옛날에는 팥도 많데. 무, 배추는 뭐 가을에 하지만 인제 여름철에 하는 것은 인제 밭농사 콩, 주로 여기는 콩하고 깨하(+고), 깨 그런 거 심어 먹고, 들깨 심고, 밭에 들깨 심고.

　고추도 심고요?

　˘ 응, 고추 심고, 고추는 당연히 심고, 우리는 그전에 좁쌀도 심어 먹었어. 좁쌀도 많이 심었어, 할아버, 할아버지가. 우리 아버지가 했어, 그것은.

　그럼 가을에 나는 것은요?

　˘ 가을에? 그, 그, 그, 그 가을에 심는 것은 보리 심지. 가을에는 보리야 보리, 보리를 하면 여름에 수확이 되지, 인제 가을에 심으면.

　감자는요?

　˘ 고구마? 히지감지? 하지감자는 봄에 심어.

　아, 그렇구나! 그럼 봄에 심는 거 뭐, 뭐 있으셨어요?

　˘ 봄에? 봄에 심는 건 하지감자도 봄에 심고.

　또 마늘?

　˘ 마늘, 고추도 봄에 심어야 해.

　여름에는?

　˘ 여름에는 인제 주로 콩, 팥, 들깨 그런 것이 여름에 심지.

가으레느녀?

ㅡ 갸:리는 거더 디리지 머 인자 시뭉 거. 갸:리는 인자 보리빼끼 안 시
머 구월따리 시월따리 보리.

그러면제 이케 시절 마춰서 어터케 심는지 어트케 진는지 바슬 그거쭘 예기
좀 해주세요 처음부터.

ㅡ 심:능 거?

봄부터.

ㅡ 보미부툼 심:능 거?

뭐 심꼬 어트게 거두구 또 머심꼬 어트게 거두구 이렁 거.

ㅡ 젤: 먼저 심녕 거선 보미는 머 바티다 심녕 거시 그거 심찌머. 마늘
꼬추 던저노쿠 그 가꾸구 나:중 그 다미.

어트게 어트게 하세요?

ㅡ 알 시머 그냥 뿌려 옌나리는. 저 지끄밍게 꼬:추두 이게 종자를 해서
하지만 옌나리는 씨루 뿌려써 바티다가 골타구. 씨루 주::욱 뿌려가꾸 나
면 두문두문두문 가꺼노쿠 따다먹꾸. 보으 콩두 그르카구. 지끄믄 콩 씨:
두 비싸구 이~? 그르케 마니 아나구선 냥 다 시머가꾸 멍는디 옌나리는
바시 마나니까 다: 뿌려써 우리두 뿌려서 해머거써.

그러민제 풀 나면 풀도 뽑고?

ㅡ 그려 뽑꾸.

소느로?

ㅡ 거 매:주구 호미가꾸 가서.

그 다메 부굴 도두 도둬따고 하는데 북또다따 이게 머에요?

ㅡ 부또다따 부또둬따고 하능 거슨 매머서 인자 도둘꺼뚜 이꾸 안 도둘
꺼꾸 이찌 이~? 곡썩글 매다가 붇또꾸 하머는 그 거시기는 부또다주야야
꼬:추. 꼬추 그릉 거슨 북또다서 잘 키우야 하구. 콩은 그냥 그릉 거 안
붇 안 도다두 잘 커.

가을에는요?

⁻ 가을에는 걷어 들이지, 뭐 인제 심은 거. 가을에는 인제 보리밖에 안 심어, 구월 달에, 시월 달에 보리.

그럼 인제 이렇게 시절 맞춰서 어떻게 심는지, 어떻게 짓는지 밭을, 그것 좀 얘기 좀 해주세요, 처음부터.

⁻ 심는 거?

봄부터.

⁻ 봄에부터 심는 거?

뭐 심고, 어떻게 거두고, 또 뭐 심고, 어떻게 거두고 이런 거.

⁻ 제일 먼저 심는 것은 봄에는 뭐, 밭에다 심는 것이 그거 심지, 뭐. 마늘, 고추 던져 놓고 그거 가꾸고, 나중, 그 다음에.

어떻게, 어떻게 하세요?

⁻ 아, 심어, 그냥 뿌려, 옛날에는. 저, 지금이니까 고추도 이렇게 종자를 해서 하지만 옛날에는 씨로 뿌렸어, 밭에다가 골을 타고. 씨로 죽 뿌려갖고 나면 드문드문, 드문 가꿔놓고 따다 먹고. 보의 콩도 그렇게 하고. 지금은 콩 씨도 비싸고 응? 그렇게 많이 안 하고서는 그냥 다 심어갖고 먹는데 옛날에는 밭이 많으니까 다 뿌렸어, 우리도 뿌려서 해 먹었어.

그럼 인제 풀 나면 풀도 뽑고?

⁻ 그래, 뽑고.

손으로?

⁻ 그거 매주고, 호미 갖고 가서.

그 다음에 북을 돋우, 돋웠다고 하는데 북돋았다, 이게 뭐예요?

⁻ 북돋았다, 북돋았다고 하는 것은 매면서 인제 북돋을 것도 있고, 안 돋을 것도 있지, 응? 곡식을 매다가 북돋고 하면은 그 거시기는 북돋아줘야 해, 고추. 고추 그런 것은 북돋아서 잘 키워야 하고. 콩은 그냥 그런 거 안, 북 안 돋아도 잘 커.

부뜬능 게 머하능 거에요?

ㄴ 이 곡써기 시문디 이르케 도다 주능 거여 그게 안 자빠지게.

흐그로?

ㄴ 응 흐기로.

사이지끼 사이사이 진는 게 사이지끼저?

ㄴ 음 사이사이 진능 거?

이렁 거는 어떵거 해요?

ㄴ 사이지끼가.

콩 여페다 머 심꼬 이러능 거요?

ㄴ 콩 여피다 심녕 거? 그저니는 그 사이사이 심능 거 들깨두 그냥 이르케 바 거시기 하니께 마니 별또루를 이르케 아내써 지끄믄 별또루 그르카지만. 콩 소기다가 사::이사::이 드문::드문:: 시머서 해머거써. 잘데 그 눔두 더 잘데야⁵⁹⁾. 그릉게 마니는 모다구. 바티 댕겨서 그거 빌라면 아주 지라리여 아유! 메 심니 쪼차 댕이머서.

그러면제 가으레 다 거더드리능 거 방버비 다 틀리자나요? 할머니 곡씩마다 그걸 쫌 말쓰매주세여.

ㄴ 가:리 거더디리는 방버비 젤 마니 빨리빨리 잘 잉능 거시 창꿰여. 창꿰 먼저 비:구 고 콩쏘기 드르가서 창꿰 다 벼내:구 콩거더디리구 낭거지는 들꿰 비:구 메뻔가야야.

그다메 고고마도 캐고.

ㄴ 그르치 고고마 인자 처리⁶⁰⁾ 오기 저니 캐야지 인자 고구마 시머따가. 근데 옌날사람더른 여기 그저니 우리 농사질떠기도⁶¹⁾ 고고마 농사 가틍 건 마::니덜 자란저써. 우리 우리 바티다가 우리가 마니 저서 막 캐 디리고 그랜는디. 써그닝까 고고마를 가따가 시머노먼 괄리하기가 대가냐. 그 하라부지네가 지금 하라부지가 자랴 고구마 농사를.

그럼 깜부기는 어트게 해여 깜부기?

북돋는 게 뭐하는 거예요?

‾ 이 곡식을 심은 데 이렇게 돋아 주는 거야, 그게 안 쓰러지게.

흙으로?

‾ 응, 흙으로.

사이짓기, 사이사이 짓는 게 사이짓기죠?

‾ 음, 사이사이 짓는 거?

이런 것은 어떤 거 해요?

‾ 사이짓기가.

콩 옆에다 뭐 심고 이러는 거요?

‾ 콩 옆에다 심는 거? 그전에는 그 사이사이 심는 거 들깨도 그냥 이렇게 밭 거시기 하니까 많이 별도로 안했어, 지금은 별도로 그렇게 하지만. 콩 속에다가 사이사이 드문드문 심어서 해 먹었어. 잘돼, 그놈도 더 잘돼야. 그러니까 많이는 못하고. 밭에 다녀서 그거 베려면 아주 지랄이야, 아휴! 몇 십 리 쫓아다니면서

그러면 인제 가을에 다 걷어 들이는 거 방법이 다 다르잖아요? 할머니, 곡식마다, 그것 좀 말씀해 주세요.

‾ 가을에 걷어 들이는 방법이, 제일 많이 빨리빨리 잘 익는 것이 참깨야. 참깨 먼저 베고, 고 콩 속에 들어가서 참깨 다 베어내고, 콩 걷어 들이고, 나머지는 들깨 베고 몇 번 가야해.

그 나음에 고구마도 캐고.

‾ 그렇지, 고구마 인제 서리 오기 전에 캐야지, 고구마 심었다가. 근데 옛날 사람들은 여기 그전에 우리 농사지을 적에도 고구마 농사 같은 건 많이들 잘 안 지었어. 우리, 우리 밭에다가 우리가 많이 지어서 막 캐 들이고 그랬는데. 썩으니까, 고구마를 갖다가 심어 놓으면 관리하기가 힘들어. 그 할아버지네가, 지금 할아버지가 잘해, 고구마 농사를.

그럼 깜부기는 어떻게 해요, 깜부기?

- 깜:비기? 보리바티 깜:비기지. 고고 오트갸[62] 머 뽀불쑤두 읍꾸 내비러
두찌 머 그저니. 지끄믄 다 뽀바 내비러라 그라는디 누가 언제 깜:비기
뽀부러 댕기냐 바뻐 죽껀는디 내비러 둬써 그냥 이꺼나 말거나 깜:비기
이써 보리바티 깜비기 새::커망 거.

    그럼 맫똘 맫똘로는 머하셔써요?

- 매똘? 매똘 가꾸 거시기 핻찌. 콩두 콩국쑤 콩 저 두부 해머글라믄 엔
나리 지비서덜 매똘루 일 하구 밀:두 가러서 여 기게가 지대루 저기 하니
께 옌나리는 기게두 읍써가꾸 매:또리다 가러가꾸 거시기두 하데 밀까루
두 맨들데. 언니봉게 매똘루 가러가꾸. 근데는 그거는 우리 시대는 매똘
루 그르케 안 가러써 얼마. 다 방아까니 댕기머서 해찌. 엔::날 노인네드
리 우리 홑 찌 노인 우리 엄니 잡쑨 나이 마니 잡쑨 양반덜 지끔 배기살
너문 니더리 매똘루 가러서 그거뚜 해따. 우리 시저리는 매똘 읍써써 요
기 이동네두.

    인제 보리 보리하구 밀 종뉴 어떵 거 어떵 거 인나요? 보리엔 어떤 종뉴?

- 쌀보리 꺼뽀리. 보리는 안질뱅이[63] 보리두 이꾸 키큰 보리두 이꾸 보
리두.

    머가 틀려요?

- 틀리능[64] 거시 꺼 이 키 큰 보리를 하머는 바티다가 시무머는 바라미
분다던지 비바람 때리구 하머는 어퍼지는 종조가 마나니께 안질뱅이 보
리를 하머는 쪼마나니[65] 딱따랑게 안 자빠지더라구. 그거시 왜정시대 일
본싸라미 나와써 그 안질뱅이 보리가틍 거설. 자기네레 나라서 가좐는
지[66] 어쨌는지 시무라구 해서 시머써. 일본넘더리 일본놈드리 하기는 자
랴.

    그럼 마또 조아요?

- 응 갠차냐 마뚜.

    보리쌀? 보리싸른녀?

˗ 깜부기? 보리밭에 깜부기지. 고거 어떻게 해, 뭐 뽑을 수도 없고 내버려뒀지 뭐, 그전에. 지금은 다 뽑아 내버려라 그러는데 누가 언제 깜부기 뽑으러 다니느냐, 바빠 죽겠는데, 내버려 뒀어, 그냥 있거나 말거나. 깜부기 있어, 보리밭에 깜부기 새까만 거.

그럼 맷돌, 맷돌로는 뭐 하셨어요?

˗ 맷돌? 맷돌 갖고 거시기 했지. 콩도 콩국수, 콩, 저 두부 해먹으려면, 옛날에 집에서들 맷돌로 일하고, 밀도 갈아서 여(+기), 기계가 제대로 저기하니까 옛날에는 기계도 없어갖고, 맷돌에다 갈아갖고 거시기도 하데, 밀가루도 만들데. 언니 보니까 맷돌로 갈아갖고. 근데 그것은 우리 시대는 맷돌로 그렇게 안 갈았어, 얼마. 다 방앗간에 다니면서 했지. 옛날 노인들이 우리 훨(+씬), 저 노인, 우리 어머니 잡수신, 나이 많이 잡수신 양반들, 지금 백여 살 넘은 이들이 맷돌로 갈아서 그것도 했다. 우리 시절에는 맷돌 없었어, 요기 이 동네도.

인제 보리, 보리하고 밀 종류 어떤 거 어떤 거 있나요? 보리에는 어떤 종류?

˗ 쌀보리, 겉보리. 보리는 앉은뱅이 보리도 있고, 키 큰 보리도 있고, 보리도.

뭐가 달라요?

˗ 다른 것이 겉(+보리), 이 키 큰 보리를 하면은, 밭에다가 심으면은 바람이 분다든지 비바람 때리고 하면은 엎어지는 종자가 많으니까, 앉은뱅이 보리를 하먼은 조그마한 게 딘딘하니끼 안 쓰러지더라고. 그것이 왜정시대 일본사람이 (+가지고) 나왔어, 그 앉은뱅이 보리 같은 것을. 자기네 나라에서 가져왔는지 어쨌는지 심으라고 해서 심었어. 일본 놈들이, 일본 놈들이 하기는 잘해.

그럼 맛도 좋아요?

˗ 응, 괜찮아, 맛도.

보리쌀? 보리쌀은요?

 보리싸리 보리방아 보리를 찡 거시 보리싸리지 머. 방아 찡 게 쌀보리 쌀보리 꺼뽀리.

쌀보린 꺼뽀리에요?

 응 쌀보리가 조쿠 꺼뽀리는 꺼끄레기 마내가꾸 부시기주 대간햐.

밀 밀종뉴는녀? 할머니.

 밀: 미:런 키 큰 밀두 이꾸 안질뱅이 밀두 이꾸 그거뚜. 근디 키 큰 미리 이 더 쫄긴쫄기다니⁽⁶⁷⁾ 더 마시써. 안질뱅이 미른 키는 쩨까나니 뿌이:: 여나니 그른디 밀까루는 그 느미 더 마~이 난다 그리서 마시 드:랴. 그릉게 우리 아부지는 그저니 아나더라구.

보리아구 미른 언제 파종 해요?

 또까터 파종 하는 시기가.

언제?

 미리 쪼끔 느저 보리보도⁽⁶⁸⁾.

금 보리는 언제 하세요?

 오월따리 오워리면 다 보리 하야야⁽⁶⁹⁾ 유월딸 오월 초에. 오월 초에 보리 모가지 유월따레 하:지 지내머는 보리는 다 고시라저⁽⁷⁰⁾.

어디에따 파종 해요? 보리?

 보리 지비 마당이 벼가 벼다가. 마당이 가꾸와서 홀터서 막 도리깨루 투디려찌 머. 그란디 나중이는 기게가 나와가꾸 바티서 인자 비여만⁽⁷¹⁾ 놔두 기게가 와서 바서전는디 지끄믄 바티르 드르가서 나락삐는 기게루 다가 보리두 막 비:데 나 저:: 놀로가뜨니.

금 보리를 오월 오월딸쯔메 바테다가 이르케?

 오월딸.

미른?

 이~?

밀.

⎺ 보리쌀이, 보리방아 보리를 찧은 것이 보리쌀이지, 뭐. 방아 찧은 게 쌀보리, 쌀보리 겉보리.

쌀보리는 겉보리예요?

⎺ 응, 쌀보리가 좋고, 겉보리는 꺼끄러기가 많아갖고 부수기도 힘들어.

밀, 밀 종류는요? 할머니. ·

⎺ 밀, 밀은 키 큰 밀도 있고, 앉은뱅이 밀도 있고, 그것도. 근데 키 큰 밀이, 이, 더 쫄깃쫄깃한 게 더 맛있어. 앉은뱅이 밀은 키는 쪼그마한 게, 뿌연 게, 그런데 밀가루는 그놈이 더 많이 난다, 그래서 맛이 덜 해. 그러니까 우리 아버지는 그전에 안 하더라고.

보리하고 밀은 언제 파종해요?

⎺ 똑같아, 파종하는 시기가.

언제?

⎺ 밀이 조금 늦어, 보리보다.

그러면 보리는 언제 하세요?

⎺ 오월 달에, 오월이면 다 보리(+타작)해야 해, 유월 달, 오월 초에. 오월 초에 보리 모가지, 유월 달에 하지 지내면은 보리는 다 바스러져.

어디에다 파종해요, 보리?

⎺ 보리, 집에, 마당에 베어, 베어다가. 마당에 갖고 와서 훑어서 막 도리깨로 두드렸지, 뭐. 그런데 나중에는 기계가 나와갖고 밭에서 인제 베어만 놔도 기계가 와서 부숴줬는데, 지금은 밭에로 들어가서 나락 베는 기계로다가 보리도 막 베데, 나 저(+기) 놀러 갔더니.

그럼 보리를 오월, 오월 달쯤에 밭에다가 이렇게?

⎺ 오월 달.

밀은?

⎺ 응?

밀.

﹣ 미:리나 보리나 항가지여 다 그거떨.

그거뚜 바테다 해요?

﹣ 잉.

두개 다 바테다?

﹣ 이~ 바티다 이~ 바티다 하지.

그럼 보리바타고 밀바슨 멀 사용 해서 가라요?

﹣ 보리바티 밀바슨 머 엔나리는 그게 머여 비:루가 션차나니께 테:비를 마니 해가꾸 사무 테:비를 바티다가 내서 가러써 그랜는디. 나중이는 비:루를 마니 왜정시대 일본 싸람드리 마니 주드라구. 고기 밀 밀밭 보리밭 주라구 그래서 그렁 걸루 사용아구 인자. 해방 데쿠는 머 자기 맘대루 머 하는디 지끄믄 싱량이 마낭게 보리를 누가 가러 그역씨러서. 하나[72] 앙가러 지발 가르래두 반 무거 나자빠저두 앙가러. 받 지끔 다 무거찌 머. 앙 앙가러 구차나다고 앙갈자녀 우리동네 싸람두 이~? 보리를 가러가꾸 이~. 반미시[73]래두 하구 그거 보리 쪼곰 가르야 세상 구차나자냐 기게 그만 이~?. 비싸기는 몰 비싸 그까진 늠 보리가 머 마니 나오간디? 아 그게 마니 쑤와기 나오냐 나락치름? 찌끔빼끼 더나와? 그럼. 그 하기만 그여카지[74] 여 바떨 다 무거두 보리 하::나더 아나자냐. 절루 강게는 보리 마니 하더라. 절라두 미티로 그럼. 절라도는 마니 하구 저 오디 놀로가서. 응 이앙기루 다 빈다 그때 강게 그때 고기싸람 전::부라 보리 미란 절라도가 마니 햐. 경상도 쪼기루 절라도 쪼기루가 나 놀로가서 그때 봉게 마::니 하더라구 요기는 아무도 하는 사라미 읍써.

인제 겨울처레 보리를 발버요 할무니?

﹣ 응.

그거쯤 예기 해주세요 어트케 하능 거에요?

﹣ 보리가 겨울처리는 밤는 거시 나두 보리밥 발부러두 댕기구 아이구! 하기시러서 막 도망두 가구 그래써 아부지가 보리밥 빨부라문. 이케 어:

⁻ 밀이나 보리나 한가지야, 다 그것들.

그것도 밭에다 해요?

⁻ 응.

두 개 다 밭에다?

⁻ 응, 밭에다, 응, 밭에다 하지.

그럼 보리밭하고 밀밭은 뭘 사용해서 갈아요?

⁻ 보리밭에 밀밭은 뭐 옛날에는 그게 뭐야, 비료가 시원찮으니까 퇴비를 많이 해갖고, 늘 퇴비를 밭에다가 내서 갈았어, 그랬는데. 나중에는 비료를 많이 왜정시대 일본사람들이 많이 주더라고. 고기 밀, 밀밭, 보리밭 주라고, 그래서 그런 걸로 사용하고, 인제. 해방 되고는 뭐 자기 맘대로 뭐 하는데 지금은 식량이 많으니까 보리를 누가 갈아, 고역스러워서. 하나도 안 갈아, 제발 갈라고 해도, 밭 묵어 나자빠져도 안 갈아. 밭 지금 다 묵었지, 뭐. 안, 안 갈아 귀찮다고 안 갈잖아, 우리 동네 사람도, 응? 보리를 갈아갖고, 응. 밭매기라도 하고 그거 보리 조금 갈아야 세상 귀찮잖아, 그게 그만, 응? 비싸기는 뭘 비싸 그까짓 놈 보리가 뭐 많이 나오나? 아, 그게 많이 수확이 나오느냐, 나락처럼? 조금밖에 더 나와? 그럼. 그 하기만 고약하지, 여기 밭들 다 묵어도 보리 하나도 안 하잖아. 저기로 가니까는 보리 많이 하더라. 전라도 밑으로, 그럼. 전라도는 많이 하고, 저 어디 놀러가서. 응, 이앙기로 다 벤대, 그때 가니까 그때 거기 사람 전부 나 보리, 밀은 진라도가 많이 헤. 경상도 쪽으로, 전라도 쪽으로가, 나 놀러 가서 그때 보니까 많이 하더라고, 요기는 아무도 하는 사람이 없어.

인제 겨울철에 보리를 밟아요, 할머니?

⁻ 응.

그것 좀 얘기해주세요, 어떻게 하는 거예요?

⁻ 보리가 겨울철에는 밟는 것이 나도 보리밭 밟으려도 다니고, 아이고! 하기 싫어서 막 도망도 가고 그랬어, 아버지가 보리밭 밟으라고 하면. 이

러가꾸 추먼.

겨울철 보리바끼 하능 거.

˝ 보리 바:끼는 이~ 이때 동기리 스딸[75] 이게 십 시비뤌 시비월 때 이르케 얼부푸구[76] 추머는[77] 바시 들뜨그든 그러머는자 슬:세구 나므는 땅이 풀리자나. 그러면 기게 암발버 주문 주거 다 누르게 말러 그렁게 이때 데먼 인자 보리 싹: 올라올 때 지끔 보리 보름세:구 나므는 정월따리 땜 데먼 보리밥 빱끼는 한차미여. 발버주야야 가서. 잘강잘강잘강 발버 주머는. 일 땅이 착:: 가랑게 비가 와서. 이~ 마니 비와가꾸 땅이 이케 착:: 가란질 때는 별게 아닌디 비 안오구 눈:와가꾸 인자 부푸루머는 그게 둥둥 뜨더라구 그래 가서 발부야야.

보리밥끼 할 때 머 이케 막 특뼈란 행사가틍 거 이써써요?

˝ 움써써 그냥 가서 시꾸더리 발버찌 몰라 이 동네는 행사 그룽 거 움써. 저저 마::니하는 절라도 끔방이나 행사를 하나 어쩌나 몰라두 여기는 아내 자 자기네 자기네 지비 시꾸덜찌리 가서 바:꼬오구 그래찌.

할머니 보리박끼 노래는 아세요?

˝ 몰::라 그룽 거는 아내떠이~ 없어. 이 동네는 아내서 몰라. 그 어울려 댕이[78]머서 하는 사람더른 그르케 하나 어쩌나 몰라두.

밀방아아고 보리방아 찐능 거 어트게 하는지 좀 예기 해 주세요.

˝ 밀방아 보리방아 찐능 거 기게로 가서 찐:는 그 지끄믄 기게가 이씅게 기게로 찐는디 옌나리는 기게 움쑬 때는 확또기다가[79] 도구때[80]로다 찌어서 찌언는디. 함::버니 찌어서는 몸머거. 함번 부꾸 찌어서 저가 후루루루룰 날더락[81] 쩌가꾸 싹:: 마당이다 너르야야. 아시 쩌서 마당이다 마당이다 너러서 말르머는 인자 그느믈 팍팍 또 시러서 저 껍떼기 까불러 내비리구 물부꾸 또 쩌 그럼 대껴. 그래가꾸 보리싸리 나오더라구 쩌:서 그르케서 머거써 아이구! 그른 애기 하지두 마러 심드러써. 징그러 그런 예기 하믄.

렇게 얼어갖고, 추우면.

겨울철 보리밟기 하는 거.

─ 보리밟기는 응, 이때 동지섣달 이게 십, 십일월, 십이월 달에 이렇게 얼부풀고 추우면 밭이 들뜨거든, 그러면은 인제 설 쇠고 나면은 땅이 풀리잖아. 그러면 그게 안 밟아 주면 죽어, 다 누렇게 말라, 그러니까 이때 되면 인제 보리가 싹 올라올 때 지금 보리 보름 쇠고 나면은 정월달에 쯤 되면 보리밭 밟기는 한창이야. 밟아줘야 해, 가서. 잘강잘강, 잘강 밟아 주면은. 이 땅이 착 가라앉게, 비가 와서. 응, 많이 비 와갖고, 땅이 이렇게 착 가라앉을 때는 별게 아닌데 비가 안 오고 눈 와갖고, 인제 부풀면은 그게 둥둥 뜨더라고, 그래 가서 밟아야 해.

보리밟기할 때 뭐 이렇게 막 특별히 행사 같은 거 있었어요?

─ 없었어, 그냥 가서 식구들이 밟았지, 몰라 이 동네는 행사 그런 거 없어. 저, 저 많이 하는 전라도 근방이나 행사를 하나 어쩌나 몰라도 여기는 안 해, 자기네, 자기네 집 식구들끼리 가서 밟고 오고 그랬지.

할머니, 보리밟기 노래는 아세요?

─ 몰라, 그런 것은 안 했더니, 없어. 이 동네는 안 해서 몰라. 그 어울려 다니면서 하는 사람들은 그렇게 하나 어쩌나 몰라도.

밀방아하고 보리방아 찧는 거 어떻게 하는지 좀 얘기해 주세요.

─ 밀방아, 보리방아 찧는 거 기계로 가서 찧는, 그 지금은 기계가 있으니까 기계로 찧는네, 옛닐에는 기계가 없을 때는 절구통에다가 절굿공이로다 찧어서, 찧었는데. 한 번에 찧어서는 못 먹어. 한 번 붓고 찧어서, 겨가 후루루루룩 날도록 찧어갖고 싹 마당에다 널어야 해. 애벌 찧어서 마당에다, 마당에다 널어서 마르면은 인제 그놈을 팍팍 또 쓸어서 겨 껍데기 까불어 내버리고 물 붓고 또 찧어, 그럼 닦여. 그래갖고 보리쌀이 나오더라고, 찧어서 그렇게 해서 먹었어, 아이고! 그런 얘기하지도 말아, 힘들었어. 징그러워, 그런 얘기하면.

그 다메 이제 할머니 혹씨 밀서리 해보셔써요? 밀서리?

﹣ 응 밀 끄너다가[82] 밀서리 해서 막 치 그냥 마당이다 노쿠 궈가꾸 비벼서 까머그면 데::게 마시따. 참::말루 마시써 그거 미런 더.

함번 하 콩서리나 머 닥써리 이렁 건 아나셔써요?

﹣ 왜:: 콩도 뽀바가꾸 바티서 안자서 궈 머거두 그냥 인저 응감 지게지구 콩뽀부러 가머는 마 한::잔 뽀바가꾸 지게미티다가 불질러가서. 콩이 투트트트트트 어지가니 그릉 거 궈서 꾸지면[83] 머꼬서나[84] 안지서 콩뽀바가꼬 오고 콩서리 마니 해머거써.

그럼 머 닥써리는 아나셔쪼?

﹣ 닥써리? 그렁 건 여장게 아나지.

남자드른 마니 해여?

﹣ 그럼 하지 자바다 궈 먹찌.

또 다른 서리 머 하셔써요?

﹣ 아::.

그렁 검만? 미리랑 콩?

﹣ 외[85] 바티 가서 그거.

우리 받 가서?

﹣ 응.

차매서리 수박써리 이렁 거는녀?

﹣ 그 여자가 그릉 건 아냐. 머시매더른 댕기머서 해찌.

금 보리찌파고 벼찌파고 멀 만들수 이써요 그렁 걸로 지브로?

﹣ 지븐.

보리나 밀로 밀찌브로.

﹣ 밀때는 엔나리 도링이[86] 여꺼써 도링이 도링이라고 이 베니루[87]가 웁쓰니까 비가 오머는 모를 시무러 가던지 머를 하던지 하믄 더꾸 나갈께 업써서 밀찌비루 잘:: 여꺼노문 도링이가 데게 조아. 그릉 걸루 등어리다

그 다음에 인제 할머니 혹시 밀서리 해보셨어요? 밀서리?

‾ 응, 밀 끊어다가 밀서리해서 막 치, 그냥 마당에다 놓고 구워갖고 비벼서 까먹으면 되게 맛있다. 참말로 맛있어, 그거 밀은 더.

한번 해, 콩서리나 뭐 닭서리 이런 건 안 하셨어요?

‾ 왜, 콩도 뽑아갖고 밭에서 앉아서 구워 먹어도, 그냥 인제 영감이 지게 지고 콩 뽑으러 가면은 막 한 단 뽑아갖고 지게 밑에다가 불 질러서. 콩이 툭툭, 툭툭, 툭툭 어지간히 그런 거 구워서 구워지면 먹고서는 앉아서 콩 뽑아갖고 오고, 콩서리 많이 해 먹었어.

그럼 뭐 닭서리는 안 하셨지요?

‾ 닭서리? 그런 건 여자니까 안하지.

남자들은 많이 해요?

‾ 그럼 하지, 잡아다 구워 먹지.

또 다른 서리 뭐 하셨어요?

‾ 아니.

그런 것만? 밀이랑 콩?

‾ 참외 밭에 가서 그거.

우리 밭에 가서?

‾ 응.

참외서리, 수박서리 이런 것은요?

‾ 그 여자가 그런 건 안 해. 남자애들은 디니면서 했지.

그럼 보릿짚하고, 볏짚하고 무엇을 만들 수 있어요, 그런 걸로, 짚으로?

‾ 짚은.

보리나 밀로, 밀짚으로.

‾ 밀대는 옛날에 도롱이 엮었어, 도롱이, 도롱이라고, 이, 비닐이 없으니까 비가 오면은 모를 심으러 가든지, 뭐를 하든지 하면 덮고 나갈 게 없어서 밀짚으로 잘 엮어 놓으면 도롱이가 되게 좋아. 그런 것으로 등허리

어:꼬 밀찝모자 쓰구 그라구서는 논 바테가 이라루 가찌.

금 비 안새요?

￣ 응 안샤. 안드르가 잘:: 역꺼나가 안 안샤: 그르케. 밀찝 밀찌비루 잘: 여꺼노문.

어트게 만드는지 아세요?

￣ 아 나두 몰라 이느느[88] 우리 우리 아부지가 잘: 여꺼서 맨들구 그릉 거 해찌 우리 응감뚜 잘 모댜.

싱기하네 머 곤충 집또 만드러 줘써요 그렁 거를?

￣ 응?

곤충집.

￣ 집?

곤충 지블 만드러 줘써여?

￣ 아~이.

금 방석가틍 건?

￣ 응 방서근 밀때 방서기니[89] 그거 깔구 놀 때 읍쓩게 밀때 방석 맨드러노문 데게 서:나니 조아 여르미 끌쿠[90] 댕기매[91] 놀기두 밤먹끼두 조쿠. 마당이다 까러노쿠 밀찝빵석. 그렁 걸 만들러써 만드러선. 나는 암만드러찌만 우리 아부지가 만들구 우리 응감탱이두 만들구 응감니미 눈썰미가 이써서 아내봐써두 와서 하능 거 이로케 보구 알케 중게[92] 자랄더라구. 삼태미[93]두 맨들구.

어트게 만드는 주 아세요? 할머니는 방석?

￣ 몰라 나는 머 여버여버 여벌루 바찌 머. 거 안저서 산내끼[94] 꿔가꾸 죽죽 영능 검만 바찌.

금제 고추 할머니 어트게 농사지세요?

￣ 응?

농사질 때 방법 고추.

에다 얹고 밀짚모자 쓰고, 그러고서는 논밭에 가, 일하러 갔지.

그럼 비 안 새요?

˗ 응, 안 새. 안 들어가 잘 엮어놔서, 안, 안 새, 그렇게. 밀짚, 밀짚으로 잘 엮어 놓으면.

어떻게 만드는지 아세요?

˗ 아, 나도 몰라, 이느느 우리, 우리 아버지가 잘 엮어서 만들고 그런 거 했지, 우리 영감도 잘 못해.

신기하네, 뭐 곤충집도 만들어 줬어요, 그런 거를?

˗ 응?

곤충집.

˗ 집?

곤충집을 만들어 줬어요?

˗ 아니.

그럼 방석 같은 건?

˗ 응, 방석은 밀대 방석이니, 그거 깔고 놀 데 없으니까 밀대 방석 만들어 놓으면 되게 시원한 게 좋아, 여름에 끌고 다니며 놀기도, 밥 먹기도 좋고. 마당에다 깔아놓고, 밀짚 방석. 그런 걸 만들었어, 만들어서는. 나는 안 만들었지만 우리 아버지가 만들고 우리 영감도 만들고, 영감님이 눈썰미가 있어서 안 해봤어도 와서 하는 거 이렇게 보고 알려 주니까 잘 알더라고. 삼태기도 만들고.

어떻게 만드는 줄 아세요? 할머니는 방석?

˗ 몰라 나는 뭐 곁다리, 곁다리, 곁다리로 봤지 뭐. 거기 앉아서 새끼 꽈갖고 죽죽 엮는 것만 봤지.

그럼 인제 고추, 할머니 어떻게 농사지으세요?

˗ 응?

농사지을 때 방법, 고추.

꼬추? 그저니는 바티다가 막. 박꼴 보리갈디끼 가러가꾸 고추나무 심. 나무 꼬추가 마니 날꺼 아녀 인자 씨럴 뿌리문? 그라믄 싹:: 소까가꾸 더문더문드문 두고 우리가 핸는디 지끄믄 모를 버가꾸 그르케 시무니까 하나하나 함 포기씩 함 포기씩 시뭉게 씨:두 마니 안드러가구. 모버따가 파종하는디 이 동네 싸람드른 모 그르케 할중[95]두 몰르구 사다 시머 사다. 잘 하는 사람네 지비서 사다가.

그래서 인제 가으레 여르면 따가주구 머 말려서 노코 그르케 해요?

￣ 응 응.

옥쑤수 옥쑤순 어트게 해요?

￣ 옥쑤수? 옥쑤수눈 알맹이 옥쑤수 따가꾸 시무문 잘대. 아무데나 시머도 잘 여러 그거.

하나씩 시머요?

￣ 응 항 구뎅이[96] 두 개씩 세 개씩 지버너. 서너개씩 느:두 갠차냐.

금 자라나면 인제 그냥 그대로 내비둬[97]요?

￣ 응, 비루 줌 주구. 비루주구 키우머는 그건 잘 여러. 베랑 머 약뚜 아내두 데 잘댜.

비료는 멀 주셔써요 옌나레?

￣ 옌나리? 옌나리두 비루는 나와써 왜정시대두. 비루줘서 저전 그::저네. 응 우리 아부지 시절이 비루가 귀:해서. 퇴:비루 풀맨드러 풀루 그르케 퇴:비 해가꾸 줘찌만. 긍게 짐성[98]두 메기구 거르믈 해찌만. 그저니 잘 라와써 비루는 마니 나와 비루 주더라구. 우리 아부지쩌기는 나 그랑게 어려쓸 떼기. 그때는 비루가 읍씅게 맨::날 푸를 하더라구 풀. 푸래서 그냥 말리미다 저런디 들파니다가 그냥 얼:마를 푸래다 가따 싸::노문 써그믄 그누미루 가따가 노니두 느쿠 바티두 느쿠 푸래 삘 뎌미루[99]. 거북 거북씨려께 지어찌 도라가신 냥반드리.

그럼제 땅을 이케 기르며 자라며는 제 여르메 따서 멍는 거에요?

˗ 고추? 그 전에는 밭에다가 막. 밭골 보리 갈듯이 갈아갖고 고추나무 심(+지). 나무 고추가 많이 날 거 아나 인제, 씨를 뿌리면? 그러면 싹 숨아갖고 드문, 드문드문 두고 우리가 했는데, 지금은 모를 부어갖고 그렇게 심으니까, 하나하나 한 포기씩, 한 포기씩 심으니까 씨도 많이 안 들어가고. 모 부었다가 파종하는데 이 동네 사람들은 모 그렇게 할 줄도 모르고 사다 심어, 사다. 잘 하는 사람네 집에서 사다가.

그래서 인제 가을에 열면 따가지고 말려서 놓고 그렇게 해요?

˗ 응, 응.

옥수수, 옥수수는 어떻게 해요?

˗ 옥수수? 옥수수는 알맹이 옥수수 따갖고 심으면 잘돼. 아무데나 심어도 잘 열어, 그거.

하나씩 심어요?

˗ 응, 한 구덩이에 두 개씩 세 개씩 집어넣어. 서너 개씩 넣어도 괜찮아.

그러면 자라나면 인제 그냥 그대로 내버려둬요?

˗ 응, 비료 좀 주고. 비료 주고 키우면 그건 잘 열어. 별로 뭐 약도 안 해도 돼, 잘돼.

비료는 뭘 주셨어요, 옛날에?

˗ 옛날에? 옛날에도 비료는 나왔어. 왜정시대도. 비료 줘서, 저저 그 전에. 응, 우리 아버지 시절에 비료가 귀해서. 퇴비로 풀 만들어, 풀로 그렇게 퇴비해갖고 줬시반. 그러니까 짐승도 먹이고 거름을 했지만. 그 전에는 잘 나왔어, 비료는 많이 나와, 비료 주더라고. 우리 아버지 적에는 나 그러니까 어렸을 적에. 그때는 비료가 없으니까 만날 풀을 하더라고 풀. 풀 해서 그냥 등성이에다, 저런 데 들판에다가 그냥 얼마를 풀 해다가 갖다 쌓아 놓으면, 썩으면 그놈으로 갖다가 논에도 넣고, 밭에도 넣고 풀해, 풀 두엄으로. 거북, 거북스럽게 지었지, 돌아가신 양반들이.

그럼 인제 땅을 이렇게 기르며, 자라면은 인제 여름에 따서 먹는 거예요?

- 응.

담배 하셔 해보셔써요? 담배?

- 담배농사 하내 해봐써.

그거또 좀 예기애 주세요, 어트게 해요?

- 담배 모버가꾸 종묘를 무룰 뷔서 바티다 이이게 심는디. 여기 토지리 암만나 자란대더라구. 담배농사[100] 함번 지어따가 그냥 피애 바써. 그래서 오트게 핸나 그거뚜 담배농사를 해노머는 건조대가서 거 찌:야야 쩌 찌는 디 가서 따 따루 쩌:오야 거 하는디. 아 그거 몰라 응가미 그냥 하다가 그냥 하다가 마러써.

금 마늘?

- 마늘? 마느른 지금두 시머 먹찌.

어트게 하세요 처으메?

- 마느랄 까가꾸.

까요?

- 마느를 쪼개야 하장까. 마늘 쪼개 하나 하나를 쪼개야자냐. 쪼개서 그냥 시머 꼭꼭. 근디 지끄믄 그저니는 그냥 죽죽 시먼는디 지금 베니루가 나와떼. 마널 심는 베니루 그구먹[101] 뜨러징 거. 그 바다게 딱:: 까러노쿠 그 구머기다 하낙씽만 느믄 데데 머.

그러미제 자라며는.

- 응 나중이 인자 여르미 하:지 너머먼 캐 오월따리.

금 마느를 여꺼서 이케 매다러 노세요? 할머니.

- 응.

할머니 그거 하세요?

- 오리는 아드리 모씸께 해서 아내써. 여꺼서 매다라떼 이케. 지푸래기루 여꺼가꾸 한 두룹[102]씩 한 두룹씩 여꺼 매달지.

감자 하지깜자 어트게 하세요?

- 응.

담배 하셔, 해보셨어요? 담배?

- 담배 농사 한 해 해봤어.

그것도 좀 얘기해 주세요, 어떻게 해요?

- 담배 모 부어갖고, 종묘를 물을 부어서 밭에다 이, 이렇게 심는데. 여기 토질이 안 맞나 잘 안 되더라고. 담배 농사 한번 지었다가 그냥 피해 봤어. 그래서 어떻게 했나, 그것도 담배 농사를 해놓으면은. 건조대에 가서 그거 찌어야 해, 찌어, 찌는 데 가서 따, 따로 또 찌어 와야, 그거 하는데. 아, 그거 몰라, 영감이 그냥 하다가, 그냥 하다가 말았어.

그럼 마늘?

- 마늘? 마늘은 지금도 심어 먹지.

어떻게 하세요, 처음에?

- 마늘을 까갖고.

까요?

- 마늘을 쪼개야 하잖아. 마늘을 쪼개, 하나하나를 쪼개야 하잖아. 쪼개서 그냥 심어, 꼭꼭. 근데 지금은, 그전에는 그냥 죽죽 심었는데 지금 비닐이 나왔데. 마늘 심는 비닐, 그 구멍 뚫어진 거. 그 바닥에 딱 깔아놓고 그 구멍에다 하나씩만 넣으면 되데, 뭐.

그럼 인제 자라면은.

- 응, 나중에 인제 여름에 하지 넘으면 게, 오월 달에.

그럼 마늘을 엮어서 이렇게 매달아 놓으세요, 할머니?

- 응.

할머니 그거 하세요?

- 올해는 아들이 못 심게 해서 안 했어. 엮어서 매달았데, 이렇게. 지푸라기로 엮어갖고 한 두릅씩, 한 두릅씩 엮어 매달지.

감자, 하지감자 어떻게 하세요?

- 하지깜자 머 종[103] 사다가 바티다 시므면 쌍 나와. 쌍 나오면 붙또다서 키워 그믄 잘 드러[104].

그냥 고기다 골 이케 해노코 고기다 그냥 심능 거에요?

- 응.

고고마는?

- 고고마 고구마는 이~ 여르미 심찌 인자 잉? 하 이 하지깜자는 보미 싱꾸 쪼그미쓰믄자 하지깜자는 이 달 너머가면 하지 때 데머는 시므야 야. 하지깜자는 일찍. 그란디 고고마는 인자 하:지 아니만 시무믄 대 느께 시머. 오월딸 사월따리 인자 음녀그루 사월 중숭기 이르케 심꾸 오월초서에 시머두 고고마는 잘: 드러 머거. 고고마 농사지키는 시워.

소낭가요?

그 시머노쿠 그냥 놔둬 인자 함번 매:서 그냥 놔:두면 넝쿠리[105] 쭉쭉 뻐더가꾸 지덜루 잘 드러. 고고마는 고구마 농사 지끼는 시워.

금 언제 캐신다고요 고구마는?

- 서리오기 저네 파뤌딸쯤 파뤌 너므면.

그러민제 할머니 수바기나 이런 차매 가틍 거는녀?

- 수박 차무[106]는 우리 아부지가 차미농사 잘 저서 수박 차무 마:니 핸는디. 자 하라부지는 무서워가꾸 차무바티 가서 모찌켜. 누가 와서 패주기능 거 가트댜. 금 마기서[107] 잘라면 그런다고 아냐. 아내서 차머농사 수박농사 안 저써. 그래서 내가 아부지 주궁게 수박 차무두 모드더 멍는다구 막. 자 하라버지더러 머라구두 하구 그랜는디. 아나드라구 모댜 그거 뚜. 담녁 신 사라미 수박 차무 햐.

왜요?

- 지킬람 지킬라면 대가낭게. 서리꾸니 얼마나 달라든다구 막 장정놈더리. 따가능 거 보고서두 내려오두 모댜 가마::니 안저씨야지. 네로와서 왜 따가냐 하면 마저주거 막 뚜두러 팽게.

ㅡ 하지감자 뭐 종자 사다가 밭에다 심으면 싹 나와. 싹 나오면 북돋아서 키워, 그러면 잘 매달려.

그냥 고기다 골 이렇게 해놓고, 거기다 그냥 심는 거예요?

ㅡ 응.

고구마는?

ㅡ 고구마, 고구마는 응, 여름에 심지, 인제 응? 하(+지), 이 하지감자는 봄에 심고 조금 있으면, 인제 하지감자는 이 달 넘어가면, 하지 때 되면은 심어야 해. 하지감자는 일찍. 그런데 고구마는 인제 하지 안에만 심으면 돼, 늦게 심어. 오월 달, 사월 달에 인제 음력으로 사월 중순경 이렇게 심고 오월 초순에 심어도, 고구마는 잘 매달려, 먹어. 고구마 농사짓기는 쉬워.

손 안 가요?

그 심어놓고 그냥 놔둬, 인제 한번 매서 그냥 놔두면 덩굴이 쭉쭉 뻗어갖고 저절로 잘 매달려. 고구마는, 고구마는 농사짓기는 쉬워.

그럼 언제 캐신다고요, 고구마는?

ㅡ 서리 오기 전에 팔월 달쯤, 팔월 넘으면.

그럼 인제 할머니 수박이나 이런 참외 같은 것은요?

ㅡ 수박, 참외는 우리 아버지가 참외 농사 잘 지어서 수박, 참외 많이 했는데. 쟤 할아버지는 무서워갖고 참외밭에 가서 못 지켜. 누가 와서 패죽이는 것 같대. 그럼 원두막에서 자려면 그런다고 안 해. 안 해서 참외 농사, 수박 농사 안 지었어. 그래서 내가 아버지 죽으니까 수박, 참외도 못 얻어먹는다고 막. 쟤 할아버지더러 뭐라고도 하고 그랬는데. 안 하더라고, 못해 그것도. 담력 센 사람이 수박, 참외(+농사) 해.

왜요?

ㅡ 지키려면, 지키려면 힘드니까. 서리꾼이 얼마나 달려든다고, 막 장정 놈들이. 따가는 거 보고도 내려오지도 못해, 가만히 앉아있어야지. 내려와서 왜 따 가냐고 하면 맞아 죽어, 막 두들겨 패니까.

금 수박 어트게 심는지 보셔쩌 할머니?

˘ 수박 그냥 저 호박 씸띠기 시머써 그른디 지금 싸람더른 그르케 안 시머. 모 모파니다 전::부라 종종 내가꾸. 수박 그르케 하 하나 하나 떠다 심찌 엔날치름 시믈래따는[108] 굴머주거 굴머주거.

금 요즈멘 다 모로 이르케 하능 거에요?

˘ 그럼 종묘로 모 해가꾸 다: 하지.

엔나레는 그냥 심꼬?

˘ 이~ 옌날 옌날 싸람드른 그르게 할쭝두 몰르구 그런. 이 도구두 웁써 써두 아나구. 그냥 바티다가 씨루 뿌려가꾸 그냥 시머찌 지끔 싸람드른 그르케 하간디?

수박 차매는 인제 바세다 골타고 씨뿌려 가주구 받 매준 다으메 그냥 기달리 능 거에요?

˘ 응 응 응.

퇴비 해주고?

˘ 응 응.

사과는녀? 할머니 사과?

˘ 사과는 그르 거 머 여그 싸람 하기는 해깐디 사과는.

복쑹아도요?

˘ 그럼 복쑹아받 사과받 그런 과:수원받 하는 사라미 하지. 이:른 가서 마니 해따.

어떤 닐 하셔써요?

˘ 일. 사과두 따 사과바티 가서 사과 소까주구. 복쑹아바티 복쑹아 소 꾸 나 잘::소까. 참 사과 송는 디 일뜽애뜨 일뜽 잘 송는다구. 사다리 가 꾸 댕기머서 사다리타구 낭구[109] 올라가서.

멀 소끄는 거에요? 어떵 거?

˘ 복쑹아는 요::로케 이 항 가지에. 한 여남 개씩 이르케 부터쓰머는 이

그럼 수박 어떻게 심는지 보셨죠, 할머니?

￢ 수박, 그냥 저, 호박 심듯이 심었어, 그런데 지금 사람들은 그렇게 안 심어. 모, 모판에다 전부가 종(+묘), 종(+묘) 내갖고. 수박 그렇게 하, 하나 하나 떠다가 심지, 옛날처럼 심었다가는 굶어죽어, 굶어죽어.

그러면 요즘에는 다 모로 이렇게 하는 거예요?

￢ 그럼, 종묘로 모 해갖고 다 하지.

옛날에는 그냥 심고?

￢ 응, 옛날, 옛날 사람들은 그렇게 할 줄도 모르고 그런. 이 도구도 없었어도 안 하고. 그냥 밭에다가 씨를 뿌려갖고 그냥 심었지, 지금 사람들은 그렇게 하나?

수박, 참외는 인제 밭에다 골타고 씨 뿌려갖고 밭 매준 다음에 그냥 기다리는 거예요?

￢ 응, 응, 응.

퇴비 해주고?

￢ 응, 응.

사과는요? 할머니, 사과?

￢ 사과는 그런 거 뭐 여기 사람 하기는 했나, 사과는.

복숭아도요?

￢ 그럼, 복숭아밭, 사과밭 그런 과수원 밭은 하는 사람이 하지. 일은 가서 많이 했다.

어떤 일 하셨어요?

￢ 일. 사과도 따, 사과밭에 가서 사과 솎아주고. 복숭아밭에 복숭아 솎고, 나 잘 솎아. 참, 사과 솎는 데 일등 했어, 일등, 잘 솎는다고. 사다리 갖고 다니면서, 사다리 타고 나무 올라가서.

무엇을 솎는 거예요? 어떤 거?

￢ 복숭아는 요렇게 이 한 가지에 한 여남은 개씩 이렇게 붙었으면은.

낭구 인는 디 천까지에 인는 디서 처뻐네 치 놔:두구. 담::담 이르케 뻐미리 요 뺌 대개 복쑹아가 자기찌리 모미 부닥처서. 안달 만치 소까 내야야. 그르케 소까 줘써 그거뚜 잘:: 소꺼야야.

귤도 안내보셔껜네요?

- 응?

귤.

- 규:른 여기서 하간디? 제주도나 가 하지.

그러미제 바티나 들 가튼 데 아니믄 사네 막 풀 마니 나자나요 그 풀 이름줌 예기 해주세요.

- 풀?

바테 나는 풀 이름.

- 바티 질:: 잘 나능 게 바라고[110]여 바라고. 바라고가 여르미는 젤 마니 나와.

또 다릉 거 바테?

- 저:: 그게 머냐. 바테 나능 게 바라 바라고 이~. 얼렁[111] 할랑게 잘 나오도 아나네. 아이구 바티가 아이구! 아이구 아이구! 그그 그 젤:: 마이 나는 마이 나는디. 이르미 안 이르 이르미 얼렁 기어기 안데네.

그럼 또 들?

- 드리? 드리는 피.

피?

- 이~ 피가 바 노니 지그믄 피 마니 안 나오지만 엔나리는 피사리[112] 하기 징그르께 대가내써

또 피하고 또?

- 피 피두 나오구 보풀. 보푸리라고 보풀 마:니 나오지 마~이 나써 그거 맬라믄 지라리지.

응, 또.

이 나무 있는 데 첫 가지에 있는 데서 첫 번째 것 놔두고. 다음, 다음 이렇게 뼘이 요 뼘 되게 복숭아가 자기끼리 몸이 부딪쳐서 안 닿을 만큼 솎아 내야 해. 그렇게 솎아줬어, 그것도 잘 솎아야 해.

귤도 안 해보셨겠네요?

˜ 응?

귤.

˜ 귤은 여기서 하나? 제주도나 가(+야) 하지.

그럼 인제 밭에나 들 같은 데 아니면, 산에 막 풀 많이 나잖아요, 그 풀이름 좀 얘기해주세요.

˜ 풀?

밭에 나는 풀이름.

˜ 밭에 제일 잘 나는 게 바랭이야, 바랭이. 바랭이가 여름에는 제일 많이 나와.

또 다른 거 밭에?

˜ 저 그게 뭐냐. 밭에 나는 거 바랭, 바랭이 응. 얼른 하려니까 잘 나오지도 않네. 아이고, 밭에 아이고! 아이고, 아이고! 그, 그, 그 제일 많이 나는, 많이 나는데. 이름이 안, 이름, 이름이 얼른 기억이 안 되네.

그럼 또 들?

˜ 들에? 들에는 피.

피?

˜ 응, 피가 밭, 논에 지금은 피 많이 안 나오지만 옛날에는 피사리하기 징그럽게 힘들었어.

또 피하고, 또?

˜ 피, 피도 나오고, 보풀. 보풀이라고 보풀, 많이 나오지, 많이 났어, 그거 매려면 지랄이지.

응, 또.

ᚆ 아휴! 머. 몰라 바티는 풍년초두 마니 나. 풍년초두 나오고.

이름 참 존네요.

ᚆ 응.

또 산, 할머니 아는 풀 이름 좀 다 대보세요 함번 풀.

ᚆ 풀? 그릏게 풀두 그::뜩 나느디 이 얼렁 할랑게 잘 안 안나 생가기 안 나네.

사네 나는 풀?

ᚆ 사네는 이~:: 옌나리는 으이~ 그게 아이구! 머여. 사니 나는 풀두 내가 마::니 아런는디. 푸리 잔데. 잔대[113]두 마니 나구. 그거 원초리[114] 원초리가 참:: 마~이 나써 이 산 사니루 그냥. 원초리 꺼 원초리가 그냥 꽉:: 쫄: 다시피 해써 원초리 푸리. 그래서 소덜 미기는 사람드리 원초리 뽀바다가 소 주구.

소가 그렁 거 머거요?

ᚆ 응. 원초리가 마~이 나써 사니루 그라구서는. 철쩨꼬시[115] 마니 피구. 철쭉꼬시 마::니 펴써 이 산 사니 이 압싼.

푸리르민제 기억 자란나세요 풀이름?

ᚆ 풀 그게 그거시 우리 바테 아주 징:그르게 나서 내가 엔수를 대는 디[116]. 그 푸를 얼렁 쌩각 아 얼렁 안 나 안 나네 지끔.

￢ 아휴! 뭐. 몰라 밭에는 풍년초도 많이 나. 풍년초도 나오고.

이름 참 좋네요.

￢ 응.

또 산, 할머니 아는 풀이름 좀 다 대보세요, 한 번 풀.

￢ 풀? 그러니까 풀도 가득 나는데 얼른 하려니까 잘 안, 안 나, 생각이
안 나네.

산에 나는 풀?

￢ 산에는 응, 옛날에는 으응, 그게 아이고! 뭐야. 산에 나는 풀도 내가
많이 알았는데. 풀이 잔대, 잔대도 많이 나고, 그거 원추리, 원추리가 참
많이 났어, 이 산, 산으로 그냥. 원추리, 그거 원추리가 그냥 꽉 절다시피
했어, 원추리 풀이. 그래서 소들 먹이는 사람들이 원추리 뽑아다가 소 주
고.

소가 그런 거 먹어요?

￢ 응. 원추리가 많이 났어, 산으로 그러고서는. 철쭉꽃이 많이 피고. 철
쭉꽃이 많이 폈어, 이 산, 산에, 이 앞산.

풀이름 인제 기억 잘 안 나세요, 풀이름?

￢ 풀 그게, 그것이 우리 밭에 아주 징그럽게 나서 내가 원수를 대는데.
그 풀을 얼른 생각 아, 얼른 안 나, 안 나네, 지금.

넨제 할머니 가을거지아고 겨우사리 준비하는 거즘 예기 해주세요. 예저네 탈고카는 방버파고 요즈메 탈고카는 방버바고 달라저짜나요.

￢ 틀리지.

어트게 달라저전는지.

￢ 엔::나리는 탈고글 하머는. 이~ 베를 벼다가 지게루 저다가 훌터서. 할라면 시미 그르케 드러. 지그먼 머 기게루 탈고가닝게 논바텨서 다 해 가꾸 그냥. 다 기게루 빼:다가 그냥 이 또. 말리러 가능 거뚜 지그믄 기게 루 다 말려어. 그래서 방아까니루 그냥 집쩍 깡게 머 이 신상펴냐아 베벼 두. 직쏘기루 가버려 그냥 방아까니로. 농사를 여자 혼차두 메썸지기 질 라면 지어 지끄믄.

그르믄 탈고칼 때 자리낀 자리깨로 하셔써요?

￢ 자리개질?

에 자리개.

￢ 그거는 엔날 마리지 자리개지라능 거선. 나 보지두 모대써.

홀태로 하능 건 보셔꾸요?

￢ 으이~, 홀태는 내가 해써두 자리개지라는 거선 메::씹년 저네 그냥 그 자리개지를 핸나 몰라두 나 어려쓸 때에 자리개질 아내써 우리 아부지두.

도리깨지른녀? 도리깨질.

￢ 도리깨지른. 북띠기 뚜딜라문 도리깨질 해찌. 홀터가꾸 모가지 떠러 징 건 북띠기 디려가꾸.

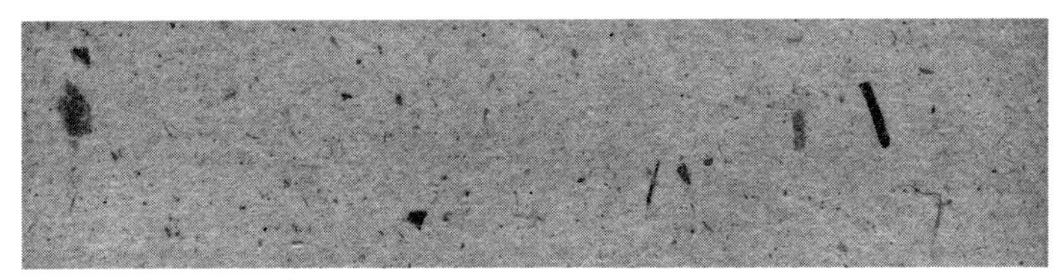

　네, 인제 할머니 가을걷이하고 겨우살이 준비하는 것 좀 얘기해주세요. 예전에 탈곡하는 방법하고, 요즘에 탈곡하는 방법하고 달라졌잖아요.
　￣ 다르지.
　어떻게 달라졌는지.
　￣ 옛날에는 탈곡을 하면은, 응, 벼를 베어서 지게로 져다가 훑어서 하려면 힘이 그렇게 들어 지금은 뭐 기계로 탈곡하니까, 논밭에서 다 해갖고 그냥. 다 기계로 빼다가 그냥 이, 또. 말리러 가는 것도 지금은 기계로 다 말려. 그래서 방앗간으로 그냥 직접 가니까 뭐, 이 신상 편해, 벼 베도. 직속으로 가버려, 그냥 방앗간으로. 농사를 여자 혼자도 몇 섬지기 지으려면 지어, 지금은.
　그러면 탈곡할 때 자리개, 자리개로 하셨어요?
　￣ 자리개질?
　예, 자리개.
　￣ 그거는 옛날 말이지, 자리개질하는 것은. 나 보시도 못했어.
　벼훑이로 하는 건 보셨고요?
　￣ 으응, 벼훑이는 내가 했어도 자리개질하는 것은. 몇 십 년 전에 그냥 그 자리개질을 했나 몰라도, 나 어렸을 때에 자리개질 안했어, 우리 아버지도.
　도리깨질은요? 도리깨질.
　￣ 도리깨질은. 북데기 두드리려면 도리깨질했지. 훑어갖고 모가지 떨어진 것 북데기 들여갖고.

그면 도리깨질도 기수리 이써요 할머니? 미러서 치능 거 끄너 치능 거 엽치능 거 머 이렁 거?

ˉ 몰라 그냥 나는 그냥 이르케 돌려가꾸 이르케 때련는디. 그르케 치능 거 어트게 치능 거는 몰라두 대::개 도리깨 드르면. 이르케 둥굴려서 이르케 며 때리지 머 누가 어트게 엽치구 자치구 머 그렁 거 하냐?

그럼 키 키질?

ˉ 치질? 치지른 지끔두 콩 뚜두리문 치질 하지 내가.

그러면 방버비 이써요 할머니? 그거 아무나 모타자나요 그래도.

ˉ 지금 애더른 모다지 우리 메누리두 모대. 나는 그냥 엔나리 엄니 밑티서 배워씅게 하는디 치질두 아무나 이르케 안돼. 그거 머 시웅 거 가터두.

마자요 어려웅 거 가태요.

ˉ 어려워 다 뭉치구.

그다 알맹이 다 쏘다 내버릴 꺼 가테요.

ˉ 응.

인제 탈곡끼 나올 때는 언제부터 나옹 거에요 탈곡끼?

ˉ 탈고끼가 이~ 나 한 사십때 삼십때 대서 탈곡 나와써. 그릉게 한 사십년 댄내 머 인제 칠씨비나 됭개 탈곡 나옹 거뚜.

그 다으메 방아찐는 도구가 머머가 이쩌 할머니?

ˉ 방아찐능 거 도구때, 메겡이[117] 그거지 머.

그 두개?

ˉ 응.

방버븐 어뜨케?

ˉ 방버븐 메겡이는 이르케 자로 발가서 메겡이 맨드러가꾸 이르케 팡팡 남자드리 찌:쿠 도구때는 여자드리 이케 찌:쿠.

그르구 벼나 보리 밀가틍 거느녀 찌꼬 나면 껍찌리 이짜나요.

그러면 도리깨질도 기술이 있어요, 할머니? 밀어서 치는 거, 끊어 치는 거, 옆 치는 거 뭐 이런 거?

⎺ 몰라, 그냥 나는 그냥 이렇게 돌려갖고 이렇게 때렸는데. 그렇게 치는 거, 어떻게 치는 것은 몰라도 대개 도리깨 들면. 이렇게 둥글게 해서 이렇게 메어 때리지, 뭐 누가 어떻게 옆치고, 자치고 뭐 그런 거 하냐?

그럼 키, 키질?

⎺ 키질? 키질은 지금도 콩 두드리면 키질 하지, 내가.

그러면 방법이 있어요, 할머니? 그거 아무나 못하잖아요, 그래도.

⎺ 지금 애들은 못하지, 우리 며느리도 못해. 나는 그냥 옛날에 어머니 밑에서 배웠으니까 하는데 키질도 아무나 이렇게 안돼. 그거 뭐 쉬운 거 같아도.

맞아요, 어려운 거 같아요.

⎺ 어려워 다 뭉치고.

그러다 알맹이 다 쏟아 내버릴 거 같아요.

⎺ 응.

인제 탈곡기 나올 때는 언제부터 나온 거예요, 탈곡기?

⎺ 탈곡기가 응, 나 한 사십대, 삼십대 돼서 탈곡기 나왔어. 그러니까 한 사십년 됐네 뭐, 인제 칠십이나 되니까 탈곡(+기) 나온 것도.

그 다음에 방아 찧는 도구가 뭐, 뭐가 있지요, 할머니?

⎺ 방아 찧는 거 절굿공이, 메공이 그거지 뭐.

그 두 개?

⎺ 응.

방법은 어떻게?

⎺ 방법은, 메공이는 이렇게 자루 박아서 메공이 만들어갖고 이렇게 팡팡 남자들이 찧고, 절굿공이는 여자들이 찧고.

그리고 벼나 보리, 밀 같은 것은요, 찧고 나면 껍질이 있잖아요.

⁻ 응.

그 이름 좀 알려주세요 그렁 거 이름.

⁻ 보리쩌.

그게 저?

⁻ 응.

벼는?

⁻ 그래 베는 멕쩌[118].

또 밀?

⁻ 미 미른 머 몰라 밀쩌라구 하나 어찌 하나 한디 보리. 보리를 미른 머 저가 인냐 빵구지[119] 빵궈서 머긍게. 그럼 지우리라구랴 지울[120].

지울라와요?

⁻ 이~.

그 버려요?

⁻ 누룩띠뎌[121] 밀찌울루 누루뗘서 수래머거. 미:런 미른 버릴께 업써 보리처[122]는 내비려두.

그 다메 이제 곡씩 갈무리 하는 방법 쫌 알려주세요.

⁻ 어 가 갈무리하능 건 머. 잘 뒈따 멍능 갈무리 하능 거?

가마니?

⁻ 가마니 옌나리는 푸대가 안 나와쑹게 순::전 가마니지 머. 그라지 아 나면. 그게 머여 옹기단지. 옹기그륵 큰:: 옹 우리 지는[123] 옹기가 그냥. 미 또가지[124] 드른 옹기가 이써서 거기다 퍼버 놔따가 머거. 장:꽈니다[125] 다 놔:두 벌레두 안 생겨 여르미. 뜨거오가꾸.

그러쿠나!

⁻ 응.

또 섬?

⁻ 섬? 서:면 그걸루 맨트르야야. 지푸래기루. 섬: 여꺼서 우리 아부지는

- 응.

그 이름 좀 알려주세요, 그런 거 이름.

- 보릿겨.

그게 겨?

- 응.

벼는?

- 그래 벼는 왕겨.

또 밀?

- 미, 밀은 뭐 몰라, 밀 겨라고 하나, 어찌 하나, 하는데 보리. 보리를, 밀은 뭐 겨가 있나, 빻지, 빻아서 먹으니까. 그럼 기울이라고 그래, 기울.

기울 나와요?

- 응.

그(+거) 버려요?

- 누룩 디뎌, 밀기울로, 누룩 띄워서 술 해먹어. 밀은, 밀은 버릴 게 없어, 보릿겨는 내버려도.

그 다음에 인제 곡식 갈무리하는 방법 좀 알려주세요.

- 어, 갈, 갈무리하는 건 뭐. 잘 됐다 먹는 갈무리하는 거?

가마니?

- 가마니, 옛날에는 포대가 안 나왔으니까 순전히 가마니지 뭐. 그렇지 않으면. 그게 뭐야, 옹기단지. 옹기그릇 큰 옹, 우리 십은 옹기가 그냥. 밑에 독 든 옹기가 있어서 거기다 퍼부어 놨다가 먹어. 장독간에다 다 놔도 벌레도 안 생겨, 여름에. 뜨거워갖고.

그렇구나!

- 응.

또 섬?

- 섬? 섬은 그걸로 만들어야 해. 지푸라기로. 섬 엮어서, 우리 아버지는

그 잘려꺼써 오쟁이 섬. 그래가꾸 고기다 퍼버 노쿠. 그 섬: 맨트러서 퍼버노쿠 그라데 광이다 주욱. 지비루 맨드러.

　그 다메 뒤주 뒤주두 이써써요, 할머니?

　⁻ 뒤지[126]는 막떼기 디지 지금두 이찌 두지가.

　지금도?

　⁻ 지금두 이써 우리 그 딸레 지베 저그그 채원[127] 따른 부자야. 그 딸레 지비는 엔날 할머니드리. 부:자루 사러떤 양반이드라 뒤지가 존:: 노미써 안 내비러써. 지블 잘:: 지꾸 이사 해써두 지끔 거기다가 양. 빨::가나케[128] 오치래 논 오시라 뒤지가 그르케 존 놈 이써.

　지금도 쓰능 거에요?

　⁻ 응 써 쌀퍼부꾸.

　존네 고기다 고기다 쌀르면 벌레 업써요?

　⁻ 조아. 여르미는 생긴댜 그래두.

　그럼 제 퉁거리 퉁거리느녀?

　⁻ 베퉁가리 뻬 뻬퉁가리 지비루 여꺼서 퉁거리를 맨트러가거 베퍼버따 마당이다. 지그믄 머 광이 그르케 마니 웁쓰니까 엔나레는 방아까니다 그르케 마니 곡써글 안 바더줘써. 자기네 지비다 둬따 가지가야지. 지그머 방아까니 마니 지금 베를 장이지만[129]. 그게 베퉁거리 해놔따가 방아 찔라면 가서 쩌다머꾸 그래찌 머 퉁가리서 퍼다가.

　그믄 퉁가리 어디다 놔써요?

　⁻ 마당이.

　그냥?

　⁻ 그럼 한 디 마당이. 그릉게 도동 마질 때두 이찌. 도동노미 막 퉁거리를 막 퍼갈 때두 일써.

　금 집똑 머에요? 집똑?

　⁻ 집똥?

그거 잘 엮었어, 오쟁이, 섬. 그래갖고 거기다 퍼 부어 놓고. 그 섬 만들어서 퍼 부어 놓고 그러데, 광에다 죽. 짚으로 만들어.

그 다음에 뒤주, 뒤주도 있었어요, 할머니?

‒ 뒤주는 막대기, 뒤주, 지금도 있지, 뒤주가.

지금도?

‒ 지금도 있어, 우리 그 딸네 집에, 저, 그, 그 채운 딸은 부자야. 그 딸네 집에는 옛날 할머니들이 부자로 살았던 양반들이라 뒤주가 좋은 놈 있어, 안 내버렸어. 집을 잘 짓고 이사 했어도 지금 거기다가 그냥. 빨갛게 옻칠해 놓은, 옻이라 뒤주가 그렇게 좋은 놈 있어.

지금도 쓰는 거예요?

‒ 응, 써, 쌀 퍼붓고.

좋네, 고기다, 고기다 쌀 넣으면 벌레 없어요?

‒ 좋아. 여름에는 생긴대, 그래도.

그럼 인제 통가리, 통가리는요?

‒ 벼 통가리 벼, 벼 통가리 짚으로 엮어서 통가리를 만들어갖고 벼 퍼 부었다, 마당에다. 지금은 뭐 광이 그렇게 많이 없으니까, 옛날에는 방앗간에다 그렇게 많이 곡식을 안 받아줬어. 자기네 집에다 뒀다가 가져가야지. 지금은 방앗간에 많이 지금 벼를 쟁이지만. 그게 벼 통가리 해놨다가 방아 찧으려면 가서 찧어다 먹고 그랬지, 뭐 통가리에서 퍼다가.

그러면 통가리 어디다 놨어요?

‒ 마당에.

그냥?

‒ 그럼, 한 데 마당에. 그러니까 도둑맞을 때도 있지. 도둑놈이 막 통가리를 막 퍼갈 때도 있어.

그럼 짚독(짚둥우리)이 뭐예요? 짚독?

‒ 짚독?

집똑.

￣ 집 집또? 도[130]? 지비루 맨튼 도? 그걸 머 몰라 그릉 건.

멱뚱구미 멱뚱구미?

￣ 멱뚱구미가 머냐?

멱뚱구미라고 나완네요? 그렁 거 업써요?

￣ 음써 멱뚱구미는. 멱싸리[131]보구 멱뚱구미라[132]구 그랜능게 비다. 멱싸리는 지비루 크::게 가마니보덤 메빼를 더 크게 여꺼서 멱싸리를 맨드러써.

아 그거 가테요.

￣ 응 멱싸리를 맨드러따가 우리두 그른 거기다가 우리 아부지가 보리 퍼서 사른방[133]이다 노쿠 머거써 멱싸리다가

그건 사랑방에다가?

￣ 응 사른방이다 퍼버 노쿠.

금 씨오쟁이?

￣ 오쟁이 씨오쟁이두 벧 그 벧따니루다가 지비루 그르케 여꺼서 오쟁이를 맨드러찌.

틀려요? 오쟁이아고?

￣ 오쟁이아고 그건 오쟁이는 쪼그마나게 하고. 멱싸리는 크:: 막 방아니 그득망아게 해서 그냥 가따 퍼부느능 거 맨틀구래찌 멱싸리.

그 옌날뿐드리 다 만드른 거에여?

￣ 그 이~ 소니로. 우리 아부지는 지끄르글[134] 잘 맨드러서 잘:: 만드러써 그렁 거.

그거 기수리에요 그게.

￣ 응.

그미제 씨:아딴지 씨아딴지.

￣ 씨아딴지 가틍 거 그릉 거는 아내써.

단지 가틍 거 따로 이르케 씨아스로 씨알 너농 거 그렁 건 업써써요 단지에

짚독.

 ̄ 집, 짚독? 독? 짚으로 만든 독? 그걸 뭐, 몰라 그런 건.

멱둥구미, 멱둥구미?

 ̄ 멱둥구미가 뭐냐?

멱둥구미라고 나왔네요? 그런 거 없어요?

 ̄ 없어, 멱둥구미는. 먹서리보고 멱둥구미라고 그랬는가 보다. 먹서리
는 짚으로 크게, 가마니보다 몇 배를 더 크게 엮어서 먹서리를 만들었어.

아, 그거 같아요.

 ̄ 응, 먹서리를 만들었다가 우리도 그런, 거기다가 우리 아버지가 보리
퍼서 사랑방에다 놓고 먹었어, 먹서리에다가.

그건 사랑방에다가?

 ̄ 응, 사랑방에다 퍼부어 놓고.

그럼 씨오쟁이?

 ̄ 오쟁이, 씨오쟁이도 볏, 그 볏단으로다가 짚으로 그렇게 엮어서 오쟁
이를 만들었지.

달라요? 오쟁이하고?

 ̄ 오쟁이하고, 그건 오쟁이는 쪼그마하게 하고. 먹서리는 크(+게), 막
방안에 그득하게 해서 그냥 갖다 퍼부어 넣는 거 만들고 그랬지, 먹서리.

그 옛날 분들이 다 만드는 거예요?

 ̄ 그 응, 손으로. 우리 아버지는 짚 그릇을 잘 만들어서, 잘 만들었어,
그런 거.

그거 기술이에요, 그게.

 ̄ 응.

그럼 인제 씨앗단지, 씨앗단지.

 ̄ 씨앗단지 같은 거, 그런 것은 안했어.

단지 같은 거 따로 이렇게 씨앗으로 씨앗 넣어 놓은 거, 그런 건 없었어요,

다?

￣ 단지여다가? 단지다가 고 거시기 저기 콩:씨 그렁 건 마~이 뒤찌 머 단지 쏘기다가.

베 낙 내녀네 시물 베는녀?

￣ 벼? 벼는 그런 디다 단지 쏘기다 몬녀봐. 가마니다 너노야지.

금 콩가틍 거만?

￣ 응.

그래서 가을거지가 끈나면녀 집 지비나 나무로 생알 용품 만들자나요.

￣ 음.

대나무나 싸리나무 가틍 걸로 어떵 거 어떵 거 만드러요?

￣ 대나무루 비찌락 맨들구. 비 맨들구 갈키두 맨들구. 솜씨 존 사람드른 소쿠리두 만들구 그래찌머.

싸리나무로는녀?

￣ 싸리때 나무루 뱌:작[135]. 뱌:자기라구 지게우이다 이르게 언저가꾸 댕기머서 언능 거 이써. 그라야 무얼 다머가꾸 오지. 알지게에다가는 멀 모 땀짜나. 밭이 가서 바꺼지를 할라믄 뱌:자글 여꺼서 거그다 매다라 그기다가 이르게 주저 안처노:야 바티서 다 머 다:: 해서 바자기다가 이 질머지고 지베오지.

음 그렁 걸 만드러써요? 또 다릉 거는?

￣ 응. 다릉 거 난 암만드러써. 우리 아부지는 그 잘 만드러. 바작뚜 맨들지만 싸리비로 비찌락 갈키[136]. 대나무 바시 우리 지비 여기 아니구 저 우찌베 가 이썬는디. 데::개 커 대바시 그래서 막 대가 이르케 조아. 그러 먼 그걸로다가 비찌락뚜 맨들구 갈키두 맨들구 막. 그렁 거 해서 핻:찌.

그러며는 머 대나무로도 만드시고 지브로도 만드시고?

￣ 응.

완전 기술짜션네요 그렁 거 어트게 만들지?

단지에다?

- 단지에다가? 단지에다가 고 거시기 저기 콩 씨 그런 건 많이 됐지 뭐, 단지 속에다가.

벼, 나락 내년에 심을 벼는요?

- 벼? 벼는 그런 데다 단지 속에다 못 넣어놔. 가마니에다 넣어 놓아야지.

그럼 콩 같은 것만?

- 응.

그래서 가을걷이가 끝나면요, 짚, 짚이나 나무로 생활용품 만들잖아요.

- 응.

대나무나 싸리나무 같은 것으로 어떤 거, 어떤 거 만들어요?

- 대나무로 빗자루 만들고. 비 만들고, 갈퀴도 만들고. 솜씨 좋은 사람들은 소쿠리도 만들고 그랬지 뭐.

싸리나무로는요?

- 씨리나무로 발채. 발채라고 지게 위에다 이렇게 얹어갖고 다니면서 얹는 것이 있어. 그래야 뭘 담아갖고 오지. 맨지게에다가는 뭘 못 담잖아. 밭에 가서 밭걷이를 하려면 발채를 엮어서 거기다 매달아, 거기다가 이렇게 주저 앉혀 놓아야 밭에서 다 뭐 다해서 발채에다가 응, 짊어지고 집에 오지.

음, 그런 걸 만들었어요? 또 다른 것은?

- 응. 다른 거 나는 안 만들었어. 우리 아버지는 ㄱ거 질 만들어. 발채도 만들지만 싸리비로 빗자루, 갈퀴. 대나무 밭이, 우리 집이 여기 아니고 저 윗집에 가 있었는데. 되게 커, 대밭이, 그래서 막 대가 이렇게 좋아. 그러면 그걸로 빗자루도 만들고, 갈퀴도 만들고 막. 그런 거 해서, 했지.

그러면은 뭐 대나무로도 만드시고, 짚으로도 만드시고?

- 응.

완전 기술자셨네요, 그런 거 어떻게 만들지?

ᄀ 잘 맨드러 잘 만드르셔써.

멍석까틍 거또?

ᄀ 멍석뚜 맨들구 도짜리두 치구 자리두 치구 왕골 이 왕골자리 머 방석차:: 이뿌게 잘:: 맨드러.

그런 거 하능 거 다?

ᄀ 그리 지 지끔 가뜨믄 참 뒈따가 봐두 할껴 그저니는 세상 구차내서 그냥 지버 내비러 버리구 태워 내비러 버리구 그냥.

아까워라.

ᄀ 지버 내비려찌 엔나리는. 그런 지끄륵만 마나지 이른 이~ 그륵. 그게 머여 지끔치름 다라 가틍 거 그. 꼬무[137]루 항 거 그렁 거시 움쑤니께 그거 나옹게 그르케 조아가꾸 그릉 거슨 다 내비러 버려써 그냥. 지끄를 가따 가따 뒈쓰믄. 저 가따 놔 나 내다 놔두 지금 큰:: 돈 바들꺼다.

에 귀항 거 가테여.

ᄀ 잉.

사라미 만드러쓰니까 비싸저 그렁 거.

ᄀ 맨드러두 얼마나 이뿌게 잘 맨드러찌 조::옥 꼬실가치.

삼태기도 만드셔써요?

ᄀ 음 삼태미.

삼태미:?

ᄀ 이~ 삼태미. 재도 그런 디다 처내써 엔나리 때가꾸 삼태미다.

기술짜시네 다들. 할머니 그렁 거 쫌 배우시조?

ᄀ 그게 멀 머더러 배워 그릉 걸 그르케.

지금도 작푸무로 만들쑤 이짜나요.

ᄀ 그르치 엔나레 배워놔쓰믄 작푸미루 햐 그까진 그릉 거 하두 아냐 구차내 심난시러[138].

그럼제 겨우레 땔 땔깜 이짜내요 어터케 어떵 거 어떵 거 장마나세요 그런

‾ 잘 만들어, 잘 만드셨어.

멍석 같은 것도?

‾ 멍석도 만들고, 돗자리도 치고, 자리도 치고 왕골, 응, 왕골자리 뭐 방석 참 예쁘게 잘 만들어.

그런 거 하는 걸 다 (+보셨어요)?

‾ 그래, 지, 지금 같으면 참 됐다가 봐도 할 거야, 그전에는 세상 귀찮아서 그냥 집어 내버리고, 태워 내버리고 그냥.

아까워라.

‾ 집어 내버렸지, 옛날에는. 그런 짚 그릇만 많지, 이런 응, 그릇. 그게 뭐야, 지금처럼 대야 같은 거, 그. 고무로 한 거 그런 것이 없으니까, 그거 나오니까 그렇게 좋아갖고 그런 것은 다 내버려 버렸어 그냥. 지금은 갖다, 갖다 뒀으면. 저 갖다 놔, 나 내다 놔도 지금 큰돈을 받을 것이다.

예, 귀한 거 같아요.

‾ 응.

사람이 만들었으니까 비싸죠, 그런 거.

‾ 만들어도 얼마나 예쁘게 잘 만들었지, 족 꽃실 같이.

삼태기도 만드셨어요?

‾ 응, 삼태기.

삼태기?

‾ 응, 삼태기. 재도 그런 데나 쳐냈어, 옛날에 떠갔고 삼태기에다.

기술자시네, 다들. 할머니 그런 것 좀 배우시죠?

‾ 그게 뭘, 뭐하려 배워, 그런 걸 그렇게.

지금도 작품으로 만들 수 있잖아요.

‾ 그렇지, 옛날에 배웠으면 작품으로 해, 그까짓 그런 거 하지도 안 해, 귀찮아, 심란해.

그럼 인제 겨울에 땔, 땔감 있잖아요, 어떻게 어떤 거, 어떤 거 장만하세요,

거?

￣ 땔깜 머 지푸라기 때:구 방아 찌면 맵쩌도 때:구. 사니 가서 풀도 벼 다 때:구 그래찌 무어:: 땔까미라구는 사니 가믄 나무도 마나자냐. 장적[139] 깨비니 마니 그릉 거뚜 벼다 때:구. 몰래 벼:야지 일본놈 쩌기는[140]. 그거 걸려따는 지녀까.

그래요?

￣ 그럼 왜정시대는 소나무두 제대루 맘대루 모뼈써 지끔두 모뼈.

금 사네다 이르케 글거 모으는 그런 이름이 머에요?

￣ 솔까루[141] 솔까루.

또 나뭅닙 까틍 거 이렁 거는?

￣ 그거 솔 그걸 그 긍능 거슨 솔까루라구라구 나뭅닙 그릉 건 가랑니비 라구[142] 하구. 이 찌능[143] 거슨 나무 위에서. 이르게 처다보모는 나무가 주 어가꾸 인는 그거 나무더러 삭쩽이라구라거든. 그거 날 까꾸가서 처 내려 다가 때:구 그래찌 삭짱가지.

삭짱가지?

￣ 응.

솔까루?

￣ 응.

장작까틍 거는녀?

￣ 장자근 소나무 벼서 빠개능[144] 게 장자기지.

그렁 거 다 나 남자드리 하셔껜네요?

￣ 아 그르치 남자드리 하지 머 여자더른 할쑤 업찌.

여자드른 어떵 거 가꼬 와써요?

￣ 무 여자더런 무어 때다 주는 해능 검만 하지 뭘 여자더리 머랴 하기 는. 여자더른 엔나레 질싸미나 하까. 베짜구 빨래아구.

그럼제 겨오레 겨울똥안 머글꺼 어트게 갈무리하세 하셔써요?

그런 거?

- 땔감 뭐 지푸라기 때고 방아 찧으면 멧겨[115]도 때고. 산에 가서 풀도 베어다 때고 그랬지, 뭐 땔감이라고는 산에 가면 나무도 많았잖아. 장작 개비니, 많이 그런 것도 베어다 때고. 몰래 베어야지, 일본 놈 적에는. 그거 걸렸다가는 징역 가.

그래요?

- 그럼, 왜정시대는 소나무도 제대로, 맘대로 못 베었어, 지금도 못 베어.

그럼 산에다 이렇게 긁어모으는 그런 이름이 뭐예요?

- 솔가리, 솔가리.

또 나뭇잎 같은 거, 이런 것은?

- 그거 솔, 그것, 그 긁는 것은 솔가리라고 그러고, 나뭇잎 그런 건 가랑잎이라고 하고. 이 찌는 것은 나무 위에서. 이렇게 쳐다 보면은 나무가 죽어갖고 있는, 그거 나무더러 삭정이라고 그러거든. 그거 낫 갖고 가서 쳐 내려다가 때고 그랬지, 삭정가지.

삭정가지?

- 응.

솔가리?

- 응.

장작 같은 것은요?

- 장작은 소나무 베어서 쪼개는 게 장작이지.

그런 거 다 남, 남자들이 하셨겠네요?

- 아, 그렇지, 남자들이 하지 뭐, 여자들은 할 수 없지.

여자들은 어떤 거 갖고 왔어요?

- 뭐 여자들은, 뭐 때다 주는, 해놓은 것만 하지, 뭘 여자들이 뭘 해 하기는. 여자들은 옛날에 길쌈이나 할까. 베 짜고, 빨래하고.

그럼 인제 겨울에 겨울동안 먹을 거 어떻게 갈무리하세, 하셨어요?

⌐ 겨울또룽 머걸꺼 갈무리는 머. 씨라구[146]두 매다라나 여꺼 놔따가 머꾸. 주루 짐치 마~이 담꾸 무수[147] 구뎅이다 무더따가 막 무수내서. 지저 머꾸 끄려머꾸 머 그르 거 하지 머 무수꾸뎅이.

밤:가틍 거는?

⌐ 바:믄 이 동네는 웁써 귀애 귀애.

귀해요?

⌐ 이~ 산중이 저러 밤나무두 웁써 여기.

감자 가틍 거 이르케.

⌐ 이~ 고구마 고고마 시머놔따 머꾸.

그럼 바메 그 어두워쓸 때 겨우레 겨우리건 여르미건. 조명기구가 어트케 처으메 아무거또 업써쓸 때부터.

⌐ 응.

할머니 아시는 대로 차레대로 이케 발쩌낭 거 쫌 예기 해주세요 조명기구 이렁 거.

⌐ 조명기구가 바 머 바 여기 지금 불룰란들구 정기 안드롸쓸 때는 불켜가꾸 댕겨찌:: 불루 호야뿔. 그거뚜 웁써가꾸 그게 머냐 초 초두 마니 웁쑤닝까. 등자니다가 지름[148] 너서 호야뿔 들구 댕기머서 이르케 머 해머꾸. 엔::나레 추석 또라오머는 이~ 저깔[149] 부처서 애덜 줄라믄 아이구 얼마나 고상한지 아냐? 초롱뿔 켜가꾸 그냥 바람 부루문 꺼지구 또 키구 또 꺼지구. 그래노쿠 밤새더락[150] 안저서 부처써 엄니랑 나랑. 그 부치니라구. 아이구! 참 대가나게 사러써. 옌날싸람더런 말 할꺼뚜 웁써. 내가 이 동네 증:기[151] 드롸쓸 떼기 잉. 메씸 지금 메씸년 돼따 정기 드론지가. 정기 완는디 증기뿌리 탁 켜지는디 눔물이 쑥 빠지더라. 우리 어무니가 증:기두 웁씨 고상하구 애덜 머 해미기니라구 그 등잔뿔 호롱뿔 켜가꾸 댕기머서 저깔 부친 생가기 나서. 그::르게 화낭게 기냥 마미 쨍::하니 그 생각버텀 떠드러 가드라구. 어머니 생각 음.

ˉ 겨울동안 먹을 거 갈무리는 뭐. 시래기도 매달아놔, 엮어놨다가 먹고.
주로 김치 많이 담고, 무 구덩이에다 묻었다가 막 무 꺼내서. 지져먹고,
끓여먹고 뭐 그런 거 하지, 뭐 무 구덩이(+에서 꺼내서).

밤 같은 것은?

ˉ 밤은 이 동네는 없어, 귀해, 귀해.

귀해요?

ˉ 응, 산중에 저런 밤나무도 없어, 여기.

감자 같은 거 이렇게.

ˉ 응, 고구마, 고구마 심어놨다가 먹고.

그럼 밤에 그 어두웠을 때 겨울에, 겨울이건 여름이건. 조명기구가 어떻게,
처음에 아무것도 없었을 때부터.

ˉ 응.

할머니 아시는 대로 차례대로 이렇게 발전한 것 좀 얘기해주세요, 조명기구
이런 거.

ˉ 조명기구가 봐, 뭐, 봐 여기 지금 불 안 들어오고, 전기 안 들어 왔을
때는 불 켜갖고 다녔지, 불로 남포등불. 그것도 없어갖고 그게 뭐냐 초,
초도 많이 없으니까. 등잔에다가 기름 넣어서 남포등불 들고 다니면서 이
렇게 뭐 해먹고. 옛날에 추석 돌아오면은 응, 부침개 부쳐서 애들 주려면,
아이고, 얼마나 고생한지 아느냐? 호롱불 켜서 그냥 바람 불면 꺼지고, 또
켜고, 또 꺼지고. 그래놓고 밤새도록 앉아서 부쳤어, 어미니랑 니랑. 그
부치느라고. 아이고! 참 힘들게 살았어. 옛날 사람들은 말 할 것도 없어.
내가 이 동네 전기 들어왔을 적에 응. 몇 십, 지금 몇 십 년 됐다, 전기 들
어온 지가. 전기가 (+들어)왔는데 전깃불이 탁 켜지는데 눈물이 쑥 빠지
더라. 우리 어머니가 전기도 없이 고생하고, 애들 뭐 해 먹이느라고 그
등잔불, 호롱불 켜갖고 다니면서 부침개 부친 생각이 나서. 그렇게 환하
니까 그냥 마음이 찡한 게 그 생각부터 떠올라 가더라고. 어머니 생각, 음.

정기뿔 처음 보시니까 어떠셔써요?

- 아 그런 머 호가미야 얼마나 조아 중이뿔 켜쓸 떼기 막. 세상이 개벽
땡 거 가트지 머 정기가 드롼는디. 그 손자가 머라구 손자 새끼덜 해주니
라구 그 고상아구 생여 하던 거시. 아이 누니 탁 눔무리 빙돌더라구 너무
나 감격 때가꾸. 고상을 하두 마니 해서 할머니가.

부럽쓸 때 고생 마니 하셔쩌 할머니?

- 지그믄 참 펴냐. 펴냐 이게 사능 거시 머 펴나지 이거 머머. 얼마나
이:를 마니 하냐. 보리를 훌:랴. 지그믄 보리두 앙갈지 제우 나랑[152]만 가
라서 머꾸. 나라글 훌:라 기게가 다:: 훌터서 저 말려가꾸. 말리능 거뚜 돈
디려서 말려서 다 가서. 방아까니 가따주먼 쌀루 그냥 금방 방아두 금방
내 쩌서 가조구 얼마나 조아.

그럼제 아무꺼또 업쓸 때 초 그냥 호 호롱뿔 호야뿔 그리고 등잔뿔.

- 응 호롱뿔 호얍 켜써 응 등잔뿔.

겨릅뿔 가틍 거는 머에요? 겨릅뿔?

- 겨르뿌리 머여?

고콜불 이렁 거는 모르시저?

- 몰라 그렁 거는.

전깃불 처음 보시니까 어떠셨어요?

- 아, 그런 뭐 호감이야 얼마나 좋아, 전깃불 켰을 적에 막. 세상이 개벽된 거 같지 뭐, 전기가 들어왔는데. 그 손자가 뭐라고, 손자새끼들 해주느라고 그 고생하고 생전 하던 것이. 아이고 눈에 탁 눈물이 핑 돌더라고, 너무나 감격 돼갖고. 고생을 하도 많이 해서, 할머니가.

불 없을 때 고생 많이 하셨지요, 할머니?

- 지금은 참 편해. 편해, 이게 사는 것이 뭐 편하지, 이거 뭐, 뭐. 얼마나 일을 많이 하냐. 보리를 훑느냐. 지금은 보리도 안 갈지, 겨우 벼만 갈아서 먹고. 벼를 훑나 기계가 다 훑어서 저 말려갖고. 말리는 것도 돈 들여서 말려서 다 가서. 방앗간에 갖다 주면 쌀로 그냥 금방 방아도 금방 찧어서 가져오고, 얼마나 좋아.

그럼 인제 아무것도 없을 때 초, 그냥 호, 호롱불, 남포등불, 그리고 등잔불.

- 응, 호롱불, 남포 켜서, 응, 등잔불.

겨릅불 같은 것은 뭐예요? 겨릅불?

- 겨릅불이 뭐야?

고콜불, 이런 것은 모르시죠?

- 몰라, 그런 것은.

이제 소머기는 거하고 일쏘네 대해서 여쩌보께요. 소를 머길려면 어떤 시서리 피료 해써요 할머니?

⎯ 소넌 어떤 시서리 오양[153] 저:노쿠 응 아침저녁기루 소죽 꾸려서 주능 거시 젤:: 힘드러. 소럴 그냥 아무케나 몯 모뚜자냐 일쏘라. 부려머글랑게. 고 소주글 끄릴라믄 거기다가 콩두 한 데씩 지버느야야. 그러케 해가 지구 소죽 끄려가꾸 그냥 사라미 이기 처다봐두 머꾸시풀 찡도여 구수루::마니 콩 쌀문 무리. 지비 지비 쌀마저가꾸 데게 꾸쑤루먀. 거다 보리쌀두 막 한데박씩 퍼너가꾸 막 쌀머노먼 참 짐만 아니믄 사라미 머거도 조치.

그러케 잘 줘써요?

⎯ 응. 그케 해써 응감니미.

그 소 바불 머라고 한다고요?

⎯ 소죽 소죽 끄린다구랴 소죽.

또 소 키르 기를려면 피료항 거 머.

⎯ 모 인자 사람 소니루 인자 그 주꾸려서 메기구 내노 내:다가 저 마당이다는 만날 몬 놔두니게 들빼까티 가따 내:다 매:따가 드려오구 그래찌. 소니 마:니 가.

그래요 똥또 치우고?

⎯ 그럼 똥 치우구.

금 이제 나메 집 쏘도 머겨써요 옌나레는?

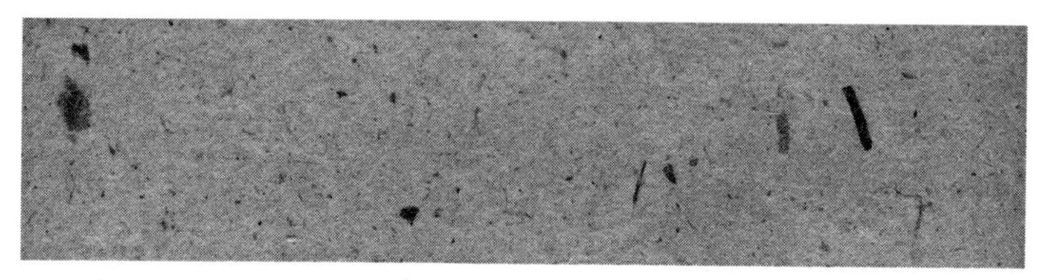

　인제 소 먹이는 거하고 일손에 대해서 여쭤볼게요. 소를 먹이려면 어떤 시설이 필요했어요, 할머니?

　‾ 소는 어떤 시설이, 외양간 지어놓고, 응, 아침저녁으로 소죽 끓여서 주는 것이 제일 힘들어. 소를 그냥 아무렇게나 못, 못 두잖아, 일소라. 부려 먹으려니까. 고 소죽을 끓이려면, 거기다가 콩도 한 되씩 집어넣어야 해. 그렇게 해가지고 소죽 끓여가지고 그냥, 사람이 이렇게 쳐다봐도 먹고 싶을 정도야, 구수한 게 콩 삶은 물이. 짚이, 짚이 삶아져가지고 되게 구수해. 거기다 보리쌀도 막 한 되씩 퍼 넣어가지고 막 삶아놓으면 참, 짚만 아니면 사람이 먹어도 좋지.

　그렇게 잘 줬어요?

　‾ 응. 그렇게 했어, 영감님이.

　그 소 밥을 뭐라고 한다고요?

　‾ 소죽, 소죽 끓인다고 그래, 소죽.

　또 소 기르, 기르려면 필요한 거 뭐.

　‾ 뭐 인제 사람 손으로 인제 그 죽 끓여서 먹이고, 내놓, 내다가 저 마당에다는 매일 못 놔두니까 들 바깥에 갖다 내다 맸다가 들어오고 그랬지. 손이 많이 가.

　그래요, 똥도 치우고?

　‾ 그럼, 똥 치우고.

　그럼 인제 남의 집 소도 먹였어요, 옛날에는?

─ 으응.

그렁 거 업써써요?

─ 음. 메기는 사람도 이써써.

이써요?

─ 이 백쩡늠 소. 인저 이 명질 때 데머넌 파러리 서:리 이 때 데머넌 파러리른 마:니 앙가따마내도 슬때모기는 정치에 소 자버가꼬 백쩡놈더리 이 거시강게 이 동네다가 막 푸러 메겨서¹⁵¹⁾ 멤:: 마리씩 메기는 사람두 이써써. 한달래.

그럼 어뜨케 메겨 주능 거에요 다?

─ 메겨주지 메겨주믄 돈 주지 인자.

도는 어떠케 줘요 그럼?

─ 몰러 하루에 얼마씩 이케 일땅을 얼마씩 처서 줬나 어짼나 그러커는 아내봐서 몰라. 안 미겨봐써.

그런 소를 배내쏘라고 하세요?

─ 배:내쏘라고 아나 아나지.

머라고 하신다고요 그런 소를?

─ 그건 백짱님 백짱늠 소는 메겨주는 소구. 배메기는 다른 사라미 나가꼬 이런 개이니 나가꼬 송아찌를 라므는 우리두 배메기르 줘써. 키워서 가조머는 반씩 나나멍능 거.

음, 그렁 거 하셔써써요? 그런 소를 머라고 하신다고요?

─ 배메기소¹⁵⁵⁾.

음 그게 배메기쏘구나. 그럼 이제 소 길드리는 방법.

─ 소 길드리능 거 머 정기질¹⁵⁶⁾ 할라믄 얼마나 심들다구. 소 길디릴 때.

어트게 길드?

─ 끌고나가. 끌고 나가서 저 들빠까테 가서 쟁기 그양 메:가꾸 허쨍기 그냥 헌빠 모파닝께 츠미는 모파니께. 쟁기만 그냥 빈 걸루 끌구 댕기구

˦ 응.

그런 거 없었어요?

˦ 응. 먹이는 사람도 있었어.

있어요?

˦ 응, 백정 놈 소. 인제 이 명절 때 되면은 팔월에, 설에, 이 때 되면은 팔월에는 많이 안 갖다 먹여도 설 대목에는 정초에 소 잡아갖고, 백정 놈들이 이, 거시기하니까 이 동네에다가 막 풀어 먹여서 몇 마리씩 먹이는 사람도 있었어. 한 달 내.

그럼 어떻게 먹여주는 거예요, 다?

˦ 먹여주지, 먹여주면 돈을 주지 인제.

돈은 어떻게 줘요, 그럼?

˦ 몰라, 하루에 얼마씩 이렇게 일당을 얼마씩 쳐서 줬나 어쨌나, 그렇게는 안 해봐서 몰라. 안 먹여봤어.

그런 소를 배냇소라고 하세요?

˦ 배냇소라고 안 해, 안 하지.

뭐라고 하신다고요, 그런 소를?

˦ 그건 백정 놈, 백정 놈 소는 먹여주는 소고. 배메기는 다른 사람이 낳아갖고, 이런 개인이 낳아서 송아지를 낳으면 우리도 배메기를 줬어. 키워서 가져오면은 반씩 나눠먹는 거.

음, 그런 거 하셨었어요? 그런 소를 뭐라고 하신다고요?

˦ 배메깃소.

음, 그게 배메깃소로구나. 그럼 인제, 소 길들이는 방법.

˦ 소 길들이는 거 뭐, 쟁기질 하려면 얼마나 힘들다고. 소 길들일 때.

어떻게 길들(+였어요)?

˦ 끌고 나가. 끌고 나가서 저 들 바깥에 가서 쟁기 그냥 매갖고, 헛쟁기, 그냥 헛파, 못 파니까, 처음에는 못 파니까. 쟁기만 그냥 빈 걸로 끌고 다

끌구 댕기구. 질드릴라믄 경::장히 심드러 우리 응감님두 지란번 디릴라 믄 그거. 부릴 몰라문 애::다러. 보통 힘드릉 게 아녀 소 질드리기가.

　그 소 드를 소 말 잘 드께 하려면 코.

˘ 코뚜레 뜨르야지.

　에 그거 쫌 얘기해 주세요.

˘ 코뚜레를 코루 빵 뜨러가꾸 참나무 이쓰야야. 참나무 매::끄마게 이 훌터가꾸 부리다 딱 군는다. 구워서 똥::구라케 이케 맨드러. 에게도[157] 부 리다 구문 나무가 날짱날짱해지머는 확 휘드라구. 휘어가꾸 코뚜렌 코 드 르갈 만치 이르케 휘게 해노쿠서는 소를 막 매다라가꾸 코꾸머글 막 뜨 를라믄 세상 지라를 다야 아프닝까. 그래서 그늠 맨드러가꾸 그느믈 푹 껴서 해노머는 아풀 꺼 아녀. 사::무[158] 아푸문 소벼늘 거기다 보더라고 소 코에다가.

　정말루요?

˘ 이˜.

　사라미?

˘ 이˜ 사라미 소벼늘 거기다가 오주믈 거기다 사무 싸[159]. 그라면 코가 휘[160] 나서. 나서서 인자 코뚜레를 뚜루야 소가 이른 마를 잘드찌. 마란드 러 심::드러서 모 뿌려머거. 막 자브댕기야 코가 아풍게 마를 드찌. 우리 가 소 미겨서 아러.

　고삐는 머에요 고삐?

˘ 꼬뺑이?

　고삐 고삐 끈다고 하자나요 고삐 맨다.

˘ 코 쿠 뜨러가꾸. 여기다가 뒤 모가지다가 이르게 말꿀레 가치 이러케 해서 짬먀. 그거 보고 고뺑이라 고라더라고.

　할머니 그럼제 소를 이제 이르케 부리자나요 그 때 소 모는 소리가 이따면서 요?

니고, 끌고 다니고. 길들이려면 굉장히 힘들어, 우리 영감님도 길 한번 들이려면, 그거. 부릴, 몰려면 애달아. 보통 힘든 게 아니야, 소 길들이기가.

그 소 들을, 소 말 잘 듣게 하려면, 코.

˗ 코뚜레 뚫어야지.

예, 그거 좀 얘기해 주세요.

˗ 코뚜레를 코로 뺑 뚫어갖고, 참나무 있어야 해. 참나무 매끈하게 이렇게 훑어갖고 불에다 딱 굽는다. 구워서 동그랗게 이렇게 만들어. 그래도 불에다 구우면 나무가 날짱날짱해지면은 확 휘더라고. 휘어갖고, 코뚜레 코 들어갈 만큼 이렇게 휘게 해놓고서는 소를 막 매달아갖고 콧구멍을 막 뚫으려면 세상 지랄을 다해, 아프니까. 그래서 그놈 만들어갖고 그놈을 푹 껴서 해놓으면은 아플 거 아냐. 사뭇 아프면 소변을 거기다 보더라고, 소코에다가.

정말로요?

˗ 응.

사람이?

˗ 응, 사람이 소변을 거기다가, 오줌을 거기다 사뭇 싸. 그러면 코가 쉽게 나아. 나아서 인제 코뚜레를 뚫어야 소가 이런 말을 잘 듣지. 말 안 들어, 힘들어서 못 부려먹어. 막 잡아당겨야, 코가 아프니까 말을 듣지. 우리가 소 먹여서 알아.

고삐는 뭐예요, 고삐?

˗ 고삐?

고삐, 고삐 끈다고 하잖아요, 고삐 맨다.

˗ 코, 코 뚫어갖고. 여기다가 뒤 모가지에다가 이렇게 말굴레 같이 이렇게 해서 잡아 매. 그거 보고 고삐라고 그러더라고.

할머니 그럼 인제 소를 인제 이렇게 부리잖아요, 그 때 소 모는 소리가 있다면서요?

˘ 이라.

그거쯤 알려주세요.

˘ 이라 쩌쩌쩌쩌 그라야야. 쩐 이라 하머는 소더러 이 사라미루 마라면
야! 하는 거랑 항가지여. 이라 하면 아러드러. 그래 쩌쩌쩌쩌 하면 가라는
소리여.

아프로?

˘ 이 아프로 잘 가. 우리 노인네가 쟁기지르래가꾸와서 질머지구 이라
하믄 이르나. 이러나서 인자 데리구 나가자냐. 와 하먼 가마이 서꾸 와
하믄 가마니 서써. 가마니 서쓰랑 소리여 아 와 하믄. 그래 제다 아라드
뜨라고. 그라고서는 인자 쟁기질 갈 때 이라 쩌쩌쩌쩌쩌쩌 하므 이르케
거러가.

와 싱기하다.

˘ 음 싱기해 잘 드러. 와 하므 서써. 가마니 서써.

또 머 오른쪼그로 가고 웬쪼그로 가능 거는?

˘ 몰라 나 그거는 오른쪽 왼쪼그구 가능 거.

그럼 암소 이르미 따로 이꼬 황소 이르미 따로 이써요?

˘ 몰라 이름 왕소. 황소 암소 이름 안 지쿠 그냥. 다른 사람드른 이르믈
전나 몰라두 우리는 이름 안 지꾸 소만 메겨 바쓩게.

이제 소뿔로 여러 가지가 난대요.

˘ 응.

뿔 뿔 모양에 따라 이르미 또 다르대요.

˘ 그러능 거지. 소두 메기머는 이게 쭉 뻐든 소두 이꾸 이로::케 꼬부라
지는 소두 이꾸 이::쁘게 잘:: 라는 소두 이꾸 그랴 소가. 소두 여르 마리
메겨서 파라바떤디 소 잘 메겨써 우리 응감니미. 그래서 가지구 가믄 상
때여, 논산 소저[161]니 가믄. 아라줘 아주 우리 소 가머는. 음 잘 메가꾸 온
다구 그냥.

 이라.

그것 좀 알려주세요.

 이라, 쩌쩌, 쩌쩌 그래야 해. 쩌, 이라 하면은 소더러, 이 사람으로 말하면 야! 하는 거랑 한가지야. 이라 하면 알아들어. 그래서 쩌쩌, 쩌쩌 하면 가라는 소리야.

앞으로?

 응, 앞으로 잘 가. 우리 노인네가 쟁기질을 해갖고 와서 짊어지고 이라 하면 일어나. 일어나서 인제 데리고 나가잖아. 와 하면 가만히 서 있고, 와 하면 가만히 서 있어. 가만히 서 있으라는 소리야, 아, 와 하면. 그래서 모두 다 알아듣더라고. 그러고서는 인제 쟁기질 갈 때 이라, 쩌쩌, 쩌쩌, 쩌쩌 하면 이렇게 걸어가.

와, 신기하다.

 음, 신기해, 잘 들어. 와 하면 서 있어. 가만히 서 있어.

또 뭐 오른쪽으로 가고, 왼쪽으로 가는 것은?

 몰라, 나 그건, 오른쪽 왼쪽으로 가는 거.

그럼 암소 이름이 따로 있고, 황소 이름이 따로 있어요?

 몰라, 이름 암소. 황소, 암소 이름 안 짓고 그냥. 다른 사람들은 이름을 지었나 몰라도 우리는 이름 안 짓고 소만 먹여 봤으니까.

인제 소뿔로 여러 가지가 난대요.

 응.

뿔, 뿔 모양에 따라 이름이 또 다르대요.

 그러는 거지. 소도 먹이면은 이게 쭉 뻗은 소도 있고, 이렇게 꼬부라지는 소도 있고, 예쁘게 잘 나는 소도 있고 그래, 소가. 소도 여러 마리 먹여서 팔아봤는데, 소 잘 먹였어, 우리 영감님이. 그래서 가지고 가면 상대야, 논산 소전에 가면. 알아줘 아주, 우리 소 가면은. 음, 잘 먹여갖고 온다고 그냥.

금 소뿌리 빤드탕 건 이런 무르 이런 뿔 무순 뿌리라고 하세요?

⎺ 몰라 나는 그릉 거.

이케 똥고랑 거랑 머 이런 이름 이따든데?

⎺ 소뿌리 대한 이름 몰라.

소 나이 나이에 따라서 이름 이써요?

⎺ 이빨 보고 알데. 이 이르게 딱 벌려보먼 메 깨 메 깨 다. 그짐말[162]두 모대. 음 그짐말두 모댜. 이 소 볼쭝 아는 사람더른 이 딱 뺄리구 한 살 머건네 두 살 머건네 그르더라구.

한 살 머근 소를 보고 머라고 하세요?

⎺ 몰라 나 한 살 머그 소 보구 머라고 하나. 일런 되믄 한 살 멍는다는디.

금 조은 소 고르는 방법 아세요 조은 소 고르는 방법?

⎺ 몰라 나는 그양 따라만 댕겨서. 돈:만 바드머는 나안티 매:껴서 내가 돈:만 가주오 이찌. 우리 응감니믄 소 볼라믄 잘 바. 잘 보구 잘 메겨써. 가주 가믄 시장이서 일등애.

금제 소 말고 집 일 도와주는 인제 머슴 이써자나요 할머니.

⎺ 음.

음 그리고 옌나레 머슴사리 여러가지 종뉴가 이써써요 머슴사리도?

⎺ 몰르지 여러가지 종뉴가 이썬나 어쨷나. 어려쓸 때게 나 어려쓸 때기 아부지 엄니가 이 동네 사는 양반 일꾸늘 두구 이를 시켜머근 이 인는디 한 동네 우아래 찌비 이르케 살던 사라미 이를 해써. 건 몰라 나는 어려쓸 때라. 우리는 우리 지금 귀이 우리 손네딸 그거마날 때기 그일 그니가 와서 머슴 살더라구.

그럼 무슨닐 하세요 그런 분드른?

⎺ 그 농사일 하지 뭐 햐.

다?

⎺ 응 가치.

그럼 소뿔이 반듯한 건, 이런 무슨, 이런 뿔 무슨 뿔이라고 하세요?

⁻ 몰라, 나는 그런 거.

이렇게 동그란 거랑 뭐 이런 이름이 있다던데?

⁻ 소뿔에 대한 이름 몰라.

소 나이, 나이에 따라서 이름 있어요?

⁻ 이빨 보고 알데. 이 이렇게 딱 벌려보면 몇 개, 몇 개 다. 거짓말도 못해. 음, 거짓말도 못해. 이 소 볼 줄 아는 사람들은 이 딱 벌리고 한 살 먹었네, 두 살 먹었네, 그러더라고.

한 살 먹은 소를 보고 뭐라고 하세요?

⁻ 몰라 나, 한 살 먹은 소보고 뭐라고 하나. 일 년 되면 한 살 먹는다는데.

그럼 좋은 소 고르는 방법 아세요, 좋은 소 고르는 방법?

⁻ 몰라, 나는 그냥 따라만 다녀서. 돈만 받으면은 나한테 맡겨서 내가 돈만 가지고 있지. 우리 영감님은 소 보려면 잘 봐. 잘 보고, 잘 먹였어. 가지고 가면 시장에서 일등 해.

그럼 인제 소 말고 집 일 도와주는 인제 머슴 있었잖아요, 할머니.

⁻ 응.

음, 그리고 옛날에 머슴살이, 여러 가지 종류가 있었어요, 머슴살이도?

⁻ 모르지, 여러 가지 종류가 있었나, 어쨌나. 어렸을 적에, 나 어렸을 적에 아버지, 어머니가 이 동네 사는 양반, 일꾼을 두고 일을 시켜먹은 이가 있는데 한 동네 위아래 집에 이렇게 살던 사람이 일을 했어. 그건 몰라, 나는 어렸을 때라. 우리는 우리 지금 귀희(제보자의 손녀), 우리 손녀딸, 그거 만할 적에 그 일, 그이가 와서 머슴 살더라고.

그럼 무슨 일 하세요, 그런 분들은?

⁻ 그 농사일 하지, 뭐해.

다?

⁻ 응, 같이.

상머슴 머 중머슴 이렁 거?

⎺ 상머시믄 남 젤: 자라는 일꾸니 나이 마니 머거서 모동 거시 다 하는 거시 상머시밀티지[163] 머. 중머시믄 애덜.

아 그래요?

⎺ 응.

하머시믄 이써요?

(+고개로 '없다'는 표시를 함)

그럼 할머니 옌나레 소작 부치능 거 아세요 그거?

⎺ 소자근 병자기루 자기에 노니 웁쓰닝께 으:더가꾸 하능 거 소자기라구라지.

어떠케 이루어지는거에요, 어떤 방시그로?

⎺ 노늘 가사[164] 한 마지기, 두 마지기 이르케 줘가꾸 메 까마니예 이르케 소자꿔니로 해서 그거 그 나라글 해오야만[165] 그 사라미 낭거지는 자기가 멍는 걸루 소자글 진는다루구 하드라구.

그러면 약쏘칸대로 몬 마드러 몯 해오면?

⎺ 모대오믄 인자 그 다미는 논 안 줄티지 머.

뭐 부조카먼 자기 머글 꺼도 업겐네요?

⎺ 그르치.

잘 저야게꾸나.

⎺ 잘 저야지.

그럼 푸마시 푸마시는 어떠케?

⎺ 푸마씨는 내가 자네네 지비 가서 이래주구 자네가 우리 지비 와서 이래주구. 그게 푸마씨여 두리 와따가따 하능 게.

근데 또까튼 닐 해줘야 돼요?

⎺ 아무 아무 게 하루 가서 하머 대 푸마시.

그 푸마시 할려면 어떤 어떤닐 하셔써요?

상머슴, 뭐 중머슴, 이런 거?

⎺ 상머슴은 남(+일), 제일 잘하는 일꾼이, 나이 많이 먹어서 모든 것을 다 하는 것이 상머슴일 테지 뭐. 중머슴은 애들.

아, 그래요?

⎺ 응.

하머슴은 있어요?

(+고개로 '없다'는 표시를 함)

그럼 할머니 옛날에 소작 부치는 거 아세요, 그거?

⎺ 소작은 병작으로 자기의 논이 없으니까 얻어가지고 하는 거 소작이라고 그러지.

어떻게 이루어지는 거예요, 어떤 방식으로?

⎺ 논을 가령 한 마지기, 두 마지기 이렇게 줘갖고, 몇 가마니에 이렇게 소작권으로 해서 그거 그 벼를 해와야만 그 사람이 나머지는 자기가 먹는 걸로 소작을 짓는다고 하더라고.

그러면 약속한 대로 못 만들어, 못 해오면?

⎺ 못 해오면 인제 그 다음에는 논 안 줄 테지, 뭐.

뭐 부족하면 자기 먹을 것도 없겠네요?

⎺ 그렇지.

잘 지어야겠구나.

⎺ 잘 지어야지.

그럼 품앗이, 품앗이는 어떻게?

⎺ 품앗이는 내가 자네네 집에 가서 일 해주고, 자네가 우리 집에 와서 일 해주고. 그게 품앗이여, 둘이 왔다갔다 하는 게.

근데 똑같은 일 해줘야 돼요?

⎺ 아무, 아무 거나 하루 가서 하면 돼, 품앗이.

그 품앗이 하려면 어떤, 어떤 일 하셨어요?

- 푸마시?

푸마시로.

- 푸마시로 하는 거선 엔나리 반매구 반마난게 반매는 푸마시 모시물 때두 인저 가정 이집 가서 시머주구 저 사람네 시머주구 나도 심꾸. 그게 푸마씨지 머. 서로소.

그렁 거 말고 또 다릉 거는?

- 음, 다릉 거 움써 이.

머 마늘 심꼬.

- 잉 하루하루 가서 이~ 하루 가서 미어주 하루 가서 그 지비 해주먼 하루 데려다가 우리가 쓰구 그래찌. 푸마시루.

지붕 올리고 그럴 때도 지붕 올릴 때?

- 응.

그 푸마시로 이르케 품 교와나능 거 말고 금 그냥 품만 사능 거또 이써쬬?

- 도느루 쌀두 사 온 사라미찌.

금 그 돈 머라구 하세요?

- 돈? 풍깝 품깝씨 준다 구라지 풍깝 쭌다구.

그 노버더서 이랄 때 할머니 식싸 하고 간식 줘야 데자나요.

- 그럼 다 해주지 삼시식싸.

뭐 줘써요 뭐 옌나레?

- 아 엔나리 머 머 우리 멍는대루 뭐 참 이란번 할라먼 도니 꽤 드르가. 반찬두 사우야구[166] 뭐 고기도 사다 저 해주야.구. 바번 지비서 멍는 대루 쌀밥 보리 가튼 거 마니 안느쿠 이르케 잘 해주지. 그런디 반찬두 조응 거 사다주야지[167] 넘 드려다 일 시킹게. 참 자래줘써 우리는. 트키.

머 머 해주셔써요 어떵 거?

- 저 베 벼서 등지마구 이르게 할 때에는 대가넌 닐 한다구 우리 엄니 가 소 물거리[168]두 사다가 가서 막 방굴[169]두 사다가 푹::쉰 느쿠 해전[170] 막

˗ 품앗이?

품앗이로.

˗ 품앗이로 하는 것은 옛날에 밭 매고, 밭 많으니까 밭 매는 품앗이, 모심을 때도 인제 가령 이집 가서 심어주고, 저 사람네 심어주고, 나도 심고. 그게 품앗이지, 뭐. 서로.

그런 거 말고, 또 다른 거는?

˗ 음, 다른 거 없어, 응.

뭐 마늘 심고.

˗ 응, 하루하루 가서 응, 하루 가서 매주고, 하루 가서 그 집에 해주면 하루 데려다가 우리가 쓰고 그랬지. 품앗이로.

지붕 올리고 그럴 때도, 지붕 올릴 때?

˗ 응.

그 품앗이로 이렇게 품 교환하는 거 말고, 그럼 그냥 품만 사는 것도 있었죠?

˗ 돈으로 쌀도 사 온 사람 있지.

그럼, 그 돈 뭐라고 하세요?

˗ 돈? 품값, 품값을 준다고 그러지, 품값 준다고.

그 놉 얻어서 일 할 때 할머니, 식사하고 간식 줘야 되잖아요.

˗ 그럼 다 해주지, 세끼 식사.

뭐 줬어요, 뭐 옛날에?

˗ 아, 옛날에 뭐, 우리 먹는 대로 뭐 참, 일 한 번 하려면 돈이 꽤 들어가. 반찬도 사와야 하고, 뭐 고기도 사다 줘, 해줘야 하고. 밥은 집에서 먹는 대로 쌀밥, 보리 같은 거 많이 안 넣고 이렇게 잘 해주지. 그런데 반찬도 좋은 거 사다줘야지, 남 데려다 일시키니까. 참 잘 해줬어, 우리는. 특히.

뭐, 뭐 해주셨어요, 어떤 거?

˗ 저, 벼 베서 등짐하고 이렇게 할 때에는 힘든 일 한다고 우리 어머니가 소 등뼈도 사다가 과서, 막 엉덩이뼈도 사다가 푹신 넣고, 하루 종일

주지. 머그라구. 그르케 줘써. 그렁 게 이라러 우리지비 일꾼 으들라믄
자::뢰. 자래준다구.

국쑤두 줘써요 할머니? 새빠브로.

⎺ 새빱뚜 국쑤 쌀머줄 때두 이꾸 그르치.

수른뇨 술도 암 빠지자나요.

⎺ 그럼 수른 해너서 줘찌.

지베서 항 거?

⎺ 그럼 항 거.

마껄리?

⎺ 이~ 마껄리 단지에다 막 하::나 해노쿠 막 걸러서.

소주는뇨 소주?

⎺ 소주두 우리 엄니가 잘 니려는디 소주는 일꾼 모쮜. 몸 이~ 소주 주
문 일 모대. 심 읍써서.

그러쿠나.

막 주지. 먹으라고. 그렇게 줬어. 그러니까 일 하러 우리 집에 일꾼 얻으려면 잘 와. 잘 해준다고.

국수도 줬어요, 할머니? 곁두리로.

￣ 곁두리도 국수 삶아줄 때도 있고, 그렇지.

술은요, 술도 안 빠지잖아요.

￣ 그럼, 술은 해놔서 줬지.

집에서 한 거?

￣ 그럼, 한 거.

막걸리?

￣ 응, 막걸리 단지에다 막 하나 해놓고 막 걸러서.

소주는요, 소주?

￣ 소주도 우리 어머니가 잘 내리는데, 소주는 일꾼 못 줘. 못, 응, 소주를 주면 일 못해. 힘 없어서.

그렇구나.

1) '일오팔'은 벼 품종의 하나로 '팔공벼'를 말하는 것 같다.

2) 여기서 '팔광'은 '팔공벼'를 말하는 것 같다.

3) '질라믄'은 '지으려면'으로 대역된다. '짓-+-을라믄→질라믄'의 과정을 겪은 것으로, 충남 방언에서 '잇다, 긋다, 낫다' 등은 정칙활용을 하는데, '짓다'는 'ㅅ'불규칙 활용을 하는 예인데, 어간말자음 /ㅅ/이 탈락하면서 어미의 첫음절과 완전한 음절축약을 일으키는 점이 특징적이다.

4) '중유지'는 '중요하지'가 음운 변화를 일으킨 형태이다.

5) '씻나락[씬나락]'은 '볍씨'를 뜻하는 말이다.

6) '촉'은 '싹'을 가리키는 말인데, 이 지역어에서 '싹'보다 '촉'의 실현 세력이 더 큰 것으로 보인다.

7) '낱'에 대응되는 방언형은 '낫'인데, 어간말 유기음이 후행하는 모음 /ㅣ, ㅔ, ㅡ/의 영향으로 마찰음화를 실현한다('꽃이→꼬시, 밭이→바시'). 여기 '낱낱으로'는 '낱개로, 하나하나'에 대응하는 말이다.

8) '-라'는 충남 방언에서 주격 조사 '이/가'에 대응한다. 충남 방언에서 '-라, -라가, -다, 다가' 등이 주격 조사로 실현된다.

9) '논'은 '놓은'으로 대역된다. '존(=좋은), 난(=낳은)' 등과 같이 어간말 자음 /ㅎ/이 탈락되면서 어미의 첫음절과 완전한 음절축약을 일으키고 있다. 이러한 현상은 어간말 자음으로 /ㅎ/을 갖는 모든 어간에 공통적으로 나타나는 현상이다.

10) '사모' 혹은 '사무'는 부사 '사뭇, 늘, 계속' 등에 대응되는 형태로 '사뭇'으로 대역하였다.

11) '아시'는 '애벌, 초벌'을 뜻하는 방언형이다.

12) '번째'에 대응되는 방언형은 '번채'이다.

13) '수랑'은 '수렁'에 대응되는 형태이다.

14) '거른자'는 '그림자'에 대응되는 형태이다.

15) '소주'는 방언형 '소두(소도)'의 잘못이다.

16) '만물'은 논이나 밭을 갈거나 맬 때 '초벌(=애벌), 두벌'에 이은 마지막 손질 단계를 말한다.

17) '쓰레'는 '써레'를 가리키는 말로 이것 또한 어두 장모음을 갖는 체언이 고모음화한 예이다.

18) '장깐'은 '잠깐'에 대응되는 형태이다.

19) '심-'에 대응되는 형태로 드물게 '심구-, 싱구-'가 나타난다.

20) '어렵-'에 대응되는 형태는 '어려웁게(=어렵게), 어려웁지(=어렵지)'와 같이 활용하므로 그것의 기저형을 '어려웁-'으로 설정할 수 있다. 이는 '쉽-'에 대응되는 형태가 '쉬웁-'으로 나타나는 것과 같은 양상이다.

21) '하널'은 '하늘'의 방언형이다.

22) '호맹이'는 '호미'에 대응되는 형태이다. '호미모 했다'는 '호미로 모심었다'의 뜻이다.

23) '박은 '막'의 잘못이다.

24) 이 방언에서는 '-듯이'에 대응되는 형태로 '-드끼, -디끼'가 나타난다. 이것은 '매드끼(=매듯이), 배드끼(=배듯이), 심띠기(=심듯이), 보리 갈디끼(=갈듯이)' 등으로 실현된다.

25) '보롬끼'는 '보름게'로 대역된다.

26) '가을'에 대응되는 형태는 장음화된 축약형 '갈'로 나타나는데 '춤(=처음), 덤(=두엄)'과 같은 양상이다.

27) 동사 '베-, 떼-'에 대응되는 형태가 각각 '비-, 띠-'로 나타나기 때문에 이들이 어미 '-어'와 결합할 때 형태소 경계에서 어간의 반모음화에 의한 이중모음이 형성되어 '벼(=베어), 뗘(=떼어)'와 같이 나타난다.

28) '베비는'은 '벼 베는'의 뜻이다.

29) '홀태질'은 '홀태+질'의 파생어로 '벼훑이로 벼를 훑는 행위(질)'의 뜻으로 쓰였다.

30) '동화동'은 논산시 강변1로 주변을 말한다.

31) '과놓구'는 '고아 놓고'의 뜻이다. 동사 '고-'가 어미 '-아'와 결합하여 이중모음이 형성된 경우이다.

32) '물구지'는 '등뼈'를 말하는 방언형이다.

33) '통거리'는 '통가리'의 방언형인데, 수수대나 싸리, 짚 등을 새끼로 엮어 땅이나 방에 둥글게 둘러치고 그 안에 고구마, 벼 따위의 곡식을 채워 쌓은 더미를 말한다.

34) '짚'의 중화는 '집'인데, 충남 방언에서 후행하는 모음에 연음될 때 중화형이 나타난다(무릎이→[무르비], 부엌이→[부어기]).

35) '존(=좋은), 논(=놓은)'과 마찬가지로 '찧-'이 어미 '-어'와 결합할 때도 어간말 자음 /ㅎ/이 탈락하면서 음절축약이 일어나 '찌'로 나타난다. 그래서 '찌야구 (=찧어야 하구), 쩌오지(=찧어 오지), 찌루(=찧으러)'와 같은 활용을 보인다.

36) '도구때'는 '절굿공이'의 방언형이다.

37) '구룸마'는 '달구지'를 가리키는 일본말이다.

38) '지심'은 '김'의 방언형이다.

39) '호매'는 '호미'를 일컫는다.

40) '솔찮다'는 말은 '어지간한 정도에 이르다'는 뜻이다.

41) '달갱이'는 '다랑이'의 방언형으로 '비탈진 산골짜기 같은 곳에 있는, 층층으 로 된 좁고 작은 논배미'를 일컫는 말이다.

42) 여기서 '고리박, 고루박'은 '맞두레'를 가리키는 것으로 '고리박질'은 '맞두레 질'을 의미한다.

43) '물구루마'는 '물수레'로 '무자위'를 가리키는 방언형이다.

44) '자새, 물자새'는 '물자위, 물푸개'를 말하는 것 같다.

45) '뿜다'에 대응되는 형태로 '품다'가 나타난다.

46) 이 방언에 나타나는 특징적인 어미 형태로 '-간디, -깐디'가 있다. 이것은 설 의법 의문형 '-나, -기나 했나'의 뜻으로 대역되는 방언형이다. 그래서 '있었 간디?'는 '있었나?, 있기나 했나?'의 뜻으로 '없었다'는 의미를 강하게 드러내 기 위해 반문 형태로 표현된 것이다.

47) '두덕'은 '두둑'의 방언형인데, 이 화맥에서 '두렁'을 뜻한다.

48) '바리테 붙이다'는 물이 새지 않도록 논두렁 안쪽 갈라진 틈새를 흙으로 막 아 붙이는 것을 말한다.

49) '-는가 보다'에 대응되는 형태는 '-능게 비다'이다.

50) 연결어미 '-다가는'에 대응되는 형태가 이 방언에서 '-다는'으로 나타난다.

51) '훔츠야지'는 '훔쳐야지'로 대역되는 것으로 동사 '훔치-'에 대응되는 이 방언 형이 '훔츠-'임을 보여준다.

52) '페줌말'은 '표준말'의 음 변화 형태이다.

53) '멍칭이'는 '멍청이'로 대역된다.

54) '두렝이'는 '두렁이'가 움라우트한 형태이다.

55) '밭때기'의 '-때기'는 지소접미사로 여기서 작은 밭이라는 의미로 쓰인다.

56) '꼬추'는 '고추'가 어두경음화하여 만들어진 형태이다.

57) 여기서 '좁쌀도 심어'는 '조를 심어'를 뜻한다.

58) '고구마'는 '하지감자'라 하여 보통 '감자'와 구별한다.

59) '잘데야'는 '잘돼'에 대응되는 방언형이고, '야'는 첨사로 강조에 쓰인다.

60) 이 화맥에서 '처리 오기'는 '철이 오기'라기보다는 '서리 오기'의 뜻으로 쓰여, '처리'는 '서리'의 잘못이다.

61) '농사질띠기도'는 '농사지을 때에도'라는 말이다.

62) '오트갸'는 '어떻게 해'라는 말이다.

63) '안질뱅이'는 '앉+은+뱅이'가 음 변화를 일으켜 굳어진 방언형이다.

64) 이 방언에서는 '틀리다'와 '다르다'의 의미를 구별하지 않고 두 경우에 모두 '틀리다'를 사용한다.

65) '쪼만하니'는 '조그마한 게'로 대역될 수 있는데, '-한 것이, -하게'의 뜻으로 쓰이는 '-하니'가 특이하다.

66) '가줬는지'는 '가지고 왔는지'의 축약형이다. 이러한 예는 '션찮다(=시원찮다)'에서도 볼 수 있는데, 이러한 음절축약은 이 방언에 나타나는 큰 특징이다.

67) 형용사 어간 뒤에 결합하는 '-하니'는 '-한 것이, -한 게'로 대역되는 특징적인 방언형으로, '쫄깃쫄깃하니(=쫄깃쫄깃한 게), 깨깟하니(=깨끗한 게), 쩨깐하니(=조그만한 게)'와 같은 예들에 나타난다.

68) '-보도'는 '-부덤, -보담, -보텀' 등과 임의변이 관계에 있는 것으로 '-보다'에 대응되는 조사이다.

69) '하야야'는 '해야 해'로 대역된다.

70) '고시라지다'는 말은 '수분이 말라 잎과 줄기가 바스러지고 부서지다'는 의미이다.

71) '비여만'은 '비(=베)-+-어+-만'의 구조를 갖는 형태로 동사 어간에 뒤따르는 모음어미가 이중모음을 형성한 예이다.

72) '하나 안 같아'에서 중앙어 '하나도 안 같아'와 같이 '하나'가 부정 극어로 쓰인다.

73) '반미시'는 '밭+밑+이'로 형태 분석을 할 수 있으나, 이 화맥에서는 '밭 매기'를 뜻한다.

74) '그역하다, 그역시럽다'는 말은 '고역(苦役)스럽다'로 대역되는 방언형이다.

75) '동기리 스딸'은 '동지섣달'의 방언형이다.

76) '얼부푸다'는 말은 '얼부풀-+-고→얼부푸고'와 같은 과정을 통해 생성된 방언형인데 '이른 봄에 땅이 얼어서 부풀어 오르다'는 뜻으로 쓰인다.

77) '추머는'은 '추우면은'으로 대역된다. 이른바 'ㅂ'불규칙 용언에 속하는 어간

들이 모음어미와 결합할 때 어간말 자음 /ㅂ/을 완전히 탈락시키는 이러한
현상이 이 방언에서 매우 활발히 나타난다.

78) '다니-'에 대응되는 형태로 '댕기-'와 '댕이-'가 공존하여 임의변이 관계에 있다.

79) '확'은 절구의 구멍을 가리키는 말인데 이 방언에는 절구통에 대응되는 형
태로 '확독'이 쓰인다. 그러므로 '확독'은 '절구통'으로 대역된다.

80) 이 방언에서 '절구'를 '도구'라고 하고 '절구질'을 '도구질'이라고 한다. 그러므
로 '도구때'는 '도구에 쓰이는 대'라는 의미로 '절굿공이'에 대응되는 말이다.

81) '날더락'은 동사 '날-'에 어미 '-더락(=도록)'이 결합할 것으로 '날도록'으로 대
역된다.

82) 밀 가지에서 이삭이 팬 밀의 모가지를 꺾는 것을 '밀을 끊는다'라고 한다.

83) '꾸지면'은 '구워지면'으로 대역되는 형태이다. 이 방언에서는 동사 '굽(灼)-'
에 대응되는 형태로 '꿉-, 굽-'이 공존한다.

84) '-서나'는 '먹고서나(=먹고서는), 그라구서나(=그러고서는)'와 같은 활용형에
서 볼 수 있는 형태인데 '-서는'에 대응되는 어미이다.

85) '외'는 '참외'를 가리키는 말이다.

86) '도링이'는 짚으로 짜서 비가 올 때 비옷처럼 입는 '도롱이'를 가리키는 말이다.

87) 이 방언에서 외래어 '비닐'은 3음절인 '베니루'로 나타난다.

88) '이느느'는 감탄을 나타내는 말이라 그대로 대역한다.

89) 밀짚으로 만든 맷방석을 이 방언에서는 '밀때 방석, 밀찝 방석'이라고 한다.

90) 동사 '끌-'에 대응되는 형태로 '끟-'이 나타난다.

91) '댕기매'는 '다니며'로 대역되는 형태이다. 연결어미 '-며'에 대응되는 형태가
이 방언에서는 '-매, -머'로 나타난다.

92) '알케 주다'는 말은 '가르쳐 주다, 알려 주다'는 말로 대역된다.

93) '삼태미'는 '삼태기'에 대응되는 방언형이다.

94) '산내끼'는 짚을 꼬아 만든 '새끼'를 가리키는 방언형이다.

95) 의존명사 '줄'에 대응되는 형태는 '중'으로 '할중두 몰르다(=할 줄도 모르다)'
와 같이 나타난다.

96) '구뎅이'는 '구덩이'가 움라우트를 일으켜 생성된 형태이다.

97) '내비둬'는 '내버려두어'의 축약형이다.

98) '짐성'은 '짐승'에 대응되는 형태인데 '자석(=자식), 양석(=양식)'과 같이 체언
의 제2 음절에 일어나는 '으→어' 현상을 보이는 또 다른 예이다.

99) '덤'은 '두엄'이 음절축약을 일으켜 굳어진 방언형이다.

100) 이 지역에서 '담배, 수박, 참외' 등을 짓는 것을 '담배 농사, 수박 농사, 참외
    농사' 등으로 말하므로 그대로 대역하였다.

101) '구멍'에 대응되는 형태는 '구먹'이다.

102) '두룹'은 '두릅'에 대응되는 형태이다.

103) '종'은 '종자'를 뜻한다.

104) 이 화맥에서 '잘 드러'는 '감자가 잘 매달려 수확이 많다'는 뜻이다.

105) '넝쿨'은 '덩굴'의 방언형이다.

106) '참외'에 대응되는 형태로 '참우, 참이'가 공존한다.

107) 여기서 '막'은 '원두막'을 말한다.

108) '심을랬다는'은 '심으려고 했다가는'으로 대역되는 표현이다. 여기에서도 어
    미 '-다가는'에 대응되는 형태가 '-다는'으로 나타남을 확인할 수 있다.

109) '낭구'는 '나무'를 가리키는 이 지역어로 고어형 /ㄱ/이 유지되고 있다.

110) '바라고, 바래기'는 '바랭이'의 충남 방언형이다.

111) '얼렁'은 부사 '얼른'에 대응되는 형태이다.

112) '피사리'란 논밭에 난 피를 뽑아내는 일을 말한다.

113) '잔대'는 산에 나는 풀의 일종으로 어린잎과 뿌리를 먹기도 한다.

114) '원초리'는 '원추리'에 대응되는 방언형이다.

115) '철쎄꼬시'는 '철쭉꽃'을 말하는데, 어간말 유기음이 마찰음으로 실현된다.
    충남 방언에서 '개꽃'이라고도 한다.

116) 여기에서 '원수를 대다'라는 말은 '원수처럼 여겨 싫어한다.'는 뜻이다.

117) '메겡이'는 곡식을 찧을 때 사용하는 도구인 '메공이'에 대응되는 방언형이다.

118) '멱쩌'는 '멧+겨'가 음 변화를 일으켜 굳어진 형태인데 '왕겨'에 대응되는 방
    언형으로 멥쌀의 겉껍질을 일컫는다.

119) '빻다'에 대응되는 형태는 '빵구다'로 '빵구지(=빻지), 빵궈서(=빻아서)'와 같
    은 활용을 보인다.

120) '지울'은 '기울'이 구개음화한 형태이다. 충남 일부 지역에서 쌀이나 보리의
    겨는 '딩기', 밀의 겨는 '지울'이라고 하여 구별한다.

121) '누룩디디다'는 밀기울을 네모난 통이나 상자 등에 넣고 발로 밟아 모양을
    만드는 것을 말한다.

122) '보리처'는 '보리저(보릿겨)'의 잘못 발음이다.

123) 여기서 '지는'은 '집은'의 잘못 발음이다.

124) '도가지'는 '독+아지'로 독을 말한다.

125) '장꽌'은 '장독간'의 방언형이다.

126) '뒤지, 디지, 두지'는 모두 '뒤주'에 대응되는 방언형이다.

127) '채원'은 논산시 '채운면'을 말한다.

128) '빨가낳게'는 '빨갛게'로 대역되는 표현이다. 색채어 '노랗-, 파랗-' 등이 이 방언에서 '노라낳-, 파라낳-'으로 나타나는 점이 특이하다.

129) '장이다'는 '쟁이다'의 방언형인데 쌀가마니 등을 차곡차곡 위로 포개놓는 것을 말한다.

130) 이 화맥에서 '도'는 '독'의 잘못이므로 '독'으로 대역한다.

131) '멱싸리'는 '멱서리'의 방언형으로 멱둥구미하고는 다른 것인데, 제보자는 같은 것으로 이해하고 있다.

132) '멱둥구미'는 이 지역어에서는 보통 '둥거리, 둥게미'라고 한다.

133) '사른방'은 '사랑방'의 방언형이다.

134) 이 방언에서 '그릇'에 대응되는 형태는 '그륵'이다.

135) '바작'은 지게에 얹어서 짐을 싣는 '발채'를 일컫는 방언형이다.

136) '갈키'는 '갈퀴'의 방언형이다.

137) '꼬무'는 '고무'에 대응되는 형태이다.

138) '심란스럽다'는 '심란하다'의 방언형이다.

139) '장적'은 '장작'의 방언형이다.

140) '일본 놈 적'이라는 것은 일제강점기 동안을 의미하는 말이다.

141) '솔까루'는 '솔가리'의 방언형으로 '말라 떨어진 소나무 잎'을 일컫는다.

142) 가을에 떨어진 활엽수의 마른 잎을 두루 통칭하여 '가랑잎'이라고 한다.

143) 큰 나무의 잔가지를 도끼 등으로 잘라내는 것을 이 방언에서는 '찌다'라고 한다.

144) '쪼개다'에 대응되는 방언형은 '빠개다'이다.

145) 이 제보자는 '멧겨'는 '왕겨'와 '보릿겨'를 같이 쓰고 있다.

146) '씨라구'는 '시래기'에 대응되는 방언형이다.

147) '무수'는 '무'를 가리키는 것인데 이것은 후기중세국어 형태 '무수'에 소급되는 형태이다.

148) '지름'은 '기름'이 구개음화를 겪은 형태이다.

149) '저깔'은 '부침개'를 가리키는 말이다.

150) '-더락'은 어미 '-도록'에 대응되는 형태이다.

151) '증기'는 '전기(電氣)'를 가리키는 것으로 어두가 장모음으로 실현되는데, 이

역시 고모음화 현상을 보이고 있다.

152) '벼(禾)'에 대응되는 형태로 '베'가 압도적으로 쓰이지만 '나락'이 공존한다.

153) '오양'은 '외양, 외양간'을 뜻하는 말이다.

154) 여기에서 '소를 잡아 풀어 먹이다'는 말은 '소를 잡아서 사람들에게 그 고기로 한 턱을 내다.'라는 뜻이다. 다른 사람의 환심을 사기 위해 공짜로 술이나 음식을 대접하는 것을 '풀어 먹인다'고 하는데, 이러한 표현은 경상도 방언에서도 나타난다.

155) '배메기'는 지주와 소작인이 소출을 똑같이 나누는 방식을 말하는 것으로 이런 방식으로 짓는 농사를 '배메기 농사'라 하고 그런 논을 '배메깃논'이라 일컫는다. 여기서 '배메깃소'는 '배냇소'를 가리키는 것으로, 주인과 나누어 가지기로 하고 다른 사람이 소를 키워주는 방식을 말한다.

156) '정기질'은 '쟁기질'을 가리키는 말이다.

157) '에게도'는 '그래도'의 잘못인 것 같다.

158) '사무'는 '사뭇'의 방언형으로 '줄곧, 계속'의 뜻이다.

159) 오줌을 '누다'와 '싸다'는 의미가 구별되는 어휘인데, 이 방언에서는 '누다'의 의미로 '싸다'를 쓴다.

160) '휘'는 '쉽게'의 방언형으로 충남 방언에서 '쉬'로도 실현된다.

161) '소전'이란 소를 사고파는 곳을 말한다.

162) '그짐말'은 '거짓말'에 대응되는 것으로 어두에 고모음화 현상이 나타난 예이다.

163) 의존명사 '테'에 대응되는 형태는 '티'로 '틴디(=텐데), 팅께(=테니까)'와 같이 고모음화하여 실현된다. 이 현상은 의존명사 '데'도 마찬가지여서 '논 디(=놓은 데), 간 딜(=간 데를)'와 같은 실현을 보인다.

164) '가사'는 부사 '가령'에 대응하는 형태로 '가령, 가정, 가제' 등이 임의변이 관계에 있다.

165) 개음절 동사 '오-'는 동일한 환경에 있는 '보-, 두-' 등과 마찬가지로 어미 '-아야와 결합할 때 '오야로 나타나, 모음어미 앞에서 어간의 형태를 유지하는 특징적인 활용 양상을 보인다.

166) '사우야구'는 '사와야 하고'로 대역된다. 이것은 '사오-+-아야→사우야로 분석되는데 어간말음절 /ㅗ/가 고모음화 하여 /ㅜ/로 변하면서 '사오-→사우-'가 된 것일뿐, 모음어미 앞에서 어간의 형태를 유지하는 활용 양상을 보이는 점이 다른 모든 개음절 어간과 동일하다.

167) '주야지'는 '줘야지'로 대역되는데 개음절 동사의 어간 형태가 모음어미 앞
    에서 유지되는 또 다른 예이다.
168) '소 물거리'는 '소 등뼈'를 뜻하는 방언형이다.
169) 이 지역어에서 '방굴' 또 '방골'은 '방골(方骨)'이 아니라 '소 엉덩이뼈'를 뜻하
    는 방언형이다.
170) 이 방언에서 '해전'이란 '하루 종일'이라는 의미로 쓰이는 말이다.
171) '샛밥은 끼니 외에 새에 먹는 '곁두리'를 말하는, 폭넓게 사용되는 방언형이다.

의생활

할머니 모콰 가튼 거 삼 가튼 거 해보셔써요 모시 가틍 거?

‾ 나는 아내써두 우리 엄니는 해써. 모카 모카 해서 모카 쏭이 해가꾸 이 실 자서[1] 빼:가꾸 명주 짜구 삼두 사머서 함번 해보건데 사문 그윽씨릉게 하시더 아나더라구. 모카는 마니 해써.

모콰는 언제 시머요?

‾ 모카 쒕이[2]가 보미 시머가꾸 갸:리 이 콩 뽀불띠기 다 뽀바.

어트게 시머요 어트게 시믈 때?

‾ 시믈 때 뿌려 바티다.

그냥 바테다가?

‾ 이~ 뿌려서 인자 드문드문 뿌려 놔두무는 인자 베게는 안 놔두지. 빼빼애두 커가꾸 모캐따리[3] 여르머는 갈:데머는 그게 다 여무러 거반. 바서 여르미 치럴 파럴 때 되먼 그거 다 뽀바다가 말리미[4]다 너르야야. 이 매까티[5]다가. 착:: 너르먼 모캐따리가 이케 기냥 덩얼 그냥 매다려가꼬 이마시갸[6] 어지가난 복쑹아 마시갸 이르케. 그라먼 거다 말리미다 너르머는 모캐쏭이가 펴. 거그서 짜::악 뻐러저가꾸. 어이 나 모캐쏭이 따기 시러서 울기두 퍼구러따. 마니 시머가꼬. 그 따기 시러서 아이. 말리미가서 그거 안자서 그냥 하::야케 핀 늠 뽀바서 딸라믄 아유 그북씨러. 참 사능 거뚜 그북씨러께 사라찌, 지금 애더런 펴나지. 얼마나 펴냐. 그렁 거 아내두 오뚜 진지나구. 그런 무명와 안닙꾸 빨래하기 조쿠 이렁 거 쭉쭉 빠러서 너러따 입꾸 얼마나 조와.

할머니, 목화 같은 거, 삼 같은 거 해보셨어요, 모시 같은 거?

⁻ 나는 안 했어도 우리 어머니는 했어. 목화, 목화 해서 목화송이 해갖고, 이 실 자아서 빼가지고, 명주 짜고 삼도 삼아서 한번 해보건대 삼은 고역스러우니까 하시지 않더라고. 목화는 많이 했어.

목화는 언제 심어요?

⁻ 목화송이가 봄에 심어갖고 가을에 이 콩 뽑을 적에 다 뽑아.

어떻게 심어요, 어떻게, 심을 때?

⁻ 심을 때 뿌려, 밭에다.

그냥 밭에다가?

⁻ 응, 뿌려서 인제 드문드문 뿌려 놔두면은 인제 배게는 안 놔두지. 빼빼해도 커갖고 목화 다래 열면, 가을 되면은 그게 다 여물어, 거의. 봐서, 여름에 칠월, 팔월 때 되면 그거 다 뽑아다가 등성이에다 널어야 해. 이, 바깥에다가. 쫙 널면 목화 다래가 이렇게 그냥 덩어리 그냥 매달려갖고 이만큼씩 해, 어지간한 복숭아만큼씩 해 이렇게. 그러면 거기다 등성이에다 널면은 목화송이가 펴. 거기서 쫙 벌어져가지고. 어이, 나 목화송이 따기 싫어서 울기도 퍽 울었어. 많이 심어갖고. 그거 따기 싫어서, 아이. 등성이에 가서, 그거 앉아서 그냥 하얗게 핀 놈 뽑아서 따려면, 아유, 거북스러워. 참, 사는 것도 거북스럽게 살았지, 지금 애들은 편하지. 얼마나 편해. 그런 거 안 해도 옷도 진진하고. 그런 무명옷 안 입고, 빨래하기 좋고, 이런 거 쭉쭉 빨아서 널었다 입고, 얼마나 좋아.

모콰 타레 그르케 따서 그 담 어트게 하셔따고요?

˘ 따서 따다가 모캐쏭이 따:서 인자 모캐 피머는 다:: 말 깨까시 말려서 골라가꾸 저 시:내 가서 트러오야지. 그 씨알맹이를 트러다가 하머는 자 소미루 나오자냐. 솜 빼다가 다:: 마:러서 꼬추 마러가꾸 우리 엄니가 물레 자서 실 빼서 그래가꾸 그 명 명 명베 짜찌. 자래서 우리 엄니는. 명베질쌈˘. 난 아내 나는 아내써. 엄니 해도 아내써 구차내서.

삼베는요?

˘ 삼 삼베두 시머서 그르게 하더머서두 삼베는 더 그역시려서두 모댜.

보셔써요 어트게 하는지?

˘ 음 봐써.

언제 시머요 삼베는?

˘ 아유 몰라 난 언제 심나 그거떨. 그거뚜 어려서 그 때 바가꾸.

모시는요 모시?

˘ 모시는 아:내써. 삼베만 함번 시머써 그때. 삼베는 시머가꾸 삼베 그거 나무[8] 벼다가 막:: 쌀믈라믄 아유 아유 지겨워라. 워따 쌀먼나 몰라 내. 안저서 쌈떠먼[9]. 쌀머서 끄지버 내서 그냥 다:: 베껴가꾸 이러케 족족 훌터서 삼떼 아이구 거 그건 참 그북 그북씨러.

금 길싸메 피료한 기구 기구가 이짜나요 길싸말 때. 씨아 머 물레 이렁 거.

˘ 그르치.

그런 기구들 이름 혹씨 기어카세요 할머니?

˘ 씨아 씨아선 모캐쏭이 뜨능 거뿌구 씨아시라 구랴. 모캐 모캐 나가꾸 씨알 빼능 거선 씨:만 빼구 소:믄 이짜기루 또 정리하구. 그거뿌고 씨알 뺀다구 하구 모캐 씨 씨아시라구 하구. 이 물레 잔:능 거슨 물레라구 하구. 실 뽀바서 빼능 건 물레.

얼레는뇨 얼레?

˘ 물레는 월레보구 물레라 구라능게비다.

목화 다래 그렇게 따서 그 다음에 어떻게 하셨다고요?

˝ 따서, 따다가 목화송이 따서, 인제 목화 피면은 다 말, 깨끗이 말려서, 골라갖고 저 시내 가서 (+솜)타와야지. 그 씨알맹이를 틀어다가 하면은 인제 솜으로 나오잖아. 솜 빼다가 다 말아서, 고치 말아갖고 우리 어머니가 물레 자아서 실 빼서 그래갖고 그 명, 명, 무명베 짰지. 잘했어, 우리 어머니는. 무명베, 길쌈. 난 안 해, 나는 안 했어. 어머니는 해도 안 했어, 귀찮아서.

삼베는요?

˝ 삼, 삼베도 심어서 그렇게 하더라만서도, 삼베는 더 고역스러워서도 못해.

보셨어요, 어떻게 하는지?

˝ 음, 봤어.

언제 심어요, 삼베는?

˝ 아유, 몰라, 나는 언제 심나, 그것들. 그것도 어려서 그 때 봐갖고.

모시는요, 모시?

˝ 모시는 안 했어. 삼베만 한 번 심었어, 그때. 삼베는 심어갖고 삼베 그거 삼대 베어다가 막 삶으려면, 아유, 아유, 지겨워라. 어디에다 삶았나 몰라, 나는. 앉아서 삶더구먼. 삶아서, 끄집어내서 그냥 다 벗겨갖고 이렇게 족족 훑어서 삼대, 아이고, 그거, 그건 참 거북, 거북스러워.

그럼 길쌈에 필요한 기구, 기구가 있잖아요, 길쌈할 때. 씨아, 뭐 물레 이런 거.

˝ 그렇지.

그런 기구들 이름 혹시 기억하세요, 할머니?

˝ 씨아, 씨아는 목화송이 (+씨)빼는 것보고 씨아라 그래. 목화, 목화 나갖고 씨앗 빼는 것은 씨만 빼고, 솜은 이쪽으로 또 정리하고. 그것보고 씨앗 뺀다고 하고, 목화씨, 씨아라고 하고. 이 물레, 잣는 것은 물레라고 하고. 실 뽑아서 빼는 건 물레.

얼레는요, 얼레?

˝ 물레는 얼레보고 물레라고 그러는가 보다.

또가테요?

－ 이~.

활때?

－ 활때?

활때나 잉앝때 베 짤 때 하능 거 가튼데.

－ 음 베 베트리여서 싸능 거. 활때 응아때. 응아는 이로::케 거러노쿠 인자 이거설 또까트문 안 데자냐 잉아가 이르케 중드리가 데야 바디가 치머는 이 오리 이리저리 와따가따 하야 베가 짜지지. 그러거면 날 잉의 날더러 잉아시라 구라구 이거 씨:라구 하구 그라더라구. 부기다 느쿠 짜능 거 씨아시[10]라 그러구.

할머니 베틀도 이쓰셔써요 지베?

－ 응 우리도 베틀 이써써. 엄니 짜능 거 봐써두 나는 그러커 안 짜써. 아놀라 가써. 안 짜바써. 엄니가 시기두 아냐. 그거 다 끄너노문 다 이슬라먼[11] 심나나다구.

활때는 머에요 활때?

－ 활때? 잉아거리 활때 잉아 거러서 활때로다 이러::케 하야. 바를 함번 이르::케 잡땡기구 이르::카머는 그거시 짝짝 버러지구 그라더라구. 그냥 버러지능 게 아녀. 음 발루.

그게 활때에요?

－ 응.

금 이제 함 필 무명이나 삼베 이렁 게 한 피리 얼마 며쎈치에요?

－ 함 피리 메쎈찌가 아니라 수무자여 수무자. 수무자 함 피리여. 자로 수무자가 함 피리여.

그러쿠나! 금 머 하루에 한 얼마나 짜요 며 짜 며 필이나 짜세요?

－ 한 메 필 모 짜. 한 열 짜 한 죽짜사자 짜야 여남자 이케 따더라. 한 빌 짤라믄 이트른 걸리더라구 엄니 봐:두 엄니 우리 엄니두 베 잘 짜두.

똑같아요?

- 응.

활대?

- 활대?

활대나 잉앗대, 베 짤 때 하는 거 같은데.

- 음, 베, 베틀에서 짜는 거. 활대, 잉앗대. 잉아는 이렇게 걸어놓고, 인제 이것을 똑같으면 안 되잖아, 잉아가 이렇게 중도리가 돼야, 바디가 치면은 이 올이 이리저리 왔다 갔다 해야 베가 짜지지. 그렇게 하면 날, 잉아의 날더러 잉아라고 그러고, 이거 씨라고 하고 그러더라고. 북에다 넣고 짜는 거 씨실이라 그러고.

할머니, 베틀도 있으셨어요, 집에?

- 응, 우리도 베틀 있었어. 어머니가 짜는 거 봤어도 나는 그런 거 안 짰어. 안 올라갔어. 안 짜봤어. 어머니가 시키지도 않아. 그거 다 끊어 놓으면, 다 이으려면 심란하다고.

활대는 뭐예요, 활대?

- 활대? 잉아걸이, 활대, 잉아 걸어서 활대로다 이렇게 해야. 발을 한번 이렇게 잡아당기고, 이렇게 하면 그것이 짝짝 벌어지고 그러더라고. 그냥 벌어지는 게 아니야. 음, 발로.

그게 활대예요?

- 응.

그럼 인제 한 필, 무명이나 삼베 이런 세 한 필이 얼미, 몇 센티예요?

- 한 필이 몇 센티가 아니라 스무 자야, 스무 자. 스무 자 한 필이야. 자로 스무 자가 한 필이야.

그렇구나! 그럼 뭐 하루에 한 얼마나 짜요, 몇 자, 몇 필이나 짜요?

- 한, 몇 필 못 짜. 한 열 자, 한, 죽자 살자 짜야 여남은 자, 이렇게 짜더라. 한 필 짜려면 이틀은 걸리더라고, 어머니 봐도, 어머니, 우리 어머니도 베 잘 짜도.

어휴 진짜 힘드러껜네요.

‾ 심 들구 말구.

할머니두 길쌈 여페서 도와주시면서 머 재미인는 닐 이써떵 거 쫌 얘기해주세요.

‾ 길쌈 여피 도와주는 거슨 머 저 이거 그게 씨알 트를 따기 모캐 쏭이 씨아 다 씨아시 트러올 떼기 그거, 그거 쪼금 해쓰까. 꼬추말구. 그건 해줘써. 꼬때 마는 거슬.

그러면 이케 명 잔능 거?

‾ 명 명 잔능 거뚜 잘몯짜시면 구:께 나오구 나쁘게 나오구 항게 명 질쌈 베린다구 시키두 모댜.

‾ 아 아냐 마마막 모다게 해써. 히~:: 디지게 혼나 그거 만치믄. 베린다구. 그라고 나이두 이꾸. 나이가 어려쓰니께 모다게 하구.

길쌈 할머니 어머니께서 길쌈 할 때 노래 부르셔써요 그렁 거 혹씨?

‾ 아 뭐 안 불러써 노래 그렁 거 아냐. 우리 엄니는 노래두 모댜. 노래두 모뿔러. 아리랑두 모뿔르는 양바니여.

어휴, 진짜 힘들었겠네요.

˚ 힘이 들고말고.

할머니도 길쌈 옆에서 도와주시면서 뭐 재밌는 일 있었던 거 좀 얘기해주세요.

˚ 길쌈 옆에 도와주는 것은 뭐, 저, 이거, 그게 씨아를 틀 적에, 목화송이 씨아에다, 씨아 틀어올 적에 그거, 그거 조금 했을까. 고치 말고. 그거는 해줬어. 고칫대 마는 것을.

그러면 이렇게 명 잣는 거?

˚ 명, 명 잣는 것도 잘못 자으면 굵게 나오고, 나쁘게 나오고 하니까 명, 길쌈 버린다고 시키지도 못해. 아, 안 해, 마, 마, 막 못하게 했어. 히, 죽게 혼나, 그거 만지면. 버린다고. 그러고 나이도 있고. 나이가 어렸으니까 못하게 하고.

길쌈, 할머니 어머니께서 길쌈 할 때 노래 부르셨어요, 그런 거 혹시?

˚ 아, 뭐, 안 불렀어, 노래 그런 거 안 해. 우리 어머니는 노래도 못해. 노래도 못 불러. 아리랑도 못 부르는 양반이야.

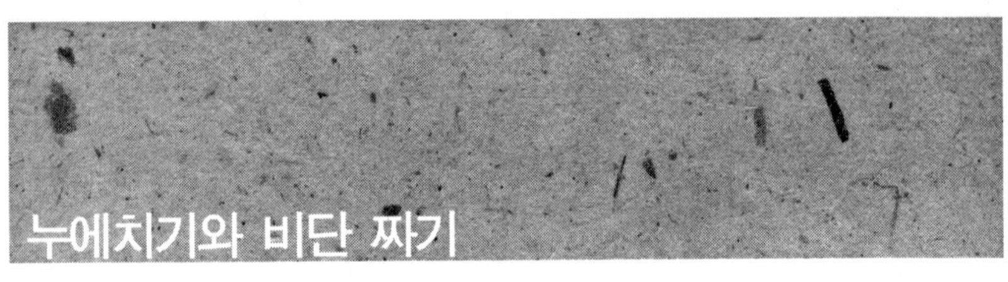

누에치기와 비단 짜기

금 할머니가 좀 얘기 말씀 줌 해주세요. 누에 해떵 거.

⎯ 뉘:여는 나는 소질 읍써. 암 메겨써. 뉘:여 메긴 사라미 알지. 뉘여는 암 메겨써.

그래도 할머니 대충 아시든데 지난번에.

⎯ 뉘:여 뭐 인자 잠 자구 나머는 메짬 잔네 메짬 잔네 하는디 여벌루 어려쓸 때 드르머는 그 징그르가꾸 귀경두 모까써 나는. 뉘여 저티는 그양 막 꾸물 이~ 꾸무럭꺼려. 아이고 그 집 시꾸더런 뽕닙쭈구서는 이르케 하먼 아이구 막 도망와써 도망와 아주 징글마즈가꼬. 벌레가치 생겨서.

그게 뽕니불 머거요?

⎯ 응 뽕닙불 막 히~ 한::참 뽕닙 머거서 한잠 올라갈 때는 비오는 소리 나. 새::[12] 고기만 서써두.

그르케 머꼬 똥도 마니 싸고.

⎯ 으~ 날마두[13] 처:주더라구 날마두 아침 저녁기루. 그거 터러내구 주구. 뉘여 메길 때기 여자들 참:: 힘들더라구. 우리는 그렁 거는 아내봐서. 아내써 우리 아부지가 그렁 건 모댜. 일 일 일꺼리 마나다구 아내써. 당신 하시는 일만 해찌.

그럼 누여가 이제 다 그게 머꼬 크면 갑짜기 이제 짐 만들어요, 이케?

⎯ 자기가 인자 때가 되머는 짐 만드러가꾸 그 소기 드르가서 안 나오드라구 머.

음 이케 하약 어떠케 만들어요 지블?

그럼 할머니가 좀 얘기, 말씀 좀 해주세요. 누에 했던 거.

－ 누에는 나는 소질 없어. 안 먹였어. 누에 먹인 사람이 알지. 누에는 안 먹였어.

그래도 할머니 대충 아시던데, 지난번에.

－ 누에 뭐, 인제 잠자고 나면은 몇 잠잤네, 몇 잠잤네 하는데 곁다리로 어렸을 때 들으면은 그 징그러워갖고 구경도 못 갔어, 나는. 누에 곁에는 그냥 막 꾸물, 응 꾸물거려. 아이고, 그 집 식구들은 뽕잎 주고서는 이렇게 하면 아이고, 막 도망 왔어, 도망 와, 아주 징글맞아갖고. 벌레같이 생겨서.

그게 뽕잎을 먹어요?

－ 응, 뽕잎을 막, 힝, 한참 뽕잎 먹어서 한잠 올라갈 때는 비오는 소리 나. 새, 고기만 서 있어도.

그렇게 먹고, 똥도 많이 싸고.

－ 응, 날마다 치워 주더라고, 날마다 아침저녁으로. 그거 털어내고 주고. 누에 먹일 적에 여자들 잠 힘들더라고. 우리는 그런 거는 안 해봤어. 안 했어, 우리 아버지가 그런 건 못 해. 일, 일, 일거리 많았다고 안 했어. 당신 하시는 일만 했지.

그럼 누에가 인제 다 그게 먹고 크면, 갑자기 인제 집 만들어요, 이렇게?

－ 자기가 인제 때가 되면은 집 만들어갖고 그 속에 들어가서 안 나오더라고, 뭐.

음, 이렇게 하얗(+게), 어떻게 만들어요, 집을?

⎯ 똥고라케 뉘여. 하::야케 똥고라게 이˘ 실 빼 지가 그케 지블 똥::고라
케 맨드러가꾸 드르가대. 아여 하이튼 신기한 짐성이여.

금 그걸 쌀머가주고.

⎯ 그거 잠시리 올라가먼 인자 그거 딸 때 데문 따가꾸 쌀머서 이제 실
빼서 인제 명주를 짜는디 거기다 인자 놔두머는 뉘여 소기서 지가 또 뜰
쿠 나와 나비루. 이˘ 안 주꾸 거기서 살다가 나오더라구.

금 나비 나옹 거 그걸로 짜면 안 돼요?

⎯ 안 디지.

왜요?

⎯ 그거슨 인자 나비가 나와가꾸 아를 까가꾸 인자 다시 새끼를 나터라
구 새끼를 맨들드라구 알 쏘기서 새끼가 나와.

오:: 그러쿠나!

⎯ 에˘. 알랄 때 데머는 시가니 데머는 이 조이 가튼 디 홍겁¹¹⁾ 까튼 디
다:: 놔주더라구. 그러면 그 이 뉘여 꼬추 쏘기서 나비가 나와가꾸 거기다
아를 까더라구 줄::주리

그 고치 그 모게서 실 뽑는 거 보셔써요?

⎯ 음 봐써 귀경은 해써.

어트게 하는지 본대로.

⎯ 본대로 이 지비서 하는디 마당이다가 그 실 꼬추를 뜨겁게 쌈:때. 그
냥 차니룬 안댜. 뜨겁게 쌀머가꾸 이게 멀루 사::무 흔드르면 시리 줄줄줄
줄 나오믄 뽀바가꾸 다. 나두 자시는 몰르건네 내가 여벌루 바서. 그 메
긴 양반더리 알지.

˗ 동그랗게 누에. 하얗게, 동그랗게 응, 실 빼, 제가 집을 동그랗게 만들어갖고 들어가데. 아휴, 하여튼 신기한 짐승이야.

그럼 그걸 삶아가지고.

˗ 그거 잠실에 올라가면, 인제 그거 딸 때 되면 따갖고 삶아서, 인제 실 빼서 인제 명주를 짜는데 거기다 인제 놔두면은 누에 속에서 그것이 또 뚫고 나와, 나비로. 응, 안 죽고, 거기서 살다가 나오더라고.

그럼 나비 나온 거 그걸로 짜면 안 돼요?

˗ 안 되지.

왜요?

˗ 그것은 인제 나비가 나와갖고, 알을 까갖고 인제 다시 새끼를 낳더라고, 새끼를 만들더라고, 알 속에서 새끼가 나와.

오, 그렇구나!

˗ 응. 알 낳을 때 되면은, 시간이 되면은 이 종이 같은 데, 헝겊 같은 데다 놔주더라고. 그러면 그 이 누에고치 속에서 나비가 나와갖고 거기다 알을 까더라고, 줄줄이.

그 고치 그 목에서 실 뽑는 거 보셨어요?

˗ 음, 봤어, 구경은 했어.

어떻게 하는지, 본대로.

˗ 본대로, 이 집에서 하는데 마당에다가 그 실 고치를 뜨겁게 삶데. 그냥 찬 것으로는 안 돼. 뜨겁게 삶아갖고 이게 뭐로 계속 흔들면, 실이 줄줄, 줄줄 나오면 뽑아갖고 다. 나도 자세히는 모르겠네, 내가 곁다리로 봐서. 그 먹인 양반들이 알지.

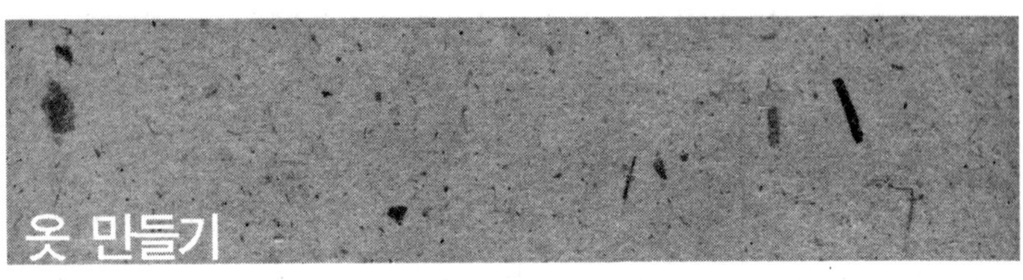

옷 만들기

그럼 할머니 옫까틍 거 잘 지어따고 하셔짜나요.

⁻ 으~.

옫 지을 때 천 종뉴가 이써요 여러가지 종뉴드리?

⁻ 그르치.

어떵 거 어떵 거.

⁻ 무명도 이꾸 인주두 이꾸 지비서 짠 명:¹⁵⁾두 이꾸 명지베¹⁶⁾두 이꾸. 시장이서 뜨:는 거시기두 이꾸. 그릉 걸루 떠다가 맨드러서 우리 애더런다:: 이뻐써 내가 다 해서. 전 융 융. 옌나리는 융이라 구라지. 그게 인자 내:복 움써가꾸 융: 떠다가 내:복뚜 맨드러 이피구 속 바지 가틍 거.

어떵 거 어떵 거 만드러써요 할머니? 만드러 이부싱 거 다 만드셔써요 이렁 거?

⁻ 다 만드러찌.

옌날 치마저고리.

⁻ 치마저고리 바지 머 두루매기 머 다 맨드러써. 나 두루매기 자랴.

동정 소매 주머니 이렁 거 다?

⁻ 그럼 으~.

또 또 머 만드러써요?

⁻ 머 만드런냐고? 바지 저고리에 두루매기 저 머 그릉 거 만드러찌 머 버선. 이 버선 시넌 버선.

버선두요? 고쟁이?

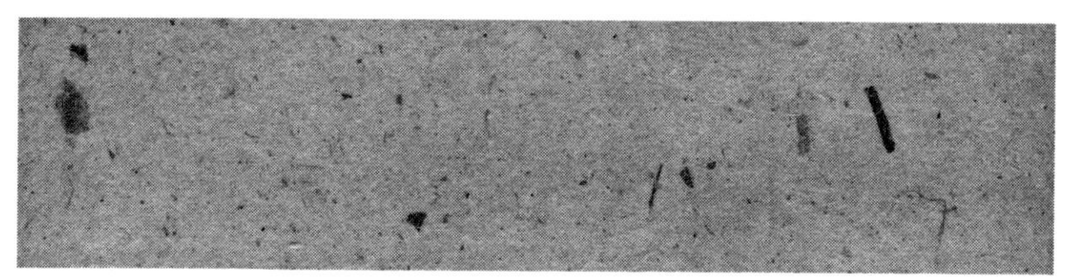

그럼 할머니, 옷 같은 거 잘 지었다고 하셨잖아요.

― 응.

옷 지을 때 천 종류가 있어요, 여러 가지 종류들이?

― 그렇지.

어떤 거, 어떤 거.

― 무명도 있고, 인조견사도 있고, 집에서 짠 무명도 있고, 명주도 있고. 시장에서 뜨는 거시기도 있고. 그런 걸로 떠다가 만들어서 우리 애들은 다 입혔어, 내가 다 해서. 전에 융, 융. 옛날에는 융이라고 그러지. 그게 인제 내복 없어갖고, 융 떠다가 내복도 만들어 입히고 속바지 같은 거.

어떤 거, 어떤 거 만들었어요, 할머니? 만들어 입으신 거 다 만드셨어요, 이런 거?

― 다 만들었지.

옛날 치마저고리.

― 치마저고리, 바지 뭐, 두루마기 뭐, 다 만들었어. 나 두루마기 잘해.

동정, 소매, 주머니, 이런 거 다?

― 그럼, 응.

또, 또 뭐 만들었어요?

― 뭐 만들었냐고? 바지저고리에 두루마기 저, 뭐 그런 거 만들었지, 뭐 버선. 이 버선, 신는 버선.

버선도요? 고쟁이?

⁻ 고쟁이.

조끼도?

⁻ 응 쪼끼 가틍 거.

히:: 다 만드르션네.

⁻ 응 다 만드러써.

그럼 마름질 하능 거 어트게 하시는지 얘기 좀 해주세요.

⁻ 마름지리 머여? 말르능 거?

예.

⁻ 말르능 거 대랑 짐자케서 온까따가 대가머서 말르지 머.

그냥 그 위에다 노코 짤라요?

⁻ 그럼.

따라서?

⁻ 이~ 따라서. 따라서 짤르능 거 인자 필목 재:가꾸 말러가꾸 그대로 인 자 꼬매서 임는 거지 뭐.

보니 따로 인능 게 아니라?

⁻ 버니 지끔 싸람더른 뽄 노쿠 하지만 옌나레는 뽀니나 이써? 그냥 이 케 짐자기루 만드러찌.

금 인제 바느지리 중요하자나요. 바느질 할려면 어떵 거 어떵 거 피료하셔 요?

⁻ 바느질 도구가 별 거 별 거 이써? 가세[17]하고 바느라고 시라고만 이쓰 먼 데지. 인두 골무. 골무 가틍 거 맨드러서 찌구. 인두가 이씨야 하고.

인두?

⁻ 응. 데려가머[18] 인자 말러서 데려가머 꼬매야 할팅게 인두지래서 밥 풀루 부치야구. 부칠 띠는 부치야지[19].

그래요?

⁻ 그럼.

˘ 고쟁이.

조끼도?

˘ 응, 조끼 같은 거.

히, 다 만드셨네.

˘ 응, 다 만들었어.

그럼 마름질하는 거 어떻게 하시는지 얘기 좀 해주세요.

˘ 마름질이 뭐야? 마르는 거?

예.

˘ 마르는 거 대강 짐작해서 옷 갖다가 대가면서 마르지, 뭐.

그냥 그 위에다 놓고 잘라요?

˘ 그럼.

따라서?

˘ 응, 따라서. 따라서 자르는 거 인제 필목 재갖고, 말라갖고 그대로 인제 꿰매서 입는 거지, 뭐.

본이 따로 있는 게 아니라요?

˘ 본이, 지금 사람들은 본 놓고 하지만 옛날에는 본이나 있어? 그냥 이렇게 짐작으로 만들었지.

그럼 인제 바느질이 중요하잖아요. 바느질 하려면 어떤 거, 어떤 거 필요하세요?

˘ 바느질 도구가 별 거, 별 거 있어? 가위하고 비늘하고 실하고만 있으면 되지. 인두, 골무. 골무 같은 거 만들어서 끼고. 인두가 있어야 하고.

인두?

˘ 응. 다려 가며, 인제 말라서 다려 가며 꿰매야 하니까 인두질해서 밥풀로 부쳐야 하고. 붙일 데는 붙여야지.

그래요?

˘ 그럼.

골무는 뭘로 만드셔써요?

⌐ 골무 그냥 홍겁때기루. 홍거비로 저버서.

반지꼬리는?

⌐ 반지꼬리 맨드릉 거슨 인자 잘 맨들라믄 그거뚜 시간 더뎌서 인자 이뿌게 맨들라먼 어려웁찌 머.

바느질 하는 여러가지 방법 이써요 할머니? 그냥 꼬매기만 하믄 되는 거에요? 여러가지 방버비 이쪼?

⌐ 그래. 가: 그 바느질두 여러가지 이찌. 바금질두 이꾸 감칠질두 이꾸 호능 거뚜 이꾸 쫑쫑쫑쫑 화나가능 거[20] 이꾸. 이 여르몬 까튼 데 그릉 거 맨트를 때는 바거서 하야자냐. 겨우로슨 쫑쫑 화가꾸 그냥 꼬매서 이~ 여러거블 해서 솜두야[21] 하니께 냥 화서 입꾸. 베기 거뚜 이꾸. 항 거불루 맨트는 거슨 순저니 바그야지 바금질 하야지. 감침질 하야구.

호는 게 머에요?

⌐ 호농 거슨 이케 쫑쫑쫑쫑쫑 이르케 화나가능 거.

누비능 건뇨? 누비능 거?

⌐ 누비능 거뚜 호느 거 뽀구 기양 여러번 하능 거시 누비능 거지.

누더기 누더기를 누벼요?

⌐ 누더기? 누더기는 머 그저니 애들 재울라머는 그 저니 퍼대기[22]두 웁쏭게 이게 맨드러서 저 마라자믄 이거저저 까러서 뉘:는[23] 퍼대기더러 두더기라구 누더기라구라지.

그건 특뼈리 다르게 만드러요?

⌐ 멀 다르게 만드러. 그런 처:니루 네모 빤뜨다게 해가꾸 만드는 사람두 이꾸 그냥 저기 거시기 저 애덜 업꾸 댕기는 퍼대기치름 이르케 맨드는 사람두 이꾸 그르치.

그럼 빨래.

⌐ 빨래? 빨래야 자기 맘대로 하지 머. 빨래를 머 누가 알켜줘서[24] 햐?

골무는 뭐로 만드셨어요?

﹣ 골무 그냥 헝겊조각으로. 헝겊으로 접어서.

반짇고리는.

﹣ 반짇고리 만드는 것은 인제 잘 만들려면, 그것도 시간 더뎌서 인제 예쁘게 만들려면 어렵지, 뭐.

바느질하는 여러 가지 방법 있어요, 할머니? 그냥 꿰매기만 하면 되는 거예요? 여러 가지 방법이 있죠?

﹣ 그래. 가(+감침질), 그 바느질도 여러 가지 있지. 박음질도 있고, 감침질도 있고, 호는 것도 있고, 쫑쫑, 쫑쫑 화나가는 거 있고. 이 여름옷 같은데, 그런 거 만들 때는 박아서 해야 하잖아. 겨울옷은 쫑쫑 화갖고 그냥 꿰매서 응, 여러 겹을 해서 솜을 넣어야 하니까 그냥 호아서 입고. 박는 것(누비옷)도 있고. 한 겹으로 만드는 것은 순전히 박아야지, 박음질해야지. 감침질해야 하고.

호는 게 뭐예요?

﹣ 호는 것은 이렇게 쫑쫑, 쫑쫑, 쫑 이렇게 화나가는 거.

누비는 건요? 누비는 거?

﹣ 누비는 것도 호는 거 보고 그냥 여러 번 하는 것이 누비는 거지.

누더기, 누더기를 누벼요?

﹣ 누더기? 누더기는 뭐 그전에 애들 재우려면 그 전에 포대기도 없으니까 이게 만들어서 저 말하자면, 이거 저저 깔아서 눕히는 포대기더러 누더기라고, 누더기라고 그러지.

그건 특별히 다르게 만들어요?

﹣ 뭘 다르게 만들어. 그런 천으로 네모반듯하게 해갖고 만드는 사람도 있고, 그냥 저기, 거시기, 저 애들 업고 다니는 포대기처럼 이렇게 만드는 사람도 있고 그렇지.

그럼 빨래.

﹣ 빨래? 빨래야 자기 맘대로 하지, 뭐. 빨래를 뭐, 누가 가르쳐줘서 해?

깨까다게 빨라구 할라믄 비누칠두 마니 하구 쌀무야[25] 하구.

비누두 이써요?

ᐨ 비누를 만드러 써찌. 비누가 어디가 이써. 저루 만드러찌.

저루요?

ᐨ 그럼 빨래쩌 잰물르쿠. 마드러 쑹 거뚜 우리두 펑 만드러 써써.

그 어트게 하시능 거에요?

ᐨ 비누를 고 인저 거시기 지금 양잰물 사다가 저 이따 저. 방아찐 저 곤저. 그눔 느쿠 양재물 느쿠 막 물 물 끄려가꾸 양잰물 노카가꾸 저하구 그누마구 이쿼서 막:: 치댜. 치대가꾸 바::락바락 치대노머는 인제 저가 이글꺼 아녀. 그라머는 꼭::꼭 뭉쳐. 뭉처 놔따가 쓰:머는 비누 돼. 깨끄 대.

그게 거푸미 나와요?

ᐨ 이~ 거품 나.

때두 지구?

ᐨ 응 때도 지고. 지그믄 옌나리는 그거 움쑹게 그냥 그르케 맨드런는디 지그믄 이 옥수끄르밍가[26] 머싱가 지금 사다 느쿠 맨드르믄 잘 돠. 맨드러 써써.

옥씨크린도 너서 만드르셔써요 할머니가?

ᐨ 아니 지그 지끄믄 인자 장이서 시장이서 상게 이르케 지금 맨드른 사람더른 그러케 쓴대. 그라는디 지끔 누가 비루[27] 맨드러 세탁끼 다 쓰는디. 세탁끼 다 쓰는데 하이타이 쓰먼 다 돼, 다 되지 뭐.

금 오깜 별로 빨래할 때 달라요? 오깜 별로.

ᐨ 빨래 할 때? 빨래 할 때 머 그거 옌나리 머 오깜 별루가 멀 달러 업씨 사는 사람드리. 옌나레는 움써서 명 명 거 광목 거 그렁 거 이부니께 그렁 거 다 치대서 빨랑게 기냥 잰물 비누루 다 써찌. 지그믄 누가 잰물 비누를 써. 어 터로시니 머니 이렁 거 나오는디. 이런 무명 거 까틍 거나 그

깨끗하게 빨려고 하려면 비누칠도 많이 하고, 삶아야 하고.

비누도 있어요?

￣비누를 만들어 썼지. 비누가 어디가 있어. 겨로 만들었지.

겨로요?

￣그럼 빨래 겨, (+양)잿물 넣고. 만들어 쓴 것도 우리도 퍽 (+많이) 만들어 썼어.

그거 어떻게 하시는 거예요?

￣비누를, 고 인제, 거시기 지금 양잿물 사다가 겨 있다, 겨. 방아 찧은 겨, 고운 겨. 그놈 넣고, 양잿물 넣고, 막 물, 물 끓여갖고, 양잿물 녹여갖고 겨하고, 그놈하고 익혀서 막 치대. 치대갖고, 바락바락 치대 놓으면은 인제 겨가 익을 거 아냐. 그러면은 꼭꼭 뭉쳐. 뭉쳐 놨다가 쓰면 비누 돼. 깨끗해.

그게 거품이 나와요?

￣응, 거품 나.

때도 지고?

￣응, 때도 지고. 지금은, 옛날에는 그거 없으니까 그냥 그렇게 만들었는데, 지금은 이 옥시크린(세제 상표명)인가 뭔가 지금 사다 넣고 만들면 잘 돼. 만들어 썼어.

옥시크린도 넣어서 만드셨어요, 할머니가?

￣아니, 지금, 지금은 인제 장에서, 시장에서 사니까, 이렇게 지금 만드는 사람들은 그렇게 쓴대. 그러는데 지금 누가 비누 민돌이, 세탁기 다 쓰는데. 세탁기 다 쓰는데 하이타이(세제 상표명) 쓰면 다 돼, 다 되지 뭐.

그럼 옷감 별로 빨래할 때 달라요? 옷감 별로.

￣빨래 할 때? 빨래 할 때 뭐, 그거 옛날에 뭐 옷감 별로 뭘 달라, 없이[28] 사는 사람들이. 옛날에는 없어서 명, 명, 거 광목 거 그런 거 입으니까, 그런 거 다 치대서 빨려니까 그냥 양잿물 비누로 다 썼지. 지금은 누가 (+양)잿물 비누를 써. 어, 털옷이니 뭐니, 이런 거 나오는데. 이런 무명 것(옷) 같

러케 치대서 빠러찌.

금 이제 말려가지구 아까 머 인두로 어트게 방망이 이렁 거 쓰셔써요?

¯ 음.

어트게 손질 어트게 하셔써요?

¯ 방맹이루 땜물 빠질라믄 방맹이루 투드려서 빨구. 인자 우굴쭈굴항 거 할라믄 대리미루 대려찌. 인두는 바느질 할 때나 사용하지. 바지저고 리 바느질 꼬맬 때기는자 이런 디 호구 항 거 우굴쭈굴 항게 싹: 대려가 머 풀칠 해가머서 데려서 바느질 할라먼 저구리 이런 디 이˜? 이짜기루 넹기구 저짜기루 넹기구 이제 할 테기 밥풀루다 부처가꾸 딱딱 대려가머 꼬매야지.

그때 인두.

¯ 그럼.

그러먼 다리미 다리미가 이써써요?

¯ 다리미 이찌 반드시.

그거또 이케 달궈가주구?

¯ 수뿔.

수뿔에?

¯ 어˜.

그게 머에요 이르미?

¯ 다리미.

그 수뿔 그 다마옹 거.

¯ 그거뿌구 다리미라구랴. 수뿔 때서 대리미다가 다머가꾸 대리 대리구 지그믄 지그믄 그 대리미가 이 기게 대리미²⁹⁾ 맨치로 나와가꾸 수뿌를 아 나구 증기다 꼬바서³⁰⁾ 하지만 엔나레는 수뿔루 해짜나. 이게 사발가떤 대 접까치 생긴 디다 다머서.

금 인두는 어디다가 이케 해요?

¯ 화리. 화로다가 화로다가 불 다마노쿠 꼬바노쿠.

은 거나 그렇게 치대서 빨았지.

　그럼 이제 말려가지고 아까 뭐 인두로 어떻게 방망이 이런 거 쓰셨어요?

　˚ 음.

어떻게 손질, 어떻게 하셨어요?

　˚ 방망이로, 땟물 빠지게 하려면 방망이로 두드려서 빨고. 인제 우글쭈글한 거 하려면 다리미로 다렸지. 인두는 바느질할 때나 사용하지. 바지 저고리 바느질 꿰맬 적에는 인제, 이런 데 홈질한 거 우글쭈글하니까 싹 다려 가면서, 풀칠해가면서 다려서 바느질하려면 저고리 이런 데 응? 이쪽으로 넘기고, 저쪽으로 넘기고 이제 할 적에 밥풀로 부쳐갖고 딱딱 다려 가며 꿰매야지.

　그때 인두.

　˚ 그럼.

그럼 다리미, 다리미가 있었어요?

　˚ 다리미 있지, 반드시.

그것도 이렇게 달궈가지고?

　˚ 숯불.

숯불에?

　˚ 응.

그게 뭐예요, 이름이?

　˚ 다리미.

그 숯불 그 담아온 거.

　˚ 그거보고 다리미라고 그래. 숯불 때서 다리미에다가 담아갖고 다리, 다리고 지금은, 지금은 그 다리미가 이 기계 다리미처럼 나와갖고 숯불로 안 하고 전기에 꽂아서 하지만 옛날에는 숯불로 했잖아. 이게 사발 같은, 대접같이 생긴 데다 담아서.

　그럼, 인두는 어디다가 이렇게 해요?

　˚ 화로. 화로에다가, 화로에다가 불 담아 놓고, 꽂아 놓고.

화리?

ⁿ 이이~.

금 다드미 다듬 다드미질 하는 거는?

ⁿ 다드미질 하능 거슨 빨래 빠러가꾸 푸지애가꾸 풀 미겨서 인자 막 투디리야지. 그거뿌구 다딤똘[31] 도리다 다디미지라지.

투두리능 건 머에요 이게?

ⁿ 다딤똘.

막때기는?

ⁿ 막때기엔 방망이. 다디미 빵맹이. 다디미 방맹이라구 그랴.

금 빨래도 다 동네에서 하는 고시 이써써요 아니면 지베서 그냥?

ⁿ 아 저 지끔 지비서 샴 판 사람드리 이글려닝게 이찌. 엔나리는 들:파니 가서 해찌 머. 다 이구 가서. 각짜 퍼 샤메[32] 가서. 저:: 들 까운데 샤미 가서.

아줌마들끼리요?

ⁿ 그럼.

금 거기서 막 얘기도 하고 그러셔껜네요?

ⁿ 그 함번 나가면 안 오머는 막 이~:: 주딩이 까구[33] 아논다구 뭔 지라라구 느께 오냐구 야다나구 할머니들 그래찌 멀 며느리드레한티. 그거 하믄 인자 수 수다하자냐. 여러시 모여씅게 수닥떨지.

빨래를 함번 빨고 두 번 빨고 이렁 거 이써써요?

ⁿ 음 아시 빨구 두 버네는 쌀므야구.

그르케 항상 그르케 하셔써요?

ⁿ 그럼.

함버나면 안지니까?

ⁿ 안 안지고 때가 안 나. 깨까다덜 아냐[34]. 뽀야나덜 아냐 쌀무야지. 비누발[35]루 쌀머서 잰무리다 쌀무야 삐야나지[36]. 그르케서 해드려찌. 여자드

화로?

˗ 응, 응.

그럼, 다듬이, 다듬, 다듬이질하는 거는?

˗ 다듬이질하는 것은 빨래 빨아갖고, 풀 먹여갖고, 풀 먹여서 인제 막 두드려야지. 그거 보고 다듬잇돌, 돌에다 다듬이질하지.

두드리는 건 뭐예요, 이게?

˗ 다듬잇돌.

막대기는?

˗ 막대기는 방망이. 다듬잇방망이. 다듬잇방망이라고 그래.

그럼 빨래도 다 동네에서 하는 곳이 있었어요, 아니면 집에서 그냥?

˗ 아, 저 지금 집에서 샘 판 사람들이 이 근래니까 있지. 옛날에는 들판에 가서 했지, 뭐. 다 이고 가서. 각자 퍼, 샘에 가서. 저 들 가운데 샘에 가서.

아줌마들끼리요?

˗ 그럼.

그럼 거기서 막 얘기도 하고 그러셨겠네요?

˗ 그 한번 나가면, 안 오면은 막 응, 주둥이 까고 안 온다고, 뭐 지랄하고 늦게 오냐고 야단하고 할머니들 그랬지 뭘, 며느리들네한테. 그거 하면 인제 수, 수다 떨잖아. 여럿이 모였으니까 수다 떨지.

빨래를 한 번 빨고, 두 번 빨고 이런 거 있었어요?

˗ 응, 애벌 빨고, 두 번째는 삶아야 하고.

그렇게, 항상 그렇게 하셨어요?

˗ 그럼.

한 번하면 안 지니까?

˗ 안, 안 지고 때가 안 나와. 깨끗하지 않아. 뽀얗지 않아, 삶아야지. 비누발로 삶아서 (+양)잿물에다 삶아야 뽀얗지. 그렇게 해서 해드렸지. 여자들

리 놀: 씨가니 어디가 이써 옌나리는. 마실[37]도 모 까. 눈 팔 쌔두 웁써.
바베 먹꾸 빨래 하구 푸지 해서 그렁 거 해서 이 식구덜 다 바느지레가꾸
이퍼드릴라먼 지비 대:주가 쪼꼼 머타게 출바리 널븐[38] 사라믄 바느질두
이쁘게 자래서 이필라믄 대가나다구. 그냥 암께나 그럭쩌럭 임는 사람드
른 쭝쭝쭝쭝 화상께나 해줘두 우리는 그르케 아내바써. 아부지가 우리 아
부지가 머쨍이구 신사여. 그래서 조케 해드리야야.

  할머니가 그럼 신경 마니 쓰셔껜네요.

  ˉ 그르치. 우리 어머니 도라가신 어머니가 자래서 디려써 우리 아부지.
나는 어려쓸 떼게 아부지가 한 이십 쌀 머거서 도라가셔씅게 내가 쪼금
해디리긴 해드려써두 어머니가 자::래드려써. 머쨍이 맨드러써 아부지를.
나 나두 응감니믄 내가 자래줘찌 인자. 바느질 내가 자랑게. 바느질 자랑
게 이쁘게 잘 해드려써.

  되게 조아 하셔껜네요 그러먼요.

  ˉ 응 조아해찌.

  그 안싸람 솜씨때로 사람드리 오슬 이버껜네요.

  ˉ 그르치 그릉게 에에옌나레는 싹빠느질두 하두 모다구 저러케 바느질
쨍이[39]드리 품파리꾼 바느질 저러케 싸가는 사람두 으쌍게. 제 소니루 다
지가 각짜가 다 꼬매잉께 우수께 꼬매이꾸 나오는 사람두 마냐 여자덜두.
지그믄 다 이쁘게 다 이꾸 나오지만 지그믄 머 바느질 저고리두 가틍 거
두 마니 안닙찌만 저르케 그냥 시장이서 바느질싸기루 하는 사람드리 이
끼 때매 거기다 줘:서 이붕게 다 이뿌지. 다 이쁘게 나오지. 그저니는 옌
나리는 저고리 이꾸 나오는 거 보면 참 우스꽝시르게 해이꾸 나오는 사
람들 마내써. 나는 샥:씨덜 여기 시집 까머는 사주 사준 쩌구리 저 실랑
네 지비서 사주 쩌구리 양단 저구리 가저 오능 거 내가 다 꼬매써. 메::옌
싸라물 꼬매줘써.

  할머니 자라시니까 소문 나가주구.

이 놀 시간이 어디 있어, 옛날에는. 마을도 못 가. (+한)눈 팔 새도 없어. 밥해 먹고, 빨래하고, 풀질해서 그런 거해서 이, 식구들 다 바느질해갖고 입혀 드리려면, 집에 대주가 조금 뭣하게 출발이 넓은 사람은 바느질도 예쁘게 잘해서 입히려면 힘들다고. 그냥 아무렇게나 그럭저럭 입는 사람들은 쫑쫑, 쫑쫑 화상께나 해줘도 우리는 그렇게 안 해봤어. 아버지가, 우리 아버지가 멋쟁이고 신사야. 그래서 좋게 해드려야 해.

할머니가 그럼 신경 많이 쓰셨겠네요.

˜ 그렇지. 우리 어머니, 돌아가신 어머니가 잘해서 드렸어, 우리 아버지. 나는 어렸을 적에 아버지가 한 이십 살 먹어서 돌아가셨으니까 내가 조금 해드리긴 해드렸어도 어머니가 잘해 드렸어. 멋쟁이 만들었어, 아버지를. 나, 나도 영감님은 내가 잘해줬지, 인제. 바느질 내가 잘하니까. 바느질 잘 하니까 예쁘게 잘해 드렸어.

되게 좋아하셨겠네요, 그러면요.

˜ 응, 좋아했지.

그 안사람 솜씨대로 사람들이 옷을 입었겠네요.

˜ 그렇지, 그러니까 예, 예(옛, 옛), 옛날에는 삯바느질도 하지도 못 하고 저렇게 바느질꾼들이 품팔이꾼 바느질 저렇게 삯으로 하는 사람도 없으니까. 자기 손으로 다 자기가, 각자가 다 꿰매니까 우습게 꿰매 입고 나오는 사람도 많아, 여자들도. 지금은 다 예쁘게 다 입고 나오지만, 지금은 뭐 바느질 저고리도 같은 것도 많이 안 입지만, 저렇게 그냥 시장에서 바느질삯으로 하는 사람들이 있기 때문에 거기다 줘서 입으니까 다 예쁘지. 다 예쁘게 나오지. 그 전에는, 옛날에는 저고리 입고 나오는 거 보면 참 우스꽝스럽게 해 입고 나오는 사람들 많았어. 나는 색시들 여기 시집 가면은 사주, 사주 저고리 저 신랑네 집에서 사주 저고리, 양단 저고리 가져 오는 거 내가 다 꿰맸어. 몇 사람을 꿰매 줬어.

할머니 잘 하시니까 소문 나가지고.

⎤ 응. 바느질 야 그 시집 깔라믄 사준 쩌구리는 우리 지비루 다 가꾸 와
써. 해달라구.

중유앙 거니깐.

⎤ 이˘ 해달라구 해서 내가 말러서 치쑤 재가 재서 그 사람 봐가꼬 치쑤
재서 사준 쩌고리 꼬매 주믄 지끔두 여기서 이븐 사람드리 메딜써서 지
금두 그 얘기야. 아러. 동네서 이르케 해서.

할머니 그러며는 그냥 그 천 만드러서 그냥 해이부면 안니뿌자나요 색까리.

⎤ 그래.

염새캐쓸 꺼 아니에요.

⎤ 염 자 빠러서 인자 거시기아믄 츠:미 떠다 할 때는 이뻐도 자꾸 빠르
머는 안 이부머는 물디리지. 우리 애더런 참:: 내가 이뿌게 자래놔따. 노
랑물두 디리구 부농물두 디리구.

그거 어뜨케 하시능 거에요?

⎤ 무리 파러 물깜. 파릉게 가따가 잘:: 디려가꾸[10] 손지레가꾸 다 꼬매서
이피므는 명즐[11] 때 나오면 아러. 누 집 따린지 누 집 아긴지. 딱:: 이꾸
나오면. 아이구 너는 느 어매가 솜씨가 조아서 참 젤 이뿌게 이꾸 나온
다. 그런 소리 드러찌 이˘.

금 옌나레 물깜 업쓸 땐 어떠케 물드려써요?

⎤ 몰라 나는 엔나리. 물깜 웁쓸 때는 멀로 핸나.

할머니 어려쓸 때 어트게 해드려써요, 해주셔써요?

⎤ 나 이쓸 때두 우리 엄니두 물깜 드리더라구.

사서?

⎤ 이˘ 사서. 그때도.

옌날 자연 물깜 말고?

⎤ 이˘. 그때두 무리 이써서 이거 쩌건 물 다 사다가.

무니도 너써요?

￣ 응. 바느질 야, 그, 시집가려면 사주 저고리는 우리 집으로 다 가져왔어. 해달라고.

중요한 거니까.

￣ 응, 해달라고 해서, 내가 말라서 치수 재가, 재서 그 사람 봐갖고 치수 재서 사주 저고리 꿰매 주면, 지금도 여기서 입은 사람들이 몇 있어서, 지금도 그 얘기 해. 알아. 동네에서 이렇게 해서.

할머니, 그러면은 그냥 그 천 만들어서 그냥 해 입으면 안 예쁘잖아요, 색깔이.

￣ 그래.

염색했을 거 아니에요.

￣ 염 인제 빨아서 인제 거시기하면 처음에 떠다 할 때는 예뻐도 자꾸 빨아서 안 예쁘면은 물들이지. 우리 애들은 참 내가 예쁘게 잘해 놨다. 노랑물도 들이고, 분홍물도 들이고.

그거 어떻게 하시는 거예요?

￣ 물(+감)을 팔아, 물감. 파니까 갖다가 잘 물들여갖고, 손질해갖고 다 꿰매서 입히면은 명절 때 나오면 알아. 뉘 집 딸인지, 뉘 집 아기인지. 딱 입고 나오면. 아이고, 너는 네 엄마가 솜씨가 좋아서 참 제일 예쁘게 입고 나온다. 그런 소리 들었지, 응.

그러면 옛날에 물감 없을 때는 어떻게 물들였어요?

￣ 몰라, 나는 옛날에는. 물감 없을 때는 뭐로 했나.

할머니 어렸을 때 어떻게 해느렀어요, 해주셨이요?

￣ 나 있을 때도 우리 어머니도 물감들이더라고.

사서?

￣ 응, 사서. 그때도.

옛날 자연 물감 말고?

￣ 응. 그때도 물감이 있어서 이거 저것 물감 다 사다가.

무늬도 넣었어요?

- 무니 몰라 안너써 무니를 어트게 지비서 맨드러.

금 제 이거 하나만 여쭤보께요. 무명 표배근 어터케 해써요 표백?

- 무명 포백? 응 (+양)잰물. 잼물 사다가 엄니 포백 하더라구. 사다가 폭::폭 쌀머서 막 투드려 빼믄 뽀야냐.

어 그려요?

- 이~ 양잰물루.

금 기와짱 가틍 거 빠아가주고 표백또 해써요?

- 아내써 그렁 건. 기와짱 빠가꾸 하는 거슨 시끼 따꺼써 씨끼.

어트케요 어트게?

- 시키. 이런 밥 퍼멍는 옌날 시끼. 그거 빠다가 고::께 처가꾸 그누미루 싹싹 따끄면 끼야냐[12].

오 그레요?

- 기와짱 이~. 그거뚜 이 슬 때모기 이른 때 이르케 오머는 그거 주수루[13] 댕기기가 이러써. 기와짱 주수루 댕기기가. 그거 시끼 따끌라구. 수제 따꾸.

오:: 그렁 걸루 빨랜 아나고.

- 아내써 그렁 걸루 무슨 빨래를 햐. 그륵 따꺼찌.

금 그르시 깨끄테저요?

- 이~ 개까댜. 그거 아니면 딱떨 모대써. 기와짱 아니믄.

그래요? 그럼 진짜 시끼는 멀로 따꺼써요 퐁퐁도 업써쓸 업썬는데.

- 포퐁 웁쏭게 그 그걸루 따꺼서 그거라구. 그거 웁쑤문 재루 따끄머는 그냥 시금[11] 안 그르케 까까다게 유니 안 나. 그 저:: 기와짱 주서다가 이게 체루 처가꾸 가루 맨드러서 쪼곰씩 노쿠 따꺼찌. 그러믄 뿌::여나지 그냥 스기 나.

신기하네. 그래꾸나. 그러케 빨구 설거지 하구 그래꾸나. 잼물로 하구.

- 잼물루 하구.

˜ 무늬는 몰라, 안 넣었어, 무늬를 어떻게 집에서 만들어.

그럼 인제 이거 하나만 여쭤볼게요. 무명 표백은 어떻게 했어요, 표백?

˜ 무명 표백? 응, 양잿물. (+양)잿물 사다가 어머니가 표백 하더라고. 사다가 폭폭 삶아서 막 두드려 빼면 뽀애.

어, 그래요?

˜ 응, 양잿물로.

그럼 기왓장 같은 거 빻아가지고 표백도 했어요?

˜ 안 했어, 그런 건. 기왓장 빻아갖고 하는 것은 식기 닦았어, 식기.

어떻게요, 어떻게?

˜ 식기. 이런 밥 퍼먹는, 옛날 식기. 그거 빻아다가 곱게 쳐갖고 그놈으로 싹싹 닦으면 뽀애.

오, 그래요?

˜ 기왓장, 응. 그것도 이 설 대목에 이런 때 이렇게 오면은 그거 주우러 다니는 것이 일이었어. 기왓장 주우러 다니는 것이. 그거 식기 닦으려고. 수저 닦고.

오, 그런 것으로 빨래는 안 하고.

˜ 안 했어, 그런 것으로 무슨 빨래를 해. 그릇 닦았지.

그럼 그릇이 깨끗해져요?

˜ 응, 깨끗해. 그거 아니면 닦지를 못 했어. 기왓장 아니면.

그래요? 그럼 진짜 식기는 뭐로 닦았어요, 퐁퐁(주방 세제 상표명)도 없었을, 없었는데.

˜ 퐁퐁도 없으니까 그, 그걸로 닦았어, 그걸 하고. 그거 없으면 재로 닦으면은 그냥 식기 안, 그렇게 깨끗하게 윤이 안 나. 그 저 기왓장 주워다가 이렇게 체로 쳐갖고 가루 만들어서 조금씩 놓고 닦았지. 그러면 뿌옇지, 그냥 광이 나.

신기하네. 그랬구나. 그렇게 빨고, 설거지하고 그랬구나. 양잿물로 하고.

˜ 양잿물로 하고.

또 비누 저로 만드러서 하구.

˜ 엔날 노인네들 주그니드리 불쌍야. 하두 고통스르게 사러서.

할머니 머 옫 이러케 만들다가 재미써떤 얘기 하나만 해주세요.

˜ 옫 만들다가? 재미떤 닐?

옫 이케 할머니 솜씨 조으셔가주구 그르케 옫 까틍 거 만들다가 재미써떤 얘기 하나.

˜ 옫 만들다 재미떤 얘기는 우리 큰딸 하꾜 댕길 때. 그 때 우와빠리[5]를 이브라구라더라구. 그런디 우와빠리를 하꾜에서 부창애꾜 댕길띠기 우와빠리를 맨들라는디 도:제 생가기 안 나. 그래서 바느질찌비 저 너머 하느니가 저 등[6]너머 하느니가 바느질찌비 이써써. 그래 가서 함버는 어트게 하냐 그래떠니 이르케 이르케 이르케 하라 구라더라구 알려주더라구. 그래 그느믈 이 하능 거설 보구 와가꾸 내가 지비서 우리 틀로 바거써. 바가서 우와빠리를 맨드러가꾸 하::얀 에리[7] 하 히네리 다라서 다:: 이케 해났는디 그르케 입 이펴 노닝게 이뻐 우리 따리 그라고 큰따리. 아이고 어트게 이쁜지 아주 그냥 참:: 싱기하게두 이뻐. 그래 내가 그때 그냥 맨드러 노쿠 명즐 때 인자 바지 저고리 치매 저고리 가가 임 애기가 이뻐써. 이뻐서 치매 저고리 명주베 떠서 부농물 디리고 노랑물 디리고 해가꼬 바느장 거러서[8] 치매 저고리를 함 벌 다 긍게 해서 이펑게 파럴 초이리다 인자 이꾸 나가는디 왜이르케 이뿌냐. 차::암 이뻐써. 이~ 그래서 가:덜 킬 띠기 그거 항 거시 누니 서녀내[9]. 지금 우리 애더른 자더른 그냥 사다만 이펑게 저렁 거 아냥게 신상은 펴나는디 그르케 이쁠 쑤가 읍써써.

이~ 진짜. 할머니가 해서 이러케 이펴노면 얼마나 기쁠까.

˜ 응 이~. 익 익꾸 조아가꾸 그냥 이~ 이래 저두 조아 저두 조아가꾸 이 처다보구 기뻐아드라구.

할머니두 되게 보람 이쓰셔께써요.

또 비누 겨로 만들어서 하고.

⎺ 옛날 노인네들, 죽은 이들이 불쌍해. 하도 고통스럽게 살아서.

할머니, 뭐 옷 이렇게 만들다가 재미있었던 얘기 하나만 해주세요.

⎺ 옷 만들다가? 재밌던 일?

옷 이렇게 할머니 솜씨 좋으셔가지고, 그렇게 옷 같은 거 만들다가 재밌었던 얘기 하나.

⎺ 옷 만들다 재밌던 얘기는 우리 큰딸 학교 다닐 때. 그 때 겉옷을 입으라고 그러더라고. 그런데 겉옷을 학교에서 부창(+초등)학교 다닐 적에 겉옷을 만들라는데 도저히 생각이 안 나. 그래서 바느질집이, 저 너머 하는 이가, 저 등성이 너머 하는 이가 바느질집이 있었어. 그래 가서 한번은 어떻게 하느냐 그랬더니 이렇게, 이렇게, 이렇게 하라 그러더라고, 알려주더라고. 그래 그놈을 이 하는 것을 보고 와갖고 내가 집에서 우리 (+재봉)틀로 박았어. 박아서 겉옷을 만들어갖고 하얀 깃, 하, 흰 깃을 달아서 다 이렇게 해놨는데 그렇게 입, 입혀 놓으니까 예뻐, 우리 딸이, 그리고 큰딸이. 아이고, 어떻게 예쁜지 아주 그냥 참 신기하게도 예뻐. 그래 내가 그때 그냥 만들어 놓고 명절 때 인제 바지저고리, 치마저고리, 그 애가 인(+물), 아기가 예뻤어. 예뻐서 치마저고리 명주 떠서 분홍물들이고, 노랑물들이고 해갖고 바느질해서 치마저고리를 한 벌 다 그렇게 해서 입히니까, 팔월 초일이다, 인제 입고 나가는데 왜 이렇게 예쁘냐. 참 예뻤어. 응, 그래서 걔늘 키울 적에 그거 한 깃이 눈에 선연해. 지금 우리 애들은, 재들은 그냥 사다만 입히니까, 저런 거 안 하니까 신상은 편한데, 그렇게 예쁠 수가 없었어.

응, 진짜. 할머니가 해서 이렇게 입혀 놓으면 얼마나 기쁠까.

⎺ 응, 응. 입, 입고 좋아갖고 그냥 응, 이렇게 저도 좋아, 저도 좋아갖고 응, 쳐다보고 기뻐하더라고.

할머니도 되게 보람 있으셨겠어요.

⁻ 응 그러케써 조아 항게. 자래 이펴써 내가.

솜씨 조은 엄마 때무네 남편 분 하라버지도 조아 하셔껜네.

⁻ 하라부지두 내가 명지 바지저고리 참:: 투드려 패서 홍두깨 이펴서 낙성아게[50] 이러케 해서 잘 해드려찌. 자래드려써 이뿌게.

고맙따고 하셔요?

⁻ 고맙따고나 머나 해중게 조타 고라지 머.

홍도깨 패는 게 머에요 할머니?

⁻ 다디미를 해가꾸 그라믄 이게 이게 이게 저븐 고고비[51]가 이짜냐. 그래 그라믄 고비 웁쌔기 위해서 홍도깨라구 나무루 요마::나게 해서 매::끄마게 해서 지래기[52] 이마나게 이써. 그라믄 거기따 홍도깨다 가머가꾸 막:: 투드려 패머는 꾸기가 하::나두 웁찌 매::크마지.

다리미보다 조아요?

⁻ 응. 다리미치름 항거치름 그르케 해써. 패대서 뚜디려서 그냥 나근나근나그나게 해가꾸 해디리문 이뿌지 그른디 털터래 쪼그매. 깔끔시르게를 아니버. 그저니 우리 아부지는 픽:: 깔끄매서 그르케 해디리면 깔끔시르게 이번는디 우리 응가믄 그르케 깔끄시럽뜰 아내써. 그냥 이부문 이부문 그거구 이 안 그르드라구. 해주기는 내가 자래줘써두.

- 응, 그렇게 했어, 좋아하니까. 잘해 입혔어, 내가.

솜씨 좋은 엄마 때문에 남편 분, 할아버지도 좋아하셨겠네.

- 할아버지도 내가 명주 바지저고리 참 두드려 패서, 홍두깨(+질해) 입혀서, 근사하게 이렇게 해서 잘해 드렸지. 잘해 드렸어, 예쁘게.

고맙다고 하셔요?

- 고맙다고나 뭐나 해주니까 좋다고 그러지, 뭐.

홍두깨 패는 게 뭐예요, 할머니?

- 다듬이를 해갖고 그러면 이게, 이게, 이게 접은 구, 구김이 있잖아. 그래, 그러면 구김을 없애기 위해서 홍두깨라고 나무로 요만하게 해서, 말끔하게 해서 길이가 이만하게 있어. 그러면 거기에다 홍두깨에다 감아갖고 막 두드려 패면 구김이 하나도 없지, 말끔하지.

다리미보다 좋아요?

- 응. 다리미처럼, 한 것처럼 그렇게 했어. 패어 대서, 두드려서 그냥 나긋나긋하게 해가지고 해드리면 예쁘지, 그런데 털털해, 조금. 깔끔하게 안 입어. 그전에 우리 아버지는 퍽 깔끔해서 그렇게 해드리면 깔끔하게 입었는데, 우리 영감은 그렇게 깔끔하지를 않았어. 그냥 입으면, 입으면 그거고, 이 안 그러더라고. 해주기는 내가 잘해 줬어도.

1) '자서'는 동사 '잣-'의 활용형 '자아서'에 대응되는 형태로 'ㅅ'불규칙용언인데, 어간말자음 /ㅅ/이 탈락한 뒤 형태소 경계의 모음중첩을 피하여 어미의 첫 모음이 탈락하는 양상을 보인다. 어간말자음을 탈락시키는 불규칙 용언의 경우에 형태소 경계의 모음중첩이 허용되는 중앙어와는 사뭇 다른 음운과정을 보이는 것이다. 이것은 모든 'Xㅎ-, Xㅅ-' 어간이 모음어미와 결합하는 환경에서 공통적으로 관찰되는 현상이다.

2) '쏭이, 쑹이, 쒱이'는 '송이'에 대응되는 임의변이형이다.

3) '모캐따리'는 '목화 다래'의 방언형이다.

4) '말리미'는 야트막한 등성이를 뜻한다.

5) '매까티'는 '배까티'의 잘못이고, '바깥에'의 방언형이다.

6) '이마식'은 '이만큼씩'의 뜻으로 '-마식'은 '-만큼씩'에 대응되는 형태이다.

7) '질쌈'은 '길쌈'이 구개음화한 형태이다.

8) 여기서 '나무'는 삼의 줄기인 '삼대'를 말한다.

9) '-더먼'은 '-더구먼'에 대응되는 형태이다.

10) '씨아시'는 '씨아'의 방언형인데, 이 화맥에서는 베를 짤 때에 가로 건너 짜는 '씨실'을 말하는 것 같다.

11) 이 방언에서 '잇-'은 규칙동사로 '잇을라믄(=이으려면), 잇어(=이어)'와 같이 모음어미 앞에서 어간의 형태를 유지한다.

12) '새∷'는 누에가 뽕잎 먹는 소리, 즉 의성어이다.

13) '-마두'는 조사 '-마다'에 대응되는 형태이다.

14) '홍겊'은 '헝겊'이 어두에 고모음화를 겪어 만들어진 형태이다.

15) '명'은 '무명'을 가리키는 말이다.

16) '명주베'는 명주를 의미한다.

17) '가위'에 대응하는 형태는 '가새'인데 이것은 후기중세국어형 'ᄀᆞ애'에 소급된다.

18) '데려가머'는 '데려가며'로 대역되는데 연결어미 '-며'에 대응되는 형태 '-머'를 확인할 수 있는 예이다. '-머'는 '-매'와 임의변이하여 '댕기머(=다니며), 댕기매(=다니며), 오머(=오며)'와 같은 예들이 나타난다.

19) '부치야지'는 '붙이+어야+지'로 분석된다. 개음절 어간이 모음어미 앞에서 어

간의 형태를 유지하는 또 다른 예이다. 이러한 양상은 '버리-+-어야지→버리야지'에서도 나타난다.

20) 여기서 '화나가는 것'은 '홈질'을 말하는 것 같다.

21) '솜두야'는 '솜(을) 둬야'로 대역된다. '보-, 하-'와 같이 활용할 때 어미의 첫 모음이 탈락하며 어간의 형태를 유지하는 예에 속한다.

22) '퍼대기'는 '포대기'의 방언형이다.

23) '눕히다'에 대응되는 형태는 '뉘다'이고, 장음으로 실현된다.

24) '알키다'는 '가르치다'에 대응되는 형태이다.

25) 어미 '-으X'가 어간의 원순성에 동화되어 '죽운(=죽은), 싫운(=싫은)'과 같이 활용하듯이 어미 '-어'도 어간의 원순성에 동화되는 현상이 나타난다. 따라서 '쌀무야'는 '쌂(=삶)-+-우야(=어야)'로 분석되어 '삶아야'로 대역된다.

26) 비누를 만들 때는 '수산화나트륨(양잿물)'을 사용한다. 이 화맥에서 제보자는 세제 상품명인 '옥시크린'과 혼동하고 있다.

27) '비루'는 '비누'의 잘못이다.

28) 여기서 '없다'는 '가난하다'의 뜻으로 쓰였다.

29) '대리미'는 '다리미'가 움라우트를 일으켜 생성된 형태인데, 그것의 동사형 '다리-'에 대응되는 형태도 움라우트를 겪은 '대리-'로 나타난다. 이는 움라우트 제약 조건인 [+설단성] 자음 /ㄹ/이 개재하는 경우 충남 방언에서 상당수가 실현된다.

30) 이 방언에서는 '꽂다'에 대응되는 의미로 '꼽다' 형태가 쓰인다.

31) '다딤돌'은 '다듬잇돌'의 축약형이다.

32) '샘(泉)'에 대응되는 방언형은 '샴이다.

33) '주딩이 까다'는 말은 '수다를 떨다'에 대응되는 속된 표현이다.

34) '깨깟하덜 안 햐'는 '깨끗하지를 않아'라는 의미인데, 이 방언에서 부정문 '-지 않다'는 '-덜 안 해'와 같은 통사적 방법으로 실현된다.

35) 여기서 '비누발'은 '비누'와 접미사 '발'이 파생어를 형성하여 쓰고 있다.

36) '삐얀하다, 쁘이얀하다'는 말은 '뽀얗다'에 대응되는 방언형이다.

37) '마실'은 '마을'의 방언형이다.

38) '대주가 출발이 넓다'는 말은 집안의 가장이 만나는 사람의 폭이 넓고 크다는 의미로 이해된다.

39) '바느질쟁이'는 바느질을 전문으로 하는 '바느질꾼'에 대응한다.

40) '디리다'는 '물들이다'의 방언형이다.

41) '명즐'은 '명절'의 방언형이다.

42) 여기서 '끼야냐'는 '뽀야냐'의 잘못이다.

43) '줍다'에 대응되는 기저형태는 '줏다'이고 규칙활용을 한다.

44) '시금'은 '식기(놋그릇)'의 잘못이다.

45) '우와빠리'는 일본어에 근거를 두는 것으로 '겉옷'을 의미한다.

46) '등'은 '잔등'의 준말로 '고개, 등성이' 등을 나타나는 말이다.

47) '에리'는 '깃'을 의미하는 일본어이다.

48) '바느장 걸다'는 '바느질하다'의 뜻이다.

49) '선연해'는 '뚜렷해'로 순화한 말이다.

50) '낙썽아게'는 이 화맥에서 '근사하고 멋있게'라는 의미인 듯하다.

51) '고비'는 옷을 접었다가 다시 폈을 때 그 부분에 생긴 접힌 자국을 의미한다.

52) '지래기'는 '길이'를 뜻하는 방언형이다.

식생활

1. 채소 재배와 요리

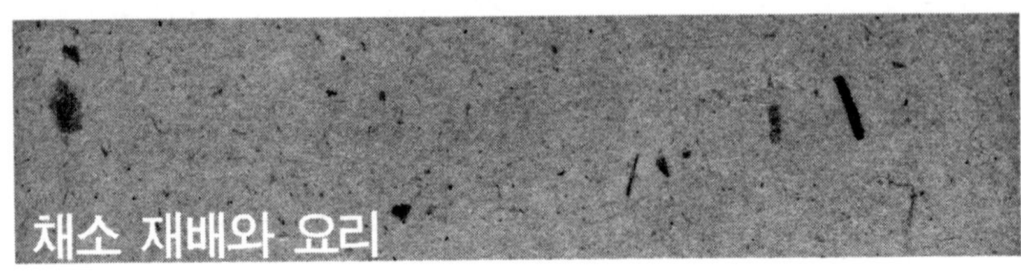

할머니 오느른 식쌩와레 대해서 여쩌보께요.

‑ 응.

채소 재배하능 거하고 요리를 먼저 여쩌보께요. 어 바테서 기른 채소에는 어떻 거뜨리 이써요? 채소.

‑ 채수화? 무 배추 파 시금치 당근 머 넵[1] 그 그게 머여 다마네기 마늘 그릉 거지 점부.

그러며는 이렁 건 어트게 길러 머그세요 처으메? 배추부터 좀 얘기해 주세요.

‑ 배추? 배추 씨 던저따가[2] 그냥 지그믄 모 사다 시머. 씨 던지면 또 고로게 잘 나구 안 나구 할 때 이쓩게 호배추 갸:리 짐장 하능 거슨 몬 멍는 노믄 갈:구 파니다가 해 논 놈. 종자 재배 한 사라만티 사다 시머 오래 잘 데때 오래. 그르케 해떠니.

그러면 상치 상추는요 상추?

‑ 상추? 상추 바티다 가르믄 잘 돠. 그거는 막 보미 던저. 인제 쪼금 이쓰믄 가르야야. 정월 스 슬 새구[3] 나서 보롬 새구 이월 초에는 던저 버리야야. 상추는 일찍 까러.

그럼 그냥 막 자라는 대로 뜨더멍능 거에요?

‑ 응 뜨더 머긍게 잘 커 그건. 추워두 아 너러 주거.

어 그러쿠나!

‑ 그느미 도카. 다 안 안 말러 주거. 무는뇨? 무는 안직 모 씨머.

어 그래요?

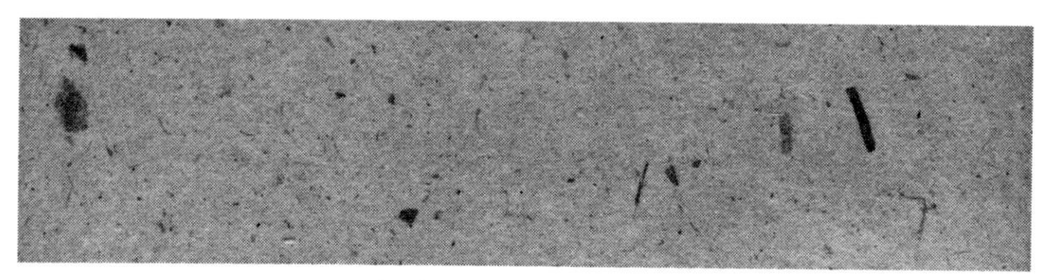

할머니, 오늘은 식생활에 대해서 여쭤볼게요.

‑ 응.

채소 재배하는 거하고, 요리를 먼저 여쭤볼게요. 어, 밭에서 기른 채소에는 어떤 것들이 있어요? 채소.

‑ 채소? 무, 배추, 파, 시금치, 당금 뭐, 넵, 그 그게 뭐야, 양파, 마늘, 그런 거지, 전부.

그러면은 이런 건 어떻게 길러 먹으세요, 처음에? 배추부터 좀 얘기해 주세요.

‑ 배추? 배추 씨 뿌렸다가 그냥, 지금은 모 사다 심어. 씨 뿌리면 또 고르게 잘 나고 안 나고 할 때가 있으니까, 호배추 가을에 김장하는 것은, 못 먹는 놈은 갈고, 판에다가 해 놓은 것. 종자 재배 한 사람한테서 사다가 심어, 올해 잘 됐대, 올해. 그렇게 했더니.

그러면 상추, 상추는요, 상추?

‑ 상추? 상추 밭에다 갈면 잘 돼. 그것은 막 봄에 뿌려. 인제 조금 있으면 갈아야 해. 정월, 설, 설 쇠고 나서 보름 쇠고 이월 초에는 뿌려 비러야 해. 상추는 일찍 갈아.

그럼 그냥 막 자라는 대로 뜯어먹는 거예요?

‑ 응, 뜯어먹으니까 잘 커, 그건. 추워도 안 얼어 죽어.

어, 그렇구나!

‑ 그놈이 독해. 다 안, 안 말라 죽어. 무는요? 무는 아직 못 심어.

어, 그래요?

- 에~ 무는 이~ 치럴따리 심우야야. 치럴버터 인제 갸:리 멍넌 무는 갸:리 채소 멍넌 무는 그 때 싱꼬 봄 무라고 인는디 보미 멍능 거 종자 던지먼 잘 커.

그럼 가으레 멍는 무 어트게 커요? 길러 머거요?

- 갸:리 멍닝 거 바티다 더저믄 이~ 오월 유월 유월따레 음녁 유월 양녀 그루 치뤌 그 때 가르먼 치럴 한 달 파뤌 한 달 구월 시월따리는 뽑찌아나? 상개월만 커두 잘 커 마니 커.

그래서 그냥 멍능 거에요?

- 이~.

장다리무는 머에요 할머니?

- 장다리는 공다리야. 그걸 뿌려따가 인자 보미 지끔 뿌릴 씨간 쪼그미 쓰믄 뿌리야건네. 그거 뿌려따가 열무 하능 겨. 장다리가. 응 여르메 머 여르메 열:무. 열:무 씨더로 장다리"라 구랴.

파는뇨?

- 파는 자 머 쑤시루 심는디 아무 때두 심는디 보미 이케 모 버따가 여르미 이케 파종 해노쿠 뽀바다가 인자 옴:겨 심찌. 잘 대 파두.

고추?

- 꼬추 인자 저거 보미 씸꾸.

그냥 시므면 다 잘 나요? 머 특뼈리 해 주능 거 업써요?

- 특뼈리 하능 거 웁써. 꼬추두 잘 나는디 지끔더른 다 해서 재배 해가꾸 모 판때기다 키워가꾸 종자루 파러멍는 사람덜 이쓰게 그거 사다 시머. 조아 모럴 모를 사다 심능 게 시워.

근데 고추는 머 이러케 북또돠 준다고 이렁 거또 하고 머 막때기도 꼬자 노차나요.

- 아니 꼬추막때 꼬부야지. 그라야 따지. 부또 도다주구.

왜 그르케 하능 거에요?

─ 에, 무는 응, 칠월 달에 심어야 해. 칠월부터 인제 가을에 먹는 무는, 가을에 채소 먹는 무는 그 때 심고, 봄 무라고 있는데 봄에 먹는 거 종자 뿌리면 잘 커.

그럼 가을에 먹는 무는 어떻게 커요? 길러 먹어요?

─ 가을에 먹는 거 밭에다 뿌리면, 응, 오월, 유월, 유월 달에 음력 유월, 양력으로 칠월 그 때 갈면, 칠월 한 달, 팔월 한 달, 구월, 시월 달에는 뽑잖아? 삼 개월만 커도 잘 커, 많이 커.

그래서 그냥 먹는 거예요?

─ 응.

장다리무는 뭐예요, 할머니?

─ 장다리는 공다리야. 그걸 뿌렸다가 인제 봄에 지금 뿌릴 시간이네, 조금 있으면 뿌려야겠네. 그거 뿌렸다가 열무 하는 거야. 장다리가. 응, 여름에 뭐 여름에 열무. 열무 씨더러 장다리라고 그래.

파는요?

─ 파는 인제 뭐 수시로 심는데, 아무 때도 심는데 봄에 이렇게 모 부었다가, 여름에 이렇게 파종 해놓고 뽑아다가 인제 옮겨 심지. 잘 돼, 파도.

고추?

─ 고추 인제 저거 봄에 심고.

그냥 심으면 다 잘 나요? 뭐 특별히 해 주는 거 없어요?

특별히 하는 거 없어. 고추도 잘 나는데, 지금들은 다 해서 재배해갖고, 모 판에다 키워갖고 종자로 팔아먹는 사람들이 있으니까, 그거 사다 심어. 좋아, 모를, 모를 사다 심는 게 쉬워.

그런데 고추는 뭐 이렇게 북돋워 준다고, 이런 것도 하고 뭐 막대기도 꽂아 놓잖아요.

─ 아니, 고추 막대 꽂아야지. 그래야 따지. 북도 돋워주고.

왜 그렇게 하는 거예요?

￣ 안 자빠지게. 꼬초는 자빠지머는 쑤와기⁵⁾ 여러따가 다 절씰⁶⁾ 모다자냐, 씨러지면. 그렇게 부틀 도다줄 떼기 짱짱하라고 막때기 꼬바서 짬매노쿠⁷⁾ 부쭈구 그르카지.

시금치 줌 알려주세요.

￣ 시금치? 시금치 보미 심찌. 보미 시머서 보미 멍는 눔 이꾸 가:리 시머서 이 겨:리 멍는 눔두 이꾸 인는디 대:개 보미 시머 보미. 보미 마니 시머.

부추는뇨?

￣ 부추? 부추는 씸는 씨아시루 씸는 거뽀덤 그거 시머 나따가 찌저 심능 게 마나. 옹:겨 시무야야. 부추 모를 붜따가 마니 나머는 찌저서 바티다 다:: 거 여 다른 데루 옹겨서 이 엥겨 시머. 그라우야 그거시 뿌리가 쩌:러 부트먼 앙 커 그거는. 그 쩌른 느믈 다꾸 뜨더 노야야. 제각각.

그서 호미로 시머요?

￣ 이~ 호미루. 시워 그래두 그거뚜.

마늘요 할머니.

￣ 마늘 마느른 시아니⁸⁾ 시머찌. 가으리 가으리 시머서 지끔 이 파종이 안직 싸기 안터찌 이사기가. 지금 올라와.

가을에 심능 건?

￣ 가으리 시머.

마느른 또 어트게 손지라는 거 머 그렁 거느뇨?

￣ 마늘 시머노쿠 지끄믄 엔나리는 막 고:리다 수북쑤북 이르케 심는데 지그먼 신식 뗴서 그거뚜 베니루가 다 나와가꾸 구머글 하나하나 다 뜨러놔짜나. 그래 베니루 사다가 쪽: 까라노쿠 그 항 구머게 하낙씩 다 시머. 구머기다가. 그릉게 고대루 키워. 거름만 주먼 대 거름만. 거름 미꺼름 소기다가 거름 느쿠 싱:꾸. 그대로 크지 인자.

금 거르믄 어떵 걸 젤 잘 줘야 돼요 잘 싱경써서?

⎺ 안 쓰러지게. 고추는 쓰러지면은 수확(고추)이 열었다가 다 결실 못하잖아, 쓰러지면. 그러니까 북을 돋워줄 때 짱짱하라고 막대기 꽂아서 잡아매놓고, 북돋워주고 그렇게 하지.

시금치 좀 알려 주세요.

⎺ 시금치? 시금치 봄에 심지. 봄에 심어서 봄에 먹는 놈 있고, 가을에 심어서 이 겨울에 먹는 놈도 있고 있는데, 대개 봄에 심어, 봄에. 봄에 많이 심어.

부추는요?

⎺ 부추? 부추는 심는 씨앗으로 심는 것보다 그거 심어 났다가 찢어 심는 게 많아. 옮겨 심어야 해. 부추 모를 부었다가 많이 나면은 찢어서 밭에다 다 거, 여 다른 데로 옮겨서 이, 옮겨 심어. 그래야 그것이 뿌리가 절어 붙으면 안 커, 그거는. 그 전 놈을 자꾸 뜯어 놓아야 해. 제각각.

그래서 호미로 심어요?

⎺ 응, 호미로. 쉬워, 그래도 그것도.

마늘은요, 할머니.

⎺ 마늘, 마늘은 겨울에 심었지. 가을에, 가을에 심어서 지금 이, 파종이 아직 싹이 안 텄지, 이삭이. 지금 올라와.

가을에 심는 건?

⎺ 가을에 심어.

마늘은 또 어떻게 손실하는 서 뭐, 그런 깃은요?

⎺ 마늘 심어놓고 지금은, 옛날에는 막 골에다 수북수북 이렇게 심었는데, 지금은 신식 돼서 그것도 비닐이 다 나와갖고 구멍을 하나하나 다 뚫어 났잖아. 그래 비닐 사다가 쪽 깔아놓고 그 한 구멍에 하나씩 다 심어. 구멍에다가. 그렇게 고대로 키워. 거름만 주면 돼, 거름만. 거름, 밑거름 속에다가 거름 넣고 심고. 그대로 크지, 인제.

그럼 거름은 어떤 걸 제일 잘 줘야 돼요, 잘 신경 써서?

─ 거름? 태:비 저 시장이서 파러. 마늘 비루라구.

금 머 고추나 이렁 거 보다도 마느를 퉤비 줘야 돼요?

─ 어 마 마늘 시믈 때기 퇴비 쪼끔 하구 마늘롱사 심넝[9] 거시 더 꼬추 보덤 더 시웁, 시워. 심머만 노쿠 미꺼 소기다 미꺼름 하구 시머 노머는 크더락까장[10] 얼마 거름두 아냐. 야 비 비올 띠기 비루 쩨끄매만 슬슬 뿌려주먼 잘 커 잘.

생강은뇨 할머니?

─ 생강두 생강은 쪼끔 이써서 한 사월 오월따리 시므야야 생강. 삼사월 시머서 가으리 캐능 거지. 그런 농사지끼는 시워. 생강 가틍 거 그렁 건.

쑥까시나 미나리도?

─ 쑥까슨 바티다 하야구 미나리는 저 논빼미[11]다 하야지. 무린는 디다가.

그렁 건 어트케 시무세요?

─ 쑤까 쑤까슨 씨루 싱꾸 미나리는 저 미나리깡이서 난: 눔 뜨더다가 포기포기 모 심떠끼 뜨문뜨문 뜨문뜨문 시너노믄 쩌러부터 미나리깡[12] 돠. 그거 그거는.

미나리깡이요?

─ 음.

그게 머에요?

─ 미나리반 이짜냐. 여가 널띠 미나리빤.

그게 미나리깡이에요?

─ 이~ 미나리깡. 거그서 막 쩌다가 엥겨[13] 심찌 엥겨 시머. 그케 따다. 몯 모짜리여서 모 뽀바다가 모 심떠기.

할무이 죽쑨두 길러 보셔써요?

─ 죽쑨 대나무반. 죽쑨 이~. 구건 머 저절루 나. 대바티서. 우리 저 우: 찌비 사를 띠기 대바시 찌금두 이써 그집 팔구 네러와서. 죽씨니 을마나

˭ 거름? 퇴비, 저 시장에서 팔아. 마늘 비료라고.

그럼 뭐 고추나 이런 거보다도 마늘을 퇴비 줘야 돼요?

˭ 어, 마, 마늘 심을 적에 퇴비 조금하고, 마늘농사 심는 것이 더 고추보다 더 쉬워, 쉬워. 심어만 놓고 밑거, 속에다 밑거름하고 심어 놓으면은 클 때까지 얼마 거름도 안 해. 야, 비, 비올 적에 비료 조금만 슬슬 뿌려주면 잘 커, 잘.

생강은요, 할머니?

˭ 생강도, 생강은 조금 있어서 한 사월, 오월 달에 심어야 해, 생강. 삼사월 심어서 가을에 캐는 거지. 그런 농사짓기는 쉬워. 생강 같은 거, 그런 것은.

쑥갓이나 미나리도?

˭ 쑥갓은 밭에다 해야 하고, 미나리는 저 논배미에다 해야지. 물 있는 데에다가.

그런 건 어떻게 심으세요?

˭ 쑥갓, 쑥갓은 씨로 심고, 미나리는 저 미나리꽝에서 난 놈 뜯어다가 포기포기 모 심듯이 드문드문, 드문드문 심어놓으면 절어 붙어 미나리꽝 돼. 그거, 그거는.

미나리꽝이요?

˭ 음.

그게 뭐예요?

˭ 미나리꽝 있잖아. 여기가 넓지, 미나리꽝.

그게 미니리꽝이에요?

˭ 응, 미나리꽝. 거기서 막 쩌다가 옮겨 심지, 옮겨 심어. 그렇게 따다. 못, 못자리에서 모 뽑아다가 모 심듯이.

할머니, 죽순도 길러 보셨어요?

˭ 죽순, 대나무밭. 죽순, 응. 그건 뭐 저절로 나. 대밭에서. 우리 저 윗집에 살을 적에 대밭이 지금도 있어, 그 집 팔고 내려와서. 죽순이 얼마나

마이 나는디 막 팔뚜까리 이른 느미 막 쭉쭉 나. 아이 거 오월딸 사월 오월. 양여그루 오월딸 사월딸 데머는 이 하냐[14] 막 나기 시자간다. 나오기 시작 하믄 막 이런 누미 올라와.

머 씨 안 뿌리구.

￢ 아 암 뿌려! 그 대나무 바티서 그냥 나와. 이~ 함번 쩌러 부트먼 매맨날 나와.

금 죽쑤느로 머 해 드세요?

￢ 여그 싸람덜 죽씬[15] 그릉 거 암 머거 그라는디 일번 싸람드리 그저니 우리 죽씬 마:니 날띠기 뽀바다 달라 가먼 그 사람더른 요리를 자래 먹뜨라구. 구워 죽씨늘. 그어 부리 궈가꾸 그저니는 지끄믄 곤노[16]지만 엔나리는 곤노두 우꾸 풍로라구 그거 불 펴서 수뿌리다 머 하능 거 이써꺼든? 거기다 구떠라구. 궈가꾸 짝::짝 쓰러서 소금 무처가꾸 궈가꾸 먹떼. 이~ 궈서 머거. 그 궈서 꼬치장두 안 찌거 머꾸 매웅게. 일번 싸람 매웅 거 몸 머긍게 왜간장 간장 일본 싸람 그거뿌구 왜간장이라지 그 사람드리 멍는 간장. 거기다 양녀매서 찌거 먹뜨라구.

요즈메 막 탕수육 까튼 데 드러가자나요.

￢ 이~ 지그믄 마~이 쓰지.

그 다메 감자는 어트게 길러 머거요 할머니?

￢ 고구마여 하지깜자여?

하지깜자.

￢ 하지깜자 쪼그미쑤문 싱껀네 보미. 보미 시머서 가으리 가으리 캐는디 그 바테다 시머 그냥.

씨:알 고구마에 남겨 놔따가?

￢ 으이~. 하지깜자 사다가 여기 농사진는 사람더리나 된나 어쨌나는 몰로지만 대게 둘라문 심드러 그거. 잘 그랑게 기냥 종자때 데믄 시장이 가서 한 일관 여기 재배 마::니 하는 사람더런 다 둬따 하지. 그렁 거 농사

많이 나는데, 막 팔뚝 같은 이런 놈이 막 쭉쭉 나. 아이, 그거 오월 달, 사월, 오월. 양력으로 오월 달, 사월 달 되면은 이, 함께 막 나기 시작한다. 나오기 시작하면 막 이런 놈이 올라와.

　뭐 씨 안 뿌리고.

　￣ 아, 안 뿌려! 그 대나무 밭에서 그냥 나와. 응, 한번 절어 붙으면 만, 만날 나와.

　그럼 죽순으로 뭐 해 드세요?

　￣ 여기 사람들 죽순 그런 거 안 먹어. 그런데 일본 사람들이 그전에 우리 죽순 많이 날 적에 뽑아다 달라고 하면 그 사람들은 요리를 잘해 먹더라고. 구워, 죽순을. 그거 불에 구워갖고 그 전에는, 지금은 풍로지만 옛날에는 풍로도 없고, 풍로라고 그거 불 피워서 숯불에다 뭐 하는 거 있었거든? 거기다 굽더라고. 구워갖고 짝짝 썰어서 소금 묻혀갖고 구워갖고 먹데. 응, 구워서 먹어. 그거 구워서 고추장도 안 찍어 먹고, 매우니까. 일본 사람 매운 거 못 먹으니까 왜간장, 간장, 일본 사람 그거 보고 왜간장이라 하지, 그 사람들이 먹는 간장. 거기다 양념해서 찍어 먹더라고.

　요즘에 막 탕수육 같은 데 들어가잖아요.

　￣ 응, 지금은 많이 쓰지.

　그 다음에 감자는 어떻게 길러 먹어요, 할머니?

　￣ 고구마야, 하지감자야?

　하지감자.

　￣ 하지감자, 조금 있으면 심겠네, 봄에. 봄에 심어서 가을에, 가을에 캐는데 그 밭에다 심어, 그냥.

　씨 할 고구마에 남겨 놨다가?

　￣ 응. 하지감자 사다가 여기 농사짓는 사람들이나 됐나 어쨌나는 모르지만 대개 두려면 힘들어, 그거. 잘, 그러니까 그냥 종자 때 되면 시장에 가서 한 일 관, 여기 재배 많이 하는 사람들은 다 됐다 하지. 그런 거 농사,

여기는 쪼끔 지닝게 한 일 관 이 관 쪼끔씩 사다가 머글 꺼 조곰 심는디
잘 커 짜기루 잉 잘 커 잘 라. 그래 여기는 농사 마니 안징게 씨 머 찌금
씩 항게 마니 하는 사람 이씨야지. 면저기 작:짜나 다덜 바시.

그럼 고구마는요 할머니?

‾ 고고마는? 수늘 내:가꾸 이르게 내:믄 이르케 이 올라오자냐. 그라면
수늘 짤러서 똑똑똑똑 끄너서 수니루 시머. 고고마 에~ 에~ 수니로 시머
이거는 그냥 씨로 아냐. 종자를 내 종을 내. 바티다 요만::치 이르케 할라
믄 한 이백 평 삼백 평 시믈 꺼래두 요자리만 가지면 할껴. 자리 바거서
뒤엄 소기다 뒤엄 퇴비 느쿠 이 막 흑 찌구[17] 되 퇴비 소기다 바꾸서는 흑
솥 소기다가 막 잔뜩 흐글 찌구서는 우이다 이르케 이르케 고고마를 수
늘 노:크 감자를 가따 논다 이~. 고고마를 가따 노머는 그라구서는 폭::
더퍼서 우이 딱: 더퍼 놔두구 인자 따따다게 지비루 딱 더퍼 놔두면 아널
자냐. 지금 쏜 지끔 고고마 쏜 늘 때여 정월따리. 순 너서 이르게 딱 막
씨워 놔두문 막 이막큼씩 후끈 후끄나니 막 소박::아게 올라오지. 그라믄
오월 류월까지 그냥 여기 사월 오월 따리 마니 나오믄 그 수냉이[18] 끄너
다가 바티다 시머. 순 끄러서.

그냥 시머요? 뿌리가 업짜나요.

‾ 뿌리 순 수니루. 순 뜨 뜨더서 이르케 감자순 이짜냐. 이르게 주::두
라케 나오먼 똑똑 짤라서 요 지리기에서 요 지리기[19]. 요 지리기 이르케
이르케 끄느야야. 요 지리기에서 요 지래기 끄느먼 땅에다 땅 무꾸 여기
서 여기망크믄 흐기루 무꾸 이건 냉겨 둬 이 올라온 무디기[20]를. 이케 냉
겨두문 거그서 사::무 인자 막 버더나가머서 고고마 소기서 알 드르머 임
미 뿌리가 수냉이가 뻐드머 그랴 바티루 하나.

토라느뇨 할머니 토란?

‾ 토라는 씨알로 그냥 가따 시머나둬.

어 그래요?

여기는 조금 지으니까 한 일 관, 이 관 조금씩 사다가 먹을 거 조금 심는데 잘 커, 싹으로 응, 잘 커, 잘 나. 그래, 여기는 농사 많이 안 지으니까 씨, 뭐 조금씩 하니까 많이 하는 사람 있어야지. 면적이 작잖아, 다들 밭이.

　그럼 고구마는요, 할머니?

　￣ 고구마는? 순을 내갖고 이렇게 내면 이렇게 이, 올라오잖아. 그러면 순을 잘라서 똑똑, 똑똑 끊어서 순으로 심어. 고구마, 응, 응, 순으로 심어, 이것은 그냥 씨로 안 해. 종자를 내, 종자를 내. 밭에다 요만큼 이렇게 하려면 한 이백 평, 삼백 평, 심을 것이라도 요 자리만 가지면 할 거야. 자리를 박아서 두엄 속에다가 두엄 퇴비 넣고 이, 막 흙 넣고 퇴, 퇴비 속에다 박고서는 흙 속, 속에다가 막 잔뜩 흙을 넣고서는 위에다 이렇게, 이렇게 고구마 순을 놓고, 감자를 갖다 논다, 응. 고구마를 갖다 놓으면, 그리고서는 폭 덮어서 위에 딱 덮어 놔두고, 인제 따뜻하게 짚으로 딱 덮어 놔두면 안 얼잖아. 지금 순, 지금 고구마 순 넣을 때야, 정월달에. 순 넣어서 이렇게 딱, 막 씌워 놔두면, 막 이만큼씩 후끈후끈하게, 막 수북하게 올라오지. 그러면 오월, 유월까지 그냥 여기 사월 오월 달에 많이 나오면 그 순 끊어다가 밭에다 심어. 순 끊어서.

　그냥 심어요? 뿌리가 없잖아요.

　￣ 뿌리, 순, 순으로. 순 뜯, 뜯어서 이렇게 감자 순 있잖아. 이렇게 기다랗게 나오면 똑똑 잘라서 요 길이에서 요 길이(+까지). 요 길이 이렇게, 이렇게 끊어야 해. 요 길이에서, 요 길이 끊으면 땅에다 딱 묻고, 여기서 여기만큼은 흙으로 묻고 이건 남겨 둬, 이 올라오는 무더기를. 이렇게 남겨두면 거기서 사뭇 인제 막 뻗어나가면서 고구마 속에서 알 들으며 이미 뿌리가 순이 뻗으며 그래, 밭으로 하나.

　토란은요, 할머니, 토란?

　￣ 토란은 씨알로 그냥 갖다 심어놔 둬.

　어, 그래요?

- 잉. 토란씨 그늠 하낙씩 드문드문 시머노믄 그거 여가내서 죽뚜 아냐. 병두 웁써.

연그는요 할머니?

- 여?

연근.

- 연그는 여기서 아냐. 저 농빼미서 햐. 노니서 하능 겨.

해보셔써요?

- 아내바써 그릉 건. 여 하는 사람 저 건너 누가 와서 하나 한다구 하는디 지금 장녀니 해노쿠 올 보미 데머는자 또 나올껴 거그서 싸기 틀껴. 연그나는 사람 웁써.

당그니요.

- 당그는 시머.

어트케 하세요?

- 씨로. 씨루 시머 잉. 씨루 시머 당근씨 사다가 보미 시머. 시므먼 가으리 캐는디 그거뚜.

근데 당근 보면 까무잡짭 하자나요. 시장에 내농 건 빨가난데. 달라요 종이?

- 어 아니. 까무잡잡 하면 당근 껍때기가 가무잡잡 해두 글그머는 빨가냐 그게. 이르케 크 이 클 때 클 때 보면 욷 우꺼뎅이 여기는 이케 이 입쌔귀가 나온 디 그 미티 똥아리 바로는 까마. 우리도 시머 바찌만 까마사라먀. 그러내 뽀바다가 인자 닥닥 글거버리먼 발가내저.

응 그러쿠나.

- 응.

그래서 그냥케 당그는 씨뿌려가주구?

- 씨 잉 씨루 시머도 잘 커. 바티다 무 심띠끼. 잘 크더라고.

우엉은요 할머니?

- 우억?

⁻ 응. 토란 씨, 그놈 하나씩 드문드문 심어놓으면 그거 여간해서 죽지도 안 해. 병도 없어.

연근은요, 할머니?

⁻ 여?

연근.

⁻ 연근은 여기서 안 해. 저 논배미에서 해. 논에서 하는 거야.

해 보셨어요?

⁻ 안 해봤어, 그런 건. 여기 하는 사람 저 건너 누가 와서 하나 한다고 하는데, 지금 작년에 해놓고 올 봄이 되면 인제 또 나올 거야, 거기서 싹이 틀 거야. 연근 하는 사람 없어.

당근이요.

⁻ 당근은 심어.

어떻게 하세요?

⁻ 씨로. 씨로 심어, 응. 씨로 심어, 당근 씨 사다가 봄에 심어. 심으면 가을에 캐는데, 그것도.

근데 당근 보면 까무잡잡하잖아요. 시장에 내놓은 것은 빨간데. 달라요, 종이?

⁻ 어, 아니. 까무잡잡하면, 당근 껍데기가 까무잡잡해도 긁으면 빨개, 그게. 이렇게 크, 응, 클 때, 클 때 보면 윗, 윗동아리 여기는 이렇게 잎, 잎사귀가 나온 데 그 밑에 동아리 바로는 까매. 우리도 심어 봤지만 까무스름해. 그런 것 뽑아다가 인제 늑늑 긁어버리면 발개저.

응, 그렇구나.

⁻ 응.

그래서 그냥 그렇게 당근은 씨 뿌려가지고?

⁻ 씨, 응, 씨로 심어도 잘 커. 밭에다, 무 심듯이. 잘 크더라고.

우엉은요, 할머니?

⁻ 우엉?

우엉.

¯ 우엉두 여기선 아내. 노니다 하지.

호박.

¯ 호바근 심찌.

어트게 하세요?

¯ 바티다 씨루 하낙씩.

하나씨교?

¯ 응 하나씩. 두 개 한 구딍이 두 개씩 하낙씩 지버너서 인자 마니 드러
가서 서너 너대깨씩 씸 씨머노쿠 다 나:머는 소까버리지. 두 개만 나두구.
소까내면 잘 커 그렁 건. 농사지끼 시웅 게 호방 농사다.

그러쿠나. 가지?

¯ 가지두 싱:꾸. 가지두 씨루 시머.

씨루 시머요?

¯ 응 씨루 시머따 모붜따가 그냥 이리저리 엥겨 시머 잘라.

가지두 머 이케 대 줘야 돼요 잘 자라라고?

¯ 응.

막때?

¯ 가지가 에~ 꼬바주야 꼬바주야지 앙 꼬바주머는 인자 이짜기다 열라
저까 저짜기다 열라 가지 가지 가지가 막 이르케 느러지머는 자빠저. 막
때기에 꼭 쭘매 주야 거기가 완저나게 사르가꼬 짱짱하니²¹⁾ 부터이찌.

열매도 잘 매저요?

¯ 잘 매저.

세어노면 더 잘 매저요?

¯ 응 잘 저. 잘 대. 가지가튼 농사지끼 일두 아녀.

오이.

¯ 오이 가지 머. 오이는자 시머노쿠 넝쿠로라 올라가라구 이르케 대나

우엉.

ᵀ 우엉도 여기서는 안 해. 논에다 하지.

호박.

ᵀ 호박은 심지.

어떻게 하세요?

ᵀ 밭에다 씨로 하나씩.

하나씩요?

ᵀ 응, 하나씩. 두 개, 한 구덩이 두 개씩, 하나씩 집어넣어서 인제 많이 들어가서 서너, 네댓 개씩 심, 심어놓고 다 나면은 솎아버리지. 두 개만 놔두고. 솎아내면 잘 커, 그런 것은. 농사짓기 쉬운 것이 호박 농사이다.

그렇구나. 가지?

ᵀ 가지도 심고. 가지도 씨로 심어.

씨로 심어요?

ᵀ 응, 씨로 심었다가, 모 부었다가 그냥 이리저리 옮겨 심어, 잘 나.

가지도 뭐 이렇게 대 줘야 돼요, 잘 자라라고?

ᵀ 응.

막대?

ᵀ 가지가 응, 꽂아 줘야, 꽂아 줘야지 안 꽂아 주면은 인제 이쪽에 열라 저쪽, 저쪽에 열라 가지, 가지, 가지가 막 이렇게 늘어지면 넘어져. 막대 기에 꼭 잡아매 줘야 거기가 완전하게 살아갖고 쩡쩡하게 붙어있지.

열매도 잘 맺어요?

ᵀ 잘 맺어.

세워 놓으면 더 잘 맺어요?

ᵀ 응, 잘, 저 (+맺어). 잘 돼. 가지 같은 농사짓기 일도 아니야.

오이.

ᵀ 오이, 가지, 뭐. 오이는 인제 심어놓고 덩굴 올라, 올라가라고 이렇게

무 가틍 걸 그르게 집 쩌서 막 짬매주야 올라가지. 우리는 마니 아낭게 두어 포기 바티다 이르케 바꾸뎅이다 시머서 따 머글 때두 이꾸 안 따머글 때두 이꾸. 그냥 이 디 우라니 여기다가 쪼곰 시머서 메께 시머서 따 머꾸 그래.

언제 시머요 오이?

⌐ 다 농사지서 파러 파러 머글라구 한 사람드른 우:상²²⁾ 아이다가 지금 낙쫑애서 요마큼씩 커떼 오이. 그래 그럼 사다가 보미 심찌 인자. 여르미.

사다 시무세요?

⌐ 오월 응 오월따리.

씨 안 뿌리시고?

⌐ 암 뿌려. 싸:: 오이 가지 그런 거 시장에서. 처눠니 머 시: 포기 니: 포기 이러케 중게 그런 거 가따 싱꾸 머 할라구 아냐. 한 이처눤 어치 삼처눠치 이러케 사다가 그냥 죽 시머 놔뚜따가 올라가믄 이 울타리 해주구 따머꾸 그랴. 아 지금 싸람들 그거 전문저기루 하는 사람드리 씨안내 해서 지그믄 다 버러멍는 생왈이 다각각 아녀? 그릏게 다:: 자기네 마니 종자루 해서 내서 파는 사람 그거 사다가 또 열매 여러서 따다 파는 사람 다 그런디 우리네는 머 그런 장사를 아나구 그양 멍는 거만 쪼곰씩 항게 그양 다 우리 머글 꺼만. 근 자드리 인자 가게항게 마니 저른 데다 삳 그냥 가따 마니 사옹게 기냥 거기서 가따 머꾸 그랴.

그럼 할머니 토마토 해보셔써요 토마토?

⌐ 토마토는 아내바써.

혹시 어트게 하는지 아세요?

⌐ 토마토두 보미 여러떤 지금 하는 사람드른 지금 다 모드러가찌 이랜는데 그거뚜 이거 오이 가지치름 저 온상 아니다 길러따가 나오는 사람 덜 토마토 오이 씨 사루 가므는 마 토마토 머 모 마이 나오데. 그라면 메 포기 사다 심는 사람두 이써 여기. 잘 열더라구.

대나무 같은 걸 그렇게 집 지어서 막 잡아매 줘야 올라가지. 우리는 많이 안 하니까, 두어 포기 밭에다 이렇게 밭 구덩이에다 심어서 따 먹을 때도 있고, 안 따먹을 때도 있고. 그냥 이 뒤울안에 여기다가 조금 심어서 몇 개 심어서 따먹고 그래.

언제 심어요, 오이?

˗ 다 농사지어서 팔아, 팔아, 먹으려고 한 사람들은 온상 안에다가 지금 파종해서 요만큼씩 컸는데, 오이. 그래, 그놈 사다가 봄에 심지, 인제. 여름에.

사다 심으세요?

˗ 오월, 응, 오월 달에.

씨 안 뿌리시고?

˗ 안 뿌려. 싸, 오이, 가지 그런 거, 시장에서. 천원에 뭐 세 포기, 네 포기 이렇게 주니까 그런 거 갖다 심고, 뭐 하려고, 안 해. 한 이천 원 어치, 삼천 원 어치, 이렇게 사다가 그냥 죽 심어 놔뒀다가 올라가면 이 울타리 해주고 따먹고 그래. 아, 지금 사람들, 그거 전문적으로 하는 사람들이 씨앗을 내, 해서 지금은 다 벌어먹는 생활이 다 각각 아니야? 그러니까 다 자기네 많이 종자로 해서 내서 파는 사람, 그거 사다가 또 열매 열어서 따다 파는 사람, 다 그런데 우리네는 뭐 그런 장사를 안 하고, 그냥 먹는 것만 조금씩 하니까 그냥 다 우리 먹을 것만. 그런데 쟤들이 인제 가게를 하니까, 많이 저런 데다 사, 그냥 갖다 많이 사오니까, 그냥 거기서 갖다 먹고 그래.

그럼 할머니, 토마토 해보셨어요, 토마토?

˗ 토마토는 안 해봤어.

혹시 어떻게 하는지 아세요?

˗ 토마토도 봄에 열었던, 지금 하는 사람들은 지금 다 모 들여갔지. 이랬는데 그것도 이거 오이, 가지처럼 저 온상 안에다 길렀다가 나오는 사람들 토마토, 오이 씨 사러 가면은 뭐, 토마토 뭐, 모 많이 나오데. 그러면 몇 포기 사다 심는 사람도 있어, 여기. 잘 열더라고.

그니까 받 그 시장에서 사와서 모를 사오는구나!

⎯ 잉 살다가[23]. 종자애서 파는 사라미 마나쟈네 지끄믄 종자루.

그럼 연그니나 우엉 가튼 거 할머니 아내 보셔따고 해쪼?

⎯ 응 아내바써 그런 거.

근데 어트게 하는지도.

⎯ 몰라. 그거는 노니서 하는 사람드리 전문저기루 하는 사람들 나 귀경두 아내바써.

버서슨요 혹시 버섣?

⎯ 버섣? 표고퍼서뚜 이 지비서 하는디 여 뒤찌비 여기서 하는디 참나무버섣. 그거 참나무다 는는 거 보여. 고거 하는디 나무에다가 종뉴[24] 이 종주를 너어, 나무에다. 조 조그메 이쓰믄 나무루 나무를 이 토마게 요지레기 이르케 막 여 저기서 이만치 지리기 이르케 오게 짤르네. 그래서 인자 구먹 뜨러주러 온 사라미 이써 기게루. 다 돌려가머 구머글 뜨러. 그라믄 거기다가 여기서 이라러 우리 품 팔러 가보믄 종근[25] 가따주믄 옌나레는 종그늘 막 이르게 그 옌날 싸람들두 멍청애서 그르케 할 중을 몰릉게 병에다가 종주를 이르케 가 너서 오므는 그누믈 다 병을 깨트러가꾸 그누믈 다∷ 이르케 투가리 가튼 디다 다머노쿠 도구지래서 방아 양념 찐는 도구통 이짜냐. 거기다 드러버서 이러케 콕콕콕콕 쩌가꾸 그 구먹 구머게 늘라믄 무지하게 더뎌써. 그랜는디 지그믄 종근두 그러케 안 너.

그러니까 밭, 그 시장에서 사와서, 모를 사오는구나!

⁻ 응, 사다가. 종자로 해서 파는 사람이 많이 있잖아, 지금은 종자로.

그럼 연근이나 우엉 같은 거 할머니 안 해 보셨다고 했죠?

⁻ 응, 안 해봤어, 그런 거.

그런데 어떻게 하는지도.

⁻ 몰라. 그것은 논에서 하는 사람들이 전문적으로 하는 사람들, 나 구경도 안 해봤어.

버섯은요, 혹시 버섯?

⁻ 버섯? 표고버섯도 이 집에서 하는데, 여기 뒷집에 여기서 하는데, 참나무 버섯. 그거 참나무에다 넣는 거 보여. 고거 하는데 나무에다가 종균, 이 종균을 넣어, 나무에다. 조, 조금만 있으면 나무로, 나무를 이 토막에 요 길이 이렇게 막, 여기저기서 이만큼 길이가 이렇게 오게 자르네. 그래서 인제 구멍 뚫어주러 온 사람이 있어, 기계로. 다 돌아가며 구멍을 뚫어. 그러면 거기다가 여기서 일하러, 우리 품 팔러 가보면, 종균 갖다 주면, 옛날에는 종균을 막 이렇게 그 옛날 사람들도 멍청해서 그렇게 할 줄을 모르니까 병에다가 종균을 이렇게 갖다 넣어서 오면은, 그 놈을 다 병을 깨뜨려갖고, 그놈을 다 이렇게 뚝배기 같은 데다 담아놓고 절구질해서 방아, 양념 찧는 절구통 있잖아. 거기다 들어 부어서 이렇게 콕콕, 콕콕 찧어가지고 그 구멍, 구멍에 넣으려면 무지하게 더뎠어. 그랬는데 지금은 종균도 그렇게 안 넣어.

■ 주석

1) ‘넵’은 별 의미가 없는 간투사이다.
2) ‘배추씨 던지다’는 ‘배추씨 뿌리다’의 뜻이다.
3) ‘슬 새다’는 ‘설 쇠다’의 방언형이다.
4) ‘장다리’는 ‘씨를 받기 위해 장다리꽃이 피도록 가꾼 무’를 뜻한다.
5) ‘쑤왁’은 ‘수확’인데, 여기서는 고추를 뜻한다.
6) ‘절씰’은 ‘결실’이 구개음화한 형태이다.
7) ‘짬매다’는 ‘잡아매다, 묶다’의 의미에 대응되는 방언형이다.
8) ‘시한’은 ‘겨울’의 방언형이다.
9) ‘마늘농사 심다’는 ‘마늘 심다’의 의미이다.
10) ‘크더락까장’은 ‘크-+-도록+-까지’의 구조를 갖는데 ‘클 때까지’로 대역한다.
11) ‘논빼미’는 ‘논배미’를 가리키는 것으로 ‘논두렁으로 둘러싸인 논의 하나하나
    의 구역’을 일컫는다.
12) ‘미나리깡’ 혹은 ‘미나리받(밭)’은 ‘미나리꽝’을 가리키는 말이다.
13) ‘엥겨’는 ‘옮겨’에 대응된다. ‘엥기-’는 사동사 ‘옮기-’가 움라우트한 형태이다.
14) ‘하냑’은 ‘하냥’의 잘못이고, 충남 방언에서 ‘하냥’은 ‘함께’의 뜻으로 쓰이는
    방언형이다.
15) ‘죽씬’은 ‘죽순’의 방언형이다.
16) ‘곤로’는 ‘풍로, 화로’이다. 이 제보자는 [골로] 대신 [곤노]로 발음한다.
17) ‘찌구’는 ‘끼고’의 방언형인데, 이 화맥에서 ‘흙 끼다’는 ‘흙을 넣다’의 뜻이다.
18) ‘수냉이’는 ‘순+앵이(접미사)’로 ‘순(筍)’을 가리키는 방언형이다.
19) ‘지리기’는 ‘길이’를 의미한다. ‘지리기, 지래기’는 ‘길이’에 대응되는 방언형이
    다. ‘길다’의 어간 ‘길’이 구개음화 ‘질’이 되는데 여기에 접미사 ‘에/애기’와 통
    합하여 ‘지레기→지리기’로 실현된다.
20) ‘무디기’는 ‘무더기’가 움라우트를 겪어 생성된 형태이다(무더기→무데기→
    무디기).
21) ‘짱짱하다’는 말은 ‘끄떡없이 단단하다, 매우 굳세다’ 등의 뜻인데, 이 제보자
    는 식물에도 쓰고 있다.
22) ‘우:상’은 ‘온상’을 뜻하는 방언형이다.

23) '살다가'는 '사다가'의 잘못이다.
24) '종뉴'는 '종균'의 잘못이다.
25) '종근, 종주'는 '종균(種菌)'을 가리키는 방언형이다.

거주 생활

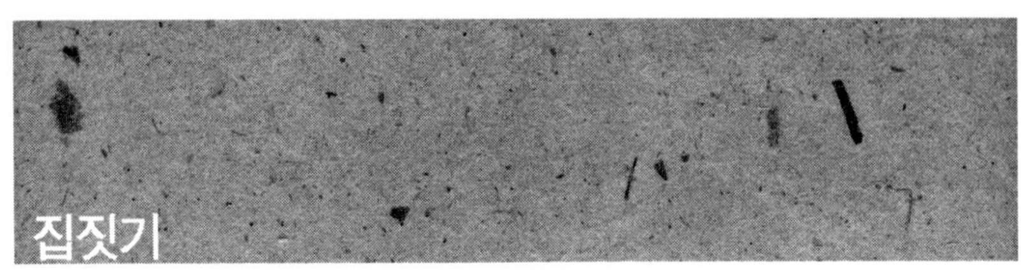

이제 거주생왈에서 집찌끼에 대해서 여쭤보께요.

⁻ 이 잉.

할머니 처으메 이제 집터를 집찔려면 집터를 이제 선정을 해야 되자나요?

⁻ 잉 터를 다듬능 거.

어뜨케 집터를 선정해요 어뜨케?

⁻ 집터를 다드믈 떼기 지과늘 오래다가 오:디루 안치냐. 그거 제: 처뻐니 그거 무러봐. 다 집 찔라믄 그냥 지턴 아나자냐. 그 지관 오래다가 워디루 나나망이루 안치느냐 워디는 어디 어 지금 대개 보면 나망찌블 마니 지차냐. 그르게 지어서 인자 상 상낭¹⁾을 이 주추 놀 떼기 메 씨에 그거 논나. 워트게 하나 터를 어트게 다듬나. 그거뚜 아러보구.

그러케서 그 집 찐 그 사람 불러다가?

⁻ 잉 그거 하고. 그라고서는 인자 터 다듬꾸 주추 노쿠.

할머니 그럼 터다질 때는 또 아니 터다질 때 부르는 노래 이써요 혹시?

⁻ 노래 불루더믄 나 몰라 잘.

불러써요?

⁻ 잉: 보구 우리 노 하대 뭐라구. 주 주추 주추 노차 주추 노차라등가 머라구 하덩가 하드라구 남자더리. 딱: 내기²⁾ 집 바.

싱기하다.

⁻ 그 거시기루 다드므머서.

기억 모타세요?

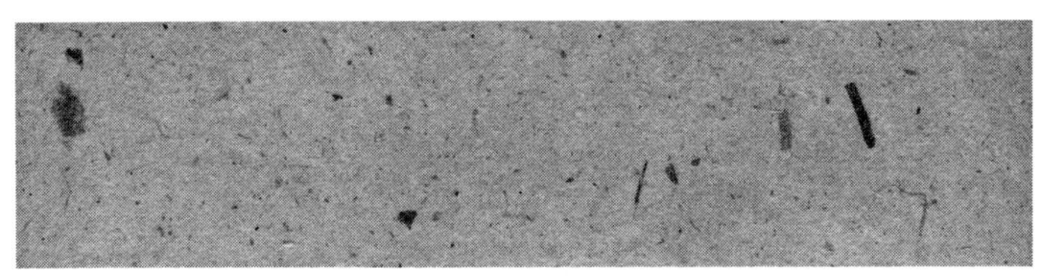

인제 거주생활에서, 집짓기에 대해서 여쭤 볼게요.

˗ 이, 응.

할머니, 처음에 인제 집터를, 집 지으려면 집터를 인제 선정을 해야 되잖아요?

˗ 응, 터를 다듬는 것.

어떻게 집터를 선정해요, 어떻게?

˗ 집터를 다듬을 때 지사를 오래서 어디로 (+집을) 앉히느냐. 그거 제일 첫 번에 그거 물어봐. 다 집 지으려면 그냥 짓지는 않잖아. 그 지관 오래서 어디로 남, 남향으로 앉히느냐, 어디는 어디 어, 지금 대개 보면 남향 집을 많이 짓잖아. 그렇게 지어서 인제 상, 상량을 이 주춧돌 놓을 적에 몇 시에 그거 놓나. 어떻게 하나, 터를 어떻게 다듬나. 그것도 알아보고.

그렇게 해서 그 집 지은 그 사람 불러다가?

˗ 응, 그거 하고. 그러고서는 인제 터 다듬고, 주추 놓고.

할머니, 그럼 터 다질 때는 또 아니, 터 다질 때 부르는 노래 있어요, 혹시?

˗ 노래 부르더구먼, 나 놀라, 살.

불렀어요?

˗ 응, 보고 우리 노(+래)하데, 뭐라고. 주, 주추, 주추 놓자, 주추 놓자라던가, 뭐라고 하던가 하더라고, 남자들이. 딱 네 구(+석) 집 봐.

신기하다.

˗ 그 거시기로 다듬으면서.

기억 못 하세요?

˗ 그러케 할 뻬르슨 업써 아냐.

그렁 거 귀안 건데 그렁 거.

˗ 주 주추 노차구 하등가 머라구 하등가 하머서 노래 하머서 핸는디. 다 이전네.

하라버지도?

˗ 엥 우리 영가미. 그래 나는 머글 꺼 해서 날르니라구 머 여벌팅이[3]여 찌. 뒤에서 이라는디 지끔만 해두 멍능 거시 저기하지만 그 저니는 머 여 간 마니 멍능 거 해 날리야자냐. 음서기[4] 귀할 때라.

금 인제 옌날 할머니 옌날시그로 집 진능 거 해보셔따고 해짜나요 하라버지 랑 가치? 그거 쫌 이제 순서대로 인제 얘기 좀 해주세요. 처으메 터 다끌 때 어 트게 하시는지?

˗ 처으미 터 다꺼 터 다드머 노쿠 이 네 구텡이 저 주추똘 바거 노쿠 지 동[5] 세우구 대보[6] 거 걸구.

게보가 머에요?

˗ 개보 이게 지둥 세운 디다가 막때기 이르케 이르케서 거능 거 게보 거능 거 엽꾸레[7]루다.

보: 보는 어트케 하신다고요?

˗ 그거 인제 지둥은 지둥이구 이 엽꾸리에 너능 거 게보 보 거능 거 보 보짱[8] 건다구 그라드라구 우리 영가미. 보짱 걸구 네 구 이겡 머지 이 지 블 질라믄 네 구텡이가 상지둥이 이쓰니께 이 네 구 다: 거르야자냐. 그 러케 거러노쿠 거기다 딱 해노쿠서는 서까레 상 상낭을 하야야. 상낭을 하야 서까레를 세워. 그러케.

근데 보: 보는 멀로 이러케 거러요 보?

˗ 막때기.

어 그래요?

˗ 잉.

 그렇게 할 버릇은 없어, 안 해.

그런 것은 귀한 건데, 그런 거.

 주, 주추 놓자고 하던가, 뭐라고 하던가 하면서, 노래하면서 했는데. 다 잊었네.

할아버지도?

 응, 우리 영감이. 그래 나는 먹을 거 해서 나르느라고 뭐 곁다리였지. 뒤에서 일하는데 지금만 해도 먹는 것이 저기 하지만, 그 전에는 뭐 여간 많이 먹는 거 해 날라야 하잖아. 음식이 귀할 때라.

그럼 인제 옛날 할머니 옛날식으로 집 짓는 거 해보셨다고 했잖아요, 할아버지랑 같이? 그거 좀 인제 순서대로 인제 얘기 좀 해주세요. 처음에 터 닦을 때 어떻게 하시는지?

 처음에 터 닦아, 터 다듬어 놓고, 이 네 구석 저, 주춧돌 박아 놓고, 기둥 세우고, 대들보 그거 걸고.

대들보가 뭐예요?

 대들보 이게 기둥 세운 데에다가 막대기 이렇게, 이렇게 해서 거는 거, 대들보 거는 거, 옆구리로다.

보, 보는 어떻게 하신다고요?

 그거 인제 기둥은 기둥이고, 이 옆구리에 넣는 거 대들보, 보 거는 거, 보, 들보 건다고 그러더라고 우리 영감이. 들보 걸고 네 구(+석), 이게 뭐지 이 집을 지으려면 네 구석이 상기능이 있으니까, 이 네 구(+석), 디 걸어야 하잖아. 그렇게 걸어놓고, 거기다 딱 해놓고서는 서까래 상, 상량을 해야 해. 상량을 해야, 서까래를 세워. 그렇게.

근데 보, 보는 뭐로 이렇게 걸어요, 보?

 막대기.

어, 그래요?

 응.

금 벼근 아직 안 만들고?

ㅡ 잉 그저니 잉 그 지금 그르케 처으미는 엔나레는 그러키 핸는디 지끄먼 인자 벽또리 이쓱게 벽똘루 착착착착 싸쿠 인자 여기 아피만 지동 박꾸 저런 디는 지동 아나구 그 거시기루다가 벽똘루다가만 지금 항게 더 시워.

그 엔나레는 일딴 게보를.

ㅡ 잉 다.

네 구텡이 이름 뭐요?

ㅡ 네 구탱이 하야지 잉.

금 인제 벽 아직 안 만들고 벌써 상낭을 해요?

ㅡ 벅 암 만들고 상낭을 하야야.

그러쿠나!

ㅡ 엥.

한 번 얘기 해주세요 상낭하능 거.

ㅡ 상낭하는 상낭 막때기를 상낭뽀라구 젤:: 존 노믈 가따가 그날 시두 쓰구 주인 이름 원 대주 이름 그거 쓰구 상낭을 하지.

부스로 쓰고요?

ㅡ 잉 부스로 쓰구. 상낭을 한 대메 인자 여그 벼글 다 만드능겨 이 외때기 여꺼가꾸[9]. 엔나레는 엔날 지븐. 여꺼서 다. 베랑빠글 맨드러 베랑빠글[10] 다.

나무로?

ㅡ 나무로 다 여꺼서. 그래노코서는 인자 다 인자 죄 발러 또 흐기루. 그렁게 경장히 오래 걸려써. 지그믄 머 한 번만 발러 두 썩 발러 버리먼 다 되자네 집찌끼가 쉬웁찌. 제 엔날찌븐 되게 깨탈마저써[11]. 발러노쿠 외때기 여꺼가꾸 아 아이 아피 발르구 뒤 발르구 또 마뼈가구 또 또 발르구 메 시버를 발러 시버늘.

어 마뼈기 머에요 마뼉?

그럼 벽은 아직 안 만들고?

― 응, 그전에 응, 그 지금 그렇게 처음에는 옛날에는 그렇게 했는데, 지금은 인제 벽돌이 있으니까, 벽돌로 착착, 착착 쌓고, 인제 여기 앞에만 기둥 박고, 저런 데는 기둥 안 하고 그 거시기로다가 벽돌로만 지금 하니까, 더 쉬워.

그 옛날에는 일단 대들보를.

― 응, 다.

네 구석 이름이 뭐요?

― 네 구석 해야지, 응.

그럼 인제 벽 아직 안 만들고 벌써 상량을 해요?

― 벽 안 만들고 상량을 해야 해.

그렇구나!

― 응.

한 번 얘기 해주세요, 상량하는 거.

― 상량하는, 상량 막대기를 마룻대라고 제일 좋은 것을 갖다가 그날 시(일시)도 쓰고, 주인 이름, 원 대주 이름 그거 쓰고 상량을 하지.

붓으로 쓰고요?

― 응, 붓으로 쓰고. 상량을 한 다음에 인제 여기 벽을 다 만드는 거야, 이 외엮어갖고. 옛날에는, 옛날 집은. 엮어서, 다. 벽을 만들어 벽을 다.

나무로?

― 나무로 다 엮어서. 그렇게 해놓고서는 인제 다 인제 죄 발라, 또 흙으로. 그러니까 굉장히 오래 걸렸어. 지금은 뭐 한 번만 발라도 쓱 발라 버리면 다 되잖아, 집짓기가 쉽지. 저 옛날 집은 되게 까다로웠어. 발라놓고 외엮어갖고 아, 아이(+고), 앞에 바르고, 뒤에 바르고, 또 맞벽하고, 또, 또 바르고 몇, 세 번을 발라, 세 번을.

어 맞벽이 뭐예요, 맞벽?

￣ 마뻐근 금방 발르능 거구. 인자 중가니 또 함 번 발르구. 아주 인자 다 매꼬마게[12] 하능 거 인자 다 에여꺼노코 매꼬마게 문지러 새벽 치야지[13] 인자.

아 두껍게 맨들어 며 뻐늘 말릉 말릉.

￣ 잉. 가믄 한 번 아시 발러노쿠 외때기 여꺼서 그양 마시 발러노쿠 또 저 여기서 한 번 발 아니서 발르먼 저 저짝 베까이 껍떼기는 그냥 이짜냐. 거기서 또 한 번 발러서 끄둑끄두가게 말르먼 또 한 번 발르구 저짜기 가서 또 한 번 발르구. 그러카고서는 인자 곱:께 마주막[14] 이 그러케 햐.

마지막?

￣ 아이구! 그거 그르케 집 찔라믄 상 개월 걸려 상 개월. 그런디 지그믄 머 금방 햐. 집 진능 거 집 진능 거 깨달시럽뚜 아냐 지그믄. 흑 외 벽똘 생겨가꾸 흑. 벽똘루 싸버리먼[15] 그마닝게.

그러며는 지금 흑 빨르능 거조 흑?

￣ 잉 에 엔나레는 흑 빨러찌. 지그믄 쎄멘뜨[16]가 저게 벽또리 나와쓩게 그걸루 싸버링게 일두 아녀.

그러케 하며는 이러케 머 요즈메는 머 며 층 며 따느로 그러케 하자나 소기 따뜨타게 바람 안 통하게.

￣ 잉 잉. 그래 스치로푸 노쿠[17] 지금 메 딴 발르지.

근데 그 땐 나무만?

￣ 나무만 하구 우야 흐기루만 발러썬는데 흐기루 싹 발러노먼 바라미 들 드러와. 그래 세사무리[18]루 발러 우리두 흑 벽또려 이게. 흐게다 발릉겨. 흐기루다 발러서 흐글 우리는 그러케 아나구 인자 흑뻑또를 저거치름 벽돌치름 찌거서 찌거가꼬 말려따가 이거 다 쌍겨 이게. 흐 흐기루. 흑뻑똘루. 그러케 싸서 베랑 바라미 새버게 들 드롸.

그리구 흐그로 하며는 모메도 조테요.

￣ 이거 흐기루 다 쌍 겨 흐기루 흐기루 싸악 발러서 흑뻑똘루.

˚ 맞벽은 금방 바르는 거고. 인제 중간에 또 한 번 바르고. 아주 인제 다 매끈하게 하는 거 인제, 다 외얽어놓고 매끈하게 문질러 새벽질해야지, 인제.

아, 두껍게 만들어, 몇 번을 마르게, 마르게.

˚ 응. 그러면 한 번 애벌 발라놓고, 외얽어서 그냥 애벌 발라놓고, 또 저 여기서 한 번 안에서 바르면 저, 저쪽 밖에 껍데기는 그냥 있잖아. 거기서 또 한 번 발라서 꾸덕꾸덕하게 마르면, 또 한 번 바르고, 저쪽에 가서 또, 한 번 바르고. 그렇게 하고서는 인제 곱게 마지막 응, 그렇게 해.

마지막?

˚ 아이고! 그거 그렇게 집 지으려면 삼 개월 걸려, 삼 개월. 그런데 지금은 뭐 금방 해. 집 짓는 거, 집 짓는 거 까다롭지도 안 해, 지금은. 흙, 왜 벽돌 생겨갖고, 흙. 벽돌로 쌓아 버리면 그만이니까.

그러면은 지금 흙 바르는 거죠, 흙?

˚ 응, 에, 옛날에는 흙 발랐지. 지금은 시멘트가 저게 벽돌이 나왔으니까, 그걸로 쌓아버리니까 일도 아니야.

그렇게 하면은 이렇게 뭐 요즘에는 뭐 몇 층, 몇 단으로 그렇게 하잖아요, 속이 따뜻하게, 바람 안 통하게.

˚ 응, 응. 그래, 스티로폼 넣고 지금 몇 단으로 바르지.

근데 그 땐 나무만?

˚ 나무만 하고 위야 흙으로만 발랐있는데, 흙으로 싹 발라놓으면 바람이 덜 들어와. 그래, 회삼물로 발라, 우리도 흙벽돌이야, 이게. 흙에다 바른 거야. 흙으로다 발라서, 흙을 우리는 그렇게 안 하고, 인제 흙벽돌을 저거처럼, 벽돌처럼 찍어서 찍어갖고 말렸다가 이거 다 쌓은 거야, 이게. 흙, 흙으로. 흙벽돌로. 그렇게 쌓아서 별로 바람이 새벽에 덜 들어와.

그리고 흙으로 하면은 몸에도 좋대요.

˚ 이거 흙으로 다 쌓은 거야, 흙으로, 흙으로 싹 발라서 흙벽돌로.

그 흐근 그럼 무슨 흐게요?

⁻ 황토 흑. 잉 황토 흐기로다.

세 버늘 발른다.

⁻ 잉.

바다근?

⁻ 바다근 인자 딱 나라시[19] 해노쿠서는 인자 거싴 고래를 맨틀라먼 방을 놀랑게 구들 구들 구드를 메주 떵어리치럼 벽똘치럼 맨드러가꾸 구드를 방빠다게다가 지금 이러케 터다드믄 디다 쫙:: 까러 까러가꼬 방을 놔:찌.

구드를요?

⁻ 잉 구드를.

흐기에요?

⁻ 흐겨. 흐기루 흐기루 구워. 그걸 놔:서 인자 하므는 빠싹 말르면 잘 안 깨져. 그게 구들짱. 그러카구서는 우이다가 돌 도럴 이런 늠 구들똑 파는 파러써 엔나레는 구드를 파러써. 그 느미로 구들짱을 족:: 나러. 우리 응감 잘:: 놔 방. 그라구서는 방 놀람 뽀퍼 댕겨써. 방 잘 론다구. 집 찔라면 지그먼 인자 막 그렁 거 아나구 싹:: 그냥 발러 버리구 공그리[20] 처버리구서는 그거 하지 아냐.

장판?

⁻ 잉 장판 논는 디 그거 저거 보이라 드러가게 호수[21] 느려노쿠 싹 발러 버리먼 끈나자냐.

할머니 그러며는 구드리요 그게 온돌로 만드는 온돌 그 기리 인나요 그럼? 불 드러가는 길이요?

⁻ 잉. 기를 노야지 이러케 하야지 고래. 족::족 이러케 졸::조리 고를다:: 타구 나가.

그 구드를 놀 때?

그 흙은 그럼 무슨 흙이에요?

￣ 황토 흙. 응, 황토 흙으로다.

세 번을 바른다.

￣ 응.

바닥은?

￣ 바닥은 인제 딱 반듯하게 해 놓고서는 인제 거시기 방고래를 만들려면 방을 놓으려니까 구들, 구들, 구들을 메주 덩어리처럼, 벽돌처럼 만들어갖고 구들을 방바닥에다가, 지금 이렇게 터 다듬은 데다 좍 깔아, 깔아갖고 방을 놓았지.

구들을요?

￣ 응, 구들을.

흙이에요?

￣ 흙이야. 흙으로, 흙으로 구워. 그걸 놔서 인제 하면은 바싹 마르면 잘 안 깨져. 그게 구들장. 그렇게 하고서 위에다가 돌, 돌을 이런 놈 구들돌을 파는, 팔았어, 옛날에는 구들을 팔았어. 그놈으로 구들장을 족 널어. 우리 영감 잘 놔, 방. 그러고서는 방 놓으려면 뽑혀 다녔어. 방 잘 놓는다고. 집 지으려면 지금은 인제 그런 거 안 하고, 싹 그냥 발라 버리고, 콘크리트 쳐버리고서는 그거 하지 않아.

장판?

￣ 응, 장판 놓는 네 ㄱ거, 저거 보일리 들어가게 호스 늘어놓고 싹 발라 버리면 끝나잖아.

할머니, 그러면은 구들이요, 그게 온돌로 만드는 온돌, 그 길이 있나요, 그럼? 불 들어가는 길이요?

￣ 응. 길을 놔야지, 이렇게 해야지, 방고래. 족족 이렇게 줄줄이 골을 다 타고 나가.

그 구들을 놓을 때?

― 엥 구들 놀 때.

구은 그 벽또리에요 구드리?

― 벽또른 막 흐기 바::싹 말려서 베에 베테다 말린 벡또린디 부럴 땡게 이거가꾸 깨지두 잘 아녀. 다 흐기 흑벽또리래. 다릉 걸루는 모다자녀. 흐기루 항 거야 흑벽또리지.

금 그 고레로 옹기가 드러가능 거조?

― 이 그르치. 고, 골::고리 골::고리 영지[22]가 드러가서 따숩찌[23] 머 부리.

구들짱 데워가지고?

― 잉 데워가꾸 따숭 겨.

긍까 인제 그런 시그로 바닥 만들고 일딴 그럼 아까 상낭 논 다으메 어트게 한다구요 또?

― 상낭 한 담 상낭 세운 다메 서까래럴 자 거르야지 이르케. 나무 서까래를. 상낭뽀 우에다 죽죽죽죽 다:: 네리야 지벌 해 일자녀.[24] 지붕을 지끄믄 인자 막 함서기루두 해구 기와루두 해 일지만 기와루 해두 서까래루 언지야 야구. 지그믄 서까래두 뭐 언질 꺼뚜 웁데 머. 넙:뜨랑 사나 거시 강게 머 신상 펴나대. 그저네 그러케 해찌만.

그래서 이러케 삭 뼈대를 만드능 거조 지금?

― 이 그 그르치.

그 처으메 하능 게 지붕을 이어 이어요 이제?

― 처으메 하능 게 지붕 인자 그러케 하구서는 지 지비루 지붕 해 이능 거지 머.

지금부터?

― 응.

비오고 그럴까 봐.

― 그럼.

지붕 해 이능 거 어트게 해요?

 응, 구들을 놓을 때.

구운 그 벽돌이에요, 구들이?

 벽돌은 막 흙이 바싹 말려서 볕에, 볕에다 말린 벽돌인데 불을 때니까 익어(구워)갖고 깨지지도 잘 안 해. 다 흙이, 흙벽돌이래. 다른 걸로는 못 하잖아. 흙으로 한 거야, 흙벽돌이지.

그럼, 그 방고래로 온기가 들어가는 거죠?

 응, 그렇지. 고, 골고루, 골고루 연기가 들어가서 따뜻하지 뭐, 불이.

구들장 데워가지고?

 응, 데워갖고 따뜻한 거야.

그러니까 인제 그런 식으로 바닥 만들고, 일단 그럼 아까 상량 놓은 다음에 어떻게 한다고요, 또?

 상량한 다음에, 상량 세운 다음에 서까래를 인제 걸어야지, 이렇게. 나무 서까래를. 마룻대 위에다 죽죽, 죽죽 다 내려야 집을 해 이잖아. 지붕을 지금은 인제 막 함석으로도 하고 기와로도 해 이지만. 기와로 해도 서까래로 얹어야 하고. 지금은 서까래도 뭐, 얹을 것도 없는데, 뭐. 넓도록 사나, 거시기 하니까 뭐 신상 편하데. 그전에는 그렇게 했지만.

그래서 이렇게 싹 뼈대를 만드는 거죠, 지금?

 응, 그, 그렇지.

그 처음에 하는 게 지붕을 이어, 이어요, 인제?

 처음에 하는 게 지붕, 인제 그렇게 하고시는 짚, 짚으로 지붕 해 이는 거지, 뭐.

지금부터?

 응.

비오고 그럴까 봐.

 그럼.

지붕 해 이는 거 어떻게 해요?

⌐ 영떼기. 지비루 영 여끈 느미루. 우이 올라가서 이게 이게 말하자믄. 상낭한 보짱이라믄. 여기다가 엽꾸리다 전부 다 이러케 이러케 서까래를 걸었자나 이늠 따라서 인자 족:쪽. 서까래를 거러쓰머는 인자 서까래 거른 우이다가 다 지벌 댕기머서 둥구라케 해이능 거지 머. 서까래를 거러서 짜가꾸. 네 구탱이 이러케 자 짜서. 나무도 검나게 드러가. 아이 씨발 뎅이 지그메야 나무도 안드러가. 지끄믄 머 저 스라브 처뻐리믄 머 금방 네 해버리데.

할머니 주추또른요 어떤 돌로 해요?

⌐ 주추똘? 주추똘 깨먹또리라고 빤뜨빤뜨안 도리써.

파러요?

⌐ 카 잉 응. 그런 늠 가따가 돌 드려다가 노먼 댜.

할머니 기둥 세울 때요. 주추똘 놀 짜리에 그 미테 모래나 뭐 자갈가튼 거 이런 걸로 튼튼나게 아내요? 그냥 땅에다 해요?

⌐ 땅에다 햐. 판파나게 해노쿠 탁:: 땅에다 해야 싹 싸지 그럼 디다가 뭐 노머는 더 엉성해 지라려.

그러쿠나.

⌐ 뭐 안 놔.

바심지른 뭐예요 할머니 바심질?

⌐ 바심지리 머여?

먹 멍매긴다고 하나? 바심질. 먹쭐 친다고 하나?

⌐ 음 먹탱기능[25] 거 먹뚤르능 거.

그게 머에요?

⌐ 먹줄 탱기능 거 아무케나 하면 안 마찌. 자때로 다 재가꼬 먹줄 탁:: 탱기가꼬 메 짜 메 찌 메 뿐 댜: 아:르야[26] 고대로 하야 그거시 다 드러가지 매마케크름.

근까 그 선 가튼 거를 표시할 때 먹쭐로 팅기능 거예요?

￣ 이엉. 짚으로 이엉 엮은 놈으로. 위로 올라가서 이게, 이게 말하자면. 상량한 들보라면. 여기다가 옆구리에다 전부 다 이렇게, 이렇게 서까래를 걸었잖아, 이놈 따라서 인제 족족. 서까래를 걸었으면 인제 서까래를 걸은 위에다가 다 집을 다니면서 둥그렇게 해 이는 거지 뭐. 서까래를 걸어서 짜갖고. 네 구석 이렇게 짜, 짜서. 나무도 아주 많이 들어가. 아이, 씹할, 지금이야 나무도 안 들어가. 지금은 뭐, 저 슬래브 쳐버리면 뭐 금방 해버리데.

할머니, 주춧돌은요, 어떤 돌로 해요?

￣ 주춧돌? 주춧돌, 까만 돌이라고, 반듯반듯한 돌이 있어.

팔아요?

￣ 하, 응, 응. 그런 놈 갖다가 돌 들여다 놓으면 돼.

할머니, 기둥 세울 때요. 주춧돌 놓을 자리에, 그 밑에 모래나 뭐 자갈 같은 거, 이런 걸로 튼튼하게 안 해요? 그냥 땅에다 해요?

￣ 땅에다 해. 판판하게 해 놓고 탁 땅에다 해야 싹 쌓지, 그런 데에다가 뭐 놓으면 더 엉성해, 지랄이야.

그렇구나.

￣ 뭐 안 놔.

바심질은 뭐예요, 할머니, 바심질?

￣ 바심질이 뭐야?

먹, 먹 매긴다고 하나? 바심질. 먹줄 친다고 히니?

￣ 음, 먹줄 팅기는 거, 먹줄 두르는 거.

그게 뭐예요?

￣ 먹줄 팅기는 거 아무렇게나 하면 안 맞지. 자로 다 재갖고, 먹줄 탁 팅겨갖고, 몇 자 몇 치 몇 분 다 알아야 그대로 해야 그것이 다 들어가지 맞, 맞게끔.

그러니까 그 선 같은 걸 표시할 때 먹줄로 팅기는 거예요?

‑ 잉 튕기능 거.

그래서 그러케 인제 뼈대 만들고 지붕부터 해 올리고.

‑ 그 그러케.

그 다메 이제 벽체 꾸민다구요 아까 삼다느로?

‑ 응.

세 번 발라서?

‑ 응.

가운데 나무 머라구요? 머 껴언는 낀다구?

‑ 낑 거?

나무.

‑ 나무?

벼게.

‑ 벼게다가 찌인 드링 거? 가로짱?

그니까 벽 흐카기 저네 이러케 족 나무로 싼는다고 해짜나요.

‑ 흑 하 흑 발르기 저네는 영때기[27] 여끄야지.

아 영때기

‑ 응:나래 잉 나레 거.

그 나무드른 다?

‑ 오일 에영는다고 그래 에영는다고 그걸 뽀구. 에여꺼서 흑뻑 친다구.

그러면 그런 나무 쓰이는 나무 종뉴 재료가 머에요 다? 그 나무 뼈대 만들 때. 집 뼈대.

‑ 집 뻬대 맨드는 종뉴?

그 나무들 다.

‑ 지동. 진 지동 나무.

그게 무슨 나무요, 소나무?

‑ 소나무. 점부라[28] 소나무로 해써. 소나무가 젤 튼트냐. 잘 썩지두 아나

‐ 응, 튕기는 거.

그래서 그렇게 인제 뼈대 만들고, 지붕부터 해 올리고.

‐ 그, 그렇게.

그 다음에 인제 벽체 꾸민다고요, 아까 삼단으로?

‐ 응.

세 번 발라서?

‐ 응.

가운데 나무가 뭐라고요? 뭐 끼워 엮는, 끼운다고?

‐ 낀 거?

나무.

‐ 나무?

벽에.

‐ 벽에다가 끼우는, 들인 거? 가로장?

그러니까 벽, 흙 하기(바르기) 전에 이렇게 죽 나무로 쌓는다고 했잖아요.

‐ 흙 하, 흙 바르기 전에는 이엉 엮어야지.

아, 이엉.

‐ 이엉, 응, 이엉 그거.

그 나무들은 다?

‐ 외를, 외엮는다고 그래, 외엮는다고, 그것 보고. 외엮어서 흙벽을 친다고.

그러면 그런 나무 쓰이는 나무 종류, 재료가 뭐예요, 다? 그 나무, 뼈대 만들 때. 집 뼈대.

‐ 집 뼈대 만드는 종류?

그 나무들 다.

‐ 기둥. 기, 기둥 나무.

그게 무슨 나무요, 소나무?

‐ 소나무. 전부가 소나무로 했어. 소나무가 제일 튼튼해. 잘 썩지도 않

구 소나무는. 소나무가 젤 조아. 벌레두 안 나구.

그 다메 이제 구들 그러케 다 노코 긍까 인제 뼈대 만들고 벽 세우고 아니 지붕 해 일고 벽 쎄우고 바닥 하고요 구들? 엉 응. 그 다메 마루 마루도 까라요 마루?

˜ 마루 깔지 인자 방 노키 저네. 방 노키 저네 마러 방 노쿠 마러 다 까러. 뜰빵[29] 맨트르구.

어트게 해요 마루는?

˜ 마루? 마루넌 할 때 텐넬 너께 할라믄 하구 마러 거시갈라믄 하구. 이거뚜 이러케 마루빵 이러케 여기 우리두 마롱[30]을 여기 놔짜너 이러케. 여기가 이게 송판 드러써 송판 마루 송판. 음 여따가 다.

나물 짜가주구 논능 거에요?

˜ 응 여기다 마루 송판 가따 여기다 다 까러찌 이러케. 송파니여 이게 다.

응 진짜루.

˜ 응 이거뚜 뜨더내비리구 다시 한 번 까르야 하는디.

그럼 반자 인제 반자 언질 때.

˜ 반자는 이 집 다 지:꾸 반자하능 겨 되배[31]할 때.

음 마루 깐 다메 머해요 할머니? 어디 한 번 순서대로 또 그 다음.

˜ 마루 깐 대메 이 마로가 하머는 다 돠 거반. 다 되야 마루 노여 깔자냐. 그런 대메 인자 방 노쿠 마루 깔구. 그라구서는 여 인자 되배 할 떼게 여 여기 반자 눌루구. 이 이거 뜨더내면 휭 하이 그 거시기가 다 보이지. 상낭 항 거시. 게 반자를 눌러두께 안 보이지.

그 반자가 어트게 딱 부터 인네요 잘.

˜ 그거 반자트럴 짜 그거뚜. 잉 짜서 다꾸 이리저리 이러케 네모빤뜨타게 주럴 느려서 짜가꾸 조걸 딱딱 부치자냐.

하 손 마니 가능구나.

˜ 그럼.

고, 소나무는. 소나무가 제일 좋아. 벌레도 안 나고(생기고).

그 다음에 인제 구들 그렇게 다 놓고, 그러니까 인제 뼈대 만들고, 벽 세우고, 아니, 지붕 해 이고, 벽 세우고, 바닥하고요, 구들? 응, 응. 그 다음에 마루, 마루도 깔아요, 마루?

￣ 마루 깔지, 인제 방 놓기 전에. 방 놓기 전에 마루, 방 놓고 마루 다 깔아. 토방을 만들고.

어떻게 해요, 마루는?

￣ 마루? 마루는 할 때, 툇마루를 넓게 하려면 하고 말아, 거시기하려면 하고. 이것도 이렇게 마룻방 이렇게 여기 우리도 마루를 여기 놨잖아, 이렇게. 여기가 이게 송판 들었어, 송판, 마루 송판. 음, 여기다가 다.

나무를 짜갖고 놓는 거예요?

￣ 응, 여기다 마루 송판 갖다 여기다 다 깔았지, 이렇게. 송판이야, 이게 다.

응, 진짜로.

￣ 응, 이것도 뜯어 내버리고 다시 한 번 깔아야 하는데.

그럼 반자, 인제 반자 얹을 때.

￣ 반자는 이 집 다 짓고 반자 하는 거야, 도배할 때.

음, 마루 깐 다음에 뭐해요, 할머니? 어디 한 번 순서대로, 또 그 다음.

￣ 마루 깐 다음에 이 마루가 되면 다 돼, 거의. 다 돼야 마루 놓아, 깔잖아. 그런 다음에 인제 방 놓고, 마루 깔고. 그러고서는 여, 인제 도배할 적에 여, 여기 반자 누르고. 이, 이거 뜯어내면 횡 히니 그 거시기가 다 보이지. 상량한 것이. 그게 반자를 눌러두니까 안 보이지.

그 반자가 어떻게 딱 붙어 있네요, 잘.

￣ 그거 반자틀을 짜, 그것도. 응, 짜서 자꾸 이리저리 이렇게 네모반듯하게 줄을 늘여서 짜갖고 조걸 딱딱 붙이잖아.

하, 손이 많이 가는구나.

￣ 그럼.

그 다믄 창호 달기.

- 응?

창호?

- 창호가 머여? 창문? 창무는 집 질 떼게 내는 겨.

처음부터?

- 처음부터. 메 짜 메 푼 저 딱딱 재노쿠 저기 딱 해노쿠 인자 가로짱 질르구 다 하지. 문턱 문턱 맨틀구.

도배는 다 그 다음 해야?

- 그럼. 도배는 마무리지 인자. 끈마무리.

도배 도배할 때 어트게 하셔써요?

- 아 그양 죄 발러찌 뭐 어트갸. 조이[32] 사다 그럼 조이 사다가 솜씨 존: 사람들 다 이거 우리가 발러써 그냥 내가.

진짜요?

- 잉. 내가 발러써 인자 도 되배지 사다가 또 발르야 야 절. 날 따따타먼 발르야지.

진짜 할머니 기술짜시네.

- 아이구! 잘 말러 그리두. 그저니 그 정시랑두 빨르구. 크나드리랑두 우리 응가미랑두 발르구.

그럼 인제 지붕 해 이는 재료 재료에 따라서 집 이르미 틀려지자나요.

- 그러치 초가집.

그거 쫌 얘기해 주세요 어떤 재료 무슨 집 이러케.

- 지푸래기루 하는 지븐 초가집. 함서기루 하는 지븐 함석찝. 기와루 하멍 기와집. 그르지 머. 진능 거슨 다 또까치 져. 그래 그 언는 디 대해서 그러치.

그리고 인제 지베 모양과 크기에 따라도 달라요 이르미 할머니? 집 모양 자근 거부터 이러케 이름드리 어트게 지어 지는지.

그 다음은 창호 달기.

￣ 응?

창호?

￣ 창호가 뭐야? 창문? 창문은 집 지을 적에 내는 거야.

처음부터?

￣ 처음부터. 몇 자, 몇 푼 저 딱딱 재 놓고, 저기 딱 해 놓고, 인제 가로장 지르고 다 하지. 문턱, 문턱 만들고.

도배는 다 그 다음에 해야?

￣ 그럼. 도배는 마무리지, 인제. 끝마무리.

도배, 도배할 때 어떻게 하셨어요?

￣ 아, 그냥 죄 발랐지, 뭐 어떻게 해. 종이 사다, 그럼, 종이 사다가 솜씨 좋은 사람들 다 이거 우리가 발랐어, 그냥 내가.

진짜요?

￣ 응. 내가 발랐어, 인제 도, 도배지 사다가 또 발라야 해, 인제. 날이 따뜻하면 발라야지.

진짜 할머니 기술자시네.

￣ 아이고! 잘 말라 그래도. 그 전에, 그 정식이랑도 바르고. 큰아들이랑도, 우리 영감이랑도 바르고.

그럼 인제 지붕 해 이는 재료, 재료에 따라서 집 이름이 달라지잖아요.

￣ 그렇지, 초가집.

그거 좀 얘기해 주세요, 어떤 재료에 무슨 집 이렇게.

￣ 짚으로 하는 집은 초가집. 함석으로 하는 집은 함석집. 기와로 하면 기와집. 그렇지, 뭐. 짓는 것은 다 똑같이 지어. 그래 그 얹는 데 대해서 그렇지.

그리고 인제 집의 모양과 크기에 따라서도 달라요, 이름이, 할머니? 집 모양, 작은 것부터 이렇게 이름들이 어떻게 지어 지는지.

˜ 그래. 머 지븐 내내 이르미 또까트지 머. 지븐 젤 크나 자그나 집 진
능 거슨 다:: 재료가 또까치 드르가지. 마니 마니 드러가냐 작게 드러가냐
치쑤가 지르냐 널브난데 똑::까치 구조여. 자근 옴팡찌비³³⁾나 머나 또까터
진는 시근.

지금 자근 집 머라구요? 오빵찝?

˜ 옴팡찝.

옴팡찝.

˜ 응. 자근지블? 응 옴팡찝.

더 자근 지븐 머라고 해요?

˜ 더 자근 지비 어디여 옴팡찌비몽 옴팡찝. 더 자근 지비 얼마나 이써
내내.

오두막찝?

˜ 오두막찌비 옴팡찌비 오두막찌비여.

그럼 오둠 옴팡찝 다음에 쫌 큰 지븐 머라고 해요?

˜ 초가삼카니라고 아냐? 쏘아집.

삼칸찝.

˜ 응 상칸찝. 그라고서는 인자 크먼 인자 사:칸 오칸 저노테 머. 이러키
진는디 그거는 인자 목쑤가 인자 머리 써서 다:: 하야 목쑤두 검나게 대가
냐. 머리 써서 그거 맨틀라믄 질라믄. 우리 응가믄 밤새더락³⁴⁾ 잠 안 자.
이게 그리구 예저니는 성낭깨비 이짜나? 성낭 성낭깨비로다 다:: 이러케
마처보구 그랴. 다 해서 워디 어디 얼마 드러간다 머 드러간다 이러케.
그거 골치 아퍼. 지반 채 마터서 질라믄 싱경 마~이 쓰드라구. 지끄먼 지
끔 집 진능 거슨 더 시워.

그러니까 거기에 모든 걸 다 계회글 짜야자요?

˜ 그럼 되 다 밤새더락. 또 그라고 집 진능 거또 모양 모냥³⁵⁾을 또 이러
케 해 달라 저러케 해 달라 그라면 골치 아프자냐. 그랑게 항가지 지비루

˗ 그래. 뭐 집은 내내 이름이 똑같지, 뭐. 집은 제일 크나 작으나 집 짓는 것은 다 재료가 똑같이 들어가지. 많이, 많이 들어가느냐, 적게 들어가느냐, 치수가 길으냐, 넓으냐인데, 똑같은 구조야. 작은 옴팡 집이나 뭐나 똑같아, 짓는 식은.

지금 작은 집 뭐라고요? 옴팡 집?

˗ 옴팡 집.

옴팡 집.

˗ 응. 작은 집을? 응, 옴팡 집.

더 작은 집은 뭐라고 해요?

˗ 더 작은 집이 어디야, 옴팡 집이면 옴팡 집. 더 작은 집이 얼마나 있어, 내내.

오두막집?

˗ 오두막집이, 옴팡 집이 오두막집이야.

그럼 오두(+막집), 옴팡 집 다음에 좀 큰 집은 뭐라고 해요?

˗ 초가삼간이라고 안 해? 초가집.

삼간집.

˗ 응, 삼간집. 그러고서는 인제, 크면 인제 사 칸, 오 칸 지어 놓데, 뭐. 이렇게 짓는데, 그것은 인제 목수가 인제 머리 써서 다 해야, 목수도 아주 많이 힘들어. 머리 써서 그거 만들려면, 지으려면. 우리 영감은 밤새도록 잠 안 자. 이게 그리고 예전에는 성냥개비 있잖아? 성냥, 성냥개비로 다 이렇게 맞춰보고 그래. 다해서 어디, 어디 얼마 들어간다, 뭐 들어간다, 이렇게. 그거 골치 아파. 집 한 채 맡아서 지으려면 신경 많이 쓰더라고. 지금은 지금 집 짓는 것은 더 쉬워.

그러니까 거기에 모든 걸 다 계획을 짜야 하잖아요?

˗ 그럼, 돼, 다 밤새도록. 또 그러고 집 짓는 것도 모양, 모양을 또 이렇게 해 달라, 저렇게 해 달라 그러면 골치 아프잖아. 그러니까 한 가지 집

진능 건 아니자냐. 그랑게 자기가 그날 저녀기 밤새더락 은구를 해서 그 기튼날 가서 할라먼 다 적뜨라구. 어디는 메 차 메 치 메 뿐 어디 나무는 메 치. 그 다: 저거가꾸 가드라구.

치 분 이러케 해요?

‑ 응 치 분.

그리구 인제 담가튼 거 또 그거까지 다 해줘야 되자나요? 다미랑 울타리.

‑ 그러치.

사림문가틍 거 그런 건 어트게 해요?

‑ 담 여 집쩌노쿠 담 칠라뭉 지금 이러케 치는 지금 지븐 머 담도 얼마 안치지만. 담 치쿠 대문 싸룸문 대문 맨들구. 그런 거 하지 머. 자기네 집 구조대루 인자.

만드러요?

‑ 잉 만들지.

그럼 다믄 돌:땀도 하고.

‑ 또 흑땀³⁶⁾두 하구. 지금 쎄민 쎄민 부로쿠로두 치고. 엔:나레는 그 저 릉 게 웁씅게 울타리두 하구. 나무 벼다가.

할머니 막 장똑때 가틍 거또 해주셔 해줘요?

‑ 이˜ 장똑때두 다.

해주능구나! 그렁 건 어트게 해요 다 장똑때?

‑ 장뚝때 머 인자 마당 터 터 그런 이쓰먼 돌멩이루다 잘 싸:쿠 공꾸리 사무리³⁷⁾루 싹 발러지르는 사람두 이꾸 그거 모타먼 그냥 돌만 노쿠. 그 그냥 장똑때 가따 언는 사람 인는디 공꾸리 핸 장똑때가 좀 안 조탸. 비 오먼 무리 안 가가꾸 엔나레 지렁이 가튼 거 이짜냐. 그 늠 떠러지먼 새 로 드러갈 띠가 웁씅게 사무 그르그이 우이가 이제 서리구 이꾸 그런다 구 하드라구. 꽁꾸리 한 사멀 사물뚜기는.

근데 흐그로 하며는 흐그로 하면 어트케요? 마루로 하나?

으로 짓는 건 아니잖아. 그러니까 자기가 그날 저녁에 밤새도록 연구를 해서 그 이튿날 가서 하려면 다 적더라고. 어디는 몇 자, 몇 치, 몇 분, 어디 나무는 몇 치. 그거 다 적어갖고 가더라고.

치, 분 이렇게 해요?

⎯ 응, 치, 분.

그리고 인제 담 같은 거, 또 그것까지 다 해줘야 되잖아요? 담이랑, 울타리.

⎯ 그렇지.

사립문 같은 거, 그런 건 어떻게 해요?

⎯ 담, 여기 집 지어놓고 담 치려면 지금 이렇게 치는, 지금 집은 뭐 담도 얼마 안 치지지만. 담 치고, 대문, 사립문, 대문 만들고. 그런 거 하지, 뭐. 자기네 집 구조대로 인제.

만들어요?

⎯ 응, 만들지.

그럼 담은 돌담도 하고.

⎯ 또 토담도 하고. 지금 시멘트, 시멘트 블록으로도 치고. 옛날에는 그, 저런 게 없으니까 울타리도 하고. 나무 베어다가.

할머니, 막 장독대 같은 것도 해주셔, 해줘요?

⎯ 응, 장독대도 다.

해주는구나! 그런 것은 어떻게 해요, 다 장독대?

⎯ 장독대 뭐 인제, 마당 터, 터 그린 (+대) 있으면 돌멩이로 잘 쌓고, 콘크리트 삼물로 싹 바르는 사람도 있고, 그거 못 하면 그냥 돌만 놓고. 그, 그냥 장독대 갖다 얹는 사람 있는데, 콘크리트로 한 장독대가 좀 안 좋대. 비 오면 물이 안 내려가갖고, 옛날에 지렁이 같은 거 있잖아. 그 놈 떨어지면 사이로 들어갈 데가 없으니까 항상 그릇 위에서 인제 서리고 있고 그런다고 하더라고. 콘크리트 한 삼물, 삼물 둑에는.

근데 흙으로 하면은, 흙으로 하면 어떻게 해요? 마루로 하나?

‾ 후기로 하머녀 흐게 흑 여게 우에 이러케 맨트러 노쿠 흑 거기다 싸서 돌 까러 노쿠 그 우인따가 인자 큰 돌 납짝납짝 한 늠 짝 깔지. 그러케 해 노치 새새.

그러면 드러가고 구멍으로 지렁이가?

‾ 잉 잉 잉.

또 아이고 외양깐까지 해줘요? 굴뚜가고?

‾ 아긔! 집 찌먼 굴뚝뚜 이찌. 불 때먼 그럼. 부를 때는 잉 나무 때는 부까트머는 굴뚜굴 이쓰야 영지가 나갈 꺼 아녀. 굴뚝때[38] 세우지. 조옥 방 놀 때기.

부억뚜 만드러 주겐네요 그럼?

‾ 붝:[39]뚜 만들고. 여기 우리두 저짜기 주방이 붝:짜리여. 불 땐 붝:짜리. 이 집 불 때써써. 그랜는디 미:꿔[40]가꾸 저르케 그냥 맨드러찌.

솓꺼는데 거기가 어디조 할머니?

‾ 붝: 아궁지.

아궁지 부뚜막?

‾ 잉. 부뚜막. 여두 솓 불 때써. 부억 맨트러가꾸. 우리집뚜.

그럼 짐 만들 때 한 면 명 쓰여요 사라미?

‾ 고처서.

면 명 동원돼요?

‾ 멘 명 쓰능 거 머 지비 시꾸 이읻 싸라미 일 자라먼 그냥 이러케 크기 큰 건물 하나 세울 때이만 그러치. 상낭해서 지붕 딱 해 이러노면 그 미꾸멍에서 하는 니른 시꾸드리 다 마니 하야자냐. 그럼 다 하. 다 게소개서.

그리고 외양깐 가튼 거또 해줘요?

‾ 오양까는 마구깐 그렁 거슨 자기네가 허야지 머.

마구깐 가튼.

- 흙으로 하면 흙에, 흙, 여기 위에 이렇게 만들어 놓고, 흙 거기다 쌓아서 돌 깔아 놓고, 그 위에다가 인제 큰 돌 납작납작한 것 쫙 깔지. 그렇게 해 놓지, 사이사이.

그러면 들어가고, 구멍으로 지렁이가?

- 응, 응, 응.

또 아이고, 외양간까지 해줘요? 굴뚝하고?

- 아이고! 집 지으면 굴뚝도 있지. 불 때면, 그럼. 불을 때는, 응, 나무 때는 부엌 같으면 굴뚝이 있어야 연기가 나갈 거 아냐. 굴뚝 세우지. 족방 놓을 적에.

부엌도 만들어 주겠네요, 그럼?

- 부엌도 만들고. 여기 우리도 저쪽에 주방이 부엌 자리야. 불 땐 부엌 자리. 이 집 불 땠었어. 그랬는데 메워갖고 저렇게 그냥 만들었지.

솥 거는 데, 거기가 어디죠, 할머니?

- 부엌. 아궁이.

아궁이, 부뚜막?

- 응. 부뚜막. 여기도 솥, 불 땠어. 부엌 만들어갖고. 우리 집도.

그럼 집 만들 때 한 몇 명 쓰여요, 사람이?

- 고쳐서.

몇 명 동원돼요?

- 몇 명 쓰는 거 뭐 집이 식구 이, 있(+고), 사람이 일 잘하면 그냥 이렇게 크게, 큰 건물 하나 세울 때에만 그렇지. 상량해서 지붕 딱 해 이어 놓으면 그 밑구멍에서 하는 일은 식구들이 다 많이 해야 하잖아. 그럼, 다 해. 다 계속해서.

그리고 외양간 같은 것도 해줘요?

- 외양간은, 마구간 그런 것은 자기네가 해야지, 뭐.

마구간 같은.

ᵀ 목쑤가 멀 해조.

불러다 노코 해달라구 하면 해주조?

ᵀ 그럼.

허깐가틍 거.

ᵀ 허깐 가튼 거 맨드능 거 그 늠 어지가난 사람 다 맨들지 머. 걸 맨드
녕 걸. 엔나레는 나무 벼다가 사니서 이러케 벼다가 하는디 그런 거슬 모
뼈가게 하고 걸링게 하나 벼따가는 크닐 나자냐. 그렁게 몰래 벼다가 쓰
니라구 대가내찌.

그럼 집 찐능 거또 아까 흐그로 발르면 흑찌비고 요즈메는 인제 벽똘로?

ᵀ 웅 벽똘루. 춰? 추면 저방이루 가.

아니에요.

ᵀ 안 춰?

예. 다리 저려.

ᵀ 다리 저 요 우이루 올라와.

아니 저기 따숴 저방에.

ᵀ 저 암두 아놔떠라구 애기가.

집 진는 재료에 따라서 한번 이름 좀 알려주세요. 집 집 여기 진는 재료. 나
무 그렁 거 말고 아까 할머니 얘기 해주션는데.

ᵀ 집 질 떼기 머 재료는 벽똘. 벽똘 드려 처메는 주춘 도:리 이씨야 하
구 벽똘 지그믄 이 거시기 그거 머여 그 저 부루꾸 벽똘 쎄멘 쎄멘 벽똘
이짜냐. 그걸루 마니 사용앙게 머 다 나무 마니 피로 허치 안트라구.

금 벽똘로 싸은 지븐 머라고 해요?

ᵀ 벽똘루 싼 집 내내 머 초가지비라구 그라지. 머 벽똘루 싸가꾸 양어
잘 하야 양옥찌비 되지. 벽똘루 해가꾸 그냥 우리네치름 하능 거슨 초가
지비지 머.

벽똘찝?

˗ 목수가 뭘 해줘.

불러다 놓고, 해달라고 하면 해주죠?

˗ 그럼.

헛간 같은 거.

˗ 헛간 같은 거, 만드는 거 그것은 어지간한 사람은 다 만들지, 뭐. 그걸, 만드는 걸. 옛날에는 나무 베어다가 산에서, 이렇게 베어다가 하는데 그런 것을 못 베어가게 하고 걸리니까, 하나 베었다가는 큰일 나잖아. 그러니까 몰래 베어다가 쓰느라고 힘들었지.

그럼 집 짓는 것도 아까 흙으로 바르면 흙집이고, 요즘에는 인제 벽돌로?

˗ 응, 벽돌로. 추워? 추우면 저 방으로 가.

아니에요.

˗ 안 추워?

예. 다리 저려.

˗ 다리 저(+려), 요(+이불) 위로 올라와.

아니, 저기 따뜻해, 저 방에.

˗ 저기 아무도 안 왔더라고 아기가.

집 짓는 재료에 따라서 한번 이름 좀 알려주세요. 집, 집 여기 짓는 재료. 나무 그런 거 말고, 아까 할머니가 얘기 해주셨는데.

˗ 집 지을 적에 뭐 재료는 벽돌. 벽돌 들어, 처음에는 주춧돌이 있어야 하고, 벽돌, 지금은 이 거시기 그게 뭐야 ㄱ, 저 블록 벽돌 시멘트, 시멘트 벽돌 있잖아. 그걸로 많이 사용하니까 뭐, 다 나무 많이 필요하지 않더라고.

그럼 벽돌로 쌓은 집은 뭐라고 해요?

˗ 벽돌로 쌓은 집 내내 뭐 초가집이라고 그러지. 뭐 벽돌로 쌓아갖고 양옥 잘 해야, 양옥집이 되지. 벽돌로 해갖고 그냥 우리네처럼 하는 것은 초가집이지, 뭐.

벽돌집?

－ 벽똘찝.

흑찝?

－ 흑 흑 흐기로 하지 지그믄 지그머 흑뚜 읍써. 흑뚜 기야. 흐기루 할래
두 모댜 흐기루 하구자퍼두[11]. 어따[12] 흐기루 찌글 띠가 읍써서.

금 흑찝 흐글 찡는 사라미 따로 이써써요 할머니?

－ 에에 우리는 우리가 응:가미랑 나랑 다 찌거써. 여 하능 거.

기게로?

－ 기게 짜가꾸. 흑벽똘 짜서. 물 리겨가꾸. 이 다 이 지비 이이 이 뒤찌
비 남새바시[13] 이러케 노파써. 그래서 그 남새받 흐글 으더가꾸 고기서
벽똘 바거서 말려서 다:: 가따가 이 집 찌꾸 그 구뎅이를 미어줘써. 다른
흑 가따가. 흐기 그 느미 조아서 거기서 쓰구.

흐기 그때는 마난나 봐요.

－ 잉 그때는 마나써. 지그믄 흑 읍 쓸래두 읍써. 다 마당이 사무레 하구
다 전버라 저르케 해서. 흐글 어디가 팔 띠가 읍써.

그럼 집 찐는 연장 좀 얘기해 주세요. 연장 머 머 이러케 집 찔 때마다 쓰는
연장들 이름.

－ 도키.

요즈메는 안 쓰자나요.

－ 응.

그 이름들이.

－ 도:키 이쓰야 하구 화갱이[14] 이쓰야 하구.

서경이가 머에요?

－ 이 땅 파는 화갱이 이쓰야아구 삽뚜 이쓰야 하구. 또 끌:두 이씨야 아
구 옌날 찝 질라먼. 빠루 끌 자국.

그게 다 머하능 거에요? 끄리 머요 끌?

－ 끌? 구먹 파는 끌. 나무 나무 나무가 그냥 더퍼노쿠 드러가? 자때로

⎯ 벽돌집.

흙집?

⎯ 흙, 흙, 흙으로 하지, 지금은, 지금은 흙도 없어. 흙도 귀해. 흙으로 하려고 해도 못 해, 흙으로 하고 싶어도. 어디 흙으로 찍을 데가 없어서.

그럼 흙집, 흙을 찍는 사람이 따로 있었어요, 할머니?

⎯ 에에, 우리는, 우리가 영감이랑 나랑 다 찍었어. 이거 하는 거.

기계로?

⎯ 기계 짜갖고. 흙벽돌 짜서. 물 이겨갖고. 이 다, 이 집에, 이이, 이 뒷집이 채소밭이 이렇게 높았어. 그래서 그 채소밭 흙을 얻어갖고 고기서 벽돌 박아서 말려서 다 갖다가 이 집 짓고, 그 구덩이를 메워줬어. 다른 흙 갖다가. 흙이, 그 놈이 좋아서 거기서 쓰고.

흙이 그때는 많았나 봐요.

⎯ 응, 그때는 많았어. 지금은 흙 없, 쓸래도 없어. 다 마당에 삼물하고 다 전부가 저렇게 해서. 흙을 어디 팔 데가 없어.

그러면 집 짓는 연장 좀 얘기해 주세요. 연장 뭐, 뭐 이렇게 집 지을 때마다 쓰는 연장들 이름.

⎯ 도끼.

요즘에는 안 쓰잖아요.

⎯ 응.

그 이름들이.

⎯ 도끼 있어야 하고, 곡괭이 있어야 하고.

곡괭이가 뭐예요?

⎯ 이 땅 파는 곡괭이 있어야 하고, 삽도 있어야 하고. 또 끌도 있어야 하고, 옛날 집 지으려면. 배척, 끌, 자귀.

그게 다 뭐하는 거예요? 끌이 뭐예요, 끌?

⎯ 끌? 구멍 파는 끌. 나무, 나무, 나무가 그냥 덮어놓고 들어가? 자로 재

재서 끌 꾸머걸 파야 이 이노믈 가따 찔르머는 일루 폭 드러가능 거슬 맨드
르야 드르갈 꺼 아녀. 쉐:기. 그라야 짱짱아니 이러케 쉐:기 질러가꾸 가마
이 부터 이찌 가따 쎄워 또. 그 다:: 파써 옌나레는 다. 끌꾸멍 잉 끌루.
　끌로 다 끌루. 또 또 머 머 이써따고요 끌 말고?
　― 끌 자구.
　자구 자구 머에요?
　― 투디려 방는 자구.
　또?
　― 끄라구 자구아구 도끼아구. 도끼두 이씨야야. 또 장두리.
　도끼는 어디다 써요 할머니?
　― 도키?
　나무 찍고?
　― 잉 뽀갤 때. 장도리. 모 뺄 때 이쓰믄 장두리두 이씨야 하구. 아유 머
아주 쌔:써. 대패두 이씨야 하구. 옌나리는 대패로 마니 해짜냐. 대패루
미:르야지. 끌:루 파야아구 끌꾸먹. 지끔 집 찐는 사람 펴냐. 그릉 꺼 아낭
게.
　톱 톱뚜 이써요?
　― 톱뚜 이찌.
　옌나레도?
　― 잉. 지그먼 시대가 조아가꾸 점::부라 다 이 목쑤가 그러케 파구 그라
능 거 업떠라. 다 해: 놔써. 해다가 마처서 끼:기[15]만 하면 데데 다. 다 공
장이서 다.
　마저. 기게루 쓰르믄?
　― 응 기게서 닥딱 그러케 해 나와.
　집 인제 지블 다 지어 노면 그 집 부분드레 대애서 명칭이 다 이짜나요 할머
니?

서 끌구멍을 파야, 이 이놈을 갖다 찌르면 이리로 폭 들어가는 것을 만들
어야 들어갈 거 아냐. 쐐기. 그래야 단단하게 이렇게 쐐기 질러갖고 가만
히 붙어 있지, 갖다 씌워 또. 그거 다 팠어, 옛날에는 다. 끌구멍, 응, 끌로.

  끌로, 다 끌로. 또, 또 뭐, 뭐 있었다고요, 끌 말고?

  ⁻ 끌, 자귀.

  자귀, 자귀가 뭐예요?

  ⁻ 두드려 박는 자귀.

  또?

  ⁻ 끌하고 자귀하고 도끼하고. 도끼도 있어야 해. 또 장도리.

  도끼는 어디다 써요, 할머니?

  ⁻ 도끼?

  나무 찍고?

  ⁻ 응, 쪼갤 때. 장도리. 못 뺄 데 있으면 장도리도 있어야 하고. 아유,
뭐 아주 흔했어. 대패도 있어야 하고. 옛날에는 대패로 많이 했잖아. 대
패로 밀어야지. 끌로 파야하고, 끌구멍. 지금 집 짓는 사람 편해. 그런 거
안 하니까.

  톱, 톱도 있어요?

  ⁻ 톱도 있지.

  옛날에도?

  ⁻ 응. 지금은 시대가 좋아갖고 전부가 다 이, 목수가 그렇게 파고 그러
는 거 없더라. 다 해났어. 해다가 맞춰서 끼우기만 하면 되데, 다. 다 공
장에서, 다.

  맞아. 기계로 쓰려면?

  ⁻ 응, 기계에서 딱딱 그렇게 해 나와.

  집, 인제 집을 다 지어 놓으면, 그 집 부분들에 대해서 명칭이 다 있잖아요,
할머니?

ᵀ 그르치.

긍까 지붕 지동 세우는 그 돌 이르미 머라고 하셔쪼?

ᵀ 주추똘?

주추똘. 금 이거

ᵀ 그거는 기동.

기동. 그리고 여기.

ᵀ 보짱.

보짱. 큰: 거 지붕에?

ᵀ 지붕에 그건 보짱 세운 데 놔두믄 상낭. 상낭뽀.

그 기테 서까래?

ᵀ 서까래 잉.

또 추녀는 머요 추녀?

ᵀ 추녀는 서까래 미티 그거 추녀 추녀라구 하능 겨. 서까래 쎄운 미꾸
먹떠러 추녀라구.

그리고 영.

ᵀ 영: 영녁 외때기 여끄야 영 올라가지. 여끄야 인자 상낭 해노쿠 서까
래 거러 노쿠 인자 이러케 에역찌 인자. 샤:무 외떼기 여끄야 지벌 피던
지 멀 피던지 하제.

지스락?

ᵀ 지시락⁽⁶⁾ 미티어 이거 머 지시락 저 처매 끄트럴 지시라기라 구라구.

그 맏 용마루 용마루 이렁 거?

ᵀ 용마루는 다:: 지붕 해: 인: 우이다가 용마루를 트러서 언능 거뽀구 용
마루라 그랴. 마주막 파네 지붕 해 일구.

왜 언저요 그거?

ᵀ 나래짱이루 먼저 여코몬 둘레둘레둘레 해가꾸 여기 나래에가 다꾸 둥
굴둥굴 해가꾸 이 더퍼져 이떨 아나자내. 이리케 이리케 해다가 이 마디

˘ 그렇지.

그러니까 지붕, 기둥 세우는 그 돌 이름이 뭐라고 하셨죠?

˘ 주춧돌?

주춧돌. 그럼 이거,

˘ 그것은 기둥.

기둥. 그리고 여기.

˘ 들보.

들보. 큰 거, 지붕에?

˘ 지붕에 그건 들보 세운 데 놔두면 상량. 마룻대.

그 곁에 서까래?

˘ 서까래 잉.

또 추녀는 뭐예요, 추녀?

˘ 추녀는 서까래 밑에 그거 추녀, 추녀라고 하는 거야. 서까래 씌운 밑 구멍더러 추녀라고.

그리고 이엉.

˘ 이엉, 이엉 얽(+어), 외얽어야 이엉 올라가지. 얽어야 인제, 상량 해놓고, 서까래 걸어 놓고 인제 이렇게 외얽지 인제. 사뭇 외얽어야 짚을 펴든지, 뭘 펴든지 하지.

기스락?

˘ 기스락 밑이야, 이거 뭐 기스락, 서 처마 끝으로 기스락이리고 그러고.

그 마루, 용마루, 용마루 이런 거?

˘ 용마루는, 다 지붕 해 인 위에 용마루를 틀어서 얹은 거보고 용마루라고 그래. 마지막 판에 지붕 해 이고.

왜 얹어요, 그거?

˘ 이엉으로 먼저 얽으면 둘레, 둘레, 둘레 해(둘러)갖고 여기 이엉에다가 자꾸 둥글둥글해갖고 응, 덮어져 있지를 않잖아. 이렇게, 이렇게 해다가

에 다 무리 드러갈 꺼 아녀. 그렇게 용마로럴 이쁘게 다 트러서 이러케 뱅뱅 트러서 꾸부려서 또 여꺼내능 거. 옌날 싸람들두 머리가 조아. 용마루 트능 거 뿌면. 트러서 다:: 트러가꾸 용마루를 탁 더펴노므는 요로케 뻬쪼개가꾸 요러케 딱 더프믄 무리 글로 안 드러간단 마려. 용마루대 사이루.

사이로?

⎯ 그르케 해서 용마루를 언저써.

이쓰니까 이 사이로 드러가지 모타게 씨우능 거에요?

⎯ 그럴 잉 씨우능 거 용마루. 그걸 하야 무리 안 드러간단 마려.

금 문도 인제 이러케 여능 거랑.

⎯ 미다지.

또 이러케 이러케.

⎯ 이잉 여능 거 이꾸.

그건 이르미 이써요? 여다지 미다지.

⎯ 이건 미다지라 구라고 그거슨 문 던문 단는다구 하구. 문쌀 문.

문도 두 개씩 만드러써요?

⎯ 엥.

바께 인는 문이?

⎯ 배께 바께 인능 거시 던문.

아네 인능 거?

⎯ 아네에는 미다지문.

그 문도 인제 이런 거 잡꼬 여능 거.

⎯ 잉 문꼴.

긍까 그 문 열려고 이러케 잠능 거?

⎯ 응.

그게 머라구?

이 마디에 다 물이 들어갈 거 아니야. 그러니까 용마루를 예쁘게 다 틀어서, 이렇게 뱅뱅 틀어서 구부려서 또 얽어내는 거야. 옛날 사람들도 머리가 좋아. 용마루 트는 거 보면. 틀어서, 다 틀어갖고 용마루를 탁 덮어놓으면은, 요렇게 뾰족해갖고 이렇게 딱 덮으면 물이 그리로 안 들어간단 말이야. 용마룻대 사이로.

사이로?

˗ 그렇게 해서 용마루를 얹었어.

있으니까, 이 사이로 들어가지 못하게 씌우는 거예요?

˗ 그려, 응, 씌우는 거, 용마루. 그걸 해야 물이 안 들어간단 말이야.

그럼 문도 인제 이렇게 여는 거랑.

˗ 미닫이.

또 이렇게, 이렇게.

˗ 응, 여는 게 있고.

그건 이름이 있어요? 여닫이, 미닫이.

˗ 이건 미닫이라고 그러고, 그것은 문, 덧문 닫는다고 하고. 문살 문.

문도 두 개씩 만들었어요?

˗ 응.

밖에 있는 문이?

˗ 밖에, 밖에 있는 것이 덧문.

안에 있는 것은?

˗ 안에는 미닫이문.

그 문도 인제 이런 거 잡고 여는 거.

˗ 응, 문고리.

그러니까 그 문 열려고 이렇게 잡는 거?

˗ 응.

그게 뭐라고요?

- 던문.

안 문 여기.

- 문꼴 문골.

문 문찌방은 머에요 할머니?

- 문찌방 이거뽀구 문찌방이라구 그랴 이거.

응 그리고 이거 이렁 거?

- 어뜬 거?

바다게.

- 바다근.

이거 이거 바다게 논능 거.

- 바다게 논능 거 이거 이거?

네.

- 방빠닥.

근까 장판.

- 장판 까라따.

옌나렌 이런 거 아내꼬 머해쪼 할머니?

- 자리 까라찌 머.

자리 잉.

- 자리 까러써 옌나레는. 장파니나 이써써? 자리까러.

종이도 깔고? 종이는 앙 까라요?

- 존[17] 안 까라써.

하긴 따끄믄 안되니까, 찌저지니까?

- 종이는 앙 깔구 장판 노쿠.

굽또리는 머에요?

- 굽또리는 저 구팅이더러[18] 굽또리라 구랴. 구팅이 이리케 도라가는 굽또리.

˘ 덧문.

아뇨, 문 여기.

˘ 문고리, 문고리.

문, 문지방은 뭐예요, 할머니?

˘ 문지방, 이것 보고 문지방이라고 그래, 이거.

응, 그리고 이거, 이런 거?

˘ 어떤 거?

바닥에.

˘ 바닥은.

이거, 이거 바닥에 놓는 거.

˘ 바닥에 놓는 거, 이거, 이거?

네.

˘ 방바닥.

그러니까 장판.

˘ 장판 깔았다.

옛날에 이런 거 안 했고, 뭐했죠, 할머니?

˘ 자리 깔았지, 뭐.

자리 응.

˘ 자리 깔았어, 옛날에는. 장판이나 있었어? 자리 깔아.

종이노 깔고? 풍이는 안 낄아요?

˘ 종(+이), 안 깔았어.

하긴 닦으면 안 되니까, 찢어지니까?

˘ 종이는 안 깔고, 장판 놓고.

굽도리는 뭐예요?

˘ 굽도리는 저 구석더러 굽도리라고 그래. 구석, 이렇게 돌아가는 굽도
리.

그러고 다라기랑 벽짱도 만드러써요?

‾ 그럼.

그거또 처음부터 만들조?

‾ 우리두 벽짱 이든 뜨더버려찌.

그래요?

‾ 이잉. 처음부터 만드러요 처음부터? 응. 처음부터 만드러 벼짱.

할머니 그리구 왜 집 찌을 때 어떤 의식 어떵 걸 해요? 터 잘 다지 다지거나
상냥할 때 먼가 의식 이러케 뭐.

‾ 응. 멍능 거?

고사 지내고 이렁 거?

‾ 엉 응. 떡또 아구 돼지두 잡꾸 돼지 머리두 노쿠.

언제 해요 언제?

‾ 터 눌를 때 하구 잉 상냥알 때 하구.

왜 그르 그 때 해요 왜?

‾ 몰라.

중요하니까?

‾ 잉. 터 눌를 때 하드라구 터 터 터 터 다드믈 때.

어트게 해요 어트케?

‾ 몰라 난 떵만 해줘찌. 떠가구 술 노쿠 네 구팅이 부꾸 그러더라구. 주
추 논는디 네 구팅이에다가 술 가따 부꾸.

그르케 잉.

‾ 잉.

상냥에는?

‾ 상냥은 상냥뽀 올릴 때 잉 상난뽀 올릴 때 인자 목쑤 한주먹 주는 나
려 그 나른. 상냥뽀 옴는 나른 다: 인자 집 지벌 다 손 마루리 해두 아무
가 더퍼두 더꾸 사를 거시기를 다 해놔짜냐. 상냥 우에 올라가므는. 그

그러고 다락이랑 벽장도 만들었어요?

⁻ 그럼.

그것도 처음부터 만들죠?

⁻ 우리도 벽장 있던 (+거) 뜯어버렸지.

그래요?

⁻ 응. 처음부터 만들어요, 처음부터? 응. 처음부터 만들어, 벽장.

할머니, 그리고 왜 집 지을 때 어떤 의식, 어떤 걸 해요? 터 잘 다지, 다지거나 상량할 때 뭔가 의식 이렇게, 뭐.

⁻ 응. 먹는 거?

고사 지내고 이런 거?

⁻ 엉, 응. 떡도 하고, 돼지도 잡고, 돼지 머리도 놓고.

언제 해요, 언제?

⁻ 터 누를 때 하고, 응, 상량할 때 하고.

왜 그렇(+게), 그 때 해요, 왜?

⁻ 몰라.

중요하니까?

⁻ 응. 터 누를 때 하더라고, 터, 터, 터, 터 다듬을 때.

어떻게 해요, 어떻게?

⁻ 몰라, 난 떡만 해줬지. 떡하고 술 놓고 네 구석에 붓고, 그러더라고. 주추 놓는 데 네 구석에다가 술 갖다 붓고.

그렇게 응.

⁻ 응.

상량에는?

⁻ 상량은 마룻대 응, 마룻대 올릴 때, 인제 목수에게 한주먹 주는 날이야, 그 날은. 마룻대 얹는 날은 다 인제 집, 집을 다 손 마무리해도, 아무나 덮어도 덮고 살 거시기를 다 해놨잖아. 상량 위에 올라가면은. 그러

랑게 그거 할 때 돈 한주먹 줘.

　그러쿠나!

　˗ 응. 목쑤 목쑤가 젤루 중요한 거시 상낭뽀 언질 때여. 그늠 가따 언저만 노으므는 인자 서까래 거러가꾸 지붕 해 이르믄 사릉게 다.

　마저. 그걸 잘 모타면 쓰러지능 거에요?

　˗ 그럼.

　그때 그때 이제 술 머꼬 의시글 해요?

　˗ 응.

　어뜨케?

　˗ 인잔 지사 지내구 지사 지내구 인자 그거 상낭 할 떼기 인자 목쑤 돈 거러서 한주먹 주지. 욕빠따구[49].

　응 그러쿠나!

니까 그거 할 때 돈 한주먹 줘.

　그렇구나!

￢ 응. 목수, 목수가 제일 중요한 것이 마룻대 얹을 때야. 그놈 갖다 얹어만 놓으면, 인제 서까래 걸어갖고 지붕 해 이면 사니까, 다.

　맞아. 그걸 잘 못하면 쓰러지는 거예요?

￢ 그럼.

　그때, 그때 인제 술 먹고 의식을 해요?

￢ 응.

　어떻게?

￢ 인제 제사 지내고, 제사 지내고, 인제 그거 상량을 할 적에 인제 목수 돈 걸어서 한주먹 주지. 수고했다고.

　응, 그렇구나!

이제 집찌능 거 말고요 할머니.

- 응.

옌나레 할머니 이제 천주교셔쓰니까 잘 모르시나? 옌나레 민속 시낭이 이써
짜나요? 머 무네도 이꼬 터주에도 이꼬 조왕도 이꼬. 뭐 이렁 거 옌나레 그런
거 혹시 드러보셔써요?

‾ 아 그렁 건 모 뜨러바써. 안 드러바써 개뿌리나.

샘물 우물가튼 데.

‾ 그런 건 몰라.

머 지켜준다고 이렁 거 이써자나요.

‾ 이잉: 그렁 거 나 안 그런 미:시늘 아내서 그렁 걸 몰라.

그럼 저 조상을 숭배한 건 어트게 조상은 어트게 모셔써요 옌나레?

‾ 옌나레?

그 인제 이런 아까 그 샘물 우물 외양깐 지켜주는 그런 거는 조상 아니자나요.

‾ 그르치.

근데 이제 조상 우리 조상드른 어트케.

‾ 조상님 응. 조상 지사 지내구 하능 거보 조상을 위앤다구 그라자나.
근디 우리는 큰:집 크나버지가 게셔가꾸 할머니 하라버지 조상을 큰지비
서 큰대게서 지내서 지사 지내로만 가서 몰라.

그니까 지사로?

‾ 잉 지사루 해써.

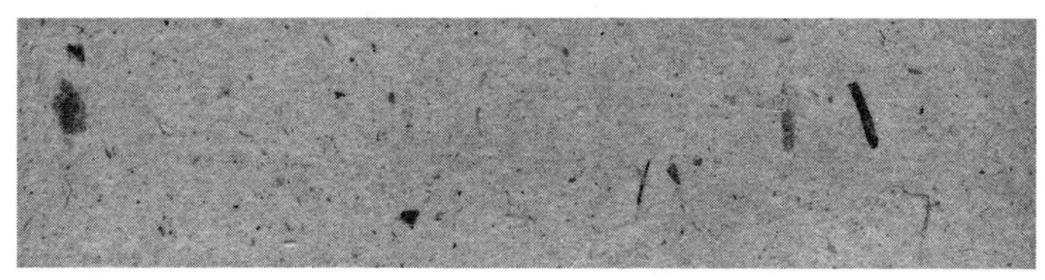

인제 집 짓는 거 말고요, 할머니.

‐ 응

옛날에 할머니는 인제 천주교셨으니까 잘 모르시나? 옛날에 민속 신앙이 있
었잖아요? 뭐 문에도 있고, 터주에도 있고, 조왕도 있고. 뭐 이런 거, 옛날에
그런 거 혹시 들어보셨어요?

‐ 아, 그런 건 못 들어봤어. 안 들어봤어, 개뿔이나.

샘물, 우물 같은 데.

‐ 그런 건 몰라.

뭐 지켜준다고, 이런 거 있었잖아요.

‐ 응, 그런 거 나 안, 그런 미신을 안 해서 그런 건 몰라.

그럼 저 조상을 숭배한 건 어떻게, 조상은 어떻게 모셨어요, 옛날에?

‐ 옛날에?

그 인제, 이런 아까 그 샘물, 우물, 외양간 지켜주는 그런 것은 조상 아니잖아요.

‐ 그렇지.

그런데 인제 조상, 우리 조상들은 어떻게.

‐ 조상님, 응. 조상 제사 지내고 하는 거 보(+고), 조상을 위한다고 그러
잖아. 그런데 우리는 큰집 큰아버지가 계셔갖고 할머니, 할아버지 조상을
큰집에서, 큰댁에서 지내서, 제사 지내러만 가서 몰라.

그러니까 제사로?

‐ 응, 제사로 했어.

머 조상 딴지 모시고 이렁 건 머에요?

⁻ 조상 딴지 모신다 쏘리는 뭘 어따가 옌나레 조상 딴지를 뭐:따가 우애난나[50] 몰라두 나는 그런 거슨 조상 딴지 우애능 거슨 몰르거써. 그래두 이:채[51]가 이쓰게 조상 딴지 우애드탄다구 할 꺼 아녀?

그 단지에다가 머 조상 태어난 시 이런 거 모시나?

⁻ 으으~. 몰르지 그거는. 조상 딴지 뭐 할라먼 조상딴지 우애드탄다구.

그럼 머 이 지여게서 우리 천주교 말고 조상 머 다른 지븐 어트게 모셔요?

⁻ 엥.

다 제사로?

⁻ 제:사루 모시지. 제사 지내는 사람 제사루 하지.

머 특뼈란 건 업꼬?

⁻ 읍:찌 머 다 이 동네두 봐두 그냥 제사만 모시지. 머 특뼈라게 지사 지낸다구 머 별다른 건 아나데 다.

뭐 조상 단지 모시고, 이런 건 뭐에요?

￣ 조상 단지 모신단 소리는 뭘 어디다가, 옛날에 조상 단지를 뭐다가 위해 놨나 몰라도 나는 그런 것은, 조상 단지 위하는 것은 모르겠어. 그래도 이치가 있으니까 조상 단지 위하듯 한다고 할 거 아냐?

그 단지에다가 뭐 조상 태어난 시, 이런 거 모시나?

￣ 으응. 모르지, 그거는. 조상 단지, 뭐 하려면 조상 단지 위하듯 한다고.

그럼 뭐 이 지역에서 우리 천주교 말고 조상, 뭐 다른 집은 어떻게 모셔요?

￣ 응.

다 제사로?

￣ 제사로 모시지. 제사 지내는 사람 제사로 하지.

뭐 특별한 건 없고?

￣ 없지 뭐, 다 이 동네도 봐도 그냥 제사만 모시지. 뭐 특별하게 제사 지낸다고, 뭐 별다른 건 안하데, 다.

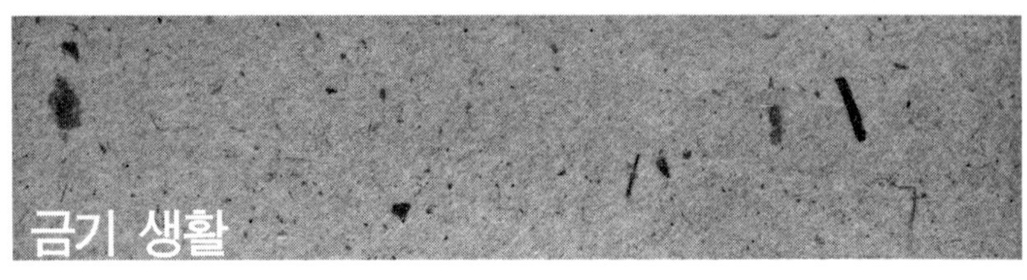

　그러면 살면서 일상 소게서 하지 마라야 할 꺼뜰 이짜나요.

　˜ 그러치.

　예를 들면 이제 음녁 음녁 그런 음년 세시랑 괄련돼서 꼭 하지 마라야 될 꺼뜰. 정초에 바늘 빌리러 가지마라 이렁 거또 인나요?

　˜ 옌:날 노인네드른 정월딸레는 여자가 사밀 저 초사흘 넘떠라간 너므 지비 모 까써. 모땡기게 하드라구 우리 엄니두. 여자드른 야초. 그랑게 그냥 지비만 가마니 이꾸 여자드리 쑥쑥 안 도라댕기드라. 지끄믄 머 초하루구 보르미구 상과넙씨 댕기는디. 재수 웁떠. 여자가 이러케 가 댕기머서 하면 요그더 멍는다구 모까게 하더라구. 그란디 몰라. 그랜는 그릉 건 앙 가려쓩게 우리 천주교라.

　여자드리. 또 다른 어떤 때 또 다른 때 머머 하지 마라라 이렁 거 이써요? 시기로 시기로 볼 때.

　˜ 에 그렁건 몰루지.

　정초만?

　˜ 잉 정초만 그래찌.

　그럼 인제 여자는 머 하지 마라 남자 머 하지 마라 이러케 여자 남자 구벼라 능 거.

　˜ 초정치 여자더리 워디 쑥쑥 드러가구 하머는 재수 웁쓰니게 그런 디 가지 마러라. 남자는 가두 괜차능게 기냥 남자드른 보통 댕기두 하지만 여자드른 그래서 할머니드리 막 모까게 하구 우리 엄니도 몯까게 하드라

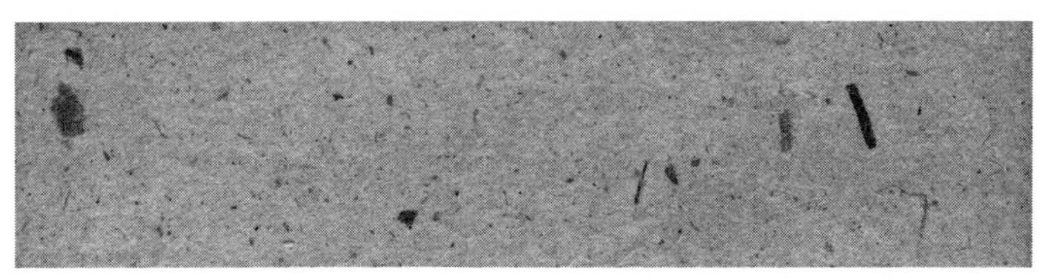

그러면 살면서 일상 속에서 하지 말아야 할 것들 있잖아요.

― 그렇지.

예를 들면, 인제 음력, 음력 그런 음력 세시랑 관련돼서 꼭 하지 말아야 될 것들. 정초에 바늘 빌리러 가지마라, 이런 것도 있나요?

― 옛날 노인네들은 정월달에는 여자가 삼일, 저 초사흘 넘도록은 남의 집에 못 갔어. 못 다니게 하더라고, 우리 어머니도. 여자들은 애초. 그러니까 그냥 집에만 가만히 있고, 여자들이 쑥쑥 안 돌아다니더라. 지금은 뭐 초하루고, 보름이고 상관없이 다니는데. 재수 없대. 여자가 이렇게 가, 다니면서 하면 욕 얻어먹는다고 못 가게 하더라고. 그런데 몰라. 그랬는 (+데) 그런 건 안 가렸으니까, 우리는 천주교라.

여자들이. 또 다른 어떤 때, 또 다른 때 뭐뭐 하지 마라 이런 거 있어요? 시기로, 시기로 볼 때.

― 에, 그런 건 모르지.

정초만?

― 응, 정초만 그랬지.

그럼 인제 여자는 뭐 하지 마라, 남자 뭐 하지 마라, 이렇게 여자 남자 구별하는 거.

― 연초에 여자들이 어디 쑥쑥 들어가고 하면 재수 없으니까 그런 데 가지 마라. 남자는 가도 괜찮으니까 그냥 남자들은 보통 다니기도 하지만, 여자들은 그래서 할머니들이 막 못 가게 하고, 우리 어머니도 못 가게 하

구 벌렁거리구 가지 마라구. 그래 그런디 지끄먼 여자구 남자구 머 상과 늡꾸. 에로 여자드리 크닐 마니 하러 댕기지이. 대통녕도 나가구 구쾨두 나가구 어디두 나가구 다 나가드라. 엔나레는 암만 암만 마니 배워두 여자가 오디를 그런 디를 가. 아나러줘찌. 안 쳐줘써.

금 남자는 가지 말아야 되는 데 이써요?

― 남자 가지 말라는 디를 어디가 이써 술찌비나 가지 말라 하하하하.

아 이써요 부억.

― 뭐:키? 잉.

가지 말라고 항 건 아니고 인제 그거 저.

― 같 좀 삼가 하라능 거지. 아 지그믄 여자 남자 사이 여전 남자들 설거지두 자래주더라.

그럼 인제 혼사 혼사하고 괄련된 거. 머 머 호닌날 바더노코 어디 가지마라 머 이렁 거 이써써요?

― 호닌날 바더노쿠? 나는.

초상찝 까지마라.

― 이잉 초상찌비 초상찝까튼 띠 가려찌. 저 존 날 이쓰니께.

조은 날 이쓰니까.

― 그라고 이 발 발쎄 초상 나머는 에시카러 갈라머는 삼가아구 앙 가자나.

어디요?

― 가젤 에식[52] 할라므머는 오늘 가튼 날 내일 가튼 날 에식 할라면 이지비서 초상이 나써. 그라머는 지그믄 저 전부라 저 잉 장네식[53]짱이루 강 게 여기는 송장이 웁쓩게 상과니 움는디 엔나레는 지비서 다 해쓰니께 모까게 해써 거기럴. 와 왕내를 아내써. 모땡기게.

그래요 손 상 당한 지베 가지 말라고?

― 응 가지 말라구. 지그믄 저가 이쓰니께 초상찝두 머 가따가 오구 머 순 송장을 보냐 머아냐. 장내식짱에 가머능 거 아::주 미꾸머게다 가따

더라고, 덜렁거리고 가지 말라고. 그래, 그런데 지금은 여자고 남자고 뭐 상관 없고. 오히려 여자들이 큰일 많이 하러 다니지. 대통령도 나가고, 국회도 나가고, 어디도 나가고 다 나가더라. 옛날에는 암만, 암만 많이 배워도 여자가 어디를, 그런 데를 가. 안 알아줬지. 안 쳐줬어.

　그럼 남자는 가지 말아야 되는 데 있어요?

　ˉ 남자 가지 말라는 데가 어디 있어, 술집이나 가지 말라, 하하하하.

　아, 있어요, 부엌.

　ˉ 부엌에? 응.

　가지 말라고 한 건 아니고, 인제 그건 저.

　ˉ 가(+지 마라), 좀 삼가라는 거지. 아, 지금은 여자 남자 사이, 요즘 남자들 설거지도 잘 해주더라.

　그럼 인제 혼사, 혼사하고 관련된 거. 뭐, 뭐 혼인날 받아놓고 어디 가지마라, 뭐 이런 거 있었어요?

　ˉ 혼인날 받아놓고? 나는.

　초상집 가지 마라.

　ˉ 응, 초상집에, 초상집 같은 데 가렸지. 저 좋은 날 있으니까.

　좋은 날 있으니까.

　ˉ 그러고 이, 벌, 벌써 초상나면은, 예식하러 가려면은 삼가고 안 가잖아.

　어디요?

　ˉ 가령 예식 하려면은 오늘 같은 날, 내일 같은 날 예식하려면 이 집에서 초상이 났어. 그러면은 지금은 저, 전부가 저 응, 장례식장으로 가니까, 여기는 송장이 없으니까, 상관이 없는데 옛날에는 집에서 다 했으니까 못 가게 했어, 거기를. 왕, 왕래를 안 했어. 못 다니게.

　그래요, 손, 상을 당한 집에 가지 말라고?

　ˉ 응, 가지 말라고. 지금은 저기 가 있으니까 초상집도 뭐 갔다가 오고, 뭐 숫(+제) 송장을 보나, 뭐 하나. 장례식장에 가면은 거 아주 밑구멍에

느:노쿠 사진만 하나 가따노쿠 와따가따 머 사지니다만 인사하구 오지. 어디 상 상주드라구 인사해두 신체[54]를 봐 머야? 옌나리는 신체빵서 다 인사해써. 신체 여다 뉘여노쿠. 여기다 다. 상주 여기 족: 안자쓰먼 와서 잉 도라가신 맹이[55]난테 인사 하구 저라구. 그르카구 상주아구 저라구 나가찌. 누가 그냥 지그믄 머머 이~ 사진만 하나 따 딱 가따노쿠 그양 그거 머 신체가 이써 무에써. 그 사람 사진만 보구 저라구 인사아구 오능 겨. 신체는 하나 보두 아나구. 그렁게 지금 초상찝뚜 상과눕써. 보 머 보능 게 이씨야지.

그럼 이제 장네 하고 괄련된 금기. 머 하지 마라. 머 예를 들면 관 과뉘로 고양이 지나가게 하지 마라 이렁 거. 고앵이 그렁 거에요?

ㅡ 엉 고양이가 지나가면 재수 업따구 막 마전[56] 사납따구 그란는디 지끄먼 머 고양이가 어디로 지나가. 그게 그날 딱 끄내 오머는[57] 사니루 자기 잉 치 자기네 이~ 종사니구 가는 사람 가구.

바루?

ㅡ 저:: 태우루 가는 사라먼 머 짱네 예식짱이서 태우루 가구 그라지. 머 머 어 고양이가 언제 볼 쌔 인냐 갈 쌔 이꾸. 워디를. 옌날 마려 옌날 이거 옌날 그 역싸저기루 나오능 거 다 저거쓩게 그라지. 지그믄 머.

갖다 넣어놓고, 사진만 하나 갖다놓고 왔다갔다 뭐 사진에다만 인사하고 오지. 어디 상, 상주들하고 인사해도 시체를 봐, 뭐 해? 옛날에는 시체방에서 다 인사했어. 시체 여기다 눕혀 놓고. 여기다 다. 상주 여기 족 앉아 있으면 와서 응, 돌아가신 망인한테 인사하고 절하고. 그렇게 하고, 상주하고 절하고 나갔지. 누가 그냥, 지금은 뭐뭐 응, 사진만 하나 딱, 딱 갖다 놓고 그냥 그거 뭐 시체가 있어, 뭐가 있어. 그 사람 사진만 보고 절하고, 인사하고 오는 거야. 시체는 하나 보지도 않고. 그러니까 지금 초상집도 상관없어. 보(+는), 뭐 보는 게 있어야지.

그럼 인제 장례하고 관련된 금기. 뭐 하지 마라. 뭐 예를 들면, 관, 관 위로 고양이 지나가게 하지 마라, 이런 거. 고양이 그런 거예요?

￢ 응, 고양이가 지나가면 재수 없다고 막, 마접 사납다고 그런다는데, 지금은 뭐 고양이가 어디로 지나가. 그게 그날 딱 꺼내 오면은 산으로, 자기 응, 치, 자기네 이, 종산으로 가는 사람은 가고.

바로?

￢ 저 태우러 가는 사람은 장례 예식장에서 태우러 가고 그러지. 뭐, 뭐어, 고양이가 언제 볼 새가 있느냐, 갈 새가 있고. 어디를. 옛날 말이야, 옛날 이거 옛날, 그 역사적으로 나오는 거 다 적었으니까 그러지. 지금은 뭐.

■ 주석

1) '상낭'은 '상량(上樑)'을 뜻하는 말이다.
2) '내기'는 '네 구석'의 잘못이다.
3) '여벌팅이'는 곁에서 부수적인 역할을 하는 사람을 가리키는 것으로 '곁다리' 로 대역할 수 있다.
4) '음석'은 '음식'의 방언형이다.
5) '지동'은 '기둥'이 구개음화하면서 제2 음절이 저모음화한 형태이다.
6) 이 화맥에서 '대보'는 '대들보'를, '보'는 '들보'를 뜻하고, '개보, 게보'는 '대보' 의 잘못 발화이므로 '대들보'로 대역하였다.
7) '옆구레'는 '옆구리'의 방언형이다.
8) '보짱'은 '들보'의 방언형이다. 이 제보자의 원 발화를 존중하여, '보'는 '보'로 '보짱'은 '들보'로 구분하여 대역하였다.
9) '외때기를 엮다'는 말은 '외(椳)를 얽다'는 뜻이다. 이는 토벽을 하기 위해 가로세로 외를 얽는 일을 말한다. '-때기'는 접미사이다.
10) '베랑빡'은 '바람벽'이 음 변화를 일으켜 굳어진 형태로 준말 '벽'에 대응되는 형태이다.
11) 여기서 '깨탈맞다, 까달스럽다'는 '까탈스럽다'의 뜻으로 '까다롭다'에 대응되는 방언형이다.
12) '매꼼하다'는 '매끈하다'에 대응되는 방언형이다.
13) '새벽'은 모래·점토·짚 따위를 혼합시켜서 거푸집이나 회반죽을 만들어 벽에 바르는 것을 말하는데 '새벽 치다'는 '새벽질하다'로 대역한다.
14) '마주막'은 '마지막'에 대응되는 방언형이다.
15) '싸버리다'는 '쌓아 버리다'의 방언형이다. 후음 말음을 갖는 어간이 모음어미와 결합할 때 음절축약이 일어나므로 어간의 형태를 규정하는 데 주의해야 한다.
16) '쎄멘뜨'는 외래어 '시멘트'를 가리키는 방언형이다.
17) '스치로푸 노쿠'는 스티로폼을 벽에 넣고 벽을 바른다는 뜻이다.
18) '세사물'은 '회삼물(석회, 황토, 가는 모래)'의 구개음화와 모음변이('회→쇠→세')로 된 방언형이다.

19) 여기서 '나라시'는 일본어 '나라스'로 '반듯하게 하다'의 뜻이다.

20) '공그리'는 외래어 '콘크리트'에 대응되는 방언형이다.

21) '호수'는 외래어 '호스'의 방언형이다.

22) '영지'는 '연기'에 대응되는 방언형이다.

23) '따숩다'는 '따뜻하다'의 방언형이다.

24) '해 일다'는 '해서 이다'의 뜻으로, '일다'는 '이다'의 방언형이다.

25) 여기서 '먹줄 탱기다'는 '먹줄 튕기다, 먹줄 치다'의 뜻이므로 '먹줄 퉁기다'로 대역하였다.

26) '알으야'는 '알아야'로 대역된다. 이 방언에서는 어미 '-어, -어야'가 고모음화하여 '-으야'로 실현되는 경향이 매우 강하다. 따라서 '알으야(=알아야), 깔으야(=깔아야), 맞으야(=맞아야), 박으야(=박아야), 갈으야(=갈아야), 먹으야(=먹어야), 잡으댕기머(=잡아당기며)'와 같은 예들이 나타난다.

27) 여기서 '영때기, 나래'는 '이엉'의 방언형이다. 질문은 '외'에 관한 것인데 답변을 잘못하였다. '에'는 '외'의 방언형이다.

28) 여기서 '-라'는 주격 조사로 실현된다. 충남 방언에서 주격 조사로 실현되는 방언형에 '-다, -다가, -라, -라가' 등이 있다.

29) '뜰빵'은 '토방'을 일컫는 방언형이다.

30) '마롱'은 '마루'의 방언형이다.

31) '되배'는 '도배(塗褙)'가 움라우트를 일으켜 만들어진 형태이다.

32) 이 방언에서 '종이'에 대응되는 형태는 어간말자음이 탈락하여 '조이'로 나타난다. 대부분의 방언 자료에서 연구개음 /ㅇ/이 모음 사이에 나타났을 때 뒤따르는 모음이 비음절화(鼻音節化)하면 /ㅇ/이 탈락되는 현상이 먼저 나타나고 후에 음절의 비음성(鼻音性)도 사라지면서 '조이'가 되는 과정을 겪는다. 이 방언에서도 그러한 음운 과정을 거쳐 '종이〉조이'가 된 것으로 보인다. 이러한 현상은 형태소 경계에서도 나타나는 것이어서 '식장+으로→식자이루'와 같은 예가 여기에 속한다.

33) 여기서 '옴팡찝'은 '옴팡'을 뜻하는데, '옴팡+집'의 중복 구조이다. 따라서 제보자의 발화 내용을 살려 '옴팡 집'으로 대역한다.

34) '-더락'은 조사 '-도록'에 대응되는 형태인데 '-다락, -더락'이 임의변이한다.

35) '모냥'은 '모양'의 방언형이다.

36) '흑땀(흙담)'은 '토담'의 방언형이다.

37) '사무리'는 '삼물(三物)'의 방언형인데 이는 '회삼물(灰三物)'의 준말이다.

38) ‘굴뚝때(대)’는 ‘굴뚝’의 방언형이다.

39) ‘뷕’은 ‘부엌’의 축약형으로 장모음으로 나타난다.

40) ‘메우다’에 대응되는 방언형은 ‘미꾸다, 미다’로 나타난다.

41) 보조용언 ‘-싶다’에 대응되는 방언형은 ‘-잖다’이다

42) ‘어디’의 충남 방언형은 ‘어따, 워따, 워디’ 등이 나타난다.

43) ‘남새밧’은 채소를 심어둔 텃밭을 일컫는 말이다.

44) ‘화갱이’는 ‘곡괭이’에 대응되는 방언형이다.

45) 사동사 ‘끼우다’에 대응되는 형태가 ‘끼다’로 나타나고 장음으로 실현된다.

46) ‘지시락’은 ‘기스락’을 가리키는 것으로 구개음화를 겪은 형태이다.

47) ‘졸’은 ‘종이’의 발음 잘못이다.

48) ‘-더러’는 [+유정명사]와 공기하는데 충남 방언에선 ‘-보고’처럼 [-유정명사]와
    도 공기한다.

49) ‘욕빠따(욕보았다)’는 ‘수고했다’의 방언형이다.

50) ‘위하다’에 대응되는 형태는 ‘우해다’로 ‘우해났나(=위해 났나), 우해는(=위하
    는), 조상단지 우해듯 한다(=위하듯 한다)’와 같이 나타난다.

51) ‘이채’는 ‘이치(理致)’를 뜻하는 말이다.

52) ‘에식’은 ‘예식(禮式)’을 가리키는 말로 어두에 단모음화가 일어난 예이다.

53) ‘장네’는 ‘장례(葬禮)’를 가리키는 말로 제2 음절이 단모음화한 예이다.

54) 여기에서 ‘신체’는 ‘시체(屍體)’를 가리키는 말이다.

55) 여기에서 ‘맹인’은 ‘망인(亡人)’을 가리키는 것으로 움라우트를 겪은 예에 속
    한다.

56) ‘마전’이란 ‘마접(魔接)’에 대응되는 형태인데 귀신을 접하거나 귀신이 내리
    는 것을 의미하는 말로 ‘신접(神接)’이라고도 한다.

57) 이 화맥에서 ‘끄내 오머는’은 ‘영안실에서 시체를 꺼내 온다.’는 말이다.

질병과 민간요법

1. 질병과 민간요법
2. 각종 질병과 민간요법
3. 약초 캐는 과정과 주변 이야기

인제 할머니 질병 질병하고 밍간뇨뻡만 여쩌보께요. 옌나레 마니 발쌩해떤 질병드리 이써써요?

- 응.

요즈메는 별로 업찌만 옌나레는 막 이렁 거 되게 마나써떤 거.

- 질병 웅:기 알코 뭐 그러능 거 병.

대게 자진 버진 뭐 마른버진 진버진 여드름 땀띠 두르레기 문둥이도 이썼고.

- 응.

기게총 뭐 이렁 거 그 옌날?

- 옌날에는 머리두 기게총두 마나가꾸 애들두 머리가 그만 경:장이[1] 저기해써. 히뜨기뜨기 댕이 기게총 나가꾸.

기게똑 때매 그렁 거조?

- 응. 이게 그거 소독 아나구 그냥 막 쓰던 늠 쓰구 그냥 다:쿠 그러케서 그라나 데나 머리깍꾸 오면 그라드라구. 마름버듬[2] 나두 마름버듬 마니 나썬네. 사::무 마름버듬 왜 이러케 피나. 마름버듬 나가꾸.

얼구레 펴요?

- 응 얼구리 하야케 이러케 마름버듬이 펴. 그라며는 그거슬 뭐 병원이 가서 약 사다먹꾸 약을 발르구 그러케 해서 난능 거슬 아나구 싸리 지름. 싸리때 싸리때럴 꾸면 응 마카테 빼깥 저 말리미 인는 싸리때럴 끄너다가 바싹 말른 늠 이르게 화리뿌리다 꼬바노면 지글지글지걸려 끄러 올르더라구. 짐이 이르케. 이거 우이루 대 우이루. 그라믄 그놈 찌거서 이러

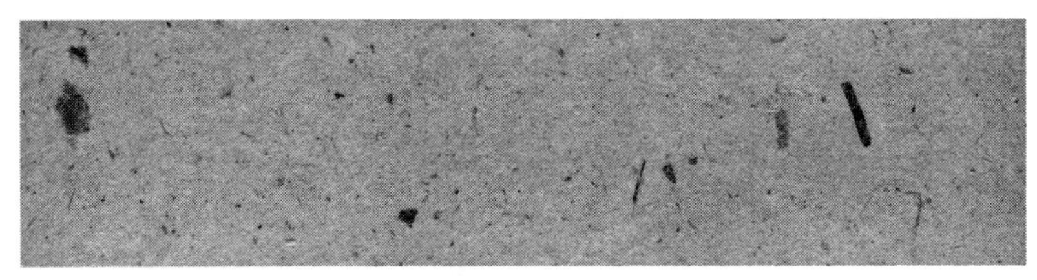

인제 할머니, 질병, 질병하고 민간요법만 여쭤볼게요. 옛날에 많이 발생했던 질병들이 있었어요?

- 응.

요즘에는 별로 없지만 옛날에는 막 이런 거, 되게 많았었던 거.

- 질병 옮겨 앓고, 뭐 그러는 거, 병.

대개 잦은 버짐, 뭐 마른버짐, 진버짐, 여드름, 땀띠, 두드러기, 문둥이도 있었고.

- 응.

기계총 뭐 이런 거, 그 옛날?

- 옛날에는 머리도 기계총도 많아갖고 아이들도 머리가 그만 굉장히 저기했어. 희뜩희뜩 다녀, 기계총 나갖고.

기계독 때문에 그런 거죠?

- 응. 이게 그거 소독 안 하고, 그냥 막 쓰던 놈 쓰고, 그냥 닿고 그렇게 해서 그러나저러나 머리 깎고 오면 그러더라고. 마른버짐, 나도 마른버짐 많이 났있네. 사뭇 마른버짐 왜 이렇게 피나. 마른버짐 나갖고.

얼굴에 펴요?

- 응, 얼굴에 하얗게, 이렇게 마른버짐이 펴. 그러면은 그것을 뭐 병원에 가서 약 사다 먹고, 약을 바르고 그렇게 해서 낫는 것을 안 하고, 싸리 기름. 싸릿대, 싸릿대를 구우면 응, 바깥에 바깥 저 등성이에 있는 싸릿대를 끊어다가 바싹 마른 놈 이렇게 화롯불에다 꽂아놓으면 지글지글, 지글거려, 끓어오르더라고. 김이 이렇게. 이거 위로 (+싸리)대 위로. 그러면 그놈 찍어서

케 이러케 발르먼 경:장이 따거워. 그라믄 웁써지구 그라더라구.
　어 그래요?
　ㄱ 에~ 그러케 해봐 사::무 마 그래서 얼굴 숭[3]저질주 알아써두 얼굴에 머 티꺼뚜 웁써. 나 애기쩌게 여남살을 머글때기 열댓살 어지가니 나:써 그게. 마름버드미 마름버드미. 근디 지금 생각하머는 잘 머그야 하는디 그 엔날에는 그냥 고기가틍 건 머 바븐 앙굼꾸 잘 머거써도 저런 우유니 저렁 거니 부유 그렁 거 하나두 안 머꾸 커서 그러능 거 가터 영냥니[4].
　그 기게총은 어트게 나껴써요?
　ㄱ 몰르지 기게총은 머리 까끄먼 기게총 나서 우리 애드런 그렁 거 안 나써 기게총. 그렁 건 몰르거때.
　그냥 그건 어트게 나? 어트케야 되나 그건? 그르머는 여드름 가틍 거는 뭐 하셔써요?
　ㄱ 여드름 나머는 여드르먼 가라안떠라구 짜먼 그냥 웁써저 여드름. 나두 여드름 쪼끔 나반는디 마니는 안나써두 그냥 업써지대.
　그럼 땀띠나 두드러기 가틍 거는?
　ㄱ 땀띠에는 따 땀띠 인자 그거는 이, 분 발르구. 분 가루분 잉 가루분 발러주구 사무 그라머는 참물루 시꾸 에 가루분 발르구 그람 업써지는디 두디리기는 참말루 대가냐.
　음 마자요.
　ㄱ 응 두디리기 나는 우리 애더리 두디리기 우리 크나더리 마니 나써. 다른 아들은 안 난는디. 두디리기 나서 사무 큰 녹 바써[5].
　왜 나요 왜?
　ㄱ 그란디. 몰라 매릅씨[6] 이르케 나데 두디리기가.
　뭐 잘몬 머거서 그런가?
　ㄱ 고기 어떤 때는 머꾸 뭐 채수가토 채소가틍 거뚜 마니 머꾸 하는디 꾕:이[7] 그러케 나더라구. 제 모메서.

이렇게, 이렇게 바르면 굉장히 따가워. 그러면 없어지고 그러더라고.

　어, 그래요?

　¯ 에, 그렇게 해봐도 사뭇, 뭐 그래서 얼굴에 흉터질 줄 알았어도 얼굴에 뭐 티끌도 없어. 나 아기 적에 여남은 살 먹을 때, 열댓 살 때 어지간히 났어, 그게. 마른버짐이, 마른버짐이. 그런데 지금 생각하면은 잘 먹어야 하는데, 그 옛날에는 그냥 고기 같은 건, 뭐 밥은 안 굶고 잘 먹었어도 저런 우유니, 저런 것이니, 분유 그런 거 하나도 안 먹고 커서 그런 거 같아, 영양이.

　그 기계총은 어떻게 낫게 했어요?

　¯ 모르지, 기계총은 머리 깎으면 기계총 나서, 우리 애들은 그런 거 안 났어, 기계총. 그런 건 모르겠데.

　그냥 그건 어떻게 나아? 어떻게 해야 되나, 그건? 그러면은 여드름 같은 것은 뭐 하셨어요?

　¯ 여드름 나면은, 여드름은 가라앉더라고 짜면, 그냥 없어져 여드름. 나도 여드름 조금 나봤는데 많이는 안 났어도 그냥 없어지데.

　그럼 땀띠나 두드러기 같은 것은?

　¯ 땀띠에는 땀(+띠), 땀띠 인제 그것은, 이, 분 바르고. 분, 가루분 응, 가루분 발라주고, 사뭇 그러면은 찬물로 씻고, 에, 가루분 바르고 그러면 없어지는데, 두드러기는 정말 힘들어.

　음, 맞아요.

　¯ 응, 두드러기 나는, 우리 애들이 두드러기 우리 큰아들이 많이 났어. 다른 아들은 안 났는데. 두드러기 나서 사뭇, 큰 고생했어.

　왜 나요, 왜?

　¯ 그런데. 몰라, 맥없이 이렇게 나데, 두드러기가.

　뭐 잘못 먹어서 그런가?

　¯ 고기 어떤 때는 먹고, 뭐 채소 같은, 채소 같은 것도 많이 먹고 하는데, 괜히 그렇게 나더라고. 제 몸에서.

다 나요 모메?

‾ 응 게러워[8] 츠메는 이러케 그꾸 글거 개럽따구. 글거 그래서 두드리기 나가꾸 참 병원에두 마::니 가구 업꾸 나 노상 병원이 게구 야걸 막 각이루 하낙씩 사다가 주사 이 논능 거 알켜주데. 에 저 노라구 그래서 근데 내가 놔:주구 약 발르구 사무 그래써. 그래떠니 지금 콩 게 안 나더라구.

두드러기는 그럼 민간 요뻐부로 어뜨케 해요?

‾ 개려서 응. 민간 요뻐비로는 뭐 지푸레기 어디 저 화장실 그저니는 지비루 해 이르니까. 동쪼기루 가는 지푸레기 빼다가 부뚜마게 세워노쿠 두드리기를 씨러주라구 하드라구. 이케 모믈 이케 영지 찌우머서[9] 소금 이러케 뿌려가머. 아 그릉 거뚜 해보구 이릉 거뚜 해봐두 안 들어. 병워니 댕기머서 업꾸 댕임서 병워니 주사 마꾸 야기루 다 메기구 기운낭게 안나.

부스러믄요?

‾ 엥 부수. 옌날에는 부시름두 마~이 나써.

부시러믄 어트게 해요?

‾ 고름 짜야지 뭐 골므면.

그 따른 방법?

‾ 웁써.

약 어떤 거 머거써요?

‾ 지금 애더런 부시름 안 나. 지금 주사를 잘 방지해 주구 놔:주구 하니께 그라나 옌나레는 부시름두 마~이 나구 다리끼두 왜 그러케 마~이 나 다리끼.

다리끼 나면 어트게 해요 할머니?

‾ 다리끼 나면 골므문 짜면 짜부라 드러[10]. 그때 곰드락.

짜요 눈?

다 나요, 몸에?

⎯ 응, 가려워, 처음에는 이렇게 긁고 긁어, 가렵다고. 긁어, 그래서 두드러기 나갖고 참 병원에도 많이 가고 업고, 나 노상 병원에 가고, 약을 막 곽으로 하나씩 사다가 주사 이거 놓는 거 가르쳐주데. 에, 저 놓으라고, 그래서 근데 내가 (+주사)놔주고, 약 바르고 늘 그랬어. 그랬더니 지금은 크니까 안 나더라고.

두드러기는 그럼 민간요법으로 어떻게 해요?

⎯ 가려워서, 응. 민간요법으로는 뭐 지푸라기 어디 저 화장실, 그 전에는 짚으로 해 이니까. 동쪽으로 가는 지푸라기 빼다가 부뚜막에 세워놓고 두드러기를 쓸어주라고 하더라고. 이렇게 몸을, 이렇게 연기 쏘이면서, 소금 이렇게 뿌려가며. 아, 그런 것도 해보고, 이런 것도 해봐도 안 들어. 병원에 다니면서, 업고 다니면서 병원에서 주사 맞고, 약을 다 먹이고 기운 나니까 안 나.

부스럼은요?

⎯ 응, 부스(+럼). 옛날에는 부스럼도 많이 났어.

부스럼은 어떻게 해요?

⎯ 고름 짜야지 뭐, 곪으면.

그 다른 방법?

⎯ 없어.

약 어떤 거 먹었어요?

⎯ 지금 애들은 부스럼 안 나. 지금 주사로 잘 방지해 주고 놔주고 하니까 그러는지, 옛날에는 부스럼도 많이 나고, 다래끼도 왜 그렇게 많이 나, 다래끼.

다래끼 나면 어떻게 해요, 할머니?

⎯ 다래끼 나면, 곪으면, 짜면 쪼그라들어. 그때 곪도록.

짜요, 눈?

- 응 아:니 제절루 터져 에 지절루 터져.

진짜?

- 터지먼 고럼 나먼.

다리끼 나면 뭐 어트게 한다 그런 방법 업써요?

- 다리끼 나는디 방버는 노인네들 그저니 이 눈썹 빼가꾸 저 질꺼름 까이다가 가따가 새금파리다 이러케 해노쿠 딱 더퍼노쿠 다른 사라미 차면 그사람기루 올라간다[11]구. 아이고! 시상이 멍청한 소리두 드럽께두 해서. 그래 그래가꼬 그 올라갈꺼? 올라간다구 그러케 하라구 하드라. 나두 다래끼 어지가니 나써. 아이구 다리끼두 왜르케 마~이나.

그럼 무좀 무좀 가틍 건 어트케?

- 응 발 무저[12]. 발쌔에 무점 나구.

그건 어트케 고쳐요 엔날에?

- 약 빨릉게 겐찬테 지그믄.

별게 다 이짜나요 발 머 무좀.

- 아이 몰라 머***. 나는 무좀 난 디는 약가따 발러 무좀약 사다가 발릉게 나서. 엔날에는 그런 소소한 병이 마니 이써써 자지그레 하니. 다리끼 나구 누내피[13] 개씨바리[14] 올르구 그라구 눈 뻘거나니. 그렁 거 인는디 지금 애드른 그렁 겐 읍써. 심하지 아나.

기침 그렁 거 감기 걸릴때 어뜨케 약 말구 다른 방법?

- 응. 다른 방법 뭐야? 기침 나구 하머는 양 머그야지 머. 지끔 버 그뱅이[15] 한다구 돠.

중풍 중풍 가틍 거는요?

- 중풍은 아퍼가꾸 풍나가꾸 그거슨 한쪼글 모쓰는건디 그게 데게 힘드는 병이지. 중풍에 제일 힘 드능게 중풍은. 모 꼬쩌.

방법 업써요?

- 읍:써.

˚ 응, 아니 저절로 터져, 에, 저절로 터져.

진짜?

˚ 터지면 고름 나오면.

다래끼 나면 뭐 어떻게 한다, 그런 방법 없어요?

˚ 다래끼 나는 데 방법은, 노인네들 그 전에 이, 눈썹 빼갖고 저 길거리 가에다가 갖다가 사금파리에다 이렇게 해놓고, 딱 덮어놓고 다른 사람이 차면 그 사람에게로 옮아간다고. 아이고! 세상에 멍청한 소리도 더럽게도 했어. 그래, 그래갖고 그 옮아갈 거야? 옮아간다고, 그렇게 하라고 하더라고. 나도 다래끼 어지간히 났어. 아이고, 다래끼도 왜 이렇게 많이 나.

그럼 무좀, 무좀 같은 것은 어떻게?

˚ 응, 발 무좀. 발 사이에 무좀 나고.

그건 어떻게 고쳐요, 옛날에?

˚ 약 바르니까 괜찮데, 지금은.

별게 다 있잖아요, 발 뭐 무좀.

˚ 아이, 몰라 뭐***. 나는 무좀 난 데는 약 갖다 발라, 무좀약 사다가 바르니까 나아. 옛날에는 그런 소소한 병이 많이 있었어, 자질구레하게. 다래끼 나고, 눈병 개씨바리 옮고, 그리고 눈 뻘겋게. 그런 거 있는데 지금 애들은 그런 거는 없어. 심하지 않아.

기침, 그런 거 감기 걸릴 때, 어떻게 약 말고 다른 방법?

˚ 응. 다른 방법 뭐해? 기침 나고 하면은 약 먹어야지, 뭐. 시금 뭐 ㄱ 액막이 한다고 돼?

중풍, 중풍 같은 거는요?

˚ 중풍은 아파갖고 풍 나서, 그것은 한쪽을 못 쓰는 건데, 그게 되게 힘든 병이지. 중풍에 제일 힘 드는 게, 중풍은. 못 고쳐.

방법 없어요?

˚ 없어.

인제 멍는 음식 때무네 생기는 병에서요 설싸하면 어트게 해요?

- 설싸?

설싸 하면 어트게 하셔써요 옌날에?

- 설싸아믄 옌나레 노인 양반드런 쑹물 해주데 쑥. 쑥 뿌리 캐다가. 그 걸 파:: 잉 쑥 뿌리를 팍팍 쩌가꾸 설탕 느쿠 팍팍 끄려서 에 시근 데미[16] 주드라구. 쑥 뿌리 머그라구.

마시라고?

- 잉 마시라구 그러믄 덴다구.

토사광란?

- 토사광난 나머는 질깅이 뿌링이 머거써.

토사광나니 뭐에요?

- 배 아퍼서 광난 나능 거 체애가꾸.

광난 칙뿌리?

- 음 칙뿌리 아녀. 배쩽이 이짜나.

아 예.

- 체해 뱁쩽이[17] 질겡이 뿌링이. 그거 토사광난 난 디 캐가꾸 깨::까시 씨쳐서 팍::팍 쩌서 시, 서너 수깔 머그면 갸[18]. 그거 아주 직빵이여.

개요?

- 잉 갸. 따:구 손 따구.

응 싱기하네 체해쓸 때는?

- 첼: 때.

체해쓸.

- 체:야 토사광난 나거든.

질겡이 뿌리.

- 응 질겡이 뿌리.

사래 걸려쓸 때 사래 걸려쓸 때?

인제 먹는 음식 때문에 생기는 병에서요, 설사하면 어떻게 해요?

⁻ 설사?

설사 하면 어떻게 하셨어요, 옛날에?

⁻ 설사하면 옛날에 노인 양반들은 쑥물 해주데, 쑥. 쑥 뿌리 캐다가. 그걸 팍 응, 쑥 뿌리를 팍팍 쪄갖고 설탕 넣고 팍팍 끓여서 에, 식은 다음에 주더라고. 쑥 뿌리 먹으라고.

마시라고?

⁻ 응, 마시라고 그러면 된다고.

토사곽란?

⁻ 토사곽란 나면은 질경이 뿌리 먹었어.

토사곽란이 뭐예요?

⁻ 배 아파서 곽란 나는 거, 체해갖고.

곽란, 칡뿌리?

⁻ 음, 칡뿌리가 아니야. 질경이 있잖아.

아, 예.

⁻ 체해, 질경이, 질경이 뿌리. 그거 토사곽란 난 데 캐갖고 깨끗이 씻어서 팍팍 찧어서 서너 숟가락 먹으면 나아. 그거 아주 직방이야.

나아요?

⁻ 응, 나아. 따고, 손 따고.

응, 신기하네, 체했을 때는?

⁻ 체할 때.

체했을 (+때).

⁻ 체해야 토사곽란 나거든.

질경이 뿌리.

⁻ 응, 질경이 뿌리.

사래 걸렸을 때, 사래 걸렸을 때?

˗ 잉? 재치기?

사레 사레 사레 들었을 때 이짜나요.

˗ 사래 드를 띠기 재치기 나구 사래 들리능 거 마리쟈냐? 몰라 고거슨.

딸꾹찔 날 때?

˗ 껄떡질 날 때 물 먹짜나 설탕물. 설탕물 머그머그머그먼 갠대.

설탕무리에요?

˗ 에잉.

그냥?

˗ 잉 설탕물 타서 먹뜨라구.

또 다른 방법 업서요?

˗ 웁써.

트림 트리믄 그냥 하면 되요? 경끼두 이러켜써요 옌날에?

˗ 경끼두 마내찌 옌날에는.

경끼 이르키면 어트게 해요?

˗ 경끼 이르키머는 다른 방법 웁써. 침쟁이한티 가서 따야지. 침 노쿠 따구 주사 마꾸. 정끼[19] 나면 대가냐. 식:초 뿌리데. 정시[20]난디 식초.

그륵 그 애안테?

˗ 잉 이케 식초럴 지비서 다믄 식초 이? 그거슬 그냥 얼굴이다 그냥 뿌리면 저기항게 체: 이떠라 체: 얼굴 체:. 그라더니 하얀 그 거시기 저기 삼베 바푸재기[21] 가틍 거 그렁 꺼 얼굴 더퍼노쿠 푹:: 막 품떠라구 이러케. 그냥 이비다 무러가꾸. 그람느는 정끼가 갠다구 그라는데 아이구 정끼 정끼 낭 거뚜 바는 죽어 금방 애 정끼 낭 거.

응. 또요. 혀빠늘 세면 어트게 해요?

˗ 서빠늘? 서빠늘 스믄 기냥 개지 모.

뭐 발르고 이런 거 업써요? 아프자나요.

˗ 아퍼 겡장이 아퍼. 뭐 발르는 약뚜 베랑 웁써 그거 서빠늘 때.

￢ 응?, 재채기?

사래, 사래, 사래 들었을 때 있잖아요.

￢ 사래 들 적에 재채기 나고, 사래 들리는 거 말이잖아? 몰라, 고것은.

딸꾹질 날 때?

￢ 딸꾹질 날 때 물 먹잖아, 설탕물. 설탕물 먹으, 먹으, 먹으면 낫는대.

설탕물이에요?

￢ 응.

그냥?

￢ 응, 설탕물 타서 먹더라고.

또 다른 방법 없어요?

￢ 없어.

트림, 트림은 그냥 하면 돼요? 경기도 일으켰어요, 옛날에?

￢ 경기도 많았지, 옛날에는.

경기 일으키면 어떻게 해요?

￢ 경기 일으키면은 다른 방법 없어. 침쟁이한테 가서 따야지. 침놓고, 따고, 주사 맞고. 경기 나면 힘들어. 식초 뿌리데. 경기 난 데, 식초.

그렇(+게), 그 애한테?

￢ 응, 이렇게 식초를 집에서 담은 식초, 응? 그것을 그냥 얼굴에다 그냥 뿌리면 저기하니까 체 있더라, 체, 얼굴 체. 그러더니 하얀 그 거시기 저기 삼베 밥보자기 같은 거, 그런 거 얼굴에 덮어놓고 푸! 막 뿜너라고, 이렇게. 그냥 입에다 물어갖고. 그러면 경기가 낫는다고 그러는데 아이고, 경기, 경기 난 것도 반은 죽어, 금방 애 경기 난 거.

응. 또요. 혓바늘 서면 어떻게 해요?

￢ 혓바늘? 혓바늘 서면 그냥 낫지, 뭐.

뭐 바르고 이런 거 없어요?

￢ 아파, 굉장히 아파. 뭐 바르는 약도 별로 없어, 그거 혓바늘 (+설)때.

뭐 꿀 물고 이꼬 이러카는?

⁻ 잉 서빠늘[22] 스는디 꿀 발르구 뭐 할 할 나슬[23] 때가 되야 나서.

응 그럼 또 그외에 질병들 중에서 처년두.

⁻ 처년두가 뭐냐?

손님.

⁻ 손님. 지그믄 그릉 거 웁써.

그거 오면 어트게 해요?

⁻ 어 그거 오머는 바 거시기 저 금지해찌. 그 지비 아무도 못 까겨. 올라 그거는 저녀미여. 그렁 게 오능 거뚜 머 우리두 하나 딸래미 하나 손님아다[24] 이러써.

아이고 그러쿠나!

⁻ 잉 한지베 사는 사라미 세 사는 사라미 즤 친정이 가서 그걸 올마 올마가꾸 와서 우리 애기한테 올려가꾸 가 그집 갸두 머시매두 주꾸 우리는 딸래미가 주꾸 그래써.

어머 어떠케.

⁻ 그래 주거서 세: 살 머거쓸 때. 막 이뿌구 아장아장 걸구댕길[25] 때. 그러더니 올르면 죽떠라구. 손님 알타. 젤: 무선 병이여.

그러쿠나! 뭐 달 방버븐 업꾸요?

⁻ 어 웁써 건.

곰보 곰보는 어트게?

⁻ 곰보가 그거 하다가 공부[26] 되자냐. 따갈 글거싸서[27] 따그랭이[28] 띠구 하머는 손님 와따. 지그믄 그런 병이 웁짜냐. 다 에방애서 주사루 마가버리게. 일번[29] 나므는 발써 방지 하쟈냐 보건소서. 그렁 걸 다.

학지른뇨 학질?

⁻ 학질두 그 그저니는 수부겐는디 지금 학질 알른 사람 웁써. 학지리 하루거리거든? 그런데 그게 웁써 하루거리 알른 사람. 그저니는 이르케

뭐, 꿀 물고 있고, 이렇게 하는?

˜ 응, 혓바늘 서는 데 꿀 바르고 뭐 할, 할, 나을 때가 돼야 나아.

응, 그럼 또 그 외에 질병들 중에서 천연두.

˜ 천연두가 뭐냐?

천연두.

˜ 천연두. 지금은 그런 거 없어.

그거 오면 어떻게 해요?

˜ 어, 그거 오면은 바(+로), 거시기 저, 금지했지. 그 집에 아무도 못 가게. 옮아, 그것은 전염이야. 그런 게 오는 것도 뭐, 우리도 하나, 딸아이 하나 천연두 앓다 잃었어.

아이고, 그렇구나!

˜ 응, 한집에 사는 사람이, 세 들어 사는 사람이 저희 친정에 가서 그걸 옮아, 옮아갖고 와서 우리 아기한테 옮겨갖고, 걔 그 집 걔도 머슴애도 죽고, 우리는 딸아이가 죽고 그랬어.

어머, 어떡해.

˜ 그래서 죽었어, 세 살 먹었을 때. 막 예쁘고 아장아장 걸어 다닐 때. 그러더니 옮으면 죽더라고. 천연두 앓다가. 제일 무서운 병이야.

그렇구나! 뭐 달리 방법은 없고요?

˜ 어, 없어, 그건.

곰보, 곰보는 어떻게?

˜ 곰보가 그거 하다가 곰보 되잖아. 딱지를 긁어 쌓아서 딱지 떼고 하면은, 천연두 왔다가. 지금은 그런 병이 없잖아. 다 예방해서, 주사로 막아버리니까. 바로 나면 벌써 방지하잖아, 보건소에서. 그런 걸 다.

학질은요, 학질?

˜ 학질도 그 전에는 수북했는데 지금은 학질 앓는 사람 없어. 학질이 하루거리거든? 그런데 그게 없어, 하루거리 앓는 사람. 그전에는 이렇게

그저니는 기운 웁써가꾸 학질두 마::니 걸려써.

　그럼 학지른 어트게 나께요?

⌐ 아이구 그뚜 힘드러. 그건 학질 놀래서 떠러진다구 놀래구 막 놀래끼구[30] 그냥 저:: 산 공동모지 가가꾸 가서 그냥 재주 너므라구 그라구 거기서 귀신 나온다구 하구 막 잉:: 느다덥씨 무서서 그냥 놀래면 떠러진다 그래두 앙 그래 양 머그야 떠러지지. 양 양 머꾸 주사 마즈야 떠러지 지끄먼은.

　놀래면 떠러지면 아니 그럼 놀램병 걸리겠써요 그러다가.

⌐ 아이고! 무슨. 나두 학질 때레[31] 을::마나 고상을 핸는디 우리 엄니가 데리구 가서 저 사니 가서 잉:: 모이뚱이이다 저라라구 그라더니 모이 모이 가서 빈 모이 무근 모이 가서 저라는디 잉:: 야야 저 거기 뭐 모이뚱이에서 귀신 나온다구 그래서 얼마나 놀래구 당막찔[32] 해 지렐 떠러지닌커녕 지랄두 아나드라 치.

　아이고.

⌐ 아이 참. 배 지금은 주사가 조아. 주사 마꾸 양 머꾸 하면 지금 으야기 발딸 대가꾸 아픈 병 환자들두 얼마 웁:써.

　홍역 알면 어트게 해써요 홍역?

⌐ 잉? 호녁? 호녁 지금 주사 중께[33] 다 갠찬차냐. 호녀가구 바는 주거 애기.

　옌날에는 어트게 나껴써요?

⌐ 그러. 그러니 그거 때되믄 때묻 때 되믄 나서. 한 그거뚜 일주일 너머 가면. 호녁 꼬뚜 호녁 꼬뜨러가믄.

　야근 업꼬요?

⌐ 꼰 냐겁꾸. 업써 암마내두.

　호녁또 무서워요?

⌐ 무섭찌.

그전에는 기운 없어갖고 학질도 많이 걸렸어.

그럼 학질은 어떻게 낫게 해요?

￣ 이이고, 그것도 힘들어. 그건 학질은 놀라면 떨어진다고 놀래고, 막 놀라게 하고, 그냥 저 산 공동묘지에 가갖고, 가서 그냥 재주넘으라고 그러고, 거기서 귀신 나온다고 하고, 막 응, 느닷없이 무서워서 그냥 놀라면 떨어진다고 그래도 안 그래, 약 먹어야 떨어지지. 약, 약 먹고 주사 맞아야 떨어지지, 지금은.

놀라면, 떨어지면 아니 그럼 놀람 병 걸리겠어요, 그러다가.

￣ 아이고! 무슨. 나도 학질 때문에 얼마나 고생을 했는데, 우리 어머니가 데리고 가서 저 산에 가서 응, 묘에다 절하라고 그러더니 묘, 묘에 가서, 빈 묘, 묵은 묘에 가서 절하는데 응, 얘야 저 거기 뭐 묘에서 귀신 나온다고 그래서 얼마나 놀라고 달음박질을 했(+는지), 지랄, 떨어지기는커녕 지랄도 안 하더라 치.

아이고.

￣ 아이, 참. 그래 지금은 주사가 좋아. 주사 맞고, 약 먹고 하면, 지금은 의학이 발달 돼갖고 아픈 병 환자들도 얼마 없어.

홍역 앓으면 어떻게 했어요, 홍역?

￣ 응? 홍역? 홍역 지금은 주사 주니까, 다 괜찮잖아. 홍역하고 반은 죽어, 아기.

옛날에는 어떻게 낫게 했어요?

￣ 그리(+니). 그러니 그거 때 되면, 때, 때 되면 나아. 한 그것도 일주일 넘어가면. 홍역 꽃도, 홍역 꽃 들어가면.

약은 없고요?

￣ 꽃, 약 없고. 없어, 아무리 해도.

홍역도 무서워요?

￣ 무섭지.

여롤라요?

￢ 그거 참 여롤로구 보리차물 끄려가꾸 사::무 보리차물 주구 데려완네. 여리 펄펄펄펄 올라가.

볼거리는요? 또까태요 볼거리?

￢ 볼거리가 뭐여?

볼.

￢ 이잉 여 여기여기 그거 나능 거? 몰라. 그 그런 돔 그거뽀구 항아리손님이라구 그라쟈냐. 그저니는 항아리손님두 마니 나 애써써. 애 으른 애 업시 다. 그래는 지금 애더런 항아리손님 그렁 것도 웁떠라고.

요기가 이케 커지고 아파요?

￢ 아퍼 아프지 뭐 항아리손님알 때.

그거는 어떠케?

￢ 나두 함번 해봐써 항아리손님.

그럼 어트게 해요 그건? 항아리손님 오면.

￢ 그거뚜 기한이 이떼. 한창게 나서 그냥 놔둬두. 나둬두 나서 그건 제절루.

제절루. 항아리손님 때무네 주근 사라믄 업써요?

￢ 웁:써 그렁 건. 손니마다 주근 사라믄 이써두. 항아리손니믄 시간이 지나믄 그 갸. 개가꼬[34] 나서.

밥또 몸 먹쪼 아퍼서?

￢ 그르치 머 이마낭 게 그냥. 지금 가트면 주사 항 방만 마즈믄 갤 껴 그거.

참 별게 다 있네. 할머니 그러구요.

￢ 응.

귀머거리랑 말더드미 어런 거 이짜나요.

￢ 응 응 응 응.

열 올라요?

˗ 그거 참 열 오르고, 보리차물 끓여갖고 사뭇 보리차물 주고, 데려왔네. 열이 펄펄, 펄펄 올라가.

볼거리는요? 똑같아요, 볼거리?

˗ 볼거리가 뭐야?

볼.

˗ 으응, 여, 여기, 여기 그거 나는 거? 몰라. 그 그런 놈 그것보고 항아리손님이라고 그러잖아. 그전에는 볼거리도 많이 나, 애썼어. 애, 어른, 애할 것 없이 다. 그랬는(+데), 지금 애들은 볼거리 그런 것도 없더라고.

여기가 이렇게 커지고 아파요?

˗ 아파, 아프지 뭐, 볼거리 할 때.

그것은 어떻게?

˗ 나도 한번 해봤어, 볼거리.

그럼 어떻게 해요, 그건? 볼거리 오면.

˗ 그것도 기한이 있데. 한참하고 나아, 그냥 놔둬도. 나둬도 나아, 그거는 저절로.

저절로. 볼거리 때문에 죽은 사람은 없어요?

˗ 없어, 그런 건. 천연두 하다 죽은 사람은 있어도. 볼거리는 시간이 지나면 그거 나아. 삭아서 나아.

밥도 못 먹쇼, 아파서?

˗ 그렇지 뭐, 이만한 게 그냥. 지금 같으면 주사 한 방만 맞으면 나을 거야, 그거.

참, 별것이 다 있네. 할머니, 그러고요.

˗ 응.

귀머거리랑 말더듬이 이런 거 있잖아요.

˗ 응, 응, 응, 응.

말 벙어리 이렁 거또 병이에요?

⁻ 병이지.

왜 오능 거에요 그렁 건?

⁻ 몰라 왜 오나. 제가 부실 영양실쪼니 돼서 오넌지 머 멀 해서 오는지지 유전인지.

그 나중에 커봐야 알조 애기 때 모르조?

⁻ 그럼 몰루지 애기때는.

가래톤?

⁻ 가래토비 뭐여?

가래톤 가래톤 여기 이런 데 부꾸 아풍 거.

⁻ 잉. 가래때[45] 스능 거 이. 그거 나두 마니 아라써 가래때 스능 거. 그거 왜 그라나 기럴 마니 거러서 그러는지 머 시미 뛰:댕기머 가래때가 서는지 이러케 잘 스드라구 가래때는. 근디 지금 우리 애더런 그러케 가래때 스구 그라는 걸 몰라 지금 애드른.

그럼 가래때 스면 어트게 해요? 찬물로 찜질하나?

⁻ 아이서 가래때 스면 자다가 우리 웁끼는[36] 밤 치미 있자냐? 바미 자다 한참 침 그늠 탁:: 배터가꾸 가래때 슨 데 문질러 주구 그라드라구.

모기 물려쓸 때 그러케 아내요?

⁻ 모기 물려쓸 때 그런 데 가래톳 쓴드타먼 엄마가 그르케 해주대.

어 그러쿠나. 밤치물 발른다?

⁻ 밤침[37] 밤치미 야기랴.

그러고 병때무네 무당이나 그런 굳 가튼거 무당이 구까튼거 해써요? 혹시 옌날에 병 때무네?

⁻ 병 때머네 병쩡두 마니 일꾸 무당들 데려다 구뚜 마니 하구 그라는디 지그믄 아냐 인자. 사람드리 다 그거 허찌 허찌시라구 하구.

그거 할 때 어트게 해요? 무당 불러다가 음식 해노코 이러케 비러요?

말 벙어리, 이런 것도 병이에요?

- 병이지.

왜 오는 거예요, 그런 건?

- 몰라, 왜 오나. 자기가 부실, 영양실조가 돼서 오는지, 뭐, 뭘 해서 오는지, 제 유전인지.

그거 나중에 커봐야 알죠, 아기 때는 모르죠?

- 그럼, 모르지 아기 때는.

가래톳?

- 가래톳이 뭐야?

가래톳, 가래톳 여기 이런 데 붓고 아픈 거.

- 응. 가래톳 서는 거, 응. 그거 나도 많이 앓았어, 가래톳 서는 거. 그거 왜 그러나 길을 많이 걸어서 그러는지, 뭐 심하게 뛰어다니면 가래톳이 서는지 이렇게 잘 서더라고, 가래톳은. 그런데 지금 우리 애들은 그렇게 가래톳 서고 그러는 걸 몰라, 지금 애들은.

그럼 가래톳이 서면 어떻게 해요? 찬물로 찜질하나?

- 아이, 서(+면), 가랫대 서면 자다가 우리 읍에는 밤에 침이 있잖아? 밤에 자다가 한참, 침 그것을 탁 뱉어갖고 가래톳 선 데 문질러 주고 그러더라고.

모기 물렸을 때 그렇게 안 해요?

- 모기 물렸을 때 그런 데 가래톳이 선 듯하면 엄마가 그렇게 해주데.

어, 그렇구나. 밤에 침을 바른다?

- 밤 침, 밤 침이 약이래.

그러고 병 때문에 무당이나 그런 굿 같은 거, 무당이 굿 같은 거 했어요? 혹시 옛날에, 병 때문에?

- 병 때문에 병 점도 많이 읽고, 무당들 데려다 굿도 많이 하고 그러는데 지금은 안 해, 인제. 사람들이 다 그거 헛짓, 헛짓이라고 하고.

그거 할 때 어떻게 해요? 무당 불러다가 음식 해놓고 이렇게 빌어요?

　- 응 그어 구어 구쟁이[38)]가 와서 막 북 뚜드려 이장 뚜드려가머 머 머라
구 씨부렁거려 가머서 빌지 머.

　누구한테 비러요 그믄?

　- 아 그냥야[39)] 하능겨 여다 이이. 저 움묵 이다 머 채려노쿠.

　그럼 나서요?

　- 몰라 그런 거 아내봐써 난는지 그거 한지 그렁 건 우리가 아내봐씅
게.

　보셔써요 옌날에?

　- 응.

　뭐 특벼란 경엄 업쓰세요 그런 거?

　- 읍써 읍써.

⁻ 응, 그거, 그거 무당이 와서 막 북 두드려 이냥, 두드려가면서 뭐, 뭐라고 씨부렁거려 가면서 빌지, 뭐.

누구한테 빌어요, 그러면?

⁻ 아, 그냥, 그냥 하는 거야, 여기다 응. 저 윗목에다 뭐 차려놓고.

그럼 나아요?

⁻ 몰라, 그런 건 안 해봤어, 낫는지 그거한지, 그런 건 우리가 안 해봤으니까.

보셨어요, 옛날에?

⁻ 응.

뭐 특별한 경험 없으세요, 그런 거?

⁻ 없어, 없어.

할머니 그면요. 이런 민간 약 인제 그런 야 캐머글려고 약초 캐본 적 이쓰세요?

⁻ 야개머글라고?

약초 아무 드레 나가든지 사네 나가서.

⁻ 약초 캐옹 거? 약초는 나는 뭐 특별라게 캐옹 거슨 업써. 지금 우리 아더리 캐 날르데. 칙뿌리.

응.

⁻ 칙 마니 캐다가 막 네리더라구. 짜오데. 접때 십마넌 주구 짜따 그라데.

칙 칙 캐요?

⁻ 응.

또 다릉 거 어떵 거 캐요?

⁻ 응 칙. ⁻ 아녀 칭만 캐 와떠라구.

쑤근 쑥? 쑥뚜 약재 아니에요?

⁻ 아니 엘. 쑥뚜 약쟨디 쑤근 아나구 저 사니 가서 칭만 캐와뜨라.

할머니는 쑥 마니 캐오셔쪼?

⁻ 나는 쑥 캐다가 엔나리 떠개머꾸 저 시장에 가서 팔구 그래써. 머 나물 뜨더다가 나물 장사 마니 해써 나두.

금 쑥 캘때 어트게 캐요 할머니?

⁻ 뭘 캬 뜯찌. 칼루 가꾸 가서 끈만 그럼.

아 뜬는다. 그냥 보고 고운닙 뜨더요? 금 이 마으레서 재배하는 약초 이써요 할머니, 그러면요. 이런 민간 약, 인제 그런 약 해먹으려고 약초 캐본 적 있으세요?

 ⁻ 약 해먹으려고?

약초, 아무 들에 나가든지 산에 나가서.

 ⁻ 약초 캐온 거? 약초는, 나는 뭐 특별하게 캐온 것은 없어. 지금 우리 아들이 캐 나르데. 칡뿌리.

응.

 ⁻ 칡 많이 캐다가 막 내리더라고. 짜오데. 접때 십만 원 주고 짰다고 그러데.

칡, 칡 캐요?

 ⁻ 응.

또 다른 거, 어떤 거 캐요?

 ⁻ 응, 칡. 아냐, 칡만 캐 왔더라고.

쑥은, 쑥? 쑥도 약재 아니에요?

 아니, 에. 쑥도 약새인데 쑥은 인 하고, 지 산에 기서 칡만 캐 왔더라.

할머니는 쑥 많이 캐오셨죠?

 ⁻ 나는 쑥 캐다가 옛날에 떡 해먹고, 저 시장에 가서 팔고 그랬어. 뭐 나물 뜯어다가 나물장사 많이 했어, 나도.

그럼 쑥 캘 때 어떻게 캐요, 할머니?

 ⁻ 뭘 캐, 뜯지. 칼로 갖고 가서 끝만, 그럼.

아, 뜯는다. 그냥 보고 고운 잎 뜯어요? 그럼 이 마을에서 재배하는 약초 있혹씨?

- 웁써 여기는. 그저니는 핸는디.

뭐 해써요 옌날엔?

- 옌나리에 저 여기 싸람 아나구 저 너머 싸라미 머 당:기⁴⁰⁾라나? 그렁 거 해써.

비닐하우스요?

- 아니 노주루 시머노쿠 노인네 그 양반이 이르케 머 여러가지 약초너 무럴 시머서 키우데 하라부지가. 그렁 건 봐써두 여기서 지끔 머 재배애서 마 그거 하는 사라믄 웁써 우리 동네는.

그럼 옌날부터 전승된 약 야까틍 거 비뻬비 이써서 혹시 아시능 거 이쓰세요? 약 특뼈리 머 고야글 만든다든지 머 이케 똥글똥그란.

- 화냑.

그렁 거 만드는 방법 혹씨 아시능 거? 옌날부터 엄마 할머니안테 저내오는.

- 화화냑 맨드능 거 이 저 지금두 맨드러 논 거 이찌만. 그게 저거 변비는 그게 그 거시기 멱: 말구 타시마 이짜나? 다시마 가지구 가서 멸치까루 멸치아구 다시마아구 팍:: 꺼먹꽤 그거아구 콩아구 그 바싹 빠다가 환져와써. 화내다 노쿠 머거 걸. 변비에 조타 그래서 머긍게 조터라구.

변비에?

- 에 변비에.

다시마.

- 에 멸치 잉.

멸치? 또?

- 다시마아구 멸치아구 콩 있지 이~ 콩. 콩 청국짱 띠워서. 콩 청국짱 맨드렁 거 바싹 말렀다가 그놈 서꺼가꾸 가서가서 빠:서 맨드러써.

음 청국장 만든 콩으로?

- 응 청국짱이 사람게 조타구 그렁게 얼마 을마나들 해싸 기낭. 모메

어요, 혹시?

⁻ 없어, 여기는. 그전에는 했는데.

뭐 했어요, 옛날엔?

⁻ 옛날에 저 여기 사람은 안 하고, 저 너머 사람이 뭐 당귀라나? 그런 거 했어.

비닐하우스요?

⁻ 아니, 노지에 심어놓고, 노인네 그 양반이 이렇게, 뭐 여러 가지 약초 나무를 심어서 키우데, 할아버지가. 그런 건 봤어도 여기서 지금 뭐 재배해서 막 그거 하는 사람은 없어, 우리 동네에는.

그럼 옛날부터 전승된 약, 약 같은 거, 비법이 있어서, 혹시 아시는 거 있으세요? 약, 특별히 뭐, 고약을 만든다든지 뭐, 이렇게 동글동글한.

⁻ 환약.

그런 거 만드는 방법, 혹시 아시는 거? 옛날부터 엄마, 할머니한테 전해오는.

⁻ 환, 환약 만드는 거, 이, 저 지금도 만들어 놓은 거 있지만. 그게, 저거 변비는 그게 그 거시기 미역 말고 다시마 있잖아? 다시마 가지고 가서 멸치가루 멸치하고 다시마하고 팍, 검은깨 그거하고 콩하고 그 바싹 빻아다가 환 지어 왔어. 환 해다 놓고 먹어, 그걸. 변비에 좋다고 그래서, 먹으니까 좋더라고.

변비에?

⁻ 에, 변비에.

다시마.

⁻ 에, 멸치 응.

멸치? 또?

⁻ 다시마하고 멸치하고 콩 있지 응, 콩. 콩, 청국장 띄워서. 콩, 청국장 만든 거 바싹 말렸다가 그놈 섞어갖고 가져가서 빻아서 만들었어.

음, 청국장 만든 콩으로?

⁻ 응, 청국장이 사람에게 좋다고 그러니까 얼마, 얼마나들 해대, 그냥.

조탕께.

그러쿠나 또 다른 방 약 전승되는 야그 뭐 업써요 만드능 거? 약초로 만드능 거.

⁻ 몰라 약초루 마드렁 건 아내봐쓰니까.

뭐 막 끄려가지고 탕 만드능 거.

⁻ 그렁 거 아내봐써.

뭐 까망 거를 종이 위에다 발라노코 뭐 끄리자나요 탕. 약 뭐 그런 거 종이 발르조 이러케? 까만 단지에.

⁻ 응.

그런 거 뭐로 방법 무슨 약 만드러요 그렁 거?

⁻ 거. 야근 지여다 대려는 머거써두 양 만드러 보든 아내써 그런 야글 거다가.

그럼 그냥 대리는 저준 약 대리능 거조?

⁻ 단지 잉 응 저준 약 대리능 거. 대려서 옌나레는 다 화 그 화 화:덕뿌리다가 그러케 대려머거찌 머 대려서 꼭:: 짜 머거찌.

몸에 좋다니까.

그렇구나, 또 다른 방(+법), 약, 전승되는 약은 뭐 없어요, 만드는 거? 약초로 만드는 거.

- 몰라, 약초로 만든 건 안 해봤으니까.

뭐 막 끓여가지고 탕 만드는 거.

- 그런 거 안 해봤어.

뭐 까만 것을 종이 위에다 발라 놓고, 뭐 끓이잖아요, 탕. 약, 뭐 그런 거, 종이 바르죠, 이렇게? 까만 단지에.

- 응.

그런 거 뭐로, 방법, 무슨 약 만들어요, 그런 거?

- 그거. 약은 지어다 달여는 먹었어도 약 만들어 보지는 않았어, 그런 약을, 거기다가.

그럼 그냥 달이는, 지어준 약 달이는 거죠?

- 단지 응, 응, 지어준 약 달이는 거. 달여서 옛날에는 다 화, 그 화, 화덕 불에다가 그렇게 달여 먹었지, 뭐 달여서 꼭 짜 먹었지.

주석

1) '굉장하다, 굉장히'에 대응되는 방언형으로 '겅장하다, 겅장히'가 쓰인다.
2) '버듬'은 '버짐'의 방언형이다.
3) '숭'은 '흉(터)'이 구개음화를 겪어 나타난 형태이다.
4) /ㄴ/ 첨가가 단어 경계가 아닌 한 단어 안에서, 그리고 주격 조사 /이/ 앞에서 실현되는 특이한 경우이다.
5) 여기서 '욕보다'는 '힘들다, 고생하다'의 뜻으로 쓰였다.
6) '매릅씨'는 '맥없이'의 방언형으로 '아무 까닭 없이'의 뜻이다.
7) '굉이'는 '공연히, 괜히'에 대응되는 방언형이다.
8) '가렵-'에 대응되는 형태는 '개러워(=가려워), 개려서(=가려워서), 개럽다(=가렵다)'와 같이 활용하여 어간의 기저형을 '개럽-'으로 설정할 수 있다.
9) '영지 찌우다'는 말은 온 몸에 '연기를 쐬어 몸을 감싸게 하다'는 뜻이다.
10) '짜부라들다'는 '쪼그라들다'의 방언형인데, 이 화맥에서는 '다래끼가 아물어들다'는 의미로 쓰였다.
11) '올라가다'는 '옮아가다'의 잘못이다.
12) '무저'는 '무좀'의 방언형 '무점'의 잘못이다.
13) '눈애피'는 '눈병'을 뜻하는 방언형이다.
14) '개씨바리'는 복합어로 그 어원이 '개+씹+앓+이'와 같은 구조를 갖는 것인데 '눈이 벌겋게 핏발이 서고 눈곱이 끼며 밝은 데서는 몹시 눈이 부셔 하는 눈병'을 가리키는 말이다.
15) '뱅이'는 '액막이'의 방언형이다.
16) '댐이'는 '다음+에→다음+이→담+이→댐이/뎀이'와 같이 고모음화와 음절축약 후 움라우트를 거쳐 만들어진 형태이다.
17) '배쩽이, 벱쩽이'는 '질경이'에 대응하는 방언형으로 충남 논산시 일부 지역어에서 나타난다.
18) 여기서 '갸'는 '개다'의 '개어) 개'인데, 충남 방언에서는 아픈 증상이 사라지고 낫는 것을 '개다'라고 말한다.
19) '정끼'는 '경기(驚氣)'가 구개음화하여 만들어진 형태이다.
20) '정시'는 '경기'의 방언형 '정끼'의 잘못이다.

21) ‘바푸재기’는 ‘밥보자기’의 방언형이다.

22) ‘서빠늘’은 ‘혓바늘’의 뜻으로 구개음화를 거쳐 단모음화를 실현하였다(‘혀〉
    셔〉서’).

23) 형용사 ‘낫다(完快)’는 이 방언에서 규칙활용을 한다(낫아, 낫으니 등).

24) 여기서 ‘손님아다(하다)’는 ‘천연두를 앓다’의 뜻으로 쓰인다.

25) ‘걸구댕기다’는 ‘걸어 다니다’의 방언형이다.

26) ‘공부’는 ‘곰보’의 방언형 ‘곰부’의 잘못이다.

27) ‘쌓다’는 보조용언 ‘대다’와 같은 의미로 쓰인다.

28) ‘따그렝/랭이’는 ‘딱지’의 방언형이다.

29) ‘일번’은 부사 ‘바로, 곧장, 금방’에 대응되는 형태이다.

30) ‘놀라게 하다’의 뜻으로 이 방언에서는 ‘놀래끼다’가 쓰인다.

31) ‘때레’는 ‘때문에’의 뜻으로 충남 방언에서는 ‘때미, 때밀레, 땜시’ 등으로 나
    타난다.

32) ‘당막질’은 ‘달음박질’의 방언형이다.

33) ‘주사 중께’는 ‘주사를 놓아 주니까’ 즉, ‘주사를 맞으니까’의 뜻이다.

34) 여기서 ‘개다’는 ‘부기가 가라앉다, 삭다’의 뜻으로 쓰인다.

35) ‘가래때’는 ‘가래톳’의 방언형이다.

36) ‘읍끼는’은 ‘읍+게는’으로 ‘읍에는’ 의미로 쓰였다.

37) 여기서 ‘밤침’은 ‘밤에 아픈 곳에 침을 바르는 것’을 말한다.

38) ‘굿쟁이’는 ‘굿을 하는 사람, 즉 무당 등’을 뜻하는 말이다.

39) ‘그냥야’의 ‘야’는 간투사로 쓰이는데, 이 화맥에서는 ‘그냥, 그냥’의 뜻이다.

40) ‘당기’는 약초로 쓰는 승검초의 뿌리인 ‘당귀(當歸)’를 가리키는 말이다.

참고문헌

국립국어연구원(1999), 『표준국어대사전』, 두산동아.

국립국어원 지역어조사추진위원회(2006), 『지역어 조사 질문지』, 태학사.

유세진(2006), 「논산 지역어의 어말어미 연구」, 충남대 대학원(석사논문).

한국정신문화연구원(1990), 『한국방언자료집』 Ⅳ(충청남도편), 한국정신문화연구원.

한영목(1987ㄴ), 「충남지방의 방언」, 『우리고장 충남』 3, 충청남도 교육위원회.

한영목(1991), 「충남방언의 고찰」, 『김영배교수 화갑기념논총』, 경운출판사.

한영목(1998), 「충남방언의 현상과 특징에 대한 연구」, 청암 김영태 박사 화갑기념논문집 『방언학과 국어학』, 태학사.

한영목(1999ㄱ), 『충남 방언의 연구와 자료』, 이회문화사.

한영목(1999ㄴ), 「충남 방언의 통사론적 연구-어말 어미-」, 『어문연구』 32, 어문연구학회.

한영목(2000ㄱ), 「충남방언 통사론의 몇 문제」, 『학림』 17집, 충남대 국어국문학회.

한영목(2000ㄴ), 「충남방언의 보조용언과 상」, 『어문연구』 33, 어문연구학회.

한영목(2000ㄷ), 「보조 용언 '-번지다', '-쌓다'와 충남 방언」, 『한글』 249, 한글학회.

한영목(2000ㄹ), 『충남 금산 지역어 연구』, 한국문화사.

한영목(2001ㄱ), 「충남 방언의 격조사」, 『어문연구』 35, 어문연구학회.

한영목(2001ㄴ), 「충남 방언 어미 '-데'와 '-댜'의 연구」, 『한국언어문학』 47, 한국언어어문학회.

한영목(2002), 「충남 방언 '-벼'와 '-깨미' 구문 연구」, 『어문연구』 40, 어문연구학회.

한영목(2004ㄱ), 「충남 방언의 보조사 연구(1)」, 『우리말글』 30, 우리말글학회.

한영목(2004ㄴ), 「충남 방언의 보조사(2)」, 『어문연구』 44, 어문연구학회.

한영목(2006ㄷ), 『우리말 문법의 양상』, 역락.

한영목(2005ㄴ), 「이문구 소설어와 충남 방언」, 『우리말글』 35, 우리말글학회.

한영목(2006ㄱ), 「이문구 소설어의 성격」, 『이병근선생퇴임기념 국어학논총』, 태학사.

한영목(2006ㄴ), 『충남 지역어 조사 보고서』, 국립국어원.

한영목(2007ㄱ), 『서천 지역어의 연구-서천 사람들의 말과 삶-』, 서천문화원.

한영목(2007ㄴ), 『대전 서구 지역의 언어와 생활』, 태학사.

한영목(2008), 『충남 방언 문법』, 집문당.

한영목·김래영(2003), 「충남 방언의 형태변이와 통사 의미의 몇 양상」, 『인문학
　　　연구』 30-2, 충남대 인문과학연구소.

찾아보기